国家社会科学基金重点项目（16AZJ005）

教育部人文社会科学重点研究基地重大项目（19JJD730003）

日本道观及其收藏的珍贵文物分类研究

詹石窗

[日] 早岛妙听 ◎ 主撰

杨 燕

人民出版社

本 书 编 委 会

主　撰：詹石窗　[日]早岛妙听　杨　燕

撰稿人（以章节先后为序，不分先后）：

　　　　詹石窗　[日]早岛妙听　程敏华　胡瀚霆　[日]山田利明

　　　　范静宜　[日]长　野　觉　杨　燕　王玉环　[日]原田博二

　　　　[日]若　木　颜文强　林观潮　詹至莹

凡 例

一、本书使用的《道藏》，系文物出版社、天津古籍出版社、上海书店 1988 年版本，个别引文根据《四库全书》参校。《藏外道书》系巴蜀书社 1992—1994 年影印本。

二、《四库全书》以台北商务印书馆 1986 年影印文渊阁本为主，间或对照上海古籍出版社影印本；凡使用前者注明册数，凡为后者仅注明"文渊阁《四库全书》本"；佛教经典，以台湾"财团法人佛陀教育基金会出版部"1990 年影印版《大正新修大藏经》和《日本大藏经》及《增补日本大藏经》为主。

三、各大丛书在第一次引用时详细注明版本信息，从第二次引用开始则只注明丛书名以及册数、页码。

四、凡引述古本影印书，先列作者、书名、卷数，再列丛书册数及页码；若其古本书名已经在行文中出现，则仅注其丛书册数、页码。

五、本书之行文，凡涉及年号等传统干支纪年，在其后加上公元年作为说明，如"太和丁未"（227）；若属于公元前者，则在其前加上"前"字，如汉文帝后元二年（前 162）。至于人物生卒年，一般也在其人名之后加括号说明之，括号内的阿拉伯数字即是其出生或者去世之年。

六、多次引用的文献，一般采用同一种版本，但个别一些地方为了突出其文献性，也采用不同版本。

作者谨识

2020 年 9 月 15 日于成都

目　录

绪　论

　　中国与日本作为毗邻国家，无论是"地缘"还是"人缘"，无论是"文缘"还是"神缘"，都有很密切的关系。很早以前，中日两国就有交往。尤其是公元 6 世纪以来，中日文化交流更加频繁，这种交流的重要成果之一，就是道教文化在日本的传播、道教组织在日本的形成。在当今，中日道教文化交流的最重要标志和最重要纽带就是"日本道观"的形成。作为一种实体，日本道观展示给世界的既有对信仰者的精神辅导和宗教关怀，更包括日本道观特有的文物收藏和思想文化传承。

一、研究缘起

　　"日本道观"是在日本传承中国道教的本地道观。它的正式成立迄今为止虽然仅有 40 多年，但其道脉却可以远推至公元六、七世纪，其思想渊源更可以追溯到《黄石公素书》流布的两汉时代。

　　"日本道观"创始人早岛天来道长出生于 1910 年 3 月 3 日，系日本高知城建城始祖大高坂家族的嫡系子孙，也是在日本传播导引术的村上源的后代，他的养父母早岛家则是传承"气法医学"的世家。1960 年，早岛天来在镰仓开设了松武馆，整理出适应现代人需要的、源自古老中国的健康法——服气导引术，为许多人治愈了身心疾病。后来，由于特殊的机缘，早岛天来访学中国的台湾，成为在台湾地区传播的全真道龙门派第十三代传人，同时还得到了第六十三代天师张恩溥道长的秘传，获得道士资格，成为台湾"嗣汉天师府"的顾问。

回到日本之后，早岛天来秉承道教济世度人之宗旨，先后撰写了《容姿端丽入门》《人不因病而死》《导引术》等论著80余部，在中国台湾地区以及日本、韩国出版发行，引起了世人的关注。1980年，为了传播道教文化，早岛天来在日本福岛磐市，创立了日本道观，并且开设道学院。此后多年，早岛天来一方面以术弘道，为人治病、排忧解难，另一方面则开始搜集日本本土和韩国以及中国大陆与台湾地区的道教雕像、绘画，大量的道教经典文献，还有中国传统医学、儒学、佛学、诗词歌赋等众多领域的文物和文献资料，积累相当丰富。

日本道观收集的与道家道教相关的书籍包括《诸病源候论》《遵生八笺》《列仙传》等很多极其宝贵的汉籍和复刻本，这些收藏主要是以日本江户时期为中心的宝贵资料。同时，日本道观针对道家、道教以及一部分与佛教、儒教相关的文物也进行了相关收集，无论是从质还是从量上来说都是独一无二的。

约在2000年，日本道观开始收集道教绘画，此时人们普遍认为日本几乎是没有道教绘画的。但是，道家道教的贤人良士和神仙的形象作为一种文化在日本历史中早已扎根，例如日本江户时代深受人们喜爱的神农图、关羽像、神仙图以及黄石公相关的锦绘等，这些江户时代的作品仍有很多现存于世。此外，浮世绘中也有很多是描绘道家和道教中的文武兼修以及崇尚武之魂的作品，它们大多真实地表现出了当时人们的信仰，包括神社佛阁内供奉的绘马在内，日本道观从这些作品中选取与日本道观结下道缘的作品进行收集、保存和研究。这些不仅证明了日本很早就存在了道教绘画，而且证明了道教文化从很早的时候就已经在日本流传，并与日本本土的文化艺术、社会生活进行了融合。

目前，日本道观在福冈县英彦山建设了日本道观分部，以5个大殿的规模陈列了自早岛天来以来三代人搜集的大量文物和文献资料，其范围广及儒、释、道三教，既有中国本有的典籍，也有日本学者、信众在承继中日文化之后新创的经典，更有日本学者自己用汉语注释、日语训读的道经。

2014 年 7 月上旬，日本道教协会成立一周年庆典暨国际道教文化交流研讨会在日本著名的隐修圣地——福冈县英彦山举行。这次学术活动，日本道观邀请了中、日、韩道教界人士以及学术界专家学者 100 多人莅会，通过学术研讨和参观访问，广结道缘。以这次庆典活动为起点，国内多所大学的学者与日本道观形成了很好的学术联系。此后连续 3 年，日本道观多次邀请中国学者到日本访问、参观、考察，展开专题性学术研讨。与会学者发现：日本道观收藏的大量塑像、图像、书籍、法器等，不仅数量众多，而且别具一格，很有魅力，颇值得研究。

二、道教的形成发展史与文化价值

日本道观是中国道教在日本传承、流布的一个缩影。只有对道教形成与发展的历史略作稽考，对其文化价值有所认识，才能更深刻全面地了解、理解日本道教，了解、理解研究日本道观的重要意义。

前中国道教协会副会长、上海城隍庙前住持陈莲笙道长在《道教常识答问》一书中指出，有关道教产生问题一直以来存在两种不同意见：一种意见认为，道教由黄帝和老子创立，称作"黄老道"，以黄帝道历纪元元年作为道教创立的起始年份，故道教创立至今已有 4700 多年历史；另一种意见则认为，道教是东汉末年张陵创立，至今有 1800 多年历史。① 这两种说法，各有各的依据。之所以出现如此分歧，最主要的问题是如何对宗教进行定义与认知。按照中国传统观念，所谓宗教，本与祖先信仰密切相关。许慎《说文解字》谓："宗者，尊祖庙也。从宀从示。"② 其中的"宀"，象征安放祖先

---

①　参见陈莲笙：《道教常识答问》，上海辞书出版社 2012 年，第 8 页。

②　（汉）许慎撰：《说文解字》，北京：中华书局 1963 年，第 151 页。

神灵的屋子;"示"的上面两横代表"天",下面的"小"代表日月星,意即《周易》讲的"天垂象,见吉凶"。由此可见,"宗"本有尊天法祖的理趣。至于"教",许慎《说文解字》也有解释:"上所施下所效也。从攴,从孝。"[1] 上施,故从攴;下效,故从孝。此即教化之意。概括来说,中国传统意义上的"宗教"即是以"尊天法祖"为内涵的人文教化。道教正是遵循这样的古老传统,将其历史远溯于黄帝,并且尊黄帝为道教的宗师和旗帜,而以老子为教主,以张陵为天师,经过比较长时间的建设而逐步完备起来。

沿着陈莲笙道长的思路,参考近年来学术界的研究成果,本书将道教的形成与发展划分为三大形态:[2]

(一)原初道教

所谓"原初"就是本初的意思,"原初道教"即道教诞生的始初形态。

---

[1] (汉)许慎撰:《说文解字》,北京:中华书局1963年,第69页。

[2] 历史分期是论说道教文化发展脉络的一个前提。不同的历史分期,决定了作者关于道教起源与发展状态的不同看法。在学术界,存在多种不同的道教起源说,由此也就形成了道教历史的不同划分。道教学泰斗、卿希泰先生与詹石窗教授主编的《中国道教通史》(五卷本)于《导论》中指出:"关于道教创立时代问题,学术界与道教界向来有不同说法。前中国道教协会副会长陈莲笙道长在《道教答问》一书介绍了道教诞生时代的两种看法,其中一种认为道教起源于黄帝和老子,故早期道教称作黄老道。据此,则道教已有将近五千年历史。此外,尚有原初道教、古典道教、制度道教的划分。"(《中国道教通史》第一卷,人民出版社2019年,第28页)。2013年詹石窗教授发表《重新认识道教的起源与历史发展》一文,对道教发展"三大形态"说有比较仔细的阐述,此说得到中国道教协会的高度认可。2018年,詹石窗教授与何欣合写《关于生命道教的几点思考》(《湖南大学学报》2018年第6期)一文,进一步发挥"三大形态"说,指出:"中华道教……的文化传统渊源于将近八千年前的伏羲氏,肇端于将近五千年前的黄帝轩辕氏。其发展经过了三大形态。如果我们把黄帝时期的道教称作'原初道教',那么从老子传授《道德经》给关令尹喜的周朝到西汉严遵作《老子指归》,都属于'古典道教'历史时期。此后,道教逐步仪式化,神明信仰系统建立起来。到东汉末年,西蜀张道陵建立'正一盟威之道',东方的张角三兄弟建立太平道,标志着'制度道教'产生。"2020年2月,上海科学技术文献出版社、上海书店出版的《新编中国道学简史》(于国庆等著)一书按照"三大形态"谋篇布局,上编原初道教,中编古典道教,下编制度道教。在国家层面,早在2012年,国务院参事室就"国学馆"的建设牵头组织学者撰写各分馆的文字解说,其中的"道家馆"已经采用了这种历史分期观点。

正如各种事物的形成都有过程一样，"原初道教"也不是突发出现的，而是经过了漫长的准备，最终才诞生的。

关于道教起源问题，《云笈七籤》早有陈述。该书卷二根据《太始经》《太真科》《上清三天正法经》等文献资料，讲述了"混元""空洞""混沌""混洞""劫运"的演变，而后又引述《太上老君开天经》说："盖闻未有天地之间，太清之外，不可称计。虚无之里，寂寥无表，无天无地，无阴无阳，无日无月，无晶无光，无东无西……百亿变化，浩浩荡荡，无形无像，自然空玄……太初之时，老君从虚无而下，为太初之师，口吐《开天经》一部……太初得此《老君开天之经》，清浊已分……太素之时，老君下降为师，教示太素，以法天下……太素既没，而有混沌……九宫没后，而有元皇。元皇之时，老君下为师，口吐《元皇经》一部，教元皇治于天下……太连之后，而有伏羲，生于一源之始，继天而生，调习阴阳，以定八卦……三皇之后，而有轩辕黄帝。黄帝之时，老君下为师，号曰力牧子，消息阴阳，作《道戒经》《道康经》……颛顼之时，老君下为师，号曰元阳子，作《微言经》……"[①]，叙说了老君在"虚无""洪元""混元""太初""太始""太素""元皇"等不同演化阶段的状态。

《云笈七籤》摘引的资料有两个鲜明特点：一是从宇宙发生的广阔视野来阐述道教形成的背景；二是以信仰者的身份来阐述道教形成的历史。对于这样的叙述，以往的研究者一般认为是无稽之谈，故而不予采纳，甚至给予严厉批判。现在看来，考察道教历史，恐怕还不能对《云笈七籤》中的描述置之不理。从表面来看，《云笈七籤》关于道教产生的描述无疑染上了浓厚的神话色彩；但若深入发掘就会发现，传统道教经典乃是从整体上把握道教的由来，也就是说先前的道教典籍是把道教自身的历史与宇宙发生紧密联系在一起，将二者看作不可分割的整体存在，其中一些术语尽管看起来比较神秘，但却蕴含着上古先民对人类赖以生存的宇宙之由来所进行的思考，体现了发展、变化和感通的观点。这种思路与立场恰恰是道教讲述自身历史的叙

---

① （宋）张君房：《云笈七籤》，北京：中华书局 2007 年，第 24—28 页。

述特点之所在。

至于道教的诞生，我们以为"黄帝"就是标志。据《列仙传》等书记载，古有赤松子，通晓天文与制陶技术，人称"陶正"。相传赤松子能置身火中，出五色云烟，具有特异的修炼法术。时有宁封子，雅好道法，拜师赤松子，得其秘传，长期隐居于四川青城山。黄帝知宁封子有道，不远万里问道青城山，宁封子授予黄帝《龙蹻经》，黄帝封宁君为五岳丈人。

《史记·五帝本纪》谓黄帝时期"万国和，而鬼神山川封禅与为多焉"①。其中"鬼神山川"表示对自然神与祖先神的崇拜，而"封禅"就是祭祀天地；合起来看，其行为本质就是尊天法祖，与此相联系的则是修仙活动。《史记·封禅书》称："黄帝且战且学仙。患百姓非其道者，乃断斩非鬼神者……黄帝采首山铜，铸鼎于荆山下。鼎既成，有龙垂胡须下迎黄帝。黄帝上骑，群臣后宫从上者七十余人，龙乃上去。"②根据《史记·封禅书》前后文的描述可知，黄帝之所以铸鼎，是为了炼丹药，而炼制丹药的目的就是成仙。《封禅书》关于黄帝骑龙升天的描述虽然带有传说色彩，但在本质上却表现了古人延年益寿、修炼成仙的生命意识，这一点与东汉以来的制度道教思想宗旨是完全一致的。可见后世道教最重要的修仙理念就来自于古代黄帝时期国人就有的生命意识。作为严肃的史学家，司马迁所记载的诸多黄帝故事必有其根由。因此，我们有理由把黄帝时期的"尊天法祖、修炼成仙"活动看作是"原初道教"的肇端，而"黄帝"作为那个时期的符号象征，也就成为道教发生的基本标志。

（二）古典道教

黄帝之后，原初道教经由许由、夏禹、皋陶、彭祖、商汤、姜尚、管仲、孙叔敖等后继者播衍，缓慢发展。这些人士或为隐士，或为将相，或为帝王，但都属于"闻其风而悦之"的一派人物，即原初道教的传承者。由此

---

① （汉）司马迁撰：《史记》卷一，北京：中华书局1959年，第1册第6页。
② （汉）司马迁撰：《史记》卷二十八，北京：中华书局1959年，第4册第1393—1394页。

可以看出，道教在这段时间内已经形成了一支不小的队伍，尤其是许由、彭祖、姜子牙，都有很大的影响力。

春秋之际，老子汲取先前的文化传统，将原初道教发扬光大。《史记》记载，老子姓李，名耳，字聃，楚国苦县厉乡曲仁里人，生活于春秋时期。老子曾经担任周朝史官，相传儒家圣人孔子至周曾经向老子请教过"古礼"，后来，孔子十分感叹地对弟子们说："吾今日见老子，其犹龙邪！"[①] 孔子把老子看作神龙，充分表达了敬慕之情。后来，老子在制度道教中被尊为教主。

老子晚年因目睹周王朝之衰败，拟"去周隐居"。不久之后，他西去流沙，以化异俗。到了函谷关时，因关令尹喜之请，老子写下了千载传颂的五千言，后人称为《老子》，又称《道德经》，尊奉为《道德真经》。该书的问世，标志着"古典道教"的正式确立。

综合来讲，我们所谓"古典道教"就是把大部分学者通常认定的"道家"看作道教理论的奠基者。这样说并非否定学者们关于道家的论述，而只是从一个不同角度来重新审视先秦道家的理论内涵与社会作用。从学理立场看，以老子、庄子为代表，讲说道法理论的一派学者完全可以称作道家，这一点西汉时期的司马谈等人已经确定了。但是，司马谈等学者并没有限定后人不可以从新的角度予以探讨。从"教"的角度来审视道家，这不仅允许，而且可能。实际上，西汉以前的文化知识都还笼罩在上古宗教背景下，因此，古人所称的"儒家""阴阳家""墨家"等都具有一定的宗教内涵，"道家"当然也不例外。关于这一点，我们只要揣摩一下老子《道德经》就明白了。该书第四十二章说："人之所教，我亦教之。强梁者，不得其死。吾将以为教父。"[②] 老子《道德经》是以"道德"二字为根本的，他所谓的"教"就是"道德之教"，简称之就是"道教"。老子这种道教当然不是凭空产生的，而是有所因循的，他所因循的就是黄帝以来的上古圣人遗训。正是在上古遗训

---

① （汉）司马迁撰：《史记》卷六十三，北京：中华书局 1959 年，第 7 册第 2140 页。
② 王卡点校：《老子道德经河上公章句》，北京：中华书局 1993 年，第 169—170 页。

基础上，老子阐述了思想教化的义理，所以我们称这种道教为义理道教。

（三）制度道教

这是在古典道教基础上形成的具有宗教礼仪和组织系统的道教。

东汉时期，沛国丰人张陵带弟子王长、赵升至江西龙虎山炼丹传教，尔后又到四川大邑县鹤鸣山创立"正一盟威之道"，俗称"五斗米道"①。这个道派最大的特点是尊黄帝为上古仙人，奉老子为教主，解说《道德经》为《老子想尔注》，作为引导信徒的教义范本，他们以"符水咒说"疗病，礼拜天、地、水三官，经过几代人努力，逐步建立了"二十四治"的政教合一组织系统。以张陵为创始者的"正一盟威之道"因为有了比较系统的宗教礼仪和教派组织，意味着制度道教正式诞生。差不多同时的"太平道"也具有类似情况，因此可以看作制度道教形成的另一个标志。后来太平道失传，而"正一盟威之道"虽然几度变更名称，但却世代相袭，成为制度道教的典型代表。从这个情况来看，自东汉末以来，所谓道教也就是制度道教。它以黄帝时期的原初道教为肇端，以先秦老庄为代表的古典道教为思想基础，融合多种因素而成，为中国道教文化的保存与发展作出了重要贡献。

---

① 陈莲笙道长在《道教常识问答》一书中谈到"张陵奉老子为教主，以《道德经》为基本经典，创立了正一盟威之道，即'五斗米道。'"（《道教常识问答》，上海辞书出版社2003年，第8页）张陵即张道陵，他所创立的道教之所以可以称为"正一盟威之道"，是因为张道陵创道以公元142年得受"正一法文"和"正一盟威秘箓"为机缘之一，并由此在各处名山设"二十四治"，订立了最初的道教义教规，自此广收门徒，道教的第一个教派也由此而产生了。《三天内解经》记载："以汉安元年壬午岁五月一日，老君于蜀郡渠亭山石室中，与道士张道陵将诣昆仑大治，新出太上。太上谓世人不畏真正而畏邪鬼，因自号为新出老君。即拜张为太玄都正一平气三天之师，付张正一盟威之道。"（《道藏》第28册，北京：文物出版社、天津文学出版社、上海书店1988年，第414页）陆修静编撰的《陆先生道门科略》中也说："故授天师正一盟威之道，禁戒律科，检示万民逆顺、祸福、功过、令知好恶。置二十四治、三十六靖庐，内外道士二千四百人……"（《道藏》第24册，第779页）这些史料也可以证明，从一开始，张道陵所创之教的正式名称为"正一盟威之道"。

以上关于道教形成发展的三大形态对应于三大历史时期。原初道教对应的是黄帝时期，古典道教对应的是老子撰述《道德经》的春秋时期，制度道教对应的是张道陵创立"正一盟威之道"的东汉时期。此后，制度道教包容了原初道教与古典道教的思想内容，并且汲取各个时代不同的思想精华，随着时代的发展而发展。

千百年来，道教在发展过程中，逐渐建立起自己的教理教义体系，其内容丰富多彩。而最为核心的就是"五字箴言"：道、德、善、静、安。正如儒家"仁、义、礼、智、信"作为"五常"在社会生活中的指导意义一样，道教的"五字箴言"同样具有文化价值观的功能与作用。

1. 道

"道"的直接意涵是"道路"，后来道教将之提升为修行理论的基本范畴。

按照道教的观点，"道"是生化万物的本元，"道"本身具有无限的神力，《易经》所谓"一阴一阳之谓道""阴阳不测之谓神"，都表明了"道"的神圣性。按照中国道教协会前副会长陈莲笙大师的说法，"道"包含着一切已经认知的世界以及一切尚未被认知的世界；包含一切我们已经理解的状态、运动、规律以及尚未被我们知晓的状态、运动和规律。"道"涵盖着人类赖以生存的自然界、人类自己组织的社会，以及尚未被人类认知的任何界别、任何领域。而所有这些被认知的和尚未被认知的领域都生发于"道"，并受"道"所支配，依凭"道"而运动、发展和变化。"道"虽然看不见、摸不着，却可以通过特殊的修持程序而感受到，例如斋醮科仪、存想等方式都可以达到与"大道"感通的效果。

2. 德

"德"本来表示凭借眼睛的巫术灵力来进行厌服的行为。后来，道教将"德"提升为"道"所具有的特殊能量。照道教的看法，"道"因为有"德"才能够辅助万物、生生不息。正如母亲生儿育女，需要养分一样，"德"就是生育万物的滋养。从人类生存的立场看，"德"是维护社会秩序的基本规范，"德"不仅是社会正常运转的原则，也是个人修身养性的必须，所以"以德养生"是健康长寿之大本。

3. 善

如何达到"真"的精神境界呢？古典道教进一步提出了"善"的理念。《道德经》第八章说："上善若水。水善利万物而不争，处众人之所恶，故几于道。"[1]"善"字，甲骨文写作"🐑"；金文写作"🐏"，上面是一个羊头的样子，底下是两个"言"字。有学者认为，羊头表征的是安祥温和，因为"羊"就是"祥"的本字。初看起来有道理，但其下的两个"言"作何解释？这是很值得推敲的。日本学者白川静认为，"羊"是獬豸的象形，而"言"代表的是立誓言。从形态上看，"言"字上面是"辛"，像一把针，表示语言有穿透力。古时候解决民事纠纷，牵来獬豸做判决。有纠纷的人面对神明，置放针器，立下誓言，以示讲真话，如果有假，当受墨刑。[2] 这样说来，"善"字在最初表征的乃是公平、诚实。[3] 后来，词义逐渐丰富，引申出"仁慈""友好""美好""义举"等内涵。《说文解字》以"善"为"吉"，谓"此与义美同意"[4]。久而久之，"善"字成为崇高品德的形容。老子"上善若水"当包含了上述诸多意涵，而最重要的即表征美好品德。按照老子的看法，最好的品德应该像水一样。水滋润万物，使万物生长，而不去争名、争利，水总是处在最让人嫌恶的地方，这就是它最接近道的习性。道是什么呢？道就是宇宙万物的本原、根据，它化生万物，却从来不与万物相争，这就是"上善"，它是最接近于"大道"的。

老子用"水"来比喻崇高美德，背后蕴藏着"易学"《洛书》的五行卦象法度。上古《洛书》，以"金木水火土"五行来与九宫八卦相配。其数一

---

① 王卡点校：《老子道德经河上公章句》，北京：中华书局1993年，第28—29页。
② 参见〔日〕白川静：《汉字》，朱家骏译，厦门大学出版社2005年，第1卷第78—79页。
③ 参见〔日〕白川静：《汉字》，朱家骏译，厦门大学出版社2005年，第1卷第78—79页。
④ （汉）许慎撰：《说文解字》，北京：中华书局1963年，第58页。

在北方，五行属水，配《坎》卦；九在南方，五行属火，配《离》卦；三在东方，五行属木，配《震》卦；七在西方，五行属金，配《兑》卦；二在西南方，五行属土，配《坤》卦；四在东南方，五行属木，配《巽》卦；六在西北方，五行属金，配《乾》卦；八在东北方，五行属土，配《艮》卦；五在中央，统摄四方。在古典道教看来，居于北方的"一"虽然最小，却是生成万物的起点，最为重要。对此，苏辙在《道德真经注》卷一里说："天以一生水。盖道运而为善，犹气运而生水也，故曰上善若水。二者皆自无而始成形，故其理同。道无所不在，无所不利，而水亦然。然而既已丽于形，则于道有间矣，故曰几于道矣。然而可名之善，未有若此者也，故曰上善。"①按照苏辙的解释，则"善"是因为"道"运化的结果；换一句话来讲，"善"即"道"的一种外化显形，这就像"气"运化而成"水"一样，所以把"上善"比作"水"。从五行来看，"水"居于北方，为众阴归结处，虽然弱小，却有生生不息的能量，因此，"水"在五行中特别重要，因此老子以"水"来比喻大道化生万物、滋养万物的功德。这种功德的基本特性是：处下、利物、不争。

　　老子"上善"的理念成为整个道教文化价值观的基本内容之一，后来的道教学者以老子"上善"精神为基础，阐述其思想，都是围绕"处下、利物、不争"展开的。"处下"意味着谦卑，"利物"意味着奉献，"不争"意味着不计较个人名利地位。

　　4. 静

　　道教的"柔弱"论又与"静"的精神相联系。老子《道德经》第三十七章说："不欲以静，天下将自定。"②"静"字，金文写作"𩁹"。左边是"青"，此系"清"的本字，表示纯净；右边为身体前倾的样子，表示全力以赴、清洁自我。左右会合，表征纯洁内心，去除杂念和欲望。由于杂念去

① 《道藏》第 12 册，第 294 页。
② 王卡点校：《老子道德经河上公章句》，北京：中华书局 1993 年，第 144 页。

除可使人抑制躁动的状态，此字又表"宁静"。老子关于"静"的论述乃兼有两层意涵：一方面，"静"由"不欲"产生，"不欲"就是去除内心杂念欲望，由此而达到的"静"即纯洁；另一方面，"天下将自定"意味着天下社会安定和平，老百姓安居乐业。老子《道德经》第四十五章谓"清静为天下正"①，把"清"与"静"联系起来，进一步佐证了古典道教讲的"静"是包含了纯洁与宁静两种意涵。

老子的"清静"论说在古典道教其他著述里得到继承。如《庄子·天地》②讲，古时候养育天下的君主，没有贪欲心，凡事任其自然，天下四方富足，万物生化不已。这一切都因为君主的心如湖泊那样渊深宁静，所以百姓安定。老庄这种以"静"修心治国的精神在制度道教中得到了全面发挥。相传出于三国著名道士葛玄之手的《清静经》③，从"道体"的特征入手阐述清静理念，"道"是阴阳协调的整体，体现在现象界，便有清浊、动静、本末的对应。不过，相对而言，"清静"二字是最为根本的，所以人的生活应该保持清静的状态，这样天地也就归于大定了。《清静经》的论说高度概括了制度道教修持的基本精神与思路，所以在后来被道教奉为早晚功课诵读的经典。

5. 安

老子《道德经》第三十五章曰："执大象，天下往。往而不害，安平太。"④ 老子所谓的"大象"即"道"，而"执大象"就是信仰大道、奉行大道、固守大道。"天下往"是说圣人奉行大道，天下万物都归向大道。按照《道德经》的说法，天下万物归向大道，就不会受到任何伤害。之所以如此，是因为大道是"安平太"的。

---

① 王卡点校：《老子道德经河上公章句》，北京：中华书局1993年，第179页。

② 参见（清）郭庆藩撰，王孝鱼点校：《庄子集释》，北京：中华书局1961年，第404页"古之畜天下者，无欲而天下足，无为而万物化，渊静而百姓定"。

③ 参见无名氏注：《太上老君常说清静经注》，《道藏》第17册，第143—148页。

④ 王卡点校：《老子道德经河上公章句》，第139页。

老子讲的"太"即"泰"，乃出于《易经》之《泰》卦。该卦之象，下为乾，三阳上升，上为坤，三阴下降；阴阳二气，流通交感而成和，故谓之"泰"。既然阴阳交合，当然也就平安吉祥。"安"是安全，而"平"就是太平，安全与太平合起来就是平安，可见老子"道"的要义就是平安。老子关于"平安之道"的哲学升华在后来的道教经典里得到进一步发挥。例如《元始说先天道德经注解》第五章即称："惚惚恍恍，万物之神奥；恍恍惚惚，万物之鬼

图 0—1　日本道观 2018 年 4 月举行玄武大帝开光仪式时，道观门内悬挂着由一束草药、符及两个灯笼组成的祈福辟邪饰品，灯笼上写着汉字"安"

宅。道行真化，杳冥之灵室。虚无至大，元居道安，神妙帝寂，耳目不可得"①。这段话的关键是"元居道安"四个字，作者将"道"与"安"联结起来，形成"道安"的短语，其意涵可从两个途径来理解：一是说"道"是"安"的；二是说"道"可以"安"。不论是哪一种情况，都表明"安"离不开"道"，因"道"而"安"，用"道"以"安"。

综上所述，道教的源头久远，肇始于黄帝轩辕氏，成形于春秋时期的老子，建制于东汉末的正一盟威之道，经过五千年的曲折发展而成为中华民族最具特色、富有魅力的传统宗教，是中华民族屹立于世界的文化标志之一。在长期发展过程中，道教创制了别具一格的理论，有自己独特的修持法门。

---

① （宋）李嘉谋：《元始天说先天道德经注解》，《道藏》第 1 册，第 449 页。

道教以"道德"二字为纲领，道为体，德为用，德之大用发而有"道、德、善、静、安"五门，此可谓修持的五字箴言。用此五门治国则国泰民安，用此五门治身则身体康健。

正因为中国道教自身悠久的发展历史、丰厚的文化承载、独特的修持法门，以及对国家治理及个人身心的良好作用，道教才能在发展过程中不断从中国走向海外、流布世界，并影响世界文化，以老子《道德经》为思想基础与信仰旨归的道教文化不仅在中国社会历史中产生了独特作用，而且对世界其他国家也有潜移默化的影响，尤其是一衣带水的日本。日本道观的建立及其对道教文物的收集活动，就是这一文化现象的具体体现。

三、日本道教研究与本书价值

资料显示，道教信仰传播到日本的时间甚早，一些信仰者还在日本建立道观。近代以来，日本道教引起学者们的关注，积极开展相关的探索研究工作，并且取得了丰硕成果。在这里，我们有必要就"日本道教研究"的概念略加阐述。

就总体来说，"日本道教研究"这个概念包含两个方面的含义：第一，日本学者对道教的研究，侧重点是日本学者关于中国道教的研究，旁及中国道教对日本社会影响的研究。第二，道教在日本的传承与实体化、本土化研究。这两个方面的研究工作，既相对独立，也密切关联。

（一）日本学者对中国道教的研究

从 19 世纪后期开始到 20 世纪 30 年代，日本学者中的一些"中国通"就注意开展中国道教研究，其中主要代表人物及成果有武内义雄的《老子原始》，津田左右吉的《道家思想及其发展》，幸田露伴的《道教思想》，小柳司气太的《东洋思想研究》《白云观志》《老庄思想和道教》，福井康顺的《道教的研究》，吉冈义丰关于《灵宝经》《周易参同契》《列仙传》的研究等。

20世纪30年代以后，由于世界性对华研究加强，日本学者对中国道教的研究力度也大大升级，尤其是1950年日本道教学会成立以来，不仅研究人员大幅增加，研究成果也相当可观。其代表性成果除了福井康顺、吉冈义丰的著述外，尚有金谷治的《老庄的世界——淮南子的思想》，大渊忍尔的《道教史研究》《敦煌道经目录》，福永光司的《道教与日本文化》，蜂屋邦夫的《中国道教的现状》，麦谷邦夫的《道家、道教中的气》，丸山宏的《玉坛发表科仪考——台南道教仪礼的历史谱系探索》等。据统计，日本道教学会迄今已有会员600余人，他们薪火相传，多学科、多角度对中国传统道教展开了丰富多彩的研究。

（二）中日学者对道教在日本的传播与实体化、本土化问题研究

在这个领域，中日学者都作出了努力。早在日本明治三十一年（1898），黑川真道便在《史学杂志》第9卷第12期发表了《日本皇朝年号中的长生之神的意义》，分析了"天皇"与道教三皇信仰的关系，揭示了道教对日本皇朝的深度思想影响。明治四十四年（1911）以来，先后有石谷斋藏、吉田东伍、冈崎清安、山本信哉、清原贞雄、津田敬武、津田左右吉、西田直二郎、森德太郎、高桥健自、和辻哲郎、新井诚夫、黑板胜美、本多辰次郎、小柳司气太、和岛芳男、折口信夫、竹内理三、土田杏村、冈田正之、中里龙雄、漳川政次郎、今井启一、铃木重光、清原贞雄、妻木直良、吉田幸一、三轮善之助、黑板昌夫、武内义雄、重松信弘、下出积与、上田正昭、福永光司、上田正昭、上山春平等一大批日本学者发表了《王朝时代的阴阳道》《泰山府君祭和大将军社》《作为福神的泰山府君》《平安时代道家思想的兴盛》《试论奈良时代的道教》《道教向日本国的流传》《渡来人的信仰和道教》《日本古代的道教和朝鲜》等数十篇很有分量的学术论文，从不同角度阐述了中国道教与日本社会文化的密切关系，探讨道教在日本的传播历程和表现。虽然有许多日本学者主张道教对日本仅有思想影响，而没有道教团体存在，但也有不少日本学者通过文献和实物的双重证据来说明道教的确在日本实现了实体化和本土化。

在这个方面，值得注意的是，近二十多年来，中国学者也开始越来越关注道教在日本的传播问题，并展开了一系列的研究。其中比较有代表性的论著如陈耀庭先生在 2000 年出版的《道教在海外》，该书用一定篇幅论述了道教流传日本的历史以及日本学者的道教研究情况。又如孙亦平教授在 2014 年编撰的《东亚道教研究》，其中有一章论述道教在日本列岛的传播。另外，孙亦平教授还在 2016 年出版了《道教在日本》一书，以时间为线索，分析了中国道家道教思想传入日本的历程及其对日本神道的影响。近期，在我国一些核心刊物上也登载了一系列关于日本道教的研究论文。这些论文主要探讨华人迁居日本如何带入道教信仰、道教一些主要神明如何落户日本、道教传到日本之后如何成为中国文化之容器等问题。这些成果的问世，为本书研究奠定了基础。

（三）本书研究的特色与价值

本书是在大量查阅了日本道教研究成果，并且实地考察了日本道观及其所收藏的大量文物、追溯其历史的基础上提出来的。其主要特色优势与价值如下：

1.掌握了大量的第一手珍贵资料

经过多年交往，参与本书研究的中、日学者与日本道观建立了密切的学术关系，在文献资料方面获得了大力支持。目前，已经获得 1000 多种日本道观收藏的珍贵文物的拍摄照片，其中包括 100 余件的神仙雕像、300 多种与道医有关的医药看板以及从中国流传至日本的千余种道医秘方，还有 38 部以老庄学为主的道教义理性经典文献，136 种道医养生文献，数十种儒学、佛学、文学文献。这些经典文献不仅有很高的文物学和资料学价值，而且为道教在日本传播提供了确凿依据。此外，从日文训读上还可以看出日本遣唐使到中国学习道教经典如何断句的原貌，例如梅泽本《老子道德经河上公章句》的训读即保存了历史传统，使已经失传的许多经典解释得以复原。这是一个巨大的文献宝库，现在展开的只是冰山一角。

2. 开辟新的研究领域

以日本道观为基本考察对象,将宏观把握与微观考察紧密结合起来,梳理中国道教在日本的传承历史;从儒、释、道三教密切关系以及中国文化的大视野上透析日本道观与中国道教一脉相承的源流关系,分析该道观如何以道教协会和道学院为纽带,传播健康导引术,开展"以术弘道"的活动,从而使得各种文物成为道教文化传播的借鉴。

3. 建立了中日学者合理、合法的文化合作学术团队

多年来,本书召集人与日本许多高校学者、博物馆研究人员多次一起以日本道观收藏文物为题,召开学术会议,形成了便于沟通的合理、合法的合作机制。一方面,在几次学术会议中,中日学者就共同议题展开很好的讨论,交换了意见,增进了了解;另一方面,通过文物展览,中日学者就自己熟悉的领域介绍相关知识,发表观感和看法,进一步激发了共同的兴趣,提升了合作研究的质量。

4. 本书研究价值

首先,日本道观是中国道教传播并且扎根日本的一大标志,本书的研究可以充分证明中国道教在日本的确存在实体组织并有着非常巨大的文化影响。

其次,作为讲究文化品位的日本道教活动场所,日本道观一方面接续了中国传统道教的思想文化传统;另一方面又注重解决日本当下民众的现实精神生活问题。日本道观以老子《道德经》道法自然思想为主旨,以中国武术和导引术为传播媒介,远溯《黄石公三略》的武术养生文化,体现了传统与现实相结合的基本理路,对这种活的文化现象展开研究,有助于中国各地道教组织相互借鉴,提升文化品位。

最后,日本道观收藏的文物数量众多且十分珍贵。本书有助于保存、考察中国珍贵的道教文献和画像、雕塑等文物,挖掘其深刻的内涵,提高学界对其关注和重视,具有非常重要的文献学和文物学价值。同时,通过对这些

文物资料来龙去脉的追溯，可以发现，中国道教思想及其相关文化传统不仅对历史上的日本社会有实质性影响，而且至今依然在发生潜移默化的作用。

四、本书研究方法与旨归

本书在坚持实事求是总原则的前提下，主要采取如下三大方法：

一是考据学方法。此法虽然是比较传统的方法，但对于涉及大量历史文献的日本道观及其收藏的珍贵文物研究来说恰恰是非常适用的。

二是书物学方法。所谓"书物学"，就是把出版物当作一种实体性的载体来加以考察，追溯出版物的由来、变迁、版本、材质等。

三是符号学方法。本书还涉及各种造像、绘画这些实体性的历史遗存，有很强的象征意味，本身往往是弘道的符号语言，因此应当从符号象征角度出发予以深入解读。

总体而言，本书以日本道观为基本考察对象，把微观透析与整体把握有机结合起来，力图使得一个道教文化的壶天世界亮点充分展示出来；坚持"以道观之"的观物精神，将日本道观收集到的纷繁复杂的众多文物，包括儒、释、道文献以及诗词曲赋的各种出版物，进行逻辑分类和有机整合，注重发掘蕴含其中的"大道"精神，分析展示诸多文物内在的道学意蕴。

学术研究无止境。我们希望通过本书的工作，推动对道教文化的深入探索，促进中日道教文化交流。

第一章　日本道观的历史和弘道实践

日本道观成立于昭和五五年（1980）。据日本道观现主持早岛妙听道长讲述，1977 年，创始人早岛天来通过道家内观法、静坐法选定了现总部所在地，并感知到了当时建在此处的建筑物，他认为这里正是普及道家思想的据点，决定将日本道观的前身——镰仓松武馆道场转移至此地。并且指示后来的第二任道长早岛妙瑞先生前往当地考察。在天来道长作出指示的当天，妙瑞道长找到了其感知到的土地和建筑，于是，他们决定在 12 月 1 日进驻位于福岛县磐市的现日本道观总部所在地，将此地作为弘扬道教思想的据点与仙都。

由于总部的位置离城市略远，移址后早岛天来道长为了普及道家思想，更加积极地推进面向大众书籍的出版。他着重介绍三种修炼方式：导引术——结合现代人的特点，由中国传播而来、能使"气"无为自然地运行的健康养生法；道家动功术——根据古代中国流传而来的合气所产生的武术；洗心术——学习道家哲学，使人的精神更加丰富、自由。早岛天来道长通过这三种修炼方式告诉日本全国乃至全世界：我们人类的一生是可以健康无病、充实快乐度过的。他还利用通讯工具进行指导，并出差到日本各地指导，通过实践证实了中国道教传承的气之秘术可以治疗疾病。

1978 年，早岛天来在日本医师东洋医学研究会上演讲，随后在日本全国举办多场演讲，并受邀参与电视节目的录制，推动了导引术在日本国内的普及。

1980 年，早岛天来确定了日本道观的名字，并在全国开设分部，正式开始了道家思想的普及活动。1981 年，创办月刊杂志《道观》。1990 年，被中国台湾地区的《气功》杂志聘为顾问。

1991 年，早岛天来作为唯一受到邀请的日本修行者，参加了在中国全真教发源地——山东省文登市举办的全真教世界大会"中国道教镇派发祥地文登国际研讨会"，并攀登了昆嵛山。同年，带领日本道观全体 400 名成员参拜北京白云观。

日本道观成立后，早岛天来培养指导员，以日本全国分部为据点，指导推广道家道教思想。并于 1992 年成立道家道学院，担任首任校长。这所学校以日本道观为基础发展而来，将"气之导引术""道家动功术""洗心术"三者合一作为主要学习内容，男女老少各个年龄阶层的人都能够在这里学习道家道教思想。

早岛天来道长仙逝后，1999 年 6 月第二代道长早岛妙瑞继承日本道观，兼道家道学院第二任校长，并成为道教龙门派第十四代传人。

早岛妙瑞道长于 2017 年 2 月仙逝后，由早岛妙听继任日本道观第三代道长，并成为道教龙门派第十五代继承人。

第一节　日本道观的历史

谈到日本道观的历史，首先不能忘记历史上早岛天来道长的直系祖先中，曾有两位伟大的人物出现。其中一位是日本南北朝时代大高坂城（现在的高知城）造营之祖，即青年时即战死沙场的大高坂松王丸；另一位就是江户时期南海朱子学派的学者大高坂芝山。通过这两位人物的生涯事迹，才能够更深刻理解早岛天来道长将诞生于中国的人类智慧的结晶——道（TAO）在当代复兴的历程，也才能理解为了实现这一伟业，天来道长战胜重重困难所拥有的力量的源泉。

一、大高坂松王丸

天来道长是高知城造营之祖、大高坂家的嫡系子孙。大高坂家是以日本南北朝时代的英勇武将大高坂松王丸（？—1340）为代表的武士一族。多种史料表明[1]，松王丸在高知非常受人尊重，而且在当地被供奉为神明（图1—1）。

图1—1 松熊神社

大高坂的父母、弟弟还有妹妹长眠于松山藩菩提寺即松山法隆寺，根据天来道长家谱及《大高坂家逝者名册》抄本可知，天来道长是大高坂芝山的

图1—2 《大高坂家逝者名册》复印本

---

[1] 参见吉村贞司：《名城合战物语（9）高知城》，盛光社昭和四十一年（1966）；《大高坂松王丸事迹 武术建山演讲》，高知市役所发行，大正十二年（1923）二月九日；[日] 近藤胜文：《大高坂松王丸 高知市开发之祖》，大高坂松王丸研究会平成十六年（2004）。

21

直系子孙（图1—2）。

　　这本逝者名册可追溯到江户元禄十三年（1700），"一峰芝山"就是大高坂芝山。根据《大高坂家谱》和史料①（图1—3）可知，大高坂芝山就是大高坂松王丸的直系子孙（图1—4），天来道长是大高坂松王丸的直系子孙。

图1—3　《大高坂家谱》

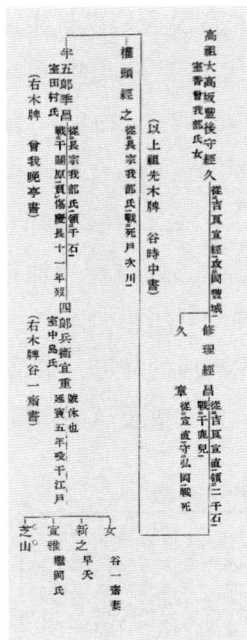

图1—4　《大高坂家谱图》

　　大高坂松王丸是日本南北朝时代在大高坂城（现高知县）出生的名将，至今当地人还会举行祭祀松王丸的活动，颂扬其功绩，并供奉为神明。第二次世界大战以前，在高知市市政府的前面是大高坂神社，后被烧毁，现在那里矗立着宏伟的大高坂松王丸的纪念碑，通过这个纪念碑可以看出高知市的民众非常尊敬松王丸（图1—5）。天来道长身上流淌着松王丸的血液。

　　日本南北朝战争中，松王丸的父亲大高坂助宗在熊野山遭遇足利尊氏的

---

① 参见［日］丝贺国次郎：《海南朱子学兴盛之研究》，成美堂书店昭和十年（1935）。

图 1—5　日本道观主持及信众在大高坂松王丸纪念碑前的合影

联合军津野、三宫、坚田的突袭而被杀害,7 岁的松王丸成为大高坂城主。[1]

建武三年（1337），年仅 11 岁的松王丸将丧父之痛藏于心中,成为一名重义骁勇的武将,他不惧生死,率领士兵驰骋沙场。当时战败的阴霾已经笼罩了南朝,连成年的士兵都踟蹰不前,他却一马当先,跨着战马奔赴战场,其英勇行为使南朝士气高涨。

因为这段历史已经年代久远,所以相关资料稀少。只能根据北朝一方佐伯氏（坚田氏）的记录了解到松王丸身为城主奋勇抗敌的事迹,历应三年（1340），在年仅 15 岁时,松王丸战死沙场。[2]

二、大高坂芝山

还有一个人在大高坂家的历史上留下了浓墨重彩的一笔,这个人就是大

---

[1]　参见 [日] 川村晃:《不死鸟　大高坂家的祖先》,日本道观出版局平成一年（1989）。

[2]　参见 [日] 高知县历史事典编集委员会编:《高知县历史事典》,高知市民图书馆,1980 年;《高知县百科事典》,高知报社 1976 年。

高坂芝山（1647—1713）。

芝山的乳名叫冈九郎三郎，俗称清介，字秀明，号芝山，在江户时代出生于土佐，是南海朱子学有名的学者。他意志坚定、不喜迎合他人、严谨求学，是一个很直爽的人。因此，他会严厉批评伊藤仁斋等有名的学者，反对他的声音也很多。但是，《海南朱子学发达之研究》的作者贺国次郎说芝山为人豪爽、才华横溢，以硕儒自居，能够直言不讳地批评其他学者。[1] 由此也能想到他当时的样子。而且，芝山还擅长汉诗。

在日本，藤原惺窝是朱子学的集大成者，朱子学也因为林罗山而被幕府采纳，成为当时幕府所认可的学派。而研究朱子学的潮流却诞生于远离幕府的土佐。

室町时代，南村梅轩建立了被称为南学（海南学）的朱子学流派，此流派后来由谷时中、野中兼山、山崎暗斋继承[2]。

南学的复兴之祖谷时中的长子叫谷一斋，他的妻子是芝山的姐姐。谷一斋看出芝山极具才能，因此向芝山的父亲建议希望能把芝山留在自己身边。1666 年 3 月，当时 18 岁的芝山跟随谷一斋去京都游学，开启了他的南学研究之路。同一时期，陈元赟由于明清政变逃到京都，他与芝山成为了亲密的朋友。[3]

在京都两年后，大高坂清介改号芝山，谷一斋在当时的京都已经成为颇具实力的学者，大高坂芝山又跟随他去了江户。芝山作为谷一斋的高徒，认识了小田原藩主稻叶美浓守正则和古河藩主土井利隆，他开始给大名的家臣们讲课，渐渐地作为南学的学者而扬名四海。[4]

之后，芝山又与伊予松山的松平氏关系密切，因此位于松山藩菩提寺即

① 参见［日］贺国次郎：《海南朱子学兴盛之研究》，成美堂书店昭和十年（1935）。
② 参见［日］贺国次郎：《海南朱子学兴盛之研究》，成美堂书店昭和十年（1935）。
③ 参见［日］川村晃：《不死鸟 大高坂家的祖先》，日本道观出版局平成一年（1989）。
④ 参见［日］高知县人名辞典编纂委员会编：《高知县人名事典》，高知市民图书馆昭和四十六年（1971）；［日］北村泽吉：《大高坂芝山》，《土阳报纸》，（原稿），明治三十四年（1901）；［日］松泽卓郎：《南学与南学弟子》，东京演讲会出版部昭和十七年（1942）；［日］寺石正路：《南学史》，富山房昭和九年（1934）。

法隆寺的大高坂家的墓也一直有人守护。所以，天来道长的父母、弟弟、妹妹也葬在法隆寺大高坂家的墓地。

此后便没有了守墓人。合祀之后不久，早岛妙听道长机缘巧合到访法隆寺，将早岛天来道长生前曾希望自己能够守护大高坂家之墓的缘由告知法隆寺住持，得到了住持的理解。因此，早岛妙听道长将大高坂家的墓碑带回日本道观总部，安置在了总部旁边的大仙山天来寺的供养塔广场。

三、早岛天来

日本道观创始人早岛天来（笔名正雄，1910—1999），乃现高知城造营之祖大高坂家的嫡子，但在命运的捉弄下成为了早岛家的养子。

天来道长的生母即大高坂家的女儿大高坂寿美子，17 岁时与松山市北郊法隆寺（曹洞宗）住持越智清恒的弟弟桥口清广结婚。婚后不久，大高坂寿美子就有了身孕，但不小心从台阶跌落，早产诞下了 7 个月大的长子天来。母亲寿美子受到了打击，惊慌失措，无力抚养自己的孩子。大高坂家与早岛家是很好的朋友，由于早岛家一直没有孩子，于是，刚刚出生的天来便成为了早岛家的养子。

据早岛天来所言，大高坂家继承了村上源氏的血统，并传承了从中国传来的武术、医学。早岛家的祖先则是忍者，在伊贺上野还遗留有墓地，并且，祖上还曾负责池田公的御膳，为主公饭前试毒。养父去世后，在其遗物中还发现了筑城用的筑地和庭院布置的图纸及说明书。天来道长的养父早岛常雄在本职工作之外，还通过合掌运气为人们治病，帮助他人。在幼年时期，养父用奇特的方法为他人治病的身姿，就一直深深地印在天来道长的脑海里。而且，养父常雄还擅长柔术，有时自己不声不响地练习，有时也教导他人。

可见，天来道长在幼年时期，无论是受大高坂家血统的影响，还是早岛家家庭环境的耳濡目染，这些对于早岛天来成为日本道观的创始人，都产生了宿命般的影响。

早岛天来 18 岁时，养父早岛常雄去世。此时，他收到了生母饱含思念的来信，从信中得知自己成为养子来到早岛家这一隐瞒至今的事实，他决定去松山看望自己的亲生父母和弟弟妹妹。早岛天来道长与亲生父母及弟弟妹妹相见时，流下感动的泪水，此刻他深深地感受到了自己身上流淌着大高坂家的血液，也更加确信自己血脉的根源。那时他了解到了关于大高坂松王丸和芝山的故事。

早岛天来为了完成求学和修行的梦想，于 1928 年离开了米子市，来到横滨土木局工作，一边给养母寄生活费，一边开始在商业学校的夜校学习。从这时起，他便开始认真地研究武术的修炼和气的治疗法。天来道长曾说过："社会上并没有讲述'道'的杂志。今后我很想出版一本这样的杂志。"可以说，日本道观、道家道学院的月刊杂志《道》的构想萌芽于此时。

早岛天来曾感情真挚地讲述他有幸遇到了无为自然的道教哲学思想，他与"道"的相遇使自己的人生变得充实而幸福，他说："在与道家思想相遇以前，我的身心都很贫瘠。而遇到道家思想后，我的人生变得充实而幸福。所以，如果将来有机会，我希望能报答将道家思想传承于世的中国朋友们。"

于是，早岛天来更加努力致力于"道"的修行。在进行武术修行的同时，他开始研究人体的穴位，深入理解人体与体内气之循环。并且，还了解到利用穴位能够救人或是灭人的"活法"和"杀法"在阴阳调和下可以同时共存，由此领悟到了武术修行的精髓，其哲学思想源于老子。

1950 年左右他根据"气医学"为人治病，讲授指导合气术课程。

1960 年，日本道观的前身——松武馆道场在镰仓创立，是早岛天来人生修行的结果。他结合现代人的实际情况，将从中国传播至日本的道家健康法和导引术系统化，并命名为"导引术、服气法"。随着修炼深入和不断磨炼武术技巧，在从古代中国传播至日本、由当时武田惣角先生弘扬开来的大东流合气柔术的基础上，他又开创了道家武术——"道家动功术"。他还创建了洗心术，这是一种根据和道士的对话，洗去心灵的尘垢，从我执中获得解脱的心灵修行。从此，早岛天来开始普及"导引术、动功术、服气法、洗心术"。

早岛天来的合气武术救治了很多人，而且他的合气武术、气之治疗法被集大成为道教修炼法，即导引术、动功术、洗心术，并形成了一个完整的体系。早岛天来将气之哲学和身心修行法集大成，不仅仅依靠的是他与生俱来的天赋和修行，更有他领悟到的"道"之精髓。

1969 年，中国台湾道教龙门派第十二代传人江家锦许可早岛天来成为道教龙门派第十三代传人。当时授予的证书上写着如下诗句：

> 道德通玄静，真常守太清。
> 一阳来复本，合教永圆明。
> 至理宗诚信，崇高嗣法兴。
> 世景荣惟懋，希微衍自宁。
> 未修正仁义，超升云会登。
> 大妙中黄贵，圣体全用功。
> 虚空乾坤秀，金木性相逢。
> 山海龙虎交，莲开现宝新。
> 行满丹书诏，月盈祥光生。
> 万古续仙号，三界都是亲。①

诗文的内容由道教龙门派历代继承者的道号文字组合而成，被称为"派诗"，记录了从第一代到第十二代继承者的道号及每个人相关的简单介绍。另外，还记载了当时道家龙门派流传下来的吐纳法、生精法等导引内容。早岛天来曾说过，他当时收到这封信时，信中写着"龙门派第十三代传人请将此普及于世"。

在继承道教龙门派的同时，由当时移居台湾的道教嗣汉天师府张源泉天

---

① 参见［日］早岛正雄：《图片版导引术入门》，Sankei 出版社昭和五十五年（1980）。

师授予其道士之位，并担任嗣汉天师府顾问，1986 年由台湾嗣汉天师府授予大师之位。1990 年，被台湾聘为《气功》杂志顾问。

早岛天来年过 80 仍然面向那些对人生感到困惑、身体状况欠佳的人群开展气之修炼法，指导"道生活方式"课程。他认为道的本质在于"人类本来是顺应天地自然、为了获得幸福才得以在这世间被赋予生命。无需担心，只要坚持修行道、保持身心健康、放下执念，无论遇到任何困难都会加以解决"。

他对任何来寻求帮助的人都给予热心的指导，在 1999 年新年到来之际，他对当时的副道长早岛妙瑞及全体弟子说："世间一半是能看见的世界，另一半是看不见的世界。今年我将告诉大家什么是看不见的世界。这是只能传授给真正努力修行的弟子的秘传，请大家认真修行。"同年，天来道长仍然在东京出差，积极地做讲座、指导课程等，6 月 21 日天来道长在致力于向世人普及道思想的工作中仙逝。

在天来道长羽化之后，日本道观依然坚持收藏大量书籍，这不仅仅是因为早岛天来道长继承了大高坂芝山热爱学术的血统而不断研究、实践，也因为还有许多学者为了追求真理，一丝不苟地研究先贤的著作。可以说在我们追溯、探究先祖的过程中，能够越来越深刻地了解到支持日本道观创始人天来道长这一生不断实践文武两道的力量源泉。

第二节　日本道观的弘道实践

"道"这一宇宙原理法则是人类无论怎样都绝对无法干涉的。包括人类在内，辽阔的宇宙以及地球上的一切存在，都顺应"道"的法则而生。顺应"道"的法则、卸下一切伪装、无为自然而生，才是人类最幸福的、原本应该保持的姿态。但是，这世间只有人类会受到自己任性的、无止境的欲望和虚荣等"我执"的摆布，从而损害身心健康，无法无为自然地生存，每日身陷痛苦之中。另外，由于人类采用下肢行走，过度使用上肢，因此造成体内的气郁结不通。只有改善身心气的郁结不通、回归无为自然才能获得健康人生的方法，这蕴含在中国古代道家思想之中。这种方法就是"导引"，"无为自然的思考方式"是老子《道德经》中极具代表性的道家思想。其实如果我们人类能意识到现代社会中痛苦的根源在于"我执"，并与地球上一切动植物协调共生，人类就能获得真正的幸福。

　　"道"并不是一门仅凭头脑来理解的哲学，需要学更需要实践，只有实践才能知晓其中的奥妙。日本道观创始人早岛天来的《〈道德经〉大智慧》一书的副标题是"人类理想生存妙诀"，是日本道观成立的目的和目标。日本道观倡导的是，为了实践老子《道德经》的生存方式，像水一样顺应天地自然无为而生，才是人类最幸福的生存方式。早岛天来从诞生于古代中国、在源远流长的历史长河中孕育且守护至今的道教文化中，发现了人类健康、积极、快乐地度过人生的方法，并将其结合现代生活进行总结，提炼出切实可行的一些基本主张，成为日本道观指导信众修行的根本纲领，并通过大量的弘道实践将这些思想化为现实，帮助人们改变自己的生活。在这一信念下，日本道观的历任主持早岛天来、早岛妙瑞和早岛妙听道长带领众弟子、信众进行了大量的弘道实践。

一、创办杂志，出版专著

　　1981 年，日本道观开始发行月刊杂志《道观》，后来演变为《道》。

　　日本道观还出版了许多书籍。专业性书籍有《诸病源候论》《仙人列传》《东洋医学通史》等。并复刻了江户时代的和刻本，如《道德经》三种复刻版等供学者

图1—6　日本道观创办的《道》杂志

研究。

除此之外，初代道长早岛天来道长已经出版了超过 90 本浅显易懂的大众性读物。第二代道长早岛妙瑞及第三代道长早岛妙听的著作也有 10 多本，其中很多入门类书籍还被翻译出版。同时，日本道观还将《道德经》《庄子》等书的和刻本以电子文档的形式提供给大家，已经有不少中国学生使用日本道观所藏的江户时代的书籍，他们作为先驱活跃在中日文化交流的舞台上，不断深化研究传播至日本并发展至今的道家思想。

（一）早岛天来道长的著述

1973 年，《姿容美丽的入门法》，早岛正雄著，aro 出版；

1973 年，《人不因病而死——导引术入门》，早岛正雄著，东京体育报社生活·书籍出版；

1974 年，《续　人不因病而死——导引术入门》，早岛正雄著，东京体育报社生活·书籍出版；

1975 年，《道家合气术·内功卷》，早岛正雄著，自然社出版；

1975 年，《恢复气之健康法》，早岛正雄著，潮文社 riu 出版；

1976 年，《道家的合气术》，早岛正雄著，aro 出版；

1976 年，《快速变美的仙术》，早岛正雄著，鸠之森书房出版；

1976 年，《快速恢复青春的仙术》，早岛正雄著，鸠之森书房出版；

1976 年，《道家之修行入门》，早岛正雄著，日本道观出版局出版；

1977 年，《道家的生活与修行——治疗抑郁症的导引（DOIN）》，早岛正雄著，松武馆本部出版；

1977 年，《道家的生活与修行——治疗自主神经失调的导引（DOIN）》，早岛正雄著，松武馆本部出版；

1977 年，《道家的生活与修行——导引（DOIN）点亮心中的灯》，早岛正雄著，松武馆本部出版；

1977 年，《道家的生活与修行——静坐与导引》，早岛正雄著，松武馆本部出版；

1978 年，《加入道家——世间皆为乐事》，早岛正雄著，taimatu 社出版；

1979 年，《人都有一死》，早岛正雄著，泰流社出版；

1979 年，《东洋医学通史》，石原保秀著，早岛正雄编，自然社出版；

1980 年，《导引术入门——中国健康法的秘密》插图版，早岛正雄著，sankei 出版；

1981 年，《道家的气功术》，早岛正雄著，日东书院出版；

1981 年，《慢性病治疗的导引术入门》，早岛正雄著，goma 书房，gomabooks 出版；

1982 年，《恢复青春的导引术入门》，早岛正雄著，goma 书房，gomabooks 出版；

1982 年，《现代语译：诸病源候论》，巢元方著，早岛正雄译，日本道观出版局；

1982 年，《解除心中的苦恼——导引术入门》，早岛正雄著，goma 书房，gomabooks 出版；

1983 年，《讲话洗心术》，早岛正雄著，ABC 出版；

1983 年，《道家的人们》，早岛正雄著，日本道观出版局出版；

1983 年，《强大身心的气之冥想术》，早岛正雄著，KK 畅销书，杂志选刊出版；

1983 年，《导引术中的气使人头脑灵活》，早岛正雄著，银河出版社出版；

1983 年，《奇妙的导引术入门》，早岛正雄著，日本文艺社出版；

1984 年，《导引术秘传——奇妙的不老回春法》，早岛正雄著，ABC 出版；

1984 年，《导引术秘传——酒浴健康法》，早岛正雄著，ABC 出版；

1985 年，《洗心术入门——消除烦恼与痛苦的中国秘法》，早岛正雄著，光文社 kappa book 出版；

1986 年，《带来好运的"气"之波动》，早岛正雄著，二见书房 sara book 出版；

1986 年,《导引术 祛病的健康法》,早岛正雄著,光文社文库出版;

1986 年,《解除心中苦恼的洗心术》(道家入门系列①),早岛正雄著,日本道观出版局出版;

1986 年,《治疗百病恢复青春的导引术》(道家入门系列②),早岛正雄著,日本道观出版局出版;

1986 年,《道家的生存方式及其世界》(道家入门系列③),早岛正雄著,日本道观出版局出版;

1986 年,《猫的妙术》,早岛正雄著,日本道观出版局出版;

1986 年,《漫画老庄事典》,早岛正雄著,日本道观出版社出版;

1987 年,《观相导引术》,早岛正雄著,学研出版社出版;

1987 年,《好运长寿秘术"气"的生命力》,早岛正雄著,二见书房 sara books 出版;

1988 年,《"气"的导引术》,德间书店 tokuma books 出版;

1988 年,《导引医学全书》,早岛正雄著,鸠之森书房出版;

1988 年,《用酒按摩的皮肤护理》,早岛正雄著,青春出版社 pureibooks 出版;

1989 年,《仙人列传》,早岛正雄著,日本道观出版局出版;

1989 年,《自我治疗的气的健康术》,早岛正雄著,KK 畅销书,杂志选刊出版;

1989 年,《"气"能轻松瘦身》,早岛正雄著,二见书房 sara books 出版;

1989 年,《〈老子道德经〉的读法》,早岛正雄著,经济界 RYU SELEC-TION 出版;

1989 年,《"气"之攒钱术》,早岛正雄著,德间书店 tokuma books 出版;

1990 年,《坚持!让你远离腰痛》,早岛正雄著,角川书店出版;

1990 年,《运"气"及枯叶·酒浴健康法》,早岛正雄著,riyon 社出版;

1990 年,《恢复青春的健康法 导引术》,早岛正雄著,日东书院出版;

1991 年,《治疗慢性病的——气的导引入门 I 》,早岛正雄著,大陆书房,大陆文库出版;

1991年，《恢复青春的——气的导引入门Ⅱ》，早岛正雄著，大陆书房《大陆文库》出版；

1991年，《解除心中的苦恼——气的导引术入门Ⅲ》，早岛正雄著，大陆书房《大陆文库》出版；

1991年，《气之容貌导引术》，早岛正雄著，大陆书房《大陆文库》出版；

1991年，《气之房中术》，早岛正雄著，大陆书房《大陆文库》出版；

1992年，《"气"能随意瘦身》，早岛正雄著，大陆书房《大陆文库》出版；

1992年，《带来好运气的导引术》，早岛正雄著，日东书院出版；

1993年，《"气"的波动》，早岛正雄著，二见书房，二见《WAi—WAi文库》出版；

1994年，《"气"能轻松瘦身》，早岛正雄著，二见《WAi—WAi文库》出版；

1996年，《"气"的健康法》，早岛正雄著，广济堂出版；

1996年，《带来好运"气"的力量》，早岛正雄著，日本文艺社《日文文库》出版；

1996年，《人生转运的"气"的活用术》，早岛正雄著，五月书房出版；

1997年，《气的生命活性术》，早岛正雄著，KK畅销书出版；

1998年，《幸运的人、错失良机的人》，早岛正雄著，日本文艺社《日文文库》出版；

1998年，《超自然减肥法》，早岛正雄著，五月书房出版；

1998年，《抗压的弱者与强者》，早岛正雄著，本之森出版中心koala-books出版；

1998年，《奇妙的酒浴健康法》，早岛正雄著，本之森出版中心koala-books出版；

1999年，《读后令人充满活力的书》，早岛正雄著，五月书房出版；

1999年，《自我治疗的气的健康术》，早岛正雄著，KK畅销书出版；

1999 年，《强大身心的气的冥想术》，早岛正雄著，KK 畅销书出版；

1999 年，《带来好运"气"的洗心革面》，早岛正雄著，日本文艺社出版；

1999 年，《提高自愈力的气的生命活性术》，早岛正雄著，KK 畅销书出版；

1999 年，《能否把握人生的人》，早岛正雄著，艺术类书籍，本之森 ko-alabooks 出版；

2000 年，《气能轻松瘦身的书》，早岛正雄著，艺术类书籍，本之森 ko-alabooks 出版；

2000 年，《细节识人术》，早岛正雄著，日本文艺社《日文文库》出版；

2001 年，《抓住机遇的 70 条法则》，早岛正雄著，日本文艺社《日文文库》出版；

2001 年，《治愈心灵的 41 个秘诀》，早岛正雄著，文艺书籍本之森出版；

2003 年，《调节身体的"气"》，早岛正雄著，日本文艺社《日文文库》出版；

2003 年，《早岛式即时减肥法》，早岛正雄著，日本文艺社《日文文库》出版；

2004 年，《请您消除体寒》，早岛正雄著，早岛妙瑞监修，文化社出版；

2004 年，《"气"的最强能量》，早岛正雄著，日本文艺社《日文文库》出版。

其他书目

1989 年，《不死鸟——大高坂家的先祖》，川村晃著，早岛正雄监修，日本道观出版局出版；

1992 年，《导引术与气功术》，早岛妙瑞著，早岛正雄监修，大曜出版；

2010 年，《早岛天来遗稿集——恢复身心健康的道家思想》，早岛天来

（正雄）著，早岛妙瑞监修，日本道观出版局出版；

2010年，《定本·东洋医学通史——汉方·针灸·导引医学的历史考察》，原保秀著，早岛天来（正雄）编，日本道观出版局出版；

2011年，《定本'老子道德经'的读法》，早岛天来（正雄）著，日本道观出版局出版；

2014年，《道家名言录——幸福箴言百句》，早岛天来（正雄）著，学研出版。

海外出版

中国台湾地区

1975年，《人不因病而死——导引术入门》，早岛正雄著，大众书局出版；

1999年，《气的健康法——惊异的导引术》，早岛正雄著，建宏出版局出版；

1981年，《健美长生术 第一册》，早岛正雄著，大众书局出版；

1981年，《健美长生术 第二册》，早岛正雄著，大众书局出版；

1983年，《慢性病治疗的导引术入门1》，早岛正雄著，王家出版社有限公司出版；

1983年，《快复年轻气息的导引术入门2》，早岛正雄著，王家出版社有限公司出版；

1983年，《解除心中的苦恼导引术入门3》，早岛正雄著，王家出版社有限公司出版；

1982年，《治疗慢性病的导引术入门1》，早岛正雄著，王家出版社有限公司出版；

1988年，《恢复青春的——导引术入门2》，早岛正雄著，青春出版社出版；

1988年，《恢复青春的——导引术入门第二集》，早岛正雄著，青春出版社出版。

韩国

1986 年,《健康导引术》,早岛正雄著;

1986 年,《洗心导引术》,早岛正雄著。

其他

1997 年,《THE TAOIST ROAD TO HEALTH》(英语版《道的健康法·导引术》)早岛正雄著,讲谈社国际;

1997 年,《Der taoistische Wegzur Gesundheit》(德语版《道的健康法·导引术》)早岛正雄著,O.W.BARTH 出版;

1997 年,《el método DOIN SISTEMA TAOÍST DE SALUD》(西班牙语版《道的健康法 导引术》),早岛正雄著,EDITORIAL SIRIO,s.a. 出版。

(二)早岛妙瑞道长、早岛妙听院长著述

1. 早岛妙瑞道长著作

2007 年,《祛除体寒》,comics 出版;

2010 年,《"气"之循环决定"运气"之规律》,广济堂出版;

2010 年,《道的秘诀——无为自然的身心开辟新人生》,学研出版;

2011 年,《道之生存方式——身心健康开启通往好运之路》,学研出版;

2016 年,《带来好运的"气"之超能量》,日本文艺社出版;

2016 年,《恢复青春的"气"之健康法》,日本文艺社出版。

2. 早岛妙瑞道长监修

1993 年,《乡村老太太生活辞典》,日东书院出版;

2001 年,《心领神会!饮食健康法》,日东书院出版;

2004 年,《祛除体寒——气之健康训练法》,文化社出版;

2007 年,《漫画版酒浴健康法——身心恢复健康!》,goma 书房出版;

2009 年,《不墨守成规 不随波逐流》,PHP 出版;

2011 年,《恢复身心健康的道家思想》,日本道观出版局出版;

2011 年，《"气"造就成功之人·失败之人的规律》，广济堂出版。

3.早岛妙听院长著述

2011 年，《日中英三语版·天来大先生道之旅》，日本道观出版局出版；

2013 年，《日中英三语版·"道"·导引与人类之前程》，日本道观出版局出版；

2015 年，《道家箴言　活出精彩人生　早岛天来箴言 30 句》，日本道观出版局出版；

2016 年，《道家箴言　丰厚人生 30 句—老子·庄子·早岛天来语录选编—》，道家道学院出版局出版；

2017 年，《放眼人生咏唱　早岛妙瑞箴言 30 首》，道家道学院出版局出版。

4.早岛妙听院长监修

2010 年，《日本道观　通向未来的道学》，日本道观出版局出版；

2011 年，《定本〈老子道德经〉读法》，早岛天来著，日本道观出版局出版；

2012 年，《和本〈老子道德经〉三种　复刻版》，日本道观出版局出版；

2014 年，《道家名言录　幸福箴言百句》，早岛天来著，学研出版。

二、成立道家道学院

早岛天来道长将总部位于镰仓的松武观道场迁至福岛县磐市作为普及道的据点，为了弥补总部远离大城市这一不利条件，迁移后立刻向各个学员邮寄教材，开展网络远程授课。接着在日本全国建立支部，支部数量曾经一度超过 200 个。为了创造更好的教学环境，严格挑选指导教师便于开展直属于本部的指导课程，1992年成立道家道学院，天来宗师为首任校长。这所学校是以日本道观为基础发展而来的，将"气之导引术""道家动功术""洗心术"三者合一作为主要学习内容，男女老少各个年龄阶层的人都能够在这里学习道的思想。

迄今为止，道家道学院作为日本唯一一所学习"道"的学校，吸引了众多入学者，并在日本全国设置了八所不同地区的道学院分院。指导员们虽年轻，但都在日本道观修行多年，由他们给学员进行热情细致的指导。天来宗师仙逝后，1999年6月第二代道长早岛妙瑞继承日本道观，兼道家道学院第二任校长，并成为道教龙门派第十四代传人。早岛妙瑞道长于2017年2月仙逝后，由早岛妙听继任日本道观第三代道长，并成为道教龙门派第十五代继承人，同时任第三任校长。早岛妙听继任校长后，经常前往日本全国的道学院举办特别讲座，给学员提供了更深入地学习道家思想的机会。

三、公开道家秘传"酒浴"法

1984年，早岛天来道长在日本首次公开发表道家秘传"酒浴"。日本人都喜欢泡澡，在泡澡时加入日本酒（纯米酒）能够加强体内气的循环、消除疲劳、利于健康，还有美容的功效，因此《酒浴健康法》这本书一出版就引起强烈反响，很快成为畅销书系列。后来，日本很多制酒厂家都开始销售泡澡时使用的酒、入浴剂等，"酒浴"成为一种健康的沐浴方法闻名中外。

四、组建剧团大气社、日本道观音乐队，普及"道 TAO"的思想

1994年（平成六年），道家道学院的年轻女性学员组成了剧团大气社。她们走遍日本全国的幼儿园、保育园等地，通过参加各个地方的庆典活动，

为普及"道 TAO"思想表演丰富多彩的节目。

1997 年（平成九年）成立日本道观音乐队，通过学习日本各个地区祭祀活动的舞蹈，参加全国各地的庆典活动，努力推广、普及无为自然的道教思想。

五、通过电视节目、杂志、网络等渠道推广普及"道 TAO"的思想

从 1982 年开始，早岛天来道长参与了各种电视节目的录制，向大家宣扬道教思想和气的修炼法，受到广大观众的喜爱。

从日本道观第二代主持早岛妙瑞道长开始，于 2006 年 11 月起在《PHP》杂志上连载关于道家思想的谈话记录，许多读者读后深感共鸣，引起很大反响。现任第三代主持早岛妙听道长从 2015 年 4 月开始，接替早岛妙瑞道长，继续在《PHP》杂志连载关于道家道教思想的文章。他还从 2014 年 4 月起，在杂志《一个人》中连载《老子箴言》的文章，继续向大众读者普及道家、道教思想。

现在是网络的时代，因此日本道观、道家道学院分别制作了面向日本和中国的主页。还通过推特（Twitter）、博客、Facebook 等社交网络平台积极地推广、普及"道 TAO"家思想。2003 年"非典"时期，为了能在将来预计出现大规模灾害或传染疾病激增等情况时，更方便地进行线上指导，并保护好个人信息，日本道观开发了网络系统。"3·11"东日本大地震中，日本道观向大众发送道家守护身心平安的文字讯息，并确认受地震影响无法走出家门的学员们的安全，鼓励大家渡过难关。不仅如此，还利用网络软件系统更加深入地进行身心方面的指导。现在很多学生都在利用这一网络系统更加深入地学习道家道教思想。另外，为了提高学习的便利性，更便于学生根据自身情况来学习，日本道观还同时在多个道学院运用投影仪播放讲座，并提供录制视频，以方便学员随时随地学习。

六、为老年人开设健康指导课程

日本是世界上最先步入老龄化社会的国家，2016 年夏天，道家道学院开设了老年人可以轻松学习的"健康指导课程"，对照顾年迈父母烦恼的年轻人和受认知障碍症困扰的老年人伸出援助之手。该课程使任何人都能轻松掌握的导引术系统化，使老年人可以和朋友、家人一起轻松快乐地学习，很受独居老人和一些担心父母认知障碍症的家人的欢迎。

七、积极参与海外道友交流

从早岛天来道长开始，日本道观就与海外道友交流频繁。

（一）积极推动海外传道活动

1977 年，早岛天来道长与倡导糙米饮食法的樱泽如一合作，以法国为基地开启向欧洲、印度的普及道家、道教思想的旅程。1980 年，弟子们受早岛天来道长之命，在美国、法国等地开展普及"道"的活动。

（二）参加海外道教会议

1991 年，早岛天来道长应邀参加了山东省文登市举办的"中国道教全真派发祥地文登国际研讨会"，并攀登了被中国北魏史学家崔鸿誉为"海上仙山之祖"昆嵛山南延之支脉圣经山。同年，早岛天来道长带领日本道观全体 400 名成员开启了丝绸之路的旅程，参拜北京白云观。

2011 年 10 月，早岛妙听道长受邀参加了中国湖南省衡山举办的"国际道教论坛"并发表论文。此后也在中国参加了各种相关的学术研讨会，坚持积极开展道家道教思想的研究交流活动。

（三）成立日本道观国际北京办事处

从 2009 年 10 月起，日本道观与世界医学气功学会共同开展关于导引医学方面的研究，早岛妙听道长任世界医学气功学会副主席，与学会的学术交流正式开始。另外，与首都师范大学日本文化中心主任李均洋教授开展了以日中文化交流为重点的道家、道教思想方面的交流研究，还参与汉诗等多领域的研究。同时，为了更利于推广道家道教思想，需要成立一个拥有高质量口译、笔译技术的研究中心，于是在 2010 年 2 月，日本道观在北京成立了"日本道观国际北京办事处"，在李均洋教授的指导下，培养翻译人才，积极开展共同研究、图书翻译出版等工作。

（四）与中国等海外学者开展共同研究

第二代道长早岛妙瑞为了更进一步开展道家道教思想的研究、收藏相关文物以及向全世界普及道家、道教思想，于 2013 年 7 月在福冈县英彦山朝仓郡东峰村成立了一般财团法人·日本道教协会，并担任首任会长。第一届交流研讨会以中华人民共和国驻福冈总领事馆的李天然总领事为首，在中国道教协会会长任法融道长，以及来自日本、中国大陆、中国澳门地区和香港地区、韩国等世界各地的道士、道教界学者的共同参与下举行。借此机会，展示了很多日本道观收藏的道家道教相关文物，并且有幸见到了四川大学老子研究院院长詹石窗教授。詹石窗教授对日本道观、一般财团法人·日本道教协会所藏文物及举办的一系列普及"道 TAO"的活动，给予了高度评价，并且还开展了共同研究。此外，在与詹石窗教授开展共同研究的同时，还在中国合作出版了《道德经大智慧——人类理想生存妙诀》（早岛天来编著，人民出版社 2017 年）一书。2017 年 8 月，早岛妙听受邀成为首都师范大学"中国教育部人文社会科学重大项目——日本汉诗汇编与研究"的顾问。

除此之外，日本道观还组织团体参加中国台湾地区的中元节的祭祀活动、参拜台湾首庙天坛等，与海外积极地开展多种形式的道家、道教思想交流活动。

第二章　日本道观的中国文化之源

众所周知，中日两国文化之间有着深厚的渊源关系。中国道家、道教思想对日本道教文化更是具有本质上的影响。据《日本书纪》记载，日皇于天武帝十三年（685）曾作八色之姓，将真人确立为第一家格，其本人被谥为"天渟中原瀛真人"，同书又记载了尸解仙等诸多神仙传说。这表明早在公元 7 世纪，日本社会文化习俗就已受到中国道家、道教思想的浸染。随着

图 2—1　西王母像　日本道观藏

中日交往的不断发展，日本奈良、平安时期，中国道教经典、神仙信仰及方术等大量传入日本，中国道家、道教对古代日本道教文化的影响也愈发深入。日本最早的民间故事集《日本灵异记》中就记载了许多修仙者的事迹。平安时代，神仙信仰盛行，《元亨释书》"神仙部"就记有法道仙人、生马仙、久米仙、窥仙等神仙传记。大江匡房的《本朝神仙传》也描绘了 37 个成仙得道的神仙人物。这些神仙或居山"持密咒，兼求长生"，或"炼丹练气"，或

"练行为宗"，虽带有平安时期社会文化的明显烙印，但表明道教神仙信仰及炼养功夫已深深扎根于日本文化当中。在平安时代中期编撰的《延喜式》中，有《东文忌寸部献横刀时咒》一文，其中有一段是这样说的：

> 谨请皇天上帝、三极大君、日月星辰、八方诸神、司命司籍、左东王父、右西王母，五方五帝，四时四气，捧以银人，请除祸灾，捧以金刀，请延帝祚。咒曰：东至扶桑，西至虞源，南至炎光，北至弱水，千城百国，精治万岁，万岁万岁。①

这里谈到的众位神仙，皇天上帝、三极大君源于《尚书》和《周易》，其他如日月星辰、八方诸神、司命司籍、东王父、西王母等，均是道教神仙，而祝文本身的写作形式也全部照抄中国道教祝祭模式。

不仅如此，日本民众在信仰之外对道教仙境及物化实体也有比较全面的认识。如冷泉天皇时期，藤原明衡所编的《本朝文粹》中载有春澄善绳和都良香关于"神仙"的问对之文，其中即提及道教仙府"二十六天"及"七十二福地"。又据田中谦二整理《得泰船笔语》，仁孝天皇时期，中国商船漂至日本，船员向

图2—2　昭和四十四年（1969）早岛天来在中国台湾受箓为天师道龙门派道士

---

① 《国史大系》第十三卷，《延喜式》卷八，东京：经济杂志社明治三十四年（1901），第270页。

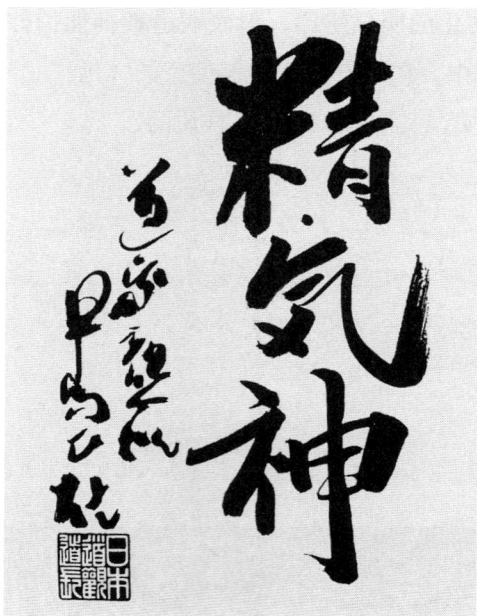

图 2—3 早岛天来手书"精气神"

当地人打听日本通天文地理之人，被告知天师府中之事，不与外人道，恐泄天机。由此可见，历史上受中国道家、道教思想的影响，日本道教不仅以根深蒂固的信仰形式流播，同时也在以物质文化的形式积淀。

日本道观在继承日本道教以往传统的基础上，以建构和谐有序的人生为旨归，致力于对中国道家、道教思想观念及修习之术的阐发。日本道观收藏有老庄等道家类相关著述约 400 本，其中近八成为围绕《道德经》和《庄子》的各种著述，少数为《周易》《管子》相关著述。收藏有各种仙人画本及大量与道教神仙信仰相关的图像实物，其中仅各种神仙雕塑就有 100 多件。日本道观在收集这些文献的同时，还积极与学界合作，开展对这些文献的研究工作，显见其对中国道家思想和神仙信仰的接纳。日本道观成立以来，以强身长生为宗教追求，深受日本国神仙信仰的影响，同时，也深受源远流长的中国神仙信仰影响。对来自中国道教的神仙采取着积极主动的接纳态度。比如主动接纳来自福建的"九仙君"、来自泉州的"妈祖"女神，来自武当山的"真武大帝"等，与这些地方的道教组织建立良好的宗教往来。日本道观立教之本为导引合气术，其创始人早岛天来道长是日本最早传播导引术的大高坂家族成员，同时在中国台湾地区受箓，是正式的天师道道士。1960 年，在镰仓开设松武馆，以源自中国的服气导引术为主要方法来作为立教、宣教的主要方式。到今天，源于中国道教的这一修炼方式已经随着日本道观的发展而传播到日本的千家万户。

1980 年，早岛天来道长在福岛磐市创立了日本道观，并建立道学院，现在道学院已在日本各地建立了 8 所分院，传播源自中国的导引合气术及道家道教文化。2013 年，日本道观在福冈县英彦山建设了日本道观分部，这成为日本道观目前活动的中心。日本道观先后两次选址，一次为"福岛"，一次为"福冈"，仅从字面含义，就可以看出中国道教洞天福地思想对日本道观选址的影响。其现在的活动中心所在地福冈英彦山，是日本三大修验道灵山道场之一，也是受中国道教影响最深的一个所在地。《彦山流记》文献记载了道教仙人在英彦山的活动，同时，在英彦山地区，不仅出土与中国道教相关的文物，还有与道教相关的民俗、道教药方流传，直到现今，这些民俗还依然存在，药方也依然在使用。另外，日本道观还通过各种渠道积极参与社会慈善工作等。

可见，日本道观无论是选址、创教还是宗教行为，其表现出来的种种特质，无不与中国道教显示出巨大的同一性，背后辗转承继的正是中国源远流长的神仙信仰思想和道家哲学理念，其宫观选址也深受中国道教洞天福地思想的影响。因此，要想真正理解日本道观，则必须梳理日本道观所承继的这些中国道家、道教思想源头，只有对日本道观的思想渊源进行厘定，才能让我们认识到日本道观博采众长、贯通古今的睿智和博大，同时，也可以凸显中国道家思想与道教文化所具有的经久不衰的文化价值，在全球化迅猛发展的今天具有极为重要的意义。

第一节　日本道观的思想渊源

日本道观倡导的思想具有非常悠久的文化传统。神仙信仰、道家思想、洞天福地观念等中国传统文化理念与中国道教密切相关，这些理念也同样为日本道观所崇尚，是其取法借鉴的思想渊源之所在。因此，要想深刻理解日本道观所倡导的思想，以及其收藏文物的标准和内在理念，首先就要搞清楚中国神仙信仰与道教的关系及其对日本道教的影响。

一、中国的神仙信仰与道教

神仙信仰是中国文化现象当中最具特色者之一。在中国文化发展进程中，神仙信仰占据着重要地位。作为一种成熟的意识行为，神仙信仰不仅具有吸引人们梦寐追求的理想目标，而且提出了一套完整的信仰方式。这便是通过修炼而得道，成为长生不死、神通广大的神仙。中国道教的形成与神仙信仰有不可分割的密切关系，甚至可以说神仙信仰直接奠定了道教的基本教义和形态。

在中国传统神仙信仰中，"神"即天地山川神灵，是人类感受到的一种奇妙存在的异己力量。在先民的感受中，"神"既是无形的，也是有形的。所谓"无形"，说的是"神"并不让人们轻易以感官而直接感知其存在；所谓"有形"，说的是"神"往往又通过各种自然现象让人们去体悟。至于"仙"，也就是"入山老而不亡"者。在古代神话中，"仙"其实是具有特殊本领的人。

中国神仙信仰的形成，经过了长期而持续的积累过程。先秦时期，"神"与"仙"是各有所指的不同概念。到了秦汉时期，"神仙"才开始连称，"神"逐步被仙人化。发展至东晋，两者界限则趋向模糊，完整意义上的"神仙"概念逐渐形成。但"神仙"一词表面并列，实际更偏重"仙"，突出其现实性、实践性。《抱朴子内篇》云："若令吾眼有方瞳，耳长出顶，亦将控飞龙而驾庆云，凌流电而造倒景，子又将安得而诘我。设令见我，又将呼为天神地祇异类之人，岂谓我为学之所致哉？"[①] 可见，"仙"虽是具有"神"的诸种功能者，但这种属性需通过"学之所致"。

神仙信仰的产生有其深刻的社会历史原因，它既是先民对宇宙、人生不断认识的产物，又是其为摆脱生命局限而不断实践追求的结果。因此，从信仰目的上考察，"神仙"都源于现实需要，这便为神仙信仰的流布提供了有

---

① 王明：《抱朴子内篇校释》，北京：中华书局 1985 年，第 123 页。

利条件。在这种背景下，"神仙"被道教作为修炼的理想典型，根植于中国古代社会，经不断丰富发展，成为具有鲜明特色的中国文化现象，也成为道教文化的独特现象。

（一）先秦神仙信仰是原始道教的重要组成部分

早在中国的战国时期，人们就已经有了关于神仙信仰的传说和记载。如《楚辞》中云："闻赤松之清尘兮，愿承风乎遗则。贵真人之休德兮，美往世之登仙"[①]。《庄子·逍遥游》中也有关于神人"肌肤若冰雪，淖约若处子。不食五谷，吸风饮露。乘云气，御飞龙，而游乎四海之外"[②] 的描述。由于此期神仙信仰的产生与先民对天地自然的探索认识、人类文明的发生紧密相关，信仰对象便主要以天帝山川神灵为主，对仙人虽也有所涉及，但是"千岁厌世，去而上仙；乘彼白云，至于帝乡"[③]。在先民的意识里，仙人的归宿仍然是以天帝为象征的神仙原乡。

在流传的典籍记载中，此期民众信仰的神仙种类丰富，不仅包括天帝、天神、日月神、山神、海神、兽神等大量自然神灵，还含有少昊、后羿、鲧、重、黎等被援入神话系统的祖先神。这一时期的自然神灵状貌多与史前社会氏族图腾密切相关，或"鸟身而龙首"，或"人面兽身"，如《墨子·明鬼》载昔郑穆公尝见神人句芒"鸟身，素服三绝，面状正方"[④]、《国语·晋语》载虢公梦"神人面白毛虎爪，执钺立于西阿之下"[⑤]，常与动物形象混杂交融，故而形貌万千、奇特怪诞。而祖先神形象则多取与之相关的典型场景，以突出其神武。

此外，神仙的超越性特质显著，主要体现在：第一，能掌控自然。如西王母"司天之厉及五残"，员神魂氏"主司反景"，石夷"处西北隅以司日

---

① （宋）朱熹撰，蒋立甫校点：《楚辞集注》，上海古籍出版社 2001 年，第 104 页。
② （清）郭庆藩辑，王孝鱼点校：《庄子集释》，北京：中华书局 1961 年，第 28 页。
③ （清）郭庆藩辑，王孝鱼点校：《庄子集释》，北京：中华书局 1961 年，第 421 页。
④ 吴毓江：《墨子校注》，北京：中华书局 1993 年，第 337—338 页。
⑤ 徐元诰撰，王树民、沈长云点校：《国语集解》，北京：中华书局 2002 年，第 283 页。

图2—4 日本大正六年（1917）田岛一木做西王母木雕像 日本道观藏

月之长短"，噎"处于西极，行日月星辰之行次"，烛龙"其瞑乃晦，其视乃明"。[①] 第二，有特异之能。一是出行神奇。如古之真人"登高不慄，入水不濡，入火不热"[②]，至人"乘云气，骑日月，而游乎四海之外"[③]，祝融、蓐收"乘两龙"。一是行踪多与自然、人事现象相关。如神计蒙"其状人身而兽首，恒游于漳渊，出入必有飘风暴雨"，女魃"所居不雨"，神耕父"常游清泠之渊，出入有光，见则其国为败"，状如牛之天神"见则其邑有兵"，神延维"人主得而飨食之，伯天下"。[④] 这些特质都是关于自然、社会功用的异化，不仅表现了先民对自然力、人力的认知、恐惧和崇拜，而且更表明了他们借助外力维护自身生存的意图。《左传·昭公元年》载："山川之神，则水旱疠疫之灾于是乎祟之。日月星辰之神，则雪霜风雨之不时，于是乎祟之。"[⑤] 即是此种思想状况在神仙信仰当中的鲜明反映。

先秦时期神仙的灵通与先民生活紧密相关，又影响巨大，这就推动了其信仰的流布。《尚书·舜典》记载："正月上日，受终于文祖。在璿玑玉衡，以齐七政。肆类于上帝，禋于六宗，望于山川，遍于群神。"[⑥] 描述了作为君

---

① 袁珂：《山海经校注》，上海古籍出版社1980年，第50、52、391、402、438页。

② （清）郭庆藩辑，王孝鱼点校：《庄子集释》，北京：中华书局1961年，第226页。

③ （清）郭庆藩辑，王孝鱼点校：《庄子集释》，北京：中华书局1961年，第96页。

④ 袁珂：《山海经校注》，上海古籍出版社1980年，第153、430、165、45、456页。

⑤ 杨伯峻：《春秋左传注》，北京：中华书局1990年，第1219—1220页。

⑥ （清）孙星衍撰，陈抗、盛冬铃点校：《尚书今古文注疏》，北京：中华书局1986年，第35—41页。

王的"舜"祭祀上帝及天地山川神灵的情况。《山海经》中关于诸多祀礼的阐说，则反映了其时先民信仰的普遍情况。而关于神仙流布范围，《山海经》保存神祇资料最为丰富，对之有清楚记载：东及大海之东，西抵流沙之西，南至赤水之南，北达幽都之北，几乎覆盖了九州之域，足可见流布地域之宽广。与《山海经》相比，《楚辞》中的神祇与之具有极大的趋同性，这种趋同不仅反映了两者在文化渊源上的同源关系，更表明战国时期，神仙思想在南方楚国的广泛传播。《新论》记载楚灵王："信巫祝之道，斋戒洁鲜，以祀上帝、礼群神，躬执羽绂，起舞坛前。"[1] 这段描述通过祭祀的一些细节，展示了楚灵王信奉神仙的具体情况，读来栩栩如生。而与《楚辞》差不多同时，在北方燕齐滨海一带的方士也在讲述三神山及仙人传说，齐宣王、齐威王及燕昭王都曾遣使求之，可见战国时期神仙信仰在燕齐地区也有相当影响。这些都表明：先秦时期的神仙信仰已经在极广泛领域内深入到先民的生活。

具体到神仙信仰流布的现实层面，主要体现为祭祀文化的丰富。先秦神仙种类丰富，出于畏惧与崇敬，先民多通过立祠、祭祀神灵以弭灾、求福。《山海经》中有"员神魂氏之宫"[2] 的记载，表明祭祀已逐步规范化，出现了固定场所。而与之相关的是，又设有祭祀神祇的不同祀礼，如"毛用一璋玉瘗，糈用稌米，一璧，稻米、白菅为席""用一牡羊，米用黍""太牢之具，婴以吉玉"[3]，祭祀方式也有燔烧、灌注、瘗埋、沉没、悬投诸种。此外，在祭祀当中还配以乐歌，《周易·豫》云："先王以作乐崇德，殷荐之上帝"[4]，写先代君王制作音乐赞赏天地美德，呈于天帝。在《诗经》的《大雅》和《颂》中更有许多直接用于祭神仪式的祭祀歌辞。与此相应，民间也有祭神的乐歌，屈原《九歌》即据民间祭神乐歌改作而成。先秦时期这种对神仙形态多样的祭祀，既是其时民众神仙信仰的生动展

---

[1] （汉）桓谭：《新论》，上海人民出版社 1977 年，第 14 页。

[2] 袁珂：《山海经校注》，上海古籍出版社 1980 年，第 52 页。

[3] 袁珂：《山海经校注》，上海古籍出版社 1980 年，第 8、113、150 页。

[4] （魏）王弼、（唐）孔颖达等：《周易正义》，北京：中国致公出版社 2009 年，第 90 页。

图2—5 "仙人图"日本道观藏

现，也为后来神仙信仰的行为方式提供了可资借鉴的丰富经验。

受神仙信仰广泛流布的影响，先秦出现了能通达鬼神的职业巫师及以访仙炼丹为务的方术之士，如灵山十巫、巫相与女戚等。古人认为，他们能与鬼神相感应、通达于天，因此被视为神灵的化身或使者。这些专业的神职人员成为神仙信仰的桥梁，推动了神仙信仰的发展及在更广阔领域的传播。

在《列子·周穆王》中，古人设想："清都、紫薇、钧天、广乐，帝之所居"[①]。以为天帝居处于神奇美丽的清都紫薇之地。屈原《远游》云："载营魄而登霞兮，掩浮云而上征。命天阍其开关兮，排阊阖而望予。召丰隆使先导兮，问大微之所居。集重阳入帝宫兮，造旬始而观清都。"[②]写想象中轻举而远游天帝之所。《离骚》："吾令帝阍开关兮，倚阊阖而望予。"[③]描述诗人欲上诉天帝，阍人依天门拒之情景。由此可见，神仙信仰的流布，不仅带来了文学审美范畴的变化，也丰富了人们关于超现实世界的想象。

（二）秦汉神仙信仰为制度道教的建构提供了丰富资源

神仙信仰在先秦属于初成阶段，至秦汉则渐进成熟。神仙开始连称，且出现了神话仙化倾向。如神话中是"司天之厉及五残"的西王母，在汉初儿

① 杨伯峻撰：《列子集释》，北京：中华书局1979年，第93页。
② （宋）朱熹撰，蒋立甫校点：《楚辞集注》，上海古籍出版社2001年，第107页。
③ （宋）朱熹撰，蒋立甫校点：《楚辞集注》，上海古籍出版社2001年，第19页。

歌中①成为天庭仙人。神话中具有"四面"特征的天神黄帝，在《列仙传》所引《仙书》中化身为帝王修仙的典范。②同时，受方仙道流行及黄老之学蜕变的影响，其时修道人物也多被赋予仙人特质。如壶公、蓟子训、刘根、左慈事迹见于《后汉书·方术传》，均被视为仙人之属。而汉末制度道教兴起，转化先秦道家思想向度，使之朝着宗教神学发展，也使神仙信仰进一步有了理论建构。

在信仰对象上，秦汉时期神仙故事为我们展示了一幅极丰富的图景。在此类故事中，既有像赤松子、黄帝这样源自神话传说或历史，由大道化生的仙圣真人，又囊括了大量当时修习方仙道、黄老道之人。因此，从史籍所载神仙的情况来看，具有浓厚的实践色彩。与先秦时期相较，仙人形象也有变化，一方面仍遵于仙人能飞升变化之说，"图仙人之形，体生毛，臂变为翼，行于云，则年增矣，千岁不死"③。如上上太一神，"其神人头鸟身，状如雄鸡，凤凰五色，珠衣玄黄"④，近年西安近郊出土汉代跪坐羽人铜像，也是背生双翼，体现了"羽化登仙"的思想。另一方面则以人为原型，"令有服色名字、状貌、长短"⑤，体现出了人化的审美特质。

秦汉时期的神仙信仰，与先秦时期一脉相承，都表现了对神异之能的崇尚，所信仙人或能"隐于宕山，能致风雨"⑥，或能"行气炼形"⑦，或者能"数死复生"⑧，或者长于养生；或"时壮时老，时好时丑"⑨，精于变化；或

---

① 参见［日］吉川忠夫、麦谷邦夫编，朱越利译：《真诰校注》，北京：中国社会科学出版社 2006 年，第 174 页："著青裙，入天门，揖金母，拜木公"。

② 参见王叔岷：《列仙传校笺》，北京：中华书局 2007 年，第 9 页："采首山之铜，铸鼎于荆山之下，鼎成，有龙垂胡髯下迎帝，乃升天"。

③ （汉）王充著，张宗祥校注，郑绍昌标点：《论衡校注》，上海古籍出版社 2010 年，第 34 页。

④ （宋）张君房编，李永晟点校：《云笈七籤》，北京：中华书局 2003 年，第 1 册第 418 页。

⑤ 饶宗颐：《老子想尔注校证》，上海古籍出版社 1991 年，第 17 页。

⑥ 王叔岷：《列仙传校笺》，北京：中华书局，2007 年，第 24 页。

⑦ 王叔岷：《列仙传校笺》，北京：中华书局，2007 年，第 40 页。

⑧ 王叔岷：《列仙传校笺》，北京：中华书局，2007 年，第 46 页。

⑨ 王叔岷：《列仙传校笺》，北京：中华书局，2007 年，第 109 页。

"地动山崩道绝，预戒下人"①，通于预测。这些神异之能说明其时人所信仙人未脱离方士窠臼，是修道实践发展的结果。

由于秦汉时大一统局面的完成，神仙信仰在全国范围内一直处于兴盛状态。秦始皇曾东至碣石，使人访求古仙人羡门、高誓，求仙人不死之药。至汉，又有汉武帝热衷于求仙，使"海上燕齐之间，莫不搤腕而自言有禁方，能神仙矣"。统治阶层推崇，神仙信仰便具备了文化上的优势地位，也具备了使民众在广泛层面上接受和信仰的条件。秦代"方士雾集，祈祀弥布"②；至汉，陆贾《新语》言世人"苦身劳形，入深山，求神仙，弃二亲，捐骨肉，绝五谷，废《诗》《书》，背天地之宝，求不死之道"③。可见神仙信仰对当时社会风气的极大影响。据刘向《列仙传》记载，汉时上至皇亲将相，下至贩夫走卒，纷纷加入信奉神仙的队列。民众动辄"立祠数十处""奉祠者万计"，或"数千里共奉祠"④，这在中国文化史上是极为罕见的现象。

在艺术领域，秦大夫阮仓撰有《仙图》，汉画像石、画像砖、漆器、铜镜多图画仙人图像或候神迎仙求药的情形，生动地再现了其时神仙信仰的盛况。宫廷百戏也充斥着强烈的神仙氛围，如张衡《西京赋》叙述平乐观百戏，言："女娥坐而长歌，声清畅而蜲蛇。洪涯立而指麾，被羽毛之襳襹。"写神女长歌，羽人指导。又言："海鳞变而成龙，状蜿蜿以蝹蝹，含利飋飋，化为仙车。"⑤叙述大鱼变作神龙弯曲行进，含利兽吐气化为仙车，仙道风气浓厚。

在医药领域，《列仙传》记载崔文子遇疫气，"拥朱幡，系黄散，以徇人门，饮散者即愈，所活者万计"，"故世宝崔文赤黄散"⑥；又记载负局先生"辄问主人，得无有疾苦者，辄出紫丸药以与之，得者莫不愈……后大疫病，

---

① 王叔岷：《列仙传校笺》，北京：中华书局2007年，第155页。

② （清）严可均校辑，陈延嘉主编：《全上古三代秦汉三国六朝文》，第5册，石家庄：河北教育出版社1997年，第1444页。

③ （汉）陆贾撰，庄大钧校点：《新语》，沈阳：辽宁教育出版社1998年，第9页。

④ 王叔岷：《列仙传校笺》，北京：中华书局2007年，第50、122、161页。

⑤ （梁）萧统选，（唐）李善注：《文选》第1册，上海古籍出版社1986年，第76页。

⑥ 王叔岷：《列仙传校笺》，北京：中华书局2007年，第95页。

家至户到，与药活者万计，不取一钱"①，有力地证明了神仙信仰流布的社会基础及其合理性所在。

在建筑领域，汉武帝听从公孙卿"仙人好楼居"之语，建蜚廉桂观、益延寿观，又使人持节设具以候神人，并建通天茎台，置祠具其下，以招神仙之属。而此"台""观"等迎候神仙下降的建筑，也正是后来道教宫观的发源所在。

在神仙信仰流传最广泛的文学领域，秦始皇好神仙，曾"使博士为《仙真人诗》，及行所游天下，传令乐人歌弦之"②。汉代，乐府诗对仙人景象有更多的描绘，如《饶歌》中《上陵》一曲云："芝为车，龙为马。览遨游，四海外。甘露初二年，芝生铜池中，仙人下来饮，延寿千万岁。"③歌咏对仙人降临、延年益寿的希冀和喜悦之情。张衡《同声歌》："素女为我师，仪态盈万方。众夫希所见，天老教轩皇。乐莫斯夜乐，没齿焉可忘？"④《步出夏门行》："过谒王父母，乃在太山隅。离天四五里，道逢赤松俱。揽辔为我御，将吾天上游。天上何所有，历历种白榆。桂树夹道生，青龙对伏跌。"⑤真切描绘了升天过程及仙界景观，生动曼妙。可以看出，不论是文人乐府，还是民间乐府，对神仙思想都有反映，由此可见其时社会好仙风气之盛。

总之，秦汉时期的神仙信仰出现了"神"的仙化，和"人"的仙化两种趋向，从上下两个向度强调了"仙"，而"仙"与"神"最大的区别是"神"为天生，而"仙"可"学致"，因此，这一时期，神仙信仰对"仙"的凸显，对人能成仙的肯定，实际上微妙地鼓荡了人修仙学道的欲望，几乎不可查地推动了神仙信仰的流播和发展。这一时期的神仙信仰在文学、艺术、医药、建筑等方面都绽放出夺目的光彩，虽然仍表现出杂糅分散、不太成系统的样貌，但在承前启后的神仙信仰流布过程中却独树一帜，其浓厚的信仰风气与

---

① 王叔岷：《列仙传校笺》，北京：中华书局2007年，第150页。
② （汉）司马迁：《史记》，北京：中华书局1959年，第1册第259页。
③ 曹道衡选注：《乐府诗选》，北京：人民文学出版社2017年，第20页。
④ 曹道衡选注：《乐府诗选》，北京：人民文学出版社2017年，第125页。
⑤ 曹道衡选注：《乐府诗选》，北京：人民文学出版社2017年，第43页。

独特的艺术魅力，为后来神仙道教奠定了基础。

（三）魏晋南北朝神仙信仰与道教交融共进

魏晋南北朝是神仙信仰脱胎换骨的时期。在神仙信仰长期实践、发展的基础上，"神"与"仙"的概念边界趋向模糊，完整意义上的神仙观念形成。《神仙传》载墨子问神人云："君岂山岳之灵气乎？将度世之神仙乎？"[①] 以山岳灵气及度世称述"神人"，显然，通俗意义上的"神仙"所谓长生久视、神通广大两个特征都已具备。

这一时期，在道教不断革新的过程中，有关神仙的理论著作大量涌现。这些理论著作不仅论证了神仙存在与成仙的可能性，对成仙方法也有相当系统周密的论说。比如《抱朴子内篇·论仙》，就驳斥了人们对神仙的种种怀疑，论证神仙实有，词旨辨博，富有名理。同书著录仙经及仙术也达数十种之多，这些都促使人们对神仙修习进行关注。在此过程中，门阀士族也积极加入对神仙道教的改造，参照社会规范对庞杂的神仙信仰体系进行了整理。《老子中经》从"第一神仙"上上太一到第"五十五神仙"，描述了包括先天尊神、上古仙人、自然神、身神在内的诸多神仙；葛洪将神仙分为"举形升虚"之天仙、"游于名山"之地仙及"先死后蜕"三个品阶；陶弘景《真灵位业图》在道教的广阔背景下，将当时庞杂的神仙信仰群体分别纳入七个系列，构筑了一个等级有序、统属分明的神仙谱系。这些不同体系的建构虽思想多元，但相对于秦汉时期神仙信仰的分散不完整性来说，已逐渐走向完备成熟，表现出了向至上神发展的趋势。

魏晋南北朝神仙理论的发展，使人们对神仙功能的认识也深化了。体现在神仙信仰上，则表现出了信仰内容的繁复。这时期，进入人们信仰系统的不仅有元始天尊、太上大道君、太上老君等道教尊神，还有现实社会大量修炼成仙的神仙、民间俗神。诸多具有专业功能的体内神，如脾神、发神、脑神，也因道家思想的滋养相继产生。这些都拓宽了神仙信仰的内容，展现出

---

① （晋）葛洪撰，胡守为校释：《神仙传校释》卷四，北京：中华书局 2010 年，第 124 页。

了整理、创新传统神仙信仰的开阔视野。

魏晋人的自我意识极其突出，神仙形象的塑造也基本都以人为原型，体现出了深厚的人本思想和审美意蕴。《搜神后记》记载吴望子："路忽见一贵人，俨然端坐，即蒋侯象也。"①《神仙传》记载茅君成仙言："明日迎官来至，文官则朱衣紫带，数百人。武官则甲兵旌旗，器仗耀日，千余人……乃登羽盖车而去，麾幢幡盖，旌节旄钺，如帝王也。"② 可见，其时神仙形象不仅全然同于人的容貌，而且仪轨也类同于现实社会。

此时期的神仙类型丰富，所信神仙在驾龙乘云、潜行隐身、长生久视之外，更是力守人道，注重对现实社会秩序的维护和完善。如葛洪曾指出仙人必须为国家除害兴利，以济民庶，他不仅赞赏阴长生"大作黄金数十万斤，布施天下穷乏"之行，对董君异"居山间为人治病，不取钱物，使人重病俞者，使栽杏五株，轻者一株"③ 的行为也极为钦佩。神仙信仰中这种对人道的崇尚，在当时极具广泛性。与汉代信仰的逍遥自在仙人相比，体现了神仙职能的扩展以及士族阶层力挽狂澜、平息魏晋南北朝混乱社会现实的理想。

魏晋南北朝时期的神仙信仰还深入到了艺术、生活、学术等多个领域。在文学领域，游仙诗大量出现。著名者有曹植、张华、何劭、陆机、郭璞、萧衍、陶弘景、阴铿等，其游仙诗多以游仙、慕仙和咏仙为主题，或描绘仙界景象，或述仙人风姿，虽寄托各异，但都体现了独特的风貌。因此，《文选》以"游仙"独标一目，刘勰《文心雕龙》称赞读之令人有飘飘凌云之感。此外，刘宋陆修静、北周庾信都写有描绘神仙轻举之妙的《步虚词》，雅丽超逸、仙道色彩浓厚。这一时期还涌现出大量描写道教神仙道术、仙山琼阁的神仙传记志怪小说。在葛洪《神仙传》前后，有魏华存《清虚真人王君内传》、李遵《茅三君传》、范邈《南岳魏夫人内传》、曹毗《杜兰香别传》、王羲之《仙人许远游传》、陶弘景《周氏冥通记》，以及《隋书·经籍

---

① （晋）陶潜撰，汪绍楹校注：《搜神后记》，北京：中华书局1981年，第32页。
② （晋）葛洪撰，胡守为校释：《神仙传校释》，北京：中华书局2010年，第183页。
③ （晋）葛洪撰，胡守为校释：《神仙传校释》，北京：中华书局2010年，第171、335页。

志》所载《集仙传》《洞仙传》等。这类神仙传记志怪小说，多为神仙家或方士撰以宣传仙道教义，故以"记""传"等史书手法命名，几乎形成了史传的一股支流，而为唐代史学家所挞伐。另外，如旧题曹丕撰《列异传》、张华《博物志》、干宝《搜神记》、王嘉《拾遗记》、任昉《述异记》等著述也多有宣扬仙道故事传闻的奇异记录。

在音乐领域，魏晋南北朝出现了祭祀民间俗神的清商曲辞《神弦歌》，音调清雅、跌宕铺陈，达到了极高的艺术境界。在绘画实践上，这一时期的画家多选取神仙人物及故事进行描绘，如顾恺之《洛神赋》《画云台山记》，分别描画对洛水之神的爱慕、神人殊隔的惆怅以及张道陵考察弟子的故事。同时，这一时期的绘画审美也受到神仙信仰的影响，魏晋时期画中人物多神情高古、超然物外、线条婉转飘渺、细若游丝，体现出了神仙特有的超逸风姿；在生活层面，受神仙信仰影响，魏晋南北朝人服食养生风气浓厚，同时又善以神仙作为审美标准品藻人物。如《世说新语·容止》记载："王右军见杜弘治，叹曰：'面如凝脂，眼如点漆，此神仙中人。'"《企羡》又载王恭微雪时"乘高舆，被鹤氅裘"，孟昶叹为"此真神仙中人"。《赏誉》亦载，王戎称美王衍"神姿高彻，如瑶琳琼树，自然是风尘外物"。① 这种对人物"神仙"式的咏叹，与当时神仙信仰的盛行密不可分。

在学术领域，随着神仙道教的迅速发展，人们对神仙世界的认同日益深化，在典籍的注疏中也有意无意贯穿神仙思想。如郭璞注《山海经》，就将其对神仙道教的虔诚信仰融入其中，体现了鲜明的仙道色彩。《山海经·海外南经》记交胫国曰："不死民在其东，其为人黑色，寿，不死。"郭璞注言："有员丘山，上有不死树，食之乃寿；亦有赤泉，饮之不老。"《大荒西经》言："昆仑之丘……有人，戴胜，虎齿，有豹尾，穴处，名曰西王母。"郭璞注文引《河图玉版》《山海经·西山经》《穆天子传》记载言："然则西王母虽以昆仑之宫，亦自有离宫别窟，游息之处，不专住一山也。"② 不仅为神仙

---

① 徐震堮：《世说新语校笺》，北京：中华书局1984年，第340、347、233页。
② 袁珂：《山海经校注》，上海古籍出版社1980年，第196、197、407、409页。

信仰扩大事实根据，而且力证神仙世界的客观存在。又如裴松之《三国志》注，广引《列异传》《博物志》《神仙传》《搜神记》等书中仙人故事；郦道元《水经注》也博采《汉武帝故事》《东方朔传》《神异经》《列仙传》《搜神记》等典籍，且两书皆无按语辨析，说明神仙故事在当时较长时间内，是被人们当作可信史料接受的。

总之，在道教的发展过程中，道教与神仙信仰互为助力、不断发展，极大地影响了民众的生活，在音乐、文学、美术、建筑、哲学等各个方面皆产生重要影响并结出丰硕的花朵，成为后人宝贵的文物和文化财富。道教神仙信仰为中国道教和中国文化的发展提供了物质和文化支持，其构建的神仙体

图 2—6　日本道观藏《八仙图》①

系传入日本后，成为日本文化的重要组成部分，影响着日本人的信仰和生活。这也是与中国一水相邻的日本道观能够建立，并以神仙信仰为宗教主旨，且积极收集、保存整理数量惊人的道教文献、文物的重要文化和思想支撑。

_____

①　"八仙"信仰流传入日本后，与日本文化相结合，在日本室町时代后期形成了"七福"信仰（参见叶汉鏊：《日本的"七福神"信仰与中国的八仙》，《沅湘傩文化之谜》，长沙：湖南师范大学出版社 1991 年）。

二、中国道家思想对道教的滋养

道家以"道"为核心，崇尚自然，主张清静无为，是中国传统思想文化的重要组成部分；道家作为诸子百家之一，形成于春秋时期，以老子、庄子为代表。[①]

老子著有《道德经》，阐发了对"道"及人生的看法；庄子全面发展老子思想，并对内圣问题作出了重点探讨。此后，秦汉之际黄老道家及魏晋时期玄学等在不同阶段对之都有推阐、发挥，呈现出不同的特质。这一时期，以老庄为代表的道家人物直接成为道教神仙信仰体系的信仰对象，其著述也

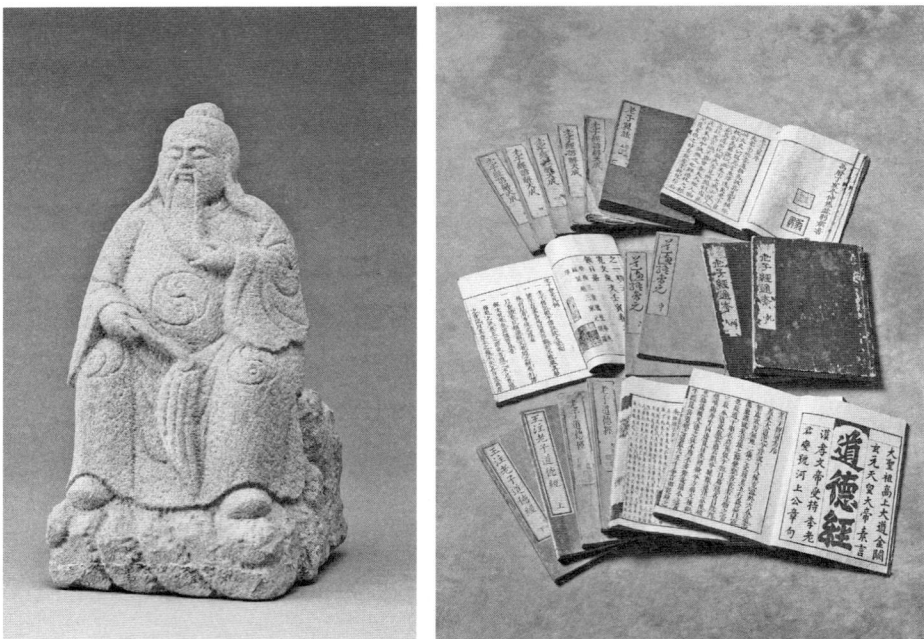

图 2—7　日本道观藏老子像及《道德经》

---

① 有关道家与道教的区分只是相对的。从学理角度看，以老子、庄子为代表的思想流派可称作"道家"；从信仰的角度看，老子提出"教父"等概念，而庄子则有神仙的诸多描述，因此他们又具有古典道教的特质。

成为道教最重要的典籍，直接参与并影响道教的理论构建。

日本道观的道教信仰与中国道教一脉相承，同样非常信奉老庄及其他道家人物，以老庄为代表的道家著述及相关文物文献也成为其搜集的重要对象。可见，要深刻理解日本道观文献搜集、整理背后的逻辑根基，则必须要在了解中国道教的基础上，了解以老庄为代表的道家与道教之间的深刻关联。

（一）对道教理论的滋养

道家思想对道教的滋养，主要体现在其对"道"论的影响。

道家以崇"道"而成一派，关于"道"的讨论是其基本论题。《老子》言道"恍兮惚兮"，"迎之不见其首；随之不见其后"，"渊兮，似万物之宗"，"可以为天下母"，又"独立而不改"[①]。认为"道"虽虚无无形、不可感知，却是生化之母，"道生一，一生二，二生三，三生万物"[②]，并且是超越一切相对的绝对存在，永恒不变。《老子》关于道的论述，在战国、两汉时期道家多有推阐、诠解。庄子论"道"之本性特征基本与《老子》相同，但进一步交代了道"自本自根"而来，指出"道"不仅是万物赋生的根源。有了道，"天不得不高，地不得不广，日月不得不行，万物不得不昌"[③]。

庄子之后，黄老道家兴起，亦基本承袭老子道论，推阐其虚无、普遍存在及生化之义，但积极转化、运用老学，以"气"释道，认为因"气""所以充形"[④]，使"道"逐渐转向宇宙创生、治身养生之路。在汉代《淮南子》《老子指归》《河上公章句》等著作中，道家因袭老子关于"道"的特征表述，又沿承战国以来黄老道家传统，以"气"释"道"，建构了宇宙气化论。

制度道教吸收了道家的上述思想，以"道"名教，并将"道"作为宇宙的产生根源。如《太平经》指出"道"是"万物之元首""大化之根"，并言：

---

① 陈鼓应：《老子注译及评介》，北京：中华书局 2009 年，第 145、113、71、159 页。

② 陈鼓应：《老子注译及评介》，北京：中华书局 2009 年，第 225 页。

③ （清）郭庆藩辑，王孝鱼点校：《庄子集释》，北京：中华书局 1961 年，第 741 页。

④ （唐）房玄龄注，（明）刘绩补注，刘晓艺校点：《管子》，上海古籍出版社 2015 年，第 326—327 页。

"万二千物有大小，其道亦有大小。"认为"道"普遍存在于万物之中。① 同时，将"道"拟人化，说"道尊且神，终不听人"②，将"道"视为清静自然的神灵。

　　道教对道家"道"思想的吸收，意义重大。首先，使道教尊奉的最高神有了绝对权威。道教将其所崇奉的最高主神说成是道、气的化身，认为"一散形为气，聚形为太上老君，常治昆仑"，又认为"道设生以赏善，设死以威恶"③。与道教最高神相比，"王者虽尊，犹常畏道，奉诚行之"④，道教最高神创造一切、评判一切，凌驾一切。其次，"道"既然永恒不变，普遍存在于万物之中，又能气化创生，为"万物之师"，这样道教长生成仙信仰便有了理论基础。如《老子中经》言："吾者，道子之也"，"己身为元阳字子丹"。⑤《太平经》中《斋戒思神救死诀》言："四时五行之气来入人腹中，为人五藏精神。"⑥ 在这种观念影响下，道教便以爱气惜精为长生之道。如《老子想尔注》注二十一章"其中有信"言："古仙士实精以生，今人失精以死……所以精者，道之别气也，人人身中为根本。"⑦ 告诫人们要保养精气。

　　除"道"论之外，道教还采纳了道家"重生"思想，将此作为其修行旨归。道家重生，自先秦已发其端，《老子》主张清静自然、少私寡欲。认为人之所以有"大患"只因"有身"，因此要人"为腹不为目"，"不尚贤，使民不争；不贵难得之货，使民不为盗；不见可欲，使民心不乱"，"去甚、去奢、去泰"，⑧ 强调对自然生命状态的尊重。杨朱亦反对以物役己，《淮南子·泛论训》言："全性保真，不以物累形，杨子之所立也。"⑨ 与重生保真、

---

① 　参见王明：《太平经合校》，北京：中华书局 1960 年，第 16、662、218 页。
② 　饶宗颐：《老子想尔注校证》，上海古籍出版社 1991 年，第 44 页。
③ 　饶宗颐：《老子想尔注校证》，上海古籍出版社 1991 年，第 12、25 页。
④ 　饶宗颐：《老子想尔注校证》，上海古籍出版社 1991 年，第 46 页。
⑤ 　(宋) 张君房编，李永晟点校：《云笈七籤》第 1 册，北京：中华书局 2003 年，第 424 页。
⑥ 　王明：《太平经合校》，北京：中华书局 1960 年，第 292 页。
⑦ 　饶宗颐：《老子想尔注校证》，上海古籍出版社 1991 年，第 27 页。
⑧ 　陈鼓应：《老子注译及评介》，北京：中华书局 2009 年，第 106、67、178 页。
⑨ 　何宁：《淮南子集释》中册，北京：中华书局 1998 年，第 940 页。

不累于物的观念相较，《庄子》则将思想重心放在对生命问题的思考上，强调在精神心灵方面的超越。如《养生主》指出"养生"有主，精神是主，形体为宾，将形神对立，进而主张"缘督以为经"，养神而遗形。①

先秦这种养神遗形的"重生"思想至汉代更有发展。在西汉早期，《淮南子》因循老庄之旨与《管子》精气之说，一方面主张"以和为度"，一方面提出形、气、神兼养。如《泰族训》说："治身，太上养神，其次养形。"②《原道训》言："夫形者生之舍也，气者生之充也，神者生之制也，一失位则三者伤矣。"③至《河上公章句》，上承黄老养生思想与宇宙气化论，将《老子》的"圣人治国"思想及本体之论诠解为养生观点，并依循《黄帝内经·素问》中人由呼吸、消化系统从天地摄取所需的思想，论证了神清形浊，提出以鼻为尊、腹中有神的吐纳养形论，使道家"重生"思想由《淮南子》中的形、气、神兼养转为重养形身④。魏晋南北朝，竹林士人对"重生"思想也有生发，其中以嵇康最具代表性。嵇康在与向秀论辩养生问题时，有《养生论》及《答难养生论》两篇文章，在继承《庄子》思想的基础上，一方面认为形神相辅相成、不可分割，养生需"修性""安心"；另一方面指出食药、吐纳使形神相亲、延年益寿的重要性，丰富和发展了传统道家的"重生"思想。

在道家诸种"重生"思想的影响下，道教也以"生"为贵。如《太平经》言："要当重生，生为第一"。又言："天地之性，万二千物，人命最重。"⑤《老子想尔注》注《老子》二十五章"道大，天大，地大，生大。域中有四大，而生处一"⑥一句，将人与道、天、地并列为四大之一，极力彰显人存在的独特价值。《抱朴子内篇》则云："长生之道，道之至也，""夫所

① 参见（清）郭庆藩辑，王孝鱼点校：《庄子集释》，北京：中华书局1961年，第115页。
② 何宁：《淮南子集释》下册，北京：中华书局1998年，第1401页。
③ 何宁：《淮南子集释》上册，北京：中华书局1998年，第82页。
④ 参见陈丽桂：《汉代道家思想》，北京：中华书局2015年，第130页。
⑤ 王明：《太平经合校》，北京：中华书局1960年，第613、34页。
⑥ 饶宗颐：《老子想尔注校证》，上海古籍出版社1991年，第32—33页。

忧者莫过乎死，所重者莫急乎生。"① 认为"生"是"道"在人间的具体呈现。"道"之极致，应以"生"为重。

正是因为以"生"为"道"之极，道教将追求长生久视作为其宗教主旨。《太平经》言："人有一身，与精神常合并也。形者乃主死，精神者乃主生。常合即吉，去则凶。无精神则死，有精神则生。常合即为一，可以长存也。"② 提出了修炼长生的理论与方法。《老子想尔注》则更进一步言："道人所以得仙寿者，不行尸行，与俗别异，故能成其尸，令为仙士也。"③ 表达了炼身延寿的思想。《抱朴子内篇·黄白》援引《龟甲文》说："我命在我不在天，还丹成金亿万年。"④《太上黄庭外景经》更言："作道优游深独居，扶养性命守虚无。恬淡自乐何思虑？羽翼已具正扶骨，长生久视乃飞去。"⑤ 指出人之生命在己而非在天，并且坚信经过一定修炼，人可以长生不死。

（二）对神仙信仰的滋养

道家论"道"、重"生"，在此之外对于人的存在、人的本性及精神超越等问题还给予了深切关注和思考。并在此基础上，形成了道法自然、宇宙气化、清静无为及道德等思想观念，这些思想在道教形成前后对神仙信仰都产生了极大影响。

1.丰富了神仙类型

与儒家相对，道家拈出比"天"更为宽广的"自然"来作为其学说的厚实基础。老子首先以"自然"观念解释"道"和"德"，并以此作为人们的活动准则，谓："人法地，地法天，天法道，道法自然。"庄子继承老子天道

---

① 王明：《抱朴子内篇校释》，北京：中华书局1985年，第288、115页。

② 王明：《太平经合校》，北京：中华书局1960年，第716页。

③ 饶宗颐：《老子想尔注校证》，上海古籍出版社1991年，第10页。

④ 王明：《抱朴子内篇校释》，北京：中华书局1985年，第287页。

⑤ （宋）张君房编，李永晟点校：《云笈七籤》第1册，北京：中华书局2003年，第295—296页。

自然思想，将人推回混芒之中去考察，得出人"莫之为而常自然"① 的观点，主张人生应以自然为师，以获取自由生存。《庄子》一书为此塑造出了"真人""至人""神人""圣人"等形象，作为理想典型。如《逍遥游》言：

> 至人无己，神人无功，圣人无名。②

《大宗师》言：

> 古之真人，不逆寡，不雄成，不谟士。若然者，过而弗悔，当而不自得也。若然者，登高不慄，入水不濡，入火不热。是知之能登假于道者也若此……古之真人，不知说生，不知恶死；其出不欣，其入不距；翛然而往，翛然而来而已矣。不忘其所始，不求其所终；受而喜之，忘而复之，是之谓不以心捐道，不以人助天。是之谓真人。③

制度道教吸收了道家这种与道合真的"自然"观念，以体洞虚无、同于自然及无所不通作为达道的标准。一方面将"真人""神人"都纳入神仙体系，如《天官历包元太平经》言："汉家逢天地之大终，当更受命于天，天帝使真人赤精子，下教我此道。"④ 构造了天帝、真人、方士的传授系统。《老子想尔注》注二十章"我魄未兆，若婴儿未孩"言："我，仙士也。"⑤ 另一方面，又将合"自然"之道的自在无束品格作为神仙特征加以凸显。如《列仙传》记载的神仙，既能入水、飞升、隐遁、耐火、呼风唤雨，又能尸解、水解。《神仙传》述仙人：

---

① （清）郭庆藩辑，王孝鱼点校：《庄子集释》，北京：中华书局1961年，第550—551页。
② （清）郭庆藩辑，王孝鱼点校：《庄子集释》，北京：中华书局1961年，第17页。
③ （清）郭庆藩辑，王孝鱼点校：《庄子集释》，北京：中华书局1961年，第226—229页。
④ （汉）班固，（唐）颜师古注：《汉书》第10册，北京：中华书局1962年，第3192页。
⑤ 饶宗颐：《老子想尔注校证》，上海古籍出版社1991年，第25页。

> 仙人者，或竦身入云，无翅而飞。或驾龙乘云，上造太阶。或化为鸟兽，浮游青云。或潜行江海，翱翔名山。或食元气，或茹芝草；或出入人间，则不可识，或隐其身草野之间。面生异骨，体有奇毛，恋好深僻，不交流俗。①

这些记载都表明，道教神仙信仰超越了天地山川神灵、英雄祖先的范畴，超越了形体触碰与时空局限，体现出了不同以往的魅力。

此外，道家发展至汉代，核心思想发生了质的变化，承袭黄老道家以"气"释"道"的观念，提出了宇宙气化的思想。如《淮南子·天文训》言："道始于虚霩，虚霩生宇宙，宇宙生气，气有涯垠。清阳者薄靡而为天，重浊者凝滞而为地。清妙之合专易，重浊之凝竭难。故天先成而地后定。天地之袭精为阴阳，阴阳之专精为四时，四时之散精为万物。"② 以"气"作为创生关键。《老子指归》言："夫天人之生也，形因于气，气因于和，和因于神明，神明因于道德，道德因于自然，万物以存。"③ 以道德、神明、和气、天人为创生序列，认为四者之间化生为"气化连通"的过程。《河上公章句》注第二十一章"以阅众甫"言："万物始生，从道受气。"注第二章"生而不有"言："元气生万物而不有。"④ 认为"道"中含化生之"气"。

在此观念影响下，道教出现了由"道""气"以及道之别体"一"化生的身中之神。如《太平经》认为人身上各个部位皆有"神"主之，其《斋戒思神救死诀》言："四时五行之气来入人腹中，为人五藏精神。"又言："此四时五行精神，入为人五藏神，出为四时五行神精。"⑤《老子中经》以为："东王父者，青阳之元气也"，"人亦有之……治在左目中"，"西王母者，太阴

---

① （晋）葛洪撰，胡守为校释：《神仙传校释》，北京：中华书局 2010 年，第 16 页。

② 何宁：《淮南子集释》上册，北京：中华书局 1998 年，第 165—166 页。

③ （汉）严遵著，王德有点校：《老子指归》，北京：中华书局 1994 年，第 17 页。

④ 王卡点校：《老子道德经河上公章句》：北京：中华书局 1993 年，第 87、7 页。

⑤ 王明：《太平经合校》，北京：中华书局 1960 年，第 292 页。

之元气也","人亦有之,在人右目之中"。① 《抱朴子内篇·地真》言:"真
一有姓字长短服色。"② 这些神灵的化生,使神仙信仰呈现了多彩局面,同时
也为存神以求长生方法奠定了理论基础,尤其身中神的形成更成为后世内丹
修炼的源头之一。

2. 表现在对神仙修炼方术的影响方面

(1)"守一"修仙术。

早在先秦时期,老子已在"道生一,一生二,二生三,三生万物"的命题
中,表达了"道""一"同一的观念,其后《庄子》亦持此主张,其《天地》
篇言:"泰初有无,无有无名;一之所起,有一而未形。"③ 以"一"指"道"。
至汉,后期道家建构了完整的宇宙气化观念,并发挥了老庄对"道""一"
的认定,将化生系统中的"道""气""一"相统合。《淮南子·原道训》云:
"道者,一立而万物生矣。"④ 《诠言训》又云:"一也者,万物之本也。"⑤ 《河
上公章句》注第十章"抱一"言:"一者,道始所生,太和之精气也。"注
二十一章"恍兮惚兮,其中有物"言:"道唯恍惚,其中有一,经营生化,
因气立质。"⑥ 既发挥了老庄"一"即"道"的观念,又将"道""气""一"
三者统一起来,使"道"成了多种形态的存在。

道教吸收了汉代道家这种气化思想及"道、气、一"相统的观念,并据
此进一步提出了"守一"的修仙方法。"守一",即意念专注于至高无上的
"一",进而守住人体内的精、气、神,使之充盈而不损益,即《老子》所
谓"载营魄抱一"、《庄子》所谓"我守其一以处其和,故我修身千二百岁

---

① (宋)张君房编,李永晟点校:《云笈七籤》第1册,北京:中华书局2003年,第419、
　　420页。

② 王明:《抱朴子内篇校释》,北京:中华书局1985年,第325页。

③ (清)郭庆藩辑,王孝鱼点校:《庄子集释》,北京:中华书局1961年,第424页。

④ 何宁:《淮南子集释》上册,北京:中华书局1998年,第60页。

⑤ 何宁:《淮南子集释》中册,北京:中华书局1998年,第1012页。

⑥ 王卡点校:《老子道德经河上公章句》:北京:中华书局1993年,第34、86页。

矣，吾形未常衰"。① 道教进一步发挥，使之向生命机体及人的内在精神转化，成为重要修炼方术。如《太平经钞壬部》云："人有一身，与精神常合并也。形者乃主死，精神者乃主生。常合即吉，去则凶。无精神则死，有精神则生。常合即为一，可以长存也。常患精神离散，不聚于身中，反令使随人念而游行也。故圣人教其守一，言当守一身也。"② 认为"守一"就是"守精神"。《老子想尔注》曰："一者道也，今在人身何许？守之云何？一不在人身也，诸附身者悉世间常伪伎，非真道也。一在天地外，入在天地间，但往来人身中耳，都皮里悉是，非独一处。"③ 主张"守一"就是"守气"。《太平经·令人寿治平法》云："三气共一，为神根也。一为精，一为神，一为

图2—8 日本道观主持早岛妙听道长与信众一起修炼导引术

气。此三者，共一位也，本天地人之气。神者受之于天，精者受之于地，气者受之于中和，相与共为一道……故人欲寿者，乃当爱气尊神重精也。"④ 又认为精、气、神是由"一"所化生且合而为一者，故守一则为守精、气、神三者，即守"三一"。在道教中，"三一"又被称作"三丹田"，因此，"守一"又有"守三丹田"之说。如《抱朴子内篇·地真》言："一有姓字服色，男长九分，女长六分，或在脐下二寸四分下丹田中，或在心下绛宫金阙中丹田也，或在人两眉

---

① （清）郭庆藩辑，王孝鱼点校：《庄子集释》，北京：中华书局1961年，第381页。
② 王明：《太平经合校》，北京：中华书局1960年，第716页。
③ 饶宗颐：《老子想尔注校证》，上海古籍出版社1991年，第12页。
④ 王明：《太平经合校》，北京：中华书局1960年，第728页。

间，却行一寸为明堂，二寸为洞房，三寸为上丹田也。""一安其所，不迟不疾。一安其室，能暇能豫。一乃不去，守一存真，乃能通神。"[1] 总之，"守一"强调在清静状态下对心神的炼养，是道教初创时期的重要修炼方术，这种方术在后来被上清派演化为"存神"，内丹派兴起后又为内丹术所吸收，成为其内丹炼养环节继续被充实、发展。

（2）"行气"修仙术。

汉代道家承袭战国之际黄老道家以"气"释"道"传统，以"气"或"元气"作为创生关键，形成了宇宙"气化"思想。道教产生后，继承了道家"气化"宇宙观念，以气为人生之根本，认为"人有气则有神，有神则有气，神去则气绝，气亡则神去。故无神亦死，无气亦死"[2]，并在此理论的滋养下，充实和发挥了老子"专气致柔"、庄子"吐故纳新"之法，形成了"行气"修炼之术。"行气"，亦称"服气""炼气"，是道教长生内修法的一种。修炼时以呼吸吐纳为主，使内气以一定规律流动，要求凝神静虑、专心致柔。此法先秦时期既已发其端，《老子》言："专气致柔，能如婴儿乎？"[3]《庄子》云："吹呴呼吸，吐故纳新，熊经鸟申，为寿而已矣；此道引之士，养形之人，彭祖寿考者之所好也。"[4] 言"吹呴呼吸，吐故纳新"的行气之术与"熊经鸟申"导引法一起为养形之人所好。至汉，《淮南子·泰族训》言："王乔、赤松去尘埃之间，离群慝之纷，吸阴阳之和，食天地之精，呼而出故，吸而入新，蹀虚轻举，乘云游雾，可谓养性矣。"[5] 将呼吸天地之精气与神仙养性相并论。

制度道教形成后，吸收汉代道家气化创生之论及吐纳养生之法，认为"仙人道士非有神，积精累气以为真"[6]，以炼形养气为长生之道的第一要义，

---

[1]　王明：《抱朴子内篇校释》，北京：中华书局1985年，第323、324页。

[2]　王明：《太平经合校》，北京：中华书局1960年，第96页。

[3]　陈鼓应：《老子注译及评介》，北京：中华书局1984年，第96页。

[4]　（清）郭庆藩辑，王孝鱼整理：《庄子集释》，北京：中华书局1961年，第535页。

[5]　何宁：《淮南子集释》下册，北京：中华书局1998年，第1395页。

[6]　（宋）张君房编，李永晟点校：《云笈七签》第1册，北京：中华书局2003年，第260—261页。

从而使"行气"性质由养生提升为运气炼形的修仙之法。如《太平经》称"故上士修道,先当食炁",以从天地间摄取"气"作为修道之首要。①《上清黄庭内景经》中《呼吸章第二十九》言:"呼吸元气以求仙"②,主张吐纳服气以得道成仙。《抱朴子内篇·释滞》言"行气"之大要:"胎息而已。得胎息者,能不以鼻口嘘吸,如在胞胎之中,则道成矣。"③ 此说基于"仿生"理论,论述了较高层面的内气修炼功法。《云笈七籤》卷五十六至六十二《诸家气法》更辑录有数十种行气之法。

作为内导引术的一种,"行气"法摄气运息,使腹藏经络之气和顺,在道教修炼中亦用于辅助其他炼养之术。如《列仙传》记载彭祖"常食桂芝,善导引行'气'"④、《抱朴子内篇·至理》言"服药虽为长生之本,若能兼行气者,其益甚速"⑤,皆以"行气"依附于其他延年益寿的修炼方式。且基于"道""气"一理的思想,"行气"之术在后来内丹修炼之中也有发展运用。这些都表明,行气在道教修炼方术中具有重要作用。

(3)"守静致虚"修仙术。

《老子》提出"清静为天下正"⑥,认为能清能静,可以为天下人的模范。在精神修养方面,则提出"致虚守静"的观点,《道德经》曰:"至虚极,守静笃。万物并作……归根曰静,是谓复命。复命曰常,知常曰明。"⑦ 庄子进一步深化《老子》"虚静"思想,《庄子·天道》篇言:"夫虚静恬淡寂漠无为者,天地之平而道德之至……夫虚静恬淡寂漠无为者,万物之本也。"⑧ 因之提倡"心斋""坐忘"等体道方式。并指出:"至道之极,昏昏默默。无视无听,抱神以静,形将自正。必静必清,无劳女形,无摇女精,乃可以长

---

① 参见王明:《太平经合校》,北京:中华书局1960年,第91页。
② (宋)张君房编,李永晟点校:《云笈七籤》第1册,北京:中华书局2003年,第239页。
③ 王明:《抱朴子内篇校释》,北京:中华书局1985年,第149页。
④ 王叔岷:《列仙传校笺》,北京:中华书局2007年,第38页。
⑤ 王明:《抱朴子内篇校释》,北京:中华书局1985年,第114页。
⑥ 陈鼓应:《老子注译及评介》,北京:中华书局2009年,第236页。
⑦ 王卡点校:《老子道德经河上公章句》,北京:中华书局1993年,第62、63页。
⑧ (清)郭庆藩辑,王孝鱼整理:《庄子集释》,北京:中华书局1961年,第457页。

生。"①将人的精神状态和生命长短相连，使"虚静"由精神境界转化为养生的方式。

对于老庄的"虚静"思想，汉代道家亦有论述，如《老子指归》铺衍"道"的虚无灵妙，言："人能入道，道亦入人，我道相入，沦而为一。守静致虚，我为道室。与物俱然，混沌周密。反初归始，道为我袭。"②认为"守静致虚"是入道、体道的工夫，使其理论形态更加完善。

道教继承并发展了老庄"虚静"思想，根据需要将之转化成修习长生成仙之道的辅助方式，完成了实践体系的建构。具体而言，一方面要求修道者情绪平和稳定，"求道之法，静为基先，心神已明，与道为一"，"久久自静，万道俱出，长存不死，与天相毕"③；一方面提出为道要心灵恬淡、无所欲求。如《抱朴子内篇·至理》指出，作为达道之士，首先要做到"遏欲视之目，遣损明之色，杜思音之耳，远乱听之声，涤除玄览，守雌抱一，专气致柔，镇以恬素"。④同书《论仙》亦直言："学仙之法，欲得恬愉澹泊，涤除嗜欲，内视反听，尸居无心。""仙法欲静寂无为，忘其形骸。"⑤道教这种对"虚静"状态的追求，在其由外丹转向内丹、由外向内寻求成仙之道的实践中都产生了重要影响，其中恬淡无欲的仙法之旨，在后来道教道德建构中也发挥了极重要的作用。

（4）"集功行善"修仙术。

道家重视"道德"，老子以"道"和"德"为根干思想展开其学。《老子》言："上德不德，是以有德；下德不失德，是以无德。"又言："孔德之容，惟道是从。"⑥认为"上德"不以德为名，而以"道"为依归，是"道"的具象化身，是真正"有德"，因此既推崇道，又张扬"上德"。对此，其后学亦

① （清）郭庆藩辑，王孝鱼整理：《庄子集释》，北京：中华书局1961年，第381页。
② （汉）严遵著，王德有点校：《老子指归》，北京：中华书局1994年，第49页。
③ 王明：《太平经合校》，北京：中华书局1960年，第735、306页。
④ 王明：《抱朴子内篇校释》，北京：中华书局1985年，第111页。
⑤ 王明：《抱朴子内篇校释》，北京：中华书局1985年，第17页。
⑥ 陈鼓应：《老子注译及评介》，北京：中华书局2009年，第206、145页。

图 2—9 　日本道观成立以后，亦秉承中国道教"集功行善"的理念，积极参与社会公益事业，图为 2020 年新冠肺炎疫情期间，日本道观捐赠给中国道协的医疗物资

多有阐发，《黄帝四经》指出天道具有"八正"特征，"正以明德"①，也认为"道"与"德"相一致，故言"德积者昌"，重视德的日常积累。《庄子·天地》篇进一步称："德兼于道，道兼于天"②，视"道""德"同义，认为两者相通于天。《齐物论》又言："道之所以亏，爱之所以成。"③ 以"爱"名现实道德。显然，对真正意义上的道德，庄子与老子一样，是持肯定态度的。不仅如此，《庄子》还提出了"修德就闲"的修养论，其《天地》篇言："天下有道，则与物皆昌；天下无道，则修德就闲；千岁厌世，去而上仙；乘彼白云，至于帝乡；三患莫至，身常无殃；则何辱之有！"④ 强调个体的道德实践，并将修德与成仙相连，使道德由德性修养一转成为成仙的前提条件。

汉代制度道教形成后，继承了先秦道家关于"道""德"同一，及修德可成仙的思想，将积善积德可致炼形不死作为道教重要的长生之道。如《太平经》言："行恩有施，可复得增年，精华润泽，气力康强，是行善所致，恶

---

① 陈鼓应：《黄帝四经今注今译——马王堆汉墓出土帛书》，台北：商务印书馆 1995 年，第 494 页。

② （清）郭庆藩辑，王孝鱼整理：《庄子集释》，北京：中华书局 1961 年，第 404 页。

③ （清）郭庆藩辑，王孝鱼整理：《庄子集释》，北京：中华书局 1961 年，第 74 页。

④ （清）郭庆藩辑，王孝鱼整理：《庄子集释》，北京：中华书局 1961 年，第 421 页。

自衰落，亦何所疑。"①《抱朴子内篇·微旨》言："非积善阴德，不足以感神明"②。其《对俗》又言："人欲地仙，当立三百善；欲天仙，立千二百善。"③《真诰·甄命授第一》亦云："积功满千，虽有过，故得仙。"④ 皆着眼于积德以立功修行。《洞玄灵宝六斋十直》对学道者提出"十善"的具体为善方式，将道德修养扩展到了环境生态保护方面。⑤ 而《太上感应篇》《文昌帝君阴骘文》《太微仙君功过格》等道教劝善书，则将故事与道教义理相结合倡导道德修行，进一步推衍了道家的"道德"观念，从实践方面极大提高了道教修炼的可行性、民众及主流社会对道教的接纳度，推动了道教的发展和传播。而今，无论是道教徒还是道教组织，无一不以行善积德为行为评判标准。

三、道教洞天福地的魅力

洞天福地是道教认定的神仙居所、游憩胜境，也是道门中人修道、弘道及通灵接真之圣地。在道教典籍中，所谓"洞天"分别有壶中洞天、身中洞天、山中洞天等多种概念，一般而言指山中通天之洞室。"福地"则意谓受福之胜地，修道者认为居于洞天福地修炼可以成为地仙。作为道教文化的一个缩影，洞天福地体现了道门中人对人与自然关系的特殊把握，是道教在人间对超越世俗的理想生存之地的扩展建构。

（一）洞天福地的建构

道教洞天福地学说共涉及十大洞天、三十六小洞天及七十二福地。关于

---

① 王明：《太平经合校》，北京：中华书局1960年，第601页。

② 王明：《抱朴子内篇校释》，北京：中华书局1985年，第124页。

③ 王明：《抱朴子内篇校释》，北京：中华书局1985年，第53页。

④ ［日］吉川忠夫、麦谷邦夫编，朱越利译：《真诰校注》，北京：中国社会科学出版社2006年，第193页。

⑤ 参见（宋）张君房编，李永晟点校：《云笈七签》第2册，北京：中华书局2003年，第806页。

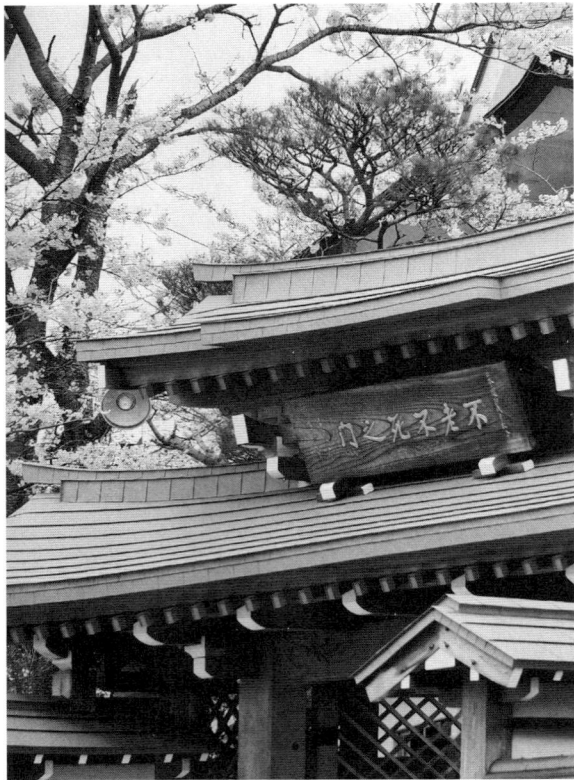

图2—10　日本道观本部的"不老不死之门"，总部坐落于日本"福岛"，其门以"不老不死"名，显然是将此地视为可以修炼成仙的洞天福地

"洞天"，诸道经中的记载大同小异，"福地"则大不相同，体现了传说的丰富性。从现有资料看，道教在洞天福地仙境的建构中，三十六洞天最先形成。梁任昉《述异记》："人间三十六洞天，知名者十耳。余二十六天，出《九微志》，不行于世也。"[1] 陶弘景《真诰》亦云："大天之内有地中之洞天三十六所。其第八是句曲山之洞，周回一百五十里，名曰金坛华阳之天。"该条疏曰："《传》中所载至第十天，并及丰都、五岳、八海神仙。远方夷狄之洞既非此限，并不获疏出。"[2] 据此可知，最早拥有名号的洞天也只有十个，陶弘景详细列出了十个洞天的次序、名号及分布情况，然而并不确定其他二十六洞天的具体状况。因此，将"洞天"区分为大小洞天，在早期所述有名号之十洞天之外，又列三十六洞天，当是南朝以后的事。

"福地"观念出现稍早于"洞天"。《神仙传》卷五"张道陵"条记载："先时蜀中魔鬼数万，白昼为市，擅行疫疠，生民久罹其害。"天师张道陵

---

① （梁）任昉撰，（明）程荣校：《述异记》卷下，明刻汉魏丛书本。

② ［日］吉川忠夫、麦谷邦夫编，朱越利译：《真诰校注》，北京：中国社会科学出版社2006年，第355—356页。

"战六天魔鬼，夺二十四治，改为福庭，名之化宇，降其帅为阴官"①。其中"福庭"据东晋孙绰《游天台山赋》有"仍羽人于丹丘，寻不死之福庭"②之说，可知即为神仙所居之胜地。可见，"福地"实由天师道之"治"变化而来。至于后来七十二福地之说，则为"合于汉魏间流行的'七十二候'法式"而成。因为皆与道教羽化登仙的修道主旨相关，便使"洞天""福地"具备了融合的同质性基础。因此，经过后来道经的不断衍化，至唐，司马承祯集《天地宫府图》，载录十大洞天、三十六小洞天及七十二福地，"洞天福地"理论体系便正式建立。

洞天福地的建构，是神仙信仰不断发展的结果，也是隐逸之风盛行的结果。一方面，东晋神仙道教兴起，神仙一变而成为道教的核心信仰，在修习仙道风气的影响之下，道门中人积极总结修炼经验，关于居山修道的理论也渐进成熟。如葛洪《抱朴子内篇·论仙》引《仙经》云："上士举形升虚，谓之天仙。中士游于名山，谓之地仙。下士先死后蜕，谓之尸解仙。"③指出神仙因位业不同而有区分，居游仙境也随之有等差；并大力提倡地仙，主张"为道者必入山林"，认为"山无大小，皆有神灵"，且山林"遐栖幽遁，韬鳞掩藻"，可以"远彼腥膻，而即此清净"，有利于"守雌抱一，专气致柔"④。东晋神仙家关于居山修道的理论，发展了先秦神人居山及汉代"仙，迁也，迁入山也"⑤的观念，被后来道教理论家继承了下来，直接促成了大地名山之间洞天仙境的开辟。另一方面，受社会战乱与道家思想影响，魏晋南北朝时期山林隐逸成为风尚，山水自然之美也由此被发现，被士人用以建构理想生存形态。《世说新语·言语》注引孙绰《遂初赋叙》云："余少慕老、庄之道，仰其风流久矣。却感于陵贤妻之言，怅然悟之，乃经始东山，建五亩之宅，带长阜，倚茂林，孰与坐华幕、击钟鼓者同年而语其乐哉！"⑥《宋

---

① （晋）葛洪撰，胡守为校释：《神仙传校释》，北京：中华书局 2010 年，第 190 页。
② 劳亦安编：《古今游记丛钞》卷十七，上海中华书局印行 1924 年，第 2 页。
③ 王明：《抱朴子内篇校释》，北京：中华书局 1985 年，第 20 页。
④ 王明：《抱朴子内篇校释》，北京：中华书局 1985 年，第 299、111、187、111 页。
⑤ （清）王先谦撰：《释名疏证补》，上海古籍出版社 1984 年，第 150 页。
⑥ 徐震堮：《世说新语校笺》，北京：中华书局 1984 年，第 79 页。

书》卷二十七《谢灵运传》记载："作《山居赋》并自注，以言其事。"其中注引应琚《与程文信书》云："故求道田，在关之西，南临洛水，北据邙山，托崇岫以为宅，因茂林以为荫。"[1] 皆将山水自然与道家思想结合，并以之为审美标准从事建设，体现了对个体生命和现实人生的重视。这种"芳林园者，福地奥区之凑"[2] 的思想，带来了士人思想观念的变化，更为道教整合仙居胜境奠定了社会基础，使洞天福地得以在唐前后大放异彩。

（二）洞天福地的特征及其在修习仙道中的作用

关于洞天福地，司马承祯《天地宫府图序》开篇明宗言：

> 夫道本虚无，因恍惚而有物；气元冲始，乘运化而分形；精象玄著，列宫阙于清景；幽质潜凝，开洞府于名山。元皇先乎象帝，独化卓然；真宰湛尔冥寂，感而通焉！故得琼简紫文，方传代学；琅函丹诀，下济浮生。诚志攸勤，则神仙应而可接；修炼克著，则龙鹤升而有期。至于天洞区畛，高卑乃异；真灵班级，上下不同。又日月星斗，各有诸帝，并悬景位，式辨奔翔。[3]

基于宇宙气化论的观点，指出洞天福地因"道"运化分形而产生，与上天"寂感而通"，因此居之"修炼克著"即可羽化登仙，描述了洞天福地的一般性特征。

唐《太上大道玉清经》卷八又言：

> 尔时神童为诸来生，欲学道者，志远人世，隔诸尘浊，愿栖福地，入诸名山，寻求真经，采服灵芝。千年万岁，不为凶害之所侵损。地多善神，土气调良，水药宜人……洞天之中，多有神人，时

---

① （梁）沈约：《宋书》第 6 册，北京：中华书局 1974 年，第 1754、1755 页。
② （清）严可均辑：《全齐文 全陈文》，北京：商务印书馆 1999 年，第 123—124 页。
③ （宋）张君房编，李永晟点校：《云笈七籤》第 2 册，北京：中华书局 2003 年，第 608 页。

出登山，晒诸后学。地多黄精、白术、上中下芝，甘泉玉液，饮之不衰。①

这段话从道门角度描述了洞天福地在修习仙道过程中的作用。洞天福地的魅力由此可见一斑。而关于洞天福地胜境的具体情状，道教典籍之中还有细致描绘。鉴于"洞天""福地"在文献记载中的相对独立性，现分述如下：

1. 洞天胜境

洞天仙境渊源于上古穴居传统及神仙信仰，与汉晋时期石室修习仙道风尚也有关联。《山海经·大荒西经》记："有人戴胜，虎齿，有豹尾，穴处，名曰西王母。"《山海经·中山经》又记熊山："有穴焉，熊之穴，恒出入神人。"② 分别言及"穴处"与"恒出神人"，已经具有洞天的大致轮廓。而后汉晋求仙之人居石室修炼，又催生出大量与石室相关的传闻故事。其中，蜀人邗子随犬入山穴，行十余宿出山，见"上有台殿宫府，青松树森然。仙吏侍卫甚严"的描绘③，已经具有洞天仙境的初步特征。道门中人据此类传闻，发展了山穴的通神特征，逐步形成了洞天通天仙的理念，又依据其时道教发展情况，遴选神仙文化底蕴深厚之山，对洞天进行实体建构，参照神仙位业对之作出治理划分，形成了位于大地名山之间的大小洞天仙境。不仅为修道者提供了神仙可致、腾升有期的理论支持，更使人间仙境散发出了极大的魅力。道教认为这些洞天胜景可成为道士修炼成仙的助力，并具有以下特异之处：

其一，包罗万象。在道教典籍里，洞天虽处于山中洞穴，但无中存有、小中含大，极其广阔又包罗万象。以十大洞天中位于第八洞天的句曲山洞为例，"周回一百五十里"，"其内虚空之处一百七十丈，下处一百丈"，不仅广大，且"洞庭四开，穴岫长连……众洞相通，阴路所适，七涂九源，

---

① 《道藏》第 33 册，第 361 页。

② 袁珂：《山海经校注》，上海古籍出版社 1980 年，第 407、159 页。

③ 王叔岷：《列仙传校笺》，北京：中华书局 2007 年，第 161 页。

四方交达"①，具有既相对隔绝，又相连贯通的特征。尤为神奇的是在作者笔下，句曲洞天"有阴晖夜光日精之根，照此空内，明并日月矣。阴晖主夜，日精主昼，形如日月之圆，飞在玄空之中""草木水泽又与外无别，飞鸟交横，风云翁郁""下墟犹有原阜垅偃"②，一派灵妙风光，令人神往。而其中更有"灵府""宫室结构，方圆整肃"③。这种对洞天仙境气象万千的描述带有梦幻般色彩，其中所展现的阴晖、日精、草木水泽、原阜垅偃，都是道门中人神奇想象的产物，对于潜心修道者而言，却具有极大的吸引力。

其二，隐秘通神。在道门中人的描述当中，诸洞天虽有小穴为入口，但往往"穴口才如狗窦，劣容人入耳"，外又多"以磐石掩塞"，并常"使山灵守卫之"。因此，世人除误入之外，并不能随便出入。奉道之人也唯"精斋寻之""延迎请祝"方可得入。④ 反复强调洞天存在的神秘与隐蔽特征。同时，道教还认为这些极其隐秘的诸洞天因"乘运化分形"形成，与清景宫阙感而可通，处于其中可交通神灵，或有不可思议之机缘，无疑对修道大有裨益。如《真诰·稽神枢第一》言左元放斋戒三月乃得句曲山洞之门，"入洞虚、造阴宫"，得三君授以神芝三种，叹其中"神灵往来，相推校生死，如地上之官家矣"。又言："三月十八日、十二月二日，东卿司命君是其日上要总真王君、太虚真人、东海青童合会于句曲之山，游看洞室。好道者欲求神仙，宜预斋戒，待此日登山请乞。笃志心诚者，三君自即见之，抽引令前，授以要道，以入洞门，辟兵水之灾，见太平圣君。"⑤ 强调潜心修道，即

① [日] 吉川忠夫、麦谷邦夫编，朱越利译：《真诰校注》，北京：中国社会科学出版社2006年，第355、356、345页。
② [日] 吉川忠夫、麦谷邦夫编，朱越利译：《真诰校注》，北京：中国社会科学出版社2006年，第356、357、356页。
③ [日] 吉川忠夫、麦谷邦夫编，朱越利译：《真诰校注》，北京：中国社会科学出版社2006年，第357页。
④ 参见 [日] 吉川忠夫、麦谷邦夫编，朱越利译：《真诰校注》，北京：中国社会科学出版社2006年，第363、356、363页。
⑤ [日] 吉川忠夫、麦谷邦夫编，朱越利译：《真诰校注》，北京：中国社会科学出版社2006年，第357、364页。

可得见洞府神灵。从现实层面看，洞天这种隐秘通神的魅力，是道教徒在修习当中由现实激发想象而成的，表达了道教徒接真登仙的诉求，当然，同样也在无形当中为其居山修道形成了感染力与催促力。

其三，恒定时间。东晋神仙道教盛行，洞天观念形成之后，又以其殊域之神奇催生出了大量以神仙洞窟为主题的志怪小说，此类小说精心构想洞天世界，不仅为后世文学留下了广阔的想象空间，更在通俗层面上衍生出了洞天恒定时间的特质。如王嘉《拾遗记》叙采药石人入洞庭山洞穴：

> 如行十里，迥然天清霞耀，花芳柳暗，丹楼琼宇，宫观异常。乃见众女，霓裳冰颜，艳质与世人殊别，来邀采药之人，饮以琼浆金液……饯令还家……却还洞穴，还若灯烛异前，便绝饥渴，而达旧乡。已见邑里人户，各非故乡邻，唯寻得九代孙。[1]

洞天一樽酒的时间，人间已去三百年，极具幻象特质。

刘义庆《幽明录》记载，汉明帝永平五年，刘晨、阮肇共入天台山迷不得返，没水度山被仙女留住，半年后悲思求归：

> 既出，亲旧零落，邑屋改异，无复相识。问讯得七世孙。[2]

仙界半年，人间已得七世孙，体现了洞天与世俗世界之间的差异。小说描绘的洞天仙境，显然具恒定时间的神奇力量。笔记小说中大量关于洞天恒定时间的故事，是人类对命运恐惧、迷茫所表现出的一种遐思，具有深刻的思想内涵，包含着人们希望超越凡世局限的愿望，也体现了道教长生久视的理想。

---

[1]　王根林等校点：《汉魏六朝笔记小说大观》，上海古籍出版社 1999 年，第 564 页。
[2]　王根林等校点：《汉魏六朝笔记小说大观》，上海古籍出版社 1999 年，第 698 页。

2.福地仙居

福地的形成与古人的堪舆观念不无关系，与上古时期的神话传说更有直接关联。堪舆出自传统衍数系统，道门中人对福地的建构虽与之类似，但又别具匠心，特指适合于修道者居住的地域。在上古神话中，多有神仙居于山川的传说，如《山海经·中山经》记夫夫山"神于儿居之"[1]、《列子·黄帝》言"列姑射山在海河洲中，山上有神人焉"[2]，已构想出神仙居处的独特。道门中人承袭神话传说，认为"乾坤既辟，清浊肇分，融为江河，结为山岳。或上配星宿，或下藏洞天，皆大圣上真主宰其事"[3]，明确指出自天地开辟以来，河海山岳皆有真圣主宰。基于古人的堪舆观念，道教一方面结合其时修道实践，择取山、洞、墟、岩、峰、岑、州、源、溪、井共七十二处为福地，将神仙世界扩展到世间山上、山下，扩展到真人所栖、凡人隐居修炼之处；另一方面强化神仙主宰观念，选取其时修炼得道或受帝王封诰的真人以治之，将神的外延扩展到历史人物，使福地仙境呈现出了现实化的倾向。而其对福地的大力建构，极大地增加了居此修道成仙的魅力，具体体现在：

其一，宜生善物。道教认为福地因为有仙真主理，故土气调良、水药宜人，因此是修炼仙道的理想场所。以福地句曲山为例，其间有金陵之地，"地方三十七八顷"，且"土良而井水甜美，居其地，必得度世见太平"，《真诰》言之：

> 金陵之土似北邙及北谷关土，坚实而宜禾谷。掘其间作井，正似长安凤门外井水味，是清源幽澜、洞泉远沽耳。水色白。都不学道，居其土，饮其水，亦令人寿考也，是金津润液之所溉耶。[4]

---

[1] 袁珂：《山海经校注》，上海古籍出版社 1980 年，第 176 页。

[2] 杨伯峻撰：《列子集释》，北京：中华书局 1979 年，第 44 页。

[3] 《道藏》第 11 册，第 55 页。

[4] ［日］吉川忠夫、麦谷邦夫编，朱越利译：《真诰校注》，北京：中国社会科学出版社 2006 年，第 347—348 页。

在作者笔下，俨然一幅充满灵气的景象。

《太平御览》卷四十五引道书《福地记》又言福地抱犊山：

> 在上党东南，高七丈，有石城，高十丈，方一里。东南角有草名玉照，下枝冬生花，高五六尺，味颇甘。取其末服之，方寸匕，日三不饥。宜五谷，多食物。[1]

旨在说明福地物产之神异。突出福地宜生善物这一特征，是道教仙化思想的延续，也是道门中人注重自然和谐的表征。因此，对于道教徒而言，福地无疑是其精勤修行的理想之地。

其二，避离灾病。东晋以后居山修道风气兴盛，道门中人基于仙道修习的实际，又在理念上阐述了福地避离祸害之神奇功能。如《真诰》说："金陵者，兵水不能加，灾疠所不犯。《河图》中《要元篇》第四十四卷云'句

图 2—11　日本道观本部"崇玄观"内供奉的老子像及像前上方悬挂的五色幡

---

[1]　（宋）李昉等撰：《太平御览》第 1 册，北京：中华书局 1960 年，第 216 页。

金之坛，其间有陵，兵病不往，洪波不登，正此之福地也。'"①《福地记》云抱犊山亦言："无恶毒，寇贼不至。"② 皆围绕道徒修炼，描述了福地避离病灾的特征。这一特征如南北朝《洞玄灵宝丹水飞术运度小劫妙经》所言："乾坤漏泄，五岳沦没，福地汛冈。"③ 为自然运化所生有，蕴含着道教"独与天地精神往来"的思想旨趣，对后世道教发展产生了深远影响。

综上所述，作为对时空的特殊把握，道门中人交错理想与现实，在自然山水中构造出洞天福地仙境，是自然与人文的融合，不仅体现了道教关注天、地、人的独特视角，亦开启了道教发展的新向度。

（三）道教洞天福地思想对道教宫观建构的影响

洞天福地观念形成以后，以其在理想与现实两个交互层面的魅力，极大地促进了道教居山修道风气的形成以及山中修道场所的营建。如华阳隐居陶弘景，不仅隐居于第八洞天所在之句曲山，并且积极提倡于此山中立静舍。陶弘景指出："且此一山通无虺蝮毒螫。时有青蛇，都不犯物。虎亦甚少，自古来未闻害人。山居不问道俗，皆少温病。山德宽容，不到险阻。"而且"其山左右有泉水，皆金玉之津气"，"若饮此水，甚便益人精，可合丹"④。并数言诸宜人住处可为"屋室静舍"。而其所谓"静舍"，即道门中人入静修炼场所，是后世道观的一种雏形。

刘宋明帝后，道门中人因学识渊博而开始得到帝王贵族、豪门的赏识，受到朝廷征召，其修道之地也受到庇护。同时，鉴于知识传授的需要，上流阶层亦在山中大力营建"道馆"，延请道士居住。如刘宋明帝为陆修静敕立崇虚馆、齐太守王亮为李景游建栖真馆。这些"道馆"可被视为最早的道观。

与封建阶层扶持营建道馆同时，道门中人也积极募建道馆，如《上清

---

① ［日］吉川忠夫、麦谷邦夫编，朱越利译：《真诰校注》，北京：中国社会科学出版社2006年，第346页。

② （宋）李昉等撰：《太平御览》第1册，北京：中华书局1960年，第216页。

③ 《道藏》第5册，第856页。

④ ［日］吉川忠夫、麦谷邦夫编，朱越利译：《真诰校注》，北京：中国社会科学出版社2006年，第362页。

道类事相》卷一引《道学传》云："王僧镇，梁州晋寿人也。乃于荆州安陆起福堂馆。还过郢州，又起神王馆。并极华整。又于衡岳起九真馆。"[1]凡此等等，最终发展成道馆林立的局面。后至北周武帝建德元年，下令立通道观，"馆"改称"观"；又唐玄宗时推崇老子，天宝二年"改西京玄元庙为太清宫，东京为太微宫，天下诸郡为紫极宫"[2]。此后，凡规模较大道观则称宫观，完整意义上的道观概念形成。至此，洞天福地思想也借由道教宫观完全获得空间属性，成为实在的人间仙境。

道门中人在建构洞天福地观念的过程中，以宗教眼光把握自然山水，从而使之从原初自然形态中凸显出来，具有了神圣化的色彩。如司马承祯《天地宫府图》言十大洞天：

> 第一王屋山洞。周回万里，号曰小有清虚之天，在洛阳河阳两界，去王屋县六十里，属西城王君治之。"又言七十二福地："第一地肺山。在江宁府句容县界，昔陶隐居幽栖之处，真人谢允治之。[3]

在其描述中，神仙乃为山水的内蕴，山水则是神仙的表征。因此，在这样一种观照之下，自然山水便具有了精神灵性，成为超自然的存在。而对于修道之人而言，在与洞天福地山水自然的冥寂感通中，则易于产生敬畏、热爱之心。受此影响，道门中人与大自然始终处于一种亲密和谐的状态之中，为人们处理与自然的关系作出了表率。道门中人在感知人与山水自然关系方面体现出的人文与自然合一的观念，在道教宫观兴起以后，得到了更大范围的扩展和弘扬。道教徒们认为，在风景秀美、气象万千的洞天福地修建宫观、创设人间仙境，可以吸引仙真降临，与其共享仙乐，居之亦有利于仙道

---

[1]　《道藏》第 24 册，第 878 页。

[2]　（后晋）刘昫：《旧唐书》第 1 册，北京：中华书局 1975 年，第 216 页。

[3]　（宋）张君房编，李永晟点校：《云笈七籤》第 2 册，北京：中华书局 2003 年，第 609、619 页。

修行。因此，他们承继道教羽化而登仙的思想旨趣，多以名山洞府的自然态势为布局基础建造宫观，既强调生存理念与自然景物和谐一致，同时又注重人工建筑与自然山水的相互呼应，在一定程度上，也推动了人与自然关系的和谐发展！

　　以上是我们对中国道教与道家文化、神仙信仰及修炼方术和洞天福地思想的来龙去脉的粗浅梳理，在了解这些文化发展的来龙去脉以后，相信我们再来看日本道观的选址、宗教活动、宗教理念，必然会对其有更深刻的理解。

第二节　日本道观的实体基础

　　《先民传》"大江宏隆"条记载有日本存在道观，并有道士在此进行修炼的内容。其文曰："（大江宏隆）晚年自构道观于田上，建真武庙，以修炼为事……下部博贞亲书崇玄观三字以赐"[①] 这一记录的重要部分就在于真武庙、崇玄观的建设以及进行修炼一事。真武庙所祭祀的真武神，乃是中国道教神，主司水灾，可与人长寿。真武庙和崇玄观等道观在日本的存在是现在日本道观建设的历史渊源，其根源则是中国道教的宫观传统。日本道观正式创立于 1980 年，由早岛天来道长在日本福岛创立，后又在福冈创建分观。日本道观的实体建筑供奉道德真君、玄武大帝等道教众神像，其本部道观主建筑名为"崇玄观"，室内外布置道教符咒等物，与中国道观都具有极大相似性。任何一种实体建筑，都有一定的观念作指导。宗教建筑实体乃是由于宗

---

① 《先民传》卷上《学术·大江宏隆》："晚年自ら道观を田上に构え（镇正的南に在り），真武庙を建て修炼を以って事と为す……镇台日下部博贞亲ら崇玄观的三字を书して以って赐う。后三年己酉に病卒し，时に年的六十一なり。"（卢千里：《先民传》2 卷 2 册，东都书林庆元堂、日本文政二年（1819）五月刊刻）扉页题记：《先民传》。全二册。崎阳卢千里著，东都原念斋校，东都书林庆元堂梓。文政二己卯五月刻成。

教信仰的需要而出现的。日本道观这种建筑实体与中国道观的宫观传统更是一脉相承。

一、建宫观礼神明的古老传统

上古先民渴望天神祖先的保佑，在崇拜与祈祷神明时，便产生了与之相应的观象占筮之术作为人和天帝神明沟通的方式。天子通过观察天象、占卜神意来制定社会秩序、教化黎民百姓，并根据一定时节举行祭祷神明的仪式，以便顺天意而治理天下，将宗教与政治合二为一。因此，上古时期对祖宗神明的祭祀既有宗教的特征，也有政治的意义。同时，颁布政治的地方，也是礼敬神明的地方。

既然要祭祀，则必定要在某一建筑地点举行。《孝经·圣治章》曰："昔者周公郊祀后稷以配天，宗祀文王于明堂以配上帝。"[1]《通典》曰："周制，季秋大享于明堂，宗祀文王以配上帝。"[2] 这两段文字记载了周朝时，周公在明堂祭祀，因尊重文王，将其配以上帝的祭祀规格。邢昺疏《孝经》曰："周公因祀五方上帝于明堂之时，乃尊其父文王，以配而享之。尊父祖以配天，崇孝享以致敬。"[3] 五方上帝即是与东、西、南、北、中相对应的五色之帝，又名青、赤、黄、白、黑五帝。古人认为王者先祖是感应五方上帝之精而生的，因此古代帝王非常重视对五方上帝的祭祀活动。又《礼记·明堂位》曰："大庙，天子明堂。"[4] 蔡邕《明堂月令论》曰："明堂者，天子太庙，所以崇嗣其祖，以配上帝者也。"[5]《明堂大道录》曰："宗庙之礼，天子

---

① 李学勤主编：《十三经注疏·孝经注疏》，北京大学出版社 1999 年，第 29 页。
② （清）杜佑撰，王文锦等点校：《通典》卷四十四《大享明堂》第 2 册，北京：中华书局 1988 年，第 1215 页。
③ 李学勤主编：《十三经注疏·孝经注疏》，北京大学出版社 1999 年，第 29 页。
④ 李学勤主编：《十三经注疏·礼记正义》，北京大学出版社 1999 年，第 942 页。
⑤ 《蔡中郎集》卷十，《四部丛刊》景明活字本，第 45 页。

曰明堂。"① 这里明确指出，明堂是属于天子的"庙"。许慎《说文解字》谓："庙，尊先祖貌也。"清代文字学家段玉裁说："尊其先祖，而以是仪貌之，故曰宗庙。"② "貌"指的是外在表现形式，"庙"就是对先祖的景仰和敬重的外在表现。

图 2—12 日本道观本部崇玄观内供奉的该道观创始人早岛天来道长神像及道教众神像。这样的供奉组合，集先祖崇拜与神明崇拜为一体。

（一）上古的宗教信仰与建明堂礼神明

天子对先祖的景仰与敬重就在明堂行宗庙之礼表现出来。由此可知，明堂就是天子祭祀先祖神明的地方。

《礼记·明堂位》曰：

---

① （清）惠栋：《明堂大道录》卷一，《丛书集成初编》本，第 3 页。
② （汉）许慎撰，（清）段玉裁注：《说文解字注》，上海古籍出版社 1988 年，第 446 页。

> 昔者周公朝诸侯于明堂之位，天子复斧依，南乡而立。①
>
> 明堂也者，明诸侯之尊卑也。昔殷纣乱天下，脯鬼侯以飨诸
> 侯。是以周公相武王以伐纣。武王崩，成王幼弱，周公践天子之
> 位，以治天下。六年，朝诸侯于明堂，制礼作乐，颁度量，而天下
> 大服。七年，致政于成王。②

《礼记》在此处说：周公在明堂这个地方朝见诸侯，作为天子，他背向有斧头花纹的屏风，朝南面站立。他制作礼乐典章、颁布度量，以明确诸侯尊贵卑贱的次序。清儒惠栋在《明堂总论》中总结到：

> 明堂为天子大庙，禘祭宗祀，朝觐耕籍，养老尊贤，飨射献俘
> 治，望气告朔、行政，皆行于其中，故为大教之官……室以祭天，
> 堂以布政。③

从以上所述可知，天子在明堂这个地方举行对先祖神明的祭祀，并观天之神道以分别尊卑、望气告朔、颁礼布政。而明堂这一建筑就是"神道设教"的物化体现，是礼祭神明的具体场所。

（二）明堂建筑实体的崇天礼神意识体现

许慎《说文解字》谓："庙，尊先祖貌也。"④ 明堂作为上古天子的大庙，是礼祭神明的场所，是天子对先祖的景仰和敬重的外在物象表现。天子对先祖的景仰与敬重首先通过在明堂行宗庙之礼表现出来。而明堂作为建筑实体，其形制格局的内涵亦显示出对先祖神明的敬仰，考察明堂建筑的形制格局，可发现其中蕴含的崇天礼神意识，体现了古人礼敬神明的精神旨趣。

---

① 李学勤主编：《十三经注疏·礼记正义》，北京大学出版社 1999 年，第 931—932 页。
② 李学勤主编：《十三经注疏·礼记正义》，北京大学出版社 1999 年，第 934 页。
③ （清）惠栋：《明堂大道录》卷一，《丛书集成初编》本，第 1 页。
④ （汉）许慎撰，（清）段玉裁注：《说文解字注》，上海古籍出版社 1988 年，第 446 页。

关于明堂建筑的形制格局，古代学者多有论述。现存史料中，较早明确言及明堂建筑形制的是西汉《大戴礼记》。《大戴戴礼记·明堂》篇记载：

> 明堂者，古有之也。凡九室，一室而有四户八牖，三十六户，七十二牖。以茅盖屋，上圆下方。明堂者，所以明诸侯尊卑。外水曰辟雍。南蛮，东夷，北狄，西戎。明堂月令。赤缀户也，白缀牖也。二九四七五三六一八。堂高三尺，东西九筵，南北七筵，上圆下方。九室十二堂，室四户，户二牖，其官方三百步。在近郊，近郊三十里。①

以上文字大致说明了明堂的总体规模，概括了其建制组成，叙述了其建筑功用——"明诸侯尊卑"。而"明诸侯尊卑"之前提在于崇天礼神以明天意。为了实现这一功用，古人在明堂的建筑格局上运用天人相应的思维，以符号象征之理来体现对天帝神明的崇敬。

上古时期成书的《周易》及以之为主体的易学思想，是先民对自然与社会之认识的集大成者。《系辞下传》云："古者包牺氏之王天下也，仰则观象于天，俯则观法于地，观鸟兽之文，与地之宜，近取诸身，远取诸物，于是始作八卦，以通神明之德，以类万物之情。"② 此即说明古人仰观俯察天地万物，并作八卦以感通神明与万物之德情，体现了天人相应的象征理趣。随着人们认识的发展，大《易》之学还把春夏秋冬、东西南北、金木水火土以及时辰、节气、星宿等对应起来，形成了天、地、人万物相交错的符号象征网络。这样的思维模式渗透在先民生活的各个方面。自然而然，上古明堂形制格局的建筑观念就包含着这种易学象征之理。

这种以易学象征之理为基础的崇天意识，首先体现在明堂建筑的总体方位朝向上。蔡邕《明堂月令论》说："易曰：离也者，明也，南方之卦也，圣

---

① （清）王聘珍：《大戴礼记解诂》，北京：中华书局1983年，第149—151页。
② 尚秉和：《周易尚氏学》，北京：中华书局1980年，第307页。

人南面而听天下，乡明而治，人君之位莫正于此焉，故虽有五名而主以明堂也。"①《明堂大道录》说："明堂取诸八卦，而独于离言之者，以离直明堂故也。"② 这都表明明堂建筑布局的依据来自于八卦方位，而八卦中的《离》卦是其取法的核心。《易·说卦传》曰："离也者，明也，万物皆相见，南方之卦也；圣人南面而听天下，向明而治，盖取诸此也。"③ 在八卦中，《离》卦是光明的象征，万物都旺盛而纷相显现；离在八卦中的方位为南方，而圣人坐北朝南以听政于天下，正是取法于此。不难看出，明堂之"明"字正与合于《离》卦象征的光明。按《易》之《离》卦，三画中上下为阳爻，中间为阴爻，这就是"太阳"的象征。而"太阳"在传统中国乃是天帝后裔——天子的基本象征物。天子居明堂，类比太阳在天上，所以明堂象征天。因此，天子将举行祭祀先祖神明和推行教化的场所设置于明堂，这符合易学"观天之神道"的义理与象征法象，以此来表达对天的崇敬。

清代惠栋说："明堂者，王者母三才之道，以致于春秋冬夏，即大衍之数也。孟子曰：夫明堂者，王者之堂也，一母三为王。王者顺时行令，故兼三王之道，以致于春秋冬夏，所以赞化育也。"④《说文》段玉裁注："母，牧也"时曰"……引伸之，凡能生之以启后者皆曰母。"⑤ 按惠栋所说，君王建明堂乃是以三才之道、四时季节为根据，而三才之道、四时季节的根源则是合于《易》学的"大衍之数"。即明堂是由大衍之数所引申发展而来的。关于大衍之数，《易·系辞传》称："大衍之数五十，其用四十有九。分而为二以象两，挂一以象三，揲之以四，以象四时……此所以成变化而行鬼神也。"⑥ 王弼曰："演天地之数，所赖者五十也。其用四十有九，则其一不用也。不用而用以之通，非数而数以之成，斯易之太极也。"京房云："五十

---

① 《蔡中郎集》卷十，《四部丛刊》景明活字本，第 45 页。

② （清）惠栋：《明堂大道录》卷一，《丛书集成初编》本，第 16 页。

③ 尚秉和：《周易尚氏学》，北京：中华书局 1980 年，第 324 页。

④ （清）惠栋：《明堂大道录》卷二，《丛书集成初编》本，第 39—40 页。

⑤ （汉）许慎撰，（清）段玉裁注：《说文解字注》，上海古籍出版社 1988 年，第 614 页。

⑥ 李学勤主编：《十三经注疏·孝经注疏》，北京大学出版社 1999 年，第 279—281 页。

者，谓十日、十二辰、二十八宿也，凡五十。"① 可见，大衍之数五十代表天地万物。在蓍法中，推衍的数本来是五十，实用四十九，将其任意分为两份以象征天地两仪，从中取一策悬挂于左手小指间以象征天、地、人三才，每束四策地揲算以象征四季。此即合于明堂所象征的三才之道与春夏秋冬。《易》学运用大衍之数的象征形成变化而能通行于阴阳鬼神之间，明堂建筑则法象大衍之数以表达天子对天地神明的崇敬。

明堂建筑的形制度数更具体地表达了崇天礼神的象征思想。蔡邕在《明堂月令论》中对明堂的这种"制度之数"的象征意味有具体的记载，他说：

> 其制度之数各有所法。堂方伯四十四尺，坤之策也。屋园屋径二百一十六尺，乾之策也。太庙明堂方三十六丈，通天屋径九尺，阴阳九六之变。且园盖方载，六九之道也。八闼以象八卦，九室以象九州，十二室以应辰。三十六户七十二牖，以四户九牖乘八室之数也……通天屋高八十一尺，黄钟九九之实也。二十八柱列于四方，亦七宿之象也。堂高三丈，以应三统。四卿五色者，象其行，外广二十四丈，应一岁二十四气也。四周以水，象四海，王者之大礼也。②

蔡邕的记载说明堂建筑的形制大小、尺寸长短都是有依据的，其建筑格局的各个方面都与天象地域进行比附。古人认为天是圆的、地是方的。在《易经》中，《乾》卦代表天、《坤》卦代表地。《易·系辞传》说："《乾》之策二百一十有六，坤之策百四十有四，凡三百有六十，当期之日。二篇之策，万有一千五百二十，当万物之数也。"③ 所以明堂的基座是方形的，边长则取《易》中坤之数为一百四十四尺；屋顶是圆形，屋径则取《易》中乾之数，为二百一十六尺。由此伸展开去，明堂建筑的门窗户牖、梁柱宫室等都与星

---

① 李学勤主编：《十三经注疏·孝经注疏》，北京：北京大学出版社 1999 年，第 279 页。
② 《蔡中郎集》卷十，《四部丛刊》景明活字本。原文缺"应一岁二十四气也。四周以水，象四海，王者之大礼。"今据《后汉书》补。
③ 李学勤主编：《十三经注疏·孝经注疏》，北京大学出版社 1999 年，第 281 页。

宿、节气、时辰等一一对应，形成一个象征整个宇宙的具象建筑。这正如惠栋《明堂大道录》云："其道盖本于太一，分而为天地，转而为阴阳，变而为四时，列而为鬼神，圣王象此下之，以为教令。"[1]

总言之，天子在明堂举行崇天礼神的祭祀活动，通过易学象征思维将明堂建筑成一个物象化的"天"，来表达对天地神明的崇敬。明堂建筑形制格局本身就是古人崇天礼神意识的一种表征，而明堂建筑则成为华夏文明中古人建宫观礼神明这一传统的肇端。

二、真武信仰与宫观建设

真武，本名为"玄武"，又有玄武将军、真武真君、玄天上帝、荡魔天尊等称号。图 2—13 为安放于日本道观英彦山崇玄观的玄天上帝像。2018 年春天，由中国道教协会会长李光富带领武当山高道组成的访问团远赴日本英彦山日本道观为其进行开光大典。2019 年 4 月，日本道观举行"天来宗师大先生并玄天上帝神御生诞祭"活动，隆重祭奠来自中国的玄天大帝神。

图 2—13　日本道观供奉的玄天上帝像

（一）真武大帝与江户时期的妙见信仰

真武信仰进入日本后，大约在平安时代，与佛教以及道教的"庚申"信仰、星斗信仰相结合，成为可以延年益寿、保障民众健康平安的神灵，以妙

---

[1]　（清）惠栋：《明堂大道录》卷八，《丛书集成初编》本，第 312—313 页。

见菩萨的形式，脚踏龟蛇，活跃于日本民间。本章开头我们也谈到过，在
《先民传》中就记载有日本人大江宏隆晚年于长崎建构真武庙并于其中进行
修炼的事迹。

1. 妙见即真武

日本有在庚申之夜彻夜不眠的习俗，这个习俗名为"守庚申"，平安时
代在宫廷内举行，随后在庶民间推广，到江户时代变成了庶民彻夜举行的仪
式。原本也并非彻夜不眠，而只是至少要到拂晓才就寝。日本的这一风俗非
常奇特，因为守庚申所信奉的神是来自佛教（密教）的"青面金刚"和妙见
菩萨，而"守庚申"本身来自中国的道教，葛洪《抱朴子·微旨篇》里有记
载："三尸之为物，虽无形而实魂灵鬼神之属也。欲使人早死……是以每到
庚申之日，辄上天白司命，道人所为过失。"①

日本的守庚习俗之所以会信奉青面金刚，是因为青面金刚在日本被作为
密教的夜叉神而被信奉。在《陀罗尼集经》中，有患病之际念诵青面金刚的
咒文即可退热，对其他所有疾病也都有疗效的说法。正因为是持有如此神力
的密教神，人们才认为信奉青面金刚可以帮助驱除危害人寿命的三尸。在密
教中妙见菩萨也因能延寿和治愈疑难恶疾而被信奉，而妙见信仰则与道教真
武神有关。

宽永五年出家的僧人泽了所著《镇宅灵符缘起集说》② 中，第八题为
"七佛所说经北辰菩萨妙见之事"，其中引用《七佛八菩萨所说大陀罗尼神
咒经》，内容如下：

① 王明：《抱朴子内篇校释》，北京：中华书局1986年，第125页。
② 日本人泽了所著的《镇宅灵符缘起集说》，根据跋文此书作于宝永四年（1707），日本水
　田书堂1708年刊行。后收入《信仰丛书》，大正四年由东京友文社发行。关于泽了，除
　了被记载为"出云路十念寺"（即今岛根县东部的十念寺）的僧人外，没有其他记录。宝
　永四年十月，从四国到关东地区一带发生了大地震并引起海啸（即宝永地震），十二月富
　士山大爆发诞生了现在了宝永ㄩ。时值西风，大量的灰尘降在了关东地区，江户（东京）
　也有积聚灰尘的记录。也有看法认为正是因为这样连续的发生灾害，致使重视现实利益
　的信仰盛行。

今按七佛所说神咒经云，我北辰菩萨，名曰妙见，今欲说神
咒，拥护诸国土，所作甚奇特，故名曰妙见，处于阎浮堤众星中最
胜，神仙中之仙，菩萨之大将，光目诸菩萨，旷济诸群生，有大神
咒，名胡捺彼，胡捺彼晋言拥护国土，消灾却敌，莫不由之，又言
广济众生神咒经云云。或摩醯首罗具生神，变三宝荒神，成上元太
乙神……可知中华道士之宗事，天有北斗尊星云……①

　　如果将此段与现行《大正新修大藏经》所收录的《七佛八菩萨所说大陀罗尼
神咒经》比较来看的话，则语句虽然有若干处不同，文意并没有大的差异。
但《镇宅灵符缘起集说》第九的末尾，有"今考辰星即北斗尊星，汉土显真
武上帝也"之语，第十也有"北辰菩萨即妙见，天有北斗菩萨，又云玄武龟
蛇之姿"之语②，这是向四神的玄武借神姿，也被称为北斗星。微妙的是，现
行版的《七佛八菩萨所说大陀罗尼神咒经》中提到，妙见菩萨是北辰，而不
是北斗。并且，也没有"向四神的玄武借神姿"之语。这里语句并没有对
应。无论如何，妙见菩萨信仰都与《七佛八菩萨所说大陀罗尼神咒经》相关。
　　佛教的妙见菩萨以北方神的神姿出现，其作用也与死生相关。北斗是道
教的司命，在天空位置上和北辰很相近。《七佛八菩萨所说大陀罗尼神咒经》
里有"我北辰菩萨，名曰妙见……我时当率诸大天王，诸天帝释，伺命都
尉，天曹都尉，除死定生，减罪增福，益算延寿"③等语，不仅妙见与北方

---

① "今按ずるに七佛所说神咒经云，我北辰菩萨，名曰妙见，今欲说神咒，拥护诸国土，所
　　作甚奇特，故名曰妙见，处于阎浮堤众星中最胜、神仙中之仙、菩萨之大将，光目诸菩
　　萨，旷济诸群生、有大神咒、名胡捺彼、胡捺彼晋言拥护国土、消灾却敌、莫不由之、
　　又言、广济众生神咒经云云、或摩醯首罗具生神、三宝荒神と变じ、上元太乙神とな
　　る……中华の道士とする事を知るべし、天に有ては北斗尊星と云。"《信仰丛书·镇宅
　　灵符缘起集说》，第338页。《七佛八菩萨所说大陀罗尼神咒经》，东晋时译出，译者已不
　　详，更多时候被记为《七佛所说神咒经》。
② "今考るに辰星は则ち北斗尊星なり，汉土にては显真武上帝也也"，"今考るに玄武は今
　　の妙见なり，灵符の像の前に龟蛇を置て以て玄武神なる事を知する者なり"（《信仰丛
　　书》，东京：友文社大正四年（1915）刊行，第338页）。
③ 《大正藏》第21册，第546、547页。

神一体，同时它还可以命令司命施与益算延寿之法，可见其佛、道教合体的特征，其所合佛教主神为妙见菩萨，道教神即为北辰神，而北辰又常与玄武联系在一起，因为"玄"为水，其五行方位正是北方。

《镇宅灵符缘起集说》，有妙见变化成三宝荒神的说法。① 荒神是日本神佛混合之下的信仰，即作为"荒暴之神"，以其强大的力量成为了信仰对象。虽然关于三宝荒神没有明确的历史资料可供查阅，但供奉它的日本兵库县的清荒神清澄寺创建于宽平八年（896），可知在九世纪左右荒神信仰就已存在。荒神乃是妙见的变化神的说法，也与妙见具有强大威力的镇宅七十二灵符有关。这正是具有强大神力的神与另一具有强大神力的神的结合。

在江匡弼的《北辰妙见菩萨灵应编》中，妙见菩萨作为道教神持有"真武太一上帝灵应天尊"② 的名号，由此可见其已经确立了在道教信仰中的地位。

中国道教中所说的真武神，也即玄天大帝，原本是四神中的作为北方守护神的玄武。在宋代作为真武而被纳入道教神之中。《宋会要辑稿》有"真宗天禧二年闰四月诏：拱圣营醴泉，所宜度地立观，以祥源为名……元年，营中有见龟蛇者，建真武祠……六月，诏加真武号曰真武灵应真君"③ 之语，天禧二年（1018），在醴泉建立了祥源观，以祭祀真武神，六月，又加"真武灵应真君"的名号。《铸鼎余闻》卷一中引《黔县志》，记录了"宋元丰间，诏封佑圣为真武灵应真君，靖康元年加号佑圣助顺真武灵应真君。元成宗大德七年，加封真武为元圣仁威玄天上帝。明永乐十三年，建祠，祀北极佑圣真君。宏治改祠为庙。正德初，改为灵明显佑宫，又专官督祀于武当山。成化时，范金为像"④ 等历朝的神号。也就是说，上述历代王朝敕令祭祀的真

---

① 参见《信仰丛书》，东京：友文社大正四年（1915），第338页。

② ［日］江匡弼文坡撰：《北辰妙见菩萨灵应编》，《信仰丛书》，东京：友文社大正四年（1915），第433页。

③ 刘琳、刁忠民、舒大刚等校点：《宋会要辑稿》第2册，上海古籍出版社2014年，第570页。

④ （清）姚福均辑：《铸鼎余闻》，《藏外道书》第18册，第566页。

武神，其神威的由来乃是以北方镇护者玄武为原型。以真武称之，则是为了避宋圣祖赵玄朗的名讳。

另一方面，在佛教中，北方的主神为北辰妙见菩萨，北辰即北极星的神格。《镇宅灵符缘起集说》里的《七佛所说神咒经》中说，北辰菩萨即妙见，司消灾富贵等。从结论来看，在日本，道教的北方守护神和佛教的妙见菩萨结合，形成了真武神。而在基本构造上，两者都有司命的神格。但实际上，佛教的妙见菩萨，不仅具有司命的功能，还具有与灵符信仰或者说与道教的北斗信仰相结合的驱邪招福的作用。这种信仰，可以说是在妙见菩萨原本的驱散恶疾的作用被扩大之后产生的一种联想。在江匡弼的《北辰妙见菩萨灵应编》中，妙见的别号除了北辰妙见菩萨以外，又记有太一北辰尊星、天御中主尊、国常立尊、真武太一上帝灵应天尊、妙见大菩萨、太上上帝、太极元神等多个名号①，这里出现的神道神的天御中主尊和国常立尊的称呼，又是如何发生的呢？

关于这两位神，《古事记》和《日本书纪》的记述不同。天御中主尊，在《古事记》中是开天辟地之际出现的神，《日本书纪》中则并非如此。国常立尊，在《日本书纪》中被视为是天地开辟之际最先显现的，创生了大地，即国之基础。而在《古事记》中，则是第七位出现的神。这两位神因为在《日本书纪》和《古事记》中的记载有异，因而作为大神的相关记录很少，且也很难说是有名的神。

江匡弼对此二神的关注，大约是基于《日本书纪》和《古事记》中记载的于天地开辟之际显现之事。真武太一上帝灵应天尊是道教神和儒教祭神的结合，太一上帝可以说是儒教神。这样一来，无论实际上是否在各宗教里被祭祀，但在各种各样的宗派的解释中都被给予了对其功效的期待。这些功效包含了从天下太平、万民守护、宝祚长远到官位升进、财宝满堂、子孙安泰、灾难消退、智慧福德、安产、五谷丰登、治愈恶疾等。这也就意味着，

---

① 参见［日］江匡弼文坡撰：《北辰妙见菩萨灵应编》，《信仰丛书》，东京：友文社大正四年（1915），第433页。

信仰开始扩大。

不管怎么说，妙见菩萨即是真武神，真武神具有延寿的功能。如此，正是基于这样的信仰的扩大，司命神又被赋予了作为菩萨的妙见的特性。

2. 妙见菩萨在日本的信仰情况

根据镰仓时代的密教僧人宪深口述，赖瑜记录的《薄草子口诀》里有"妙见诸星上首也、北斗眷属也。妙见法与北斗法、开合不同也。合时云妙见、开时云北斗"之语。所谓妙见在"诸星上首"，无疑说的就是北辰北极星、北斗一族了。狭义上是妙见，广义上则是北斗。而此书记载的是密教的教义要诀，从这一立场上来说，我们也可以看到当时对北辰、北斗认识的混乱状态。《薄草子口诀》的口述者密教僧人宪深和同时代的记录者赖瑜，两人的具体事迹不详。但这本口诀的存在，显示了镰仓时代以前北辰妙见菩萨传到了日本，并且与北斗的司命神相混同。这种混同，或者说是把中国佛教的北辰菩萨和道教的北斗信仰原封不动地引入了。妙见像是乘着龟蛇的。这个龟蛇指示的是玄武，也即北方真武神这一点是毫无疑问的，北方神就是玄武，因避宋圣祖赵玄朗的名讳而被称为真武。

关于妙见菩萨在日本的信仰情况，日本吉刚义峰教授认为，根据宝永五年（1708）出云（今岛根县东部）十念寺泽了的《镇宅灵符缘起集说》可知，北斗尊星是镇宅灵符，自汉孝文帝时期弘丰县的刘进平传出。传到日本是在推古帝（公元 592—628 年在位）时，在肥后国（今日本熊本县）八代郡的神宫寺初传。神宫寺有天平十二年（741）版的和正平六年（1351）版的灵符板，其上的灵符像即是妙见菩萨。根据《七佛所说神咒经》的记载，北辰菩萨即是妙见，主消灾、降敌。同时，该经又说北辰菩萨是摩醯首罗、俱生神、三宝荒神变化而来成为了上元太乙神。太乙神在宋天禧二年被加赐为"真武"。即便是风水最差的家宅，奉请镇宅灵符的话也可得到福佑。也就是说，妙见菩萨的本体即是镇宅灵符神（七十二道灵符）。而它也被记录为太乙神，可以说乃是所谓的万能神。

日本熊本县八代神宫寺原本留有藏有灵符版之一的天平版的记录，现在神宫寺已被废弃，所藏文物由妙见宫接管。但其中并没有天平版，只有正平版，乃推古天皇时代百济圣明王子琳圣太子所传。其在天平年间制作的铜板被称为天平版。天平版已在日本战国时期失传，此后又有了从铜版翻录的木版。①

故而，《镇宅灵符缘起集说》中神宫寺里存在着天平版的记录是有误的，事实上当时已经失传。西田教授的文中，记录了明和四年（1767）出羽松山藩公子酒井忠起给友人熊本藩主细川重贤的书信，反映了江户时代妙见灵符信仰的一个细节。书信内容是说当时酒井忠起因患脚气浮肿，希望得到细川重贤的八代妙见灵符。重贤便火速指示八代将通过铜板灵符翻录的木版灵符以及妙见像寄送到了出羽松山。据此可知，当时八代神宫寺的妙见灵符在日本的东北地区广为人知，这一事实反映了治愈诸病的妙见信仰的实态。

佛教中的北辰妙见菩萨信仰，是以治愈疾病为主的信仰。而北斗神信仰，正如魏晋之际《老子中经》卷上所记载的"璇玑者，北斗君也，天之侯王也，主制万二千神，持人命籍"②，北斗的第二、三星持有记录人寿命的命籍。关于此《道教义枢》中也有引用，故而其在唐代是确实存在的。这也就是说，在道教中北斗以持有司命神功能而被信仰。具有治愈疾病和延寿这两个相似功能的北斗二星，是存在于北辰和北斗这两个在天空位置上极为接近的范围内的星宿。据此，北辰持有的佛教信仰和北斗持有的道教信仰，此后相融合产生出了佛道混合的北辰北斗信仰，而妙见菩萨和司命神的混合也由此得以可能。三田村玄龙在《信仰丛书·绪言》中说，东京现存的龟冢庚申冢多为日本元禄享保年间之物，而这前后时期均非常少，可以证明这一时期为信仰展开期。③ 从这里来看，龟冢是玄武，也就是真武，其与庚申塔一起被祭祀的事也得到了证明，这也即是北辰和北斗的融合。

---

① 参见 [日] 西田耕三：《八代妙见的灵符》，熊本大学附属图书馆《东光原》二二号，1919 年。

② （宋）张君房编，李永晟点校：《云笈七籤》第 1 册，北京：中华书局 2003 年，第 425 页。

③ "东京に现存せる龟冢庚申冢は元禄享保间のもの最も多く，其前后のもの甚尠きは，信仰辗转期を证せんに便あらんか"（《信仰丛书·绪言》，东京：友文社大正四年（1915），第 18 页）。

这里我们可以认为，《镇宅灵符缘起集说》混同了北辰和北斗。从这部经是在元禄到享保年间创作的来看，可以视为当时北辰和北斗的混同已经发生。它表明了平安期以来的庚申信仰和佛教的妙见菩萨信仰是一体化的信仰。但这样一种现象，始终只是庶民信仰上才可能发生的事，而非从佛教教义上发生的。事实上，"守庚申"也是祭祀名为青面金刚的佛教神。它乃是帝释天的使者金刚童子，身体青色、眼睛红色且有三只、呈怒相，具有使病魔退散的威力。换言之，日本的庚申信仰祭祀的主神是佛教的，举行的又是道教的仪式。"守庚申"虽来自道教的信仰，实际上却以佛教活动来举行，并且，在其中增加了北辰妙见菩萨和真武神，即龟蛇信仰，妙见菩萨信仰似乎与真武神信仰融为一体。在中国，真武神信仰范围也在不断扩大。《铸鼎余闻》卷一中，有宋元丰年间"诏封佑圣为真武灵应真君"的记载①，乃是对真武神敕封的开始。明永乐年间有北极佑圣真君的封号，北辰即北极星。主掌北极的佛教菩萨是妙见，而与之相对的道教神则是真武神，这也是两神被混同的原因。最能显示这一混同状态的即是妙见像，其中有很多立于龟蛇之上，也有单单立在大龟上的，这个龟显然就是北方的玄武了。

在道经中，记载真武神信仰的经典《太上说玄天大圣真武本传神咒妙经》及它的注释，都说真武具有避除一切灾害的效力。②日本的妙见信仰则以镇宅灵符为代表。这灵符由七十二种灵符构成了镇宅符，根据泽了的《镇宅灵符缘起集说》，北辰尊星即是镇宅灵符，由汉孝文帝时弘农的刘进平传出。传入日本是在推古天皇时代，在肥后八代的神宫寺初传，灵符尊像是妙见菩萨。也就是说，这个灵符是指七十二灵符，其本体变成了妙见菩萨。进一步说，北辰菩萨就是妙见，同时也随时应化而被记作上元太乙神、天上的北斗尊星、呈现龟蛇姿态的玄武等。总而言之，妙见菩萨是七十二灵符的本体，集北辰菩萨、上元太乙神、北斗尊星和玄武即真武为一体。

在日本，从北辰妙见菩萨派生出其他信仰。根据东晋译出的经典《七佛

① 参见（清）姚福均辑：《铸鼎余闻》，《藏外道书》第18册，第566页。
② 参见（宋）陈伀集疏：《太上说玄天大圣真武本传神咒妙经》，《道藏》第17册，第90—140页。

八菩萨所说神咒经》，妙见菩萨获得了"众星中最胜、神仙中之仙、菩萨之大将"的地位，由此包摄了与北辰相邻领域的神的功效。《元始天尊说北方真武妙经》这部经典中，有"北方玄天，杳杳神君。亿千变化，玄武灵真。腾天倒地，驱雷奔云"[①] 等语。《太上说玄天大圣真武本传神咒妙经》中，也说"且玄元圣祖，八十一次显为老君，八十二次变为玄武，故知玄武者，老君变化之身"[②] 。玄天在第八十一回化身为老君，第八十二回化身为真武。这些经典被视为宋代的东西，记载了道教神的特征之一的各种应化。这一现象，意味着妙见信仰和神格持有的功效的扩大，以此为基础来考虑，可以说在传入日本之际，中国已经存在真武和妙见融合的基础了。

另外，我们还可以从日本神道信仰中窥见妙见信仰的一角。《镇宅灵符缘起集说》里称北辰尊星是天之主载，生阴阳五星而成五行，被称为"国常立尊"。"国常立尊"在《日本书纪》中是最初出现的神，作为创生大地的神而受到重视，而在《古事记》中则被记为第七个神。因为创生国土是国之基础而以大神地位被祭祀。这种场合下的北辰尊星就是北辰北极星，作为天之枢轴而被解释为"国常立尊"。但是因为《日本书纪》和《古事记》记述的内容有不同，故而国常立尊的事迹也没有得到确认。即便如此，从此神被称为北辰尊星来说，也可以视作已与北辰即北辰妙见菩萨相结合。在《镇宅灵符缘起集说》中，说："抑北辰尊星……此星又生五星，化五星成五行，五行生人，此星又生七成七星"[③] ，也就是神道中也神格化了北辰。这里的五星，即是生成了岁星（木星）、荧惑（火星）、镇星（土星）、太白（金星）和辰星（水星），而成为五行，又说再生七星成为了北斗七星。这样一来，北辰之子即是北斗七星，北辰和北斗七星便是亲族，就像《薄草子口诀》所说，北辰和北斗一体化的解释也出现了。

---

① 《元始天尊说北方真武妙经》，《道藏》第 1 册，第 814 页。
② （宋）陈松集疏：《太上说玄天大圣真武本传神咒妙经》，《道藏》第 17 册，第 104—105 页。
③ "抑北辰尊星……この星又五を生じて五星と化し五行と成る……五行生じて人间生じ，この星又七を生じ七星と成り玉ふ……"[《信仰丛书·镇宅灵符缘起集说》，东京：友文社大正四年（1915），第 336 页]。

神道的"国常立尊"是如何被信仰的，我们已无法得到说明。但民间的北斗和北辰基本上是同一信仰这一结论，可以通过上面所述得出。而从"国常立尊"创生大地的神话来看，因为开辟世界创造了人类生活的基础，故而极可能是被视为对人类的命运具有绝对支配力的神而被信仰。如果不是这样的话，就不会将之与菩萨中具有最强力量的妙见一体化，也不会将之与司延长寿命的北辰北斗相匹配。但神道中的"国常立尊"存在的不明确的地方很多，原因是因为《日本书纪》和《古事记》记述的不同，且创生大地后的记事几乎不存在。

通过以上的论述，可以知道日本江户时代以延长寿命为目的的庶民信仰中，存在着庚申信仰和妙见信仰二种信仰，其中妙见信仰虽看起来是佛教菩萨信仰，但实际反映的是北斗或北极星持有的司命神性格，其本体是道教的真武神。

（二）真武信仰在中国的历史渊源

真武信仰源于中国上古宗教中的玄武崇拜。早在殷商时期，人们就把黄道和天赤道附近的天区划分为二十八个区域，称为二十八宿。又把东、西、南、北四方每一方的七宿想象为四种动物形象，叫作四象，也称四神、四灵，即东方苍龙、西方白虎、南方朱雀、北方玄武。至春秋战国，阴阳五行学说流行，古人又将四象与阴阳、五行、五方、五色相配，构成一个庞杂的体系。在这个体系中，玄武对应北方、水位、黑色、颛顼、玄冥等。通过这一体系，人们可以根据星辰来确定五行方位，测定季节时令，指导农业生产，这对古人的生活产生了至关重要的影响。

1.真武信仰在中国的起源及发展

虽然古人对天体的运行有了一定了解，但是无法作出科学的解释，只好对其进行神秘的理解，于是将星体有规律的变化认为是神明支配的结果，从而产生了对星神的崇拜。而玄武则因为它的方位属性，成为北方的守护神。

至于"四象"中玄武的动物形象为何，古人有不同的解释。唐孔颖达疏《礼记·曲礼》曰:"玄武,龟也,龟有甲,能御侮用也。"① 宋洪兴祖对《楚辞·远游》补注:"玄武,谓龟蛇。位在北方,故曰玄;身有鳞甲,故曰武。"② 范晔《后汉书·王梁传》曰:"赤伏符曰:'王梁主卫作玄武'",注曰:"玄武,北方之神,龟蛇合体。"③ 朱熹说:"玄,龟也;武,蛇也;此本虚、危星形以之,故因而名。北方为玄、武七星。"④ 在以上文献中,玄武或为龟,或为龟蛇合体。从考古资料来看,西汉四神纹瓦中的玄武即是龟蛇交缠之象,这说明早在西汉以前,玄武就已定型为龟蛇合体了。

在道教产生之前,玄武作为北方星神,属于"北帝颛顼"的从神。《淮南子·天文训》载:"北方水也。其帝颛顼,其佐玄冥,执权而治冬。其神为辰星,其兽玄武……"⑤ 东汉末年,制度道教创建,在其发展的过程中,广泛地吸取古代各家思想以及民间信仰体系。于是四象二十八宿也被其收纳,青龙、白虎、朱雀、玄武作为道教护法神镇守四方。《抱朴子·杂应》描述老子形象时说:"左有十二青龙,右有二十六白虎,前有二十四朱雀,后有七十二玄武……"⑥

从东汉至六朝时期,玄武在在道教神仙体系中的地位并不高,大多作为太上老君侍卫神的形象出现,但随着道教的发展,以及历代帝王对玄武的推崇加封,玄武的形象不断人格化、神格不断上升。唐代时,玄武成为上天北极紫微宫的神将,号称玄武将军;宋朝时,宋真宗赵玄朗时因避讳而改称"真武"。北宋中期,宣扬真武真君来历、生平、职司、特征、灵验的道经在社会上广泛流传,真武的神性发生了重大的改变。宋哲宗元符二年(1099)镌石的《元始天尊说北方真武妙经》说真武生为净乐国王子,"生而神灵,长而勇猛,不统王位,惟务修行……入武当山修道四十二年,功成果满,白日登天。玉帝闻其勇猛,敕镇北方,统摄真武之位,以断天下妖

---

① 李学勤主编:《十三经注疏·礼记正义》,北京大学出版社 1999 年,第 82—83 页。
② (汉)王逸、(宋)洪兴祖:《楚辞章句补注》,长春:吉林人民出版社 1999 年,第 166 页。
③ (宋)范晔:《后汉书》第 3 册,北京:中华书局 1965 年,第 774 页。
④ (宋)黎靖德编,王星贤点校:《朱子语类》第 8 册,北京:中华书局 1986 年,第 3006 页。
⑤ 何宁撰:《淮南子集释》上册,北京:中华书局 1998 年,第 188 页。
⑥ 王明:《抱朴子内篇校释》,北京:中华书局 1985 年,第 273 页。

邪……"后奉元始天尊勅命"披发跣足，踏腾蛇八卦神龟，部领三十万神将，六丁六甲，五雷神兵……齐到下方，七日之中，天下妖魔一时收断，人鬼分离，冤魂解散，生人安泰，国土清平……"①元代成宗大德七年（1303）十二月下圣旨敕封真武为"玄天元圣仁威上帝"。

有明一代，明成祖大修武当，对玄天上帝的信仰达到了顶峰，真武成为明朝的"护国家神"，上自天子，下及庶民，莫不顶礼膜拜。入清以后，真武在官方祀典中地位逐渐衰减，但在民间仍然有着极大的影响，其信仰范围分布至两广、河南、河北、山西、云南等地。在明代末时期，玄天上帝信仰经福建传入台湾，经过长期的磨合，形成具有闽台地域特点的玄天上帝信仰。直至今日，从晋北的恒山山麓到宝岛台湾的广阔土地上，依然有着众多供奉真武大帝的道观庙宇。

2. 真武崇信对道教宫观建设的推动

由于上古以来就有建宫观礼神明的传统，随着真武信仰的发展，真武神格地位的不断上升，与之相应，崇奉真武大帝的宫观也逐渐建立。特别是历代帝王对真武的崇信，他们动用国家力量有力地推动了道教宫观的建设。在民间社会中，由于统治者的倡导，又因人们自身精神慰藉的需要而信仰真武，由此上行下效，亦推动着道教宫观的建设。

从东汉末年到六朝时期，道教经历了从民间到上层社会的分化发展，道教教义思想得到了充实和改造。隋唐时，崇奉"四圣"②之风兴起，李唐王朝尊老子为始祖，制定奉道教为皇家宗教的崇道政策，由于统治者的扶持、利用，道教发展进入空前繁荣状态。而此前，在道教神明体系中，玄武属于星辰神与从属神，并没有专门将玄武奉祀为主神的宫观。唐王朝在崇道政策下所建宫观中，与玄武相关者也是作为从属宫观而建。《唐六典·尚书工部卷第七》载："宣政北曰紫宸门，其内曰紫宸殿……殿之北面曰玄武门，左

---

① 《道藏》第 1 册，第 813 页。
② 四圣又称北极四圣真君、北方四元帅，称其为：天蓬大元帅真君、天猷副元帅真君、翊圣保德储庆真君、真武灵应佑圣真君。

曰银汉门，右曰青霄门。"① 此文献中对玄武观并不做详细描述，只是一笔带过，可见此时其地位不高，玄武信仰对宫观建设的推动作用还没正式发挥开来。

北宋王朝建立后，统治者对道教采取扶持和尊崇的政策，并对道教玄武神非常重视。从宋真宗开始，宋朝统治者对真武神屡加封号，并广修宫观以专祀真武。史载宋太祖时有黑煞神下降终南山，虽太祖对此半信半疑，但此次降神事件为太宗继位提供了神圣性的依据，于是宋太宗下令大修终南山上清太平宫，以供奉黑煞、玄武等神。

宋真宗时，因避圣祖赵玄朗讳，改玄武为真武。玄武避讳表明此时其神格还不够高，但改成真武，突出了战神、武将色彩，增加了神秘性，有利于其神格地位的提高。《事物纪原》卷七"醴泉观"条引《东京记》云："本拱圣营，天禧元年，营卒有见龟蛇者，军士因建真武堂。二年闰四月，泉涌堂侧，汲不竭，民疾疫饮之，多愈，乃诏就其地建观，十月观成，名祥源。"② 是年七月七日，真宗加封真武将军尊号为"镇天真武灵应佑圣真君"。曾召南先生认为祥源观乃中国历史上名副其实的第一座真武专祀。③ 关于祥源观的规模布局，清周城《宋东京考》载：祥源观"总殿庑、神厨、钟经楼、斋堂、道院廨舍，凡六百一十三区。其正殿曰灵真，以奉真武像，加号灵慈真君。东圣藻殿，以安御制赞。西灵渊殿，涌泉之所。"④《宋会要》记载："观在京城东南，本拱圣营。元年，营中有见龟蛇者，建真武祠……正殿曰崇真，真武像也；东曰广圣，刻御制赞。西曰灵渊，即涌泉。是日，放士庶游观五日。四年九月，诏增修观……五年五月上梁……十月毕功……廨宇六百十三区。"⑤ 宋真宗不惜人力物力，建造如此宏伟的宫观以奉祀真武，又下诏加封，可见其对真武崇赞备至。经宋真宗的推崇，真武专祀愈建愈

---

① （唐）李林甫等撰，陈仲夫点校：《唐六典》，中华书局 1992 年，第 218—219 页。
② （宋）高承撰：《事物纪原》卷七，《四库全书》本。
③ 参见曾召南：《宋元明皇室崇信真武缘由刍议》，《宗教研究》1996 年第 2 期。
④ （清）周城撰，单远慕点校：《宋东京考》，北京：中华书局 1988 年，第 239 页。
⑤ 刘琳、刁忠民、舒大刚等校点：《宋会要辑稿》第 2 册，上海古籍出版社 2014 年，第 570 页。

多，以至遍布寰宇。

宋仁宗即位后，北宋王朝的崇道势头稍敛，但对真武的崇奉有增无减。《玄天上帝启圣录》载皇祐年间，真武宫中显灵，仁宗得荆国长公主，于是"令于内庭别立真武祠堂，为保扶香火之所"[①]。后又"新建景灵宫迎真阁一座，彩塑真武全身"[②]。仁宗至和元年（1054）时祥源观遭火焚，仁宗下令重修，次年完工，更名为"醴泉观"，仍然祀奉真武。宋徽宗崇奉真武，并为真武增上"佑圣"尊号，于政和七年（1117）十二月，命林灵素修"佑圣殿"以供奉真武。

宋皇室虽南迁偏安，但并未放弃对真武的信仰，孝宗在临安建佑圣观，按照自己的形象塑造真武神像。李心传《建炎杂记》载："佑圣观，孝宗旧邸也。"其注曰："淳熙三年初建，以奉佑圣真武灵应真君，十二月落成。或曰真武像，盖肖上之御容也。"[③] 宋理宗在位时，南宋已处于风雨飘摇之中，此时，理宗更是对真武崇奉百端，希望得到真武护佑，祀奉真武达到狂热的程度。嘉熙元年（1237）临安城大火，佑圣观也遭焚毁，理宗即下令重建佑圣观。淳祐六年（1246）丙午岁，理宗亲书《真武像赞》云："于赫真武，启圣均阳，克相炎宋，宠绥四方，累朝钦奉，显号徽章，其佑我宋社，万亿无疆"[④]。宝祐五年（1257）二月又对真武加封"仁济正烈"之号。在《崇封诰祠》中，理宗再次祈求真武护国救民、赐民福祉。在理宗的倡导下，全国普遍建立起供奉真武的道观，或在原有道观中增辟真武殿来祀奉真武。

在宋代民间社会中，由于五代的动乱和宋代的民族矛盾、阶级矛盾，给人民带来的苦难需要神灵的慰藉，加之宋代统治者对真武神的崇拜和提倡以及道教自身对真武神的宣称，极大地推动了真武信仰的传播，使之成为全国民众普遍信仰的道教大神。宋代民间真武信仰的流传区域，北宋时以汴京为

---

① 《玄天上帝启圣录》卷二，《道藏》第 19 册，第 583 页。
② 《玄天上帝启圣录》卷二，《道藏》第 19 册，第 583 页。
③ （宋）李心传撰，徐规点校：《建炎以来朝野杂记》，北京：中华书局 2000 年，第 80 页。
④ 《两浙金石录》卷十二，《历代碑志丛书》第 19 册，南京：江苏古籍出版社 1998 年，第 287 页。

中心，盛行于中原地区并向四方辐射；南宋则以临安、成都为中心，盛行于江南、江汉平原以及四川等地区。①

　　有关汴京民间真武信仰的情况，从天禧元年（1017）真宗"告天下宫观，如无真武殿，即仰建立"②到天圣（1023—1032）、景祐（1034—1038）年间，张师正《倦游杂录》载："天圣、景祐间，京师建龙观、有道士仇某者，教化修真武阁，冬夏跣足，推一小车。近世士人，泪间巷小民、军营卒伍，事真武者十有七八，无不倾信，所得钱无算……"③可知到北宋中期，真武信仰在汴京已广泛流行并辐射各地，崇奉真武的宫观遍布四方。据《启圣录》一书粗略统计，北宋中期各地所建供奉真武的殿阁庙宇就有三十余处。南宋时期，临安佑圣观是东南地区真武信仰的中心。此外，在江西南昌建有真武堂、福建泉州建有真武行宫、浙江青浦建有崇福道院、安徽齐云山建有佑圣真武祠、湖北武昌建有武当宫等，是江南地区供奉真武的专祀。四川蜀中崇拜真武之风亦是浓厚，中江县有真灵观建于北宋④，《道家金石略》中所录碑文记载：南宋庆元间于成都始建灵应观以奉祀真武⑤、平武县有米芾题"真武圣像题记"⑥。在北方，有甘肃盐官镇真武殿、成县北极宫及陕西华阴拱极观等供奉真武的宫观。江汉地区则以武当山为中心，其中五龙灵应观、紫霄宫等均奉祀真武。⑦由上述可知，真武信仰自宋初发展并广泛传播以后，各地道观在真武信仰的推动下如雨后春笋般建立起来。正如《两浙金石志》所云："玄武本是天象，见于礼经，汉唐以来无专祀。宋初有佐命应见之事，遂专崇祀，遍寰宇焉。"⑧

① 参见王光德、杨立志：《武当道教史略》，北京：华文出版社1993年，第95页。

② 《玄天上帝启圣录》卷二，《道藏》第19册，第592页。

③ （宋）张师正撰：《括异志·倦游杂录》，上海古籍出版社2012年，第116页。

④ 参见（明）王瑾：《重修真灵观碑记》，龙显昭、黄海德主编：《巴蜀道教碑文集成》，成都：四川大学出版社1997年，第199页。

⑤ 参见陈垣：《道家金石略》，北京：文物出版社1988年，第374页。

⑥ 陈垣：《道家金石略》，北京：文物出版社1988年，第310、363页。

⑦ 参见王光德、杨立志：《武当道教史略》，北京：华文出版社1993年，第97页。

⑧ 陈垣：《道家金石略》，北京：文物出版社1988年，第890页。

元朝乃由北方蒙古族入主中原建国，其统治者十分重视利用上天启示、神异之说来神话自己的统治，因北方由玄武神镇守，统治者认为元朝得以立国乃是得到了玄武神的佑护，将真武视为元朝开国的肇基神。史志记载，在世祖忽必烈正式建立元朝之前就开始奉祀真武神。《玄天上帝启圣灵异录》[1] 载《元创建昭应宫碑》碑文说，至元六年（1269）十二月在太府监度西郊高粱河乡致祭金水之神时有龟蛇显现，认为此乃真武显灵以现祥瑞，预示世祖忽必烈将以神武定天下。于是就在龟蛇显现的地方建宫庙奉祀真武，并下诏"大其栋宇而为之宫"。次年九月宫成，赐名为应昭宫，并大肆宣传。至元八年，元朝正式建立，忽必烈在《建国号诏》中宣称："我太祖圣武皇帝，握乾符而起朔土，以神武而膺帝国，四震天声，大恢土宇，舆图之广，历古所无。"[2] 由此可看出元朝统治者对玄武的尊崇之极。

元朝皇帝多次加封真武神。大德七年（1303）十二月，元成宗敕封真武为"元圣仁威玄天上帝"，使真武的神格地位由"真君"上升为"上帝"，成为道教奉祀系统中最高神明之一。武当山作为真武神之祖山，也受到统治者的重视，经常派遣使者前往武当建醮祝禧、祈雨祛疾。至元仁宗时，由于元仁宗的生日与真武圣诞日相同，具有司命职能的真武大帝更是备受尊敬，朝廷每年都派遣使者到武当山建金箓大醮为皇帝祝寿延年。《中兴路创建九老仙都宫记》载荆襄道教都提点于延祐中奉诏，"遇天寿节乘传函香，醮襄阳之武当。岁数四，率以为常"[3]。这实际成为元代皇室的惯例，盛行不衰，武当山则成为其"告天祝祷"的专门场所。至元三年（1337），元顺帝还下诏在五龙宫大建玄武殿，并命词臣撰写碑文。

因为元朝以真武为肇基神，其统治者对真武的崇信比宋代有过之而无不及，在统治者们的影响下，全国奉祀真武神的宫观更加普遍。如延祐七年（1320）所立的《涿州新修真武庙碑》云："圣朝建庙高粱河，隆加徽号，以

---

① 参见《道藏》第 19 册，第 592 页。
② （明）宋濂等撰：《元史》第 1 册，北京：中华书局 1976 年，第 138 页。
③ 陈垣：《道家金石略》，北京：文物出版社 1988 年，第 959 页。

严祀事。今在在有庙，凡民得以通祀焉。"[①] 作为真武祖山的武当山，也因皇室的重视，加之武当道士们编刊《武当福地总真集》《玄天上帝启圣录》等经书的流传，成为世人崇奉的真武道场，香火尤其旺盛。这时期，武当宫观的数量迅速增加，规模也日益宏大。至正四年（1344）立石的《白浪双峪黑龙洞记碑》称"山列九宫八观，而五龙居先"，道观建筑一时多达六十余处。[②]

明朝开国之初，太祖朱元璋就宣称得真武神阴佑，并在南京鸡鸣山建真武庙奉祀真武神。朱元璋逝世后，其第四子燕王朱棣发动"靖难之役"，以武力推翻建文帝的统治。因真武神是北方之神，而朱棣是北方藩王，从北方起兵，于是，他将战场上发生的许多化险为夷现象，以及取得的胜利归功于真武神的保护，尊真武为"护国家神"。由于真武"显灵"，佑助明成祖争夺帝位有功，于是，朱棣在建文四年（1402）六月即皇帝位后，七月辛卯（10 日）就派遣神乐观提点周原初祭"北极真武之神"，并大肆宣扬真武显应神话，为自己继承君权大统正名。

为了酬谢神恩，成祖于永乐十年（1412）命大臣督军大规模营建真武本山武当山宫观。在将都城从南京迁往北京之前，明成祖又于永乐十三年（1415）在北京皇城北、海子桥之东建真武庙，其《御制真武庙碑》云：

> 北极玄天上帝真武之神，其有功德于我国家者大矣，昔朕皇考太祖高皇帝，乘运龙飞，平定天下，虽文武之臣克协谋佐，实神有以相之。肆朕肃靖内难，虽亦文武不二心之臣，疏附先后，奔走御侮，而神之阴翊默赞，掌握枢机，斡运洪化，击电鞭霆，风驱云驶，陟降左右……迹犹显著……尝以武当山，神之修真凝道超举升化之地，已命创建宫观，永永祀神……顾惟北京天下之都会，乃神

---

① 陈垣：《道家金石略》，北京：文物出版社 1988 年，第 1157 页。
② 参见刘洪耀：《武当山明代以前的建筑》，《郧阳师专学报》1990 年第 4 期。

常翊相予艰难之地，其可无庙宇为神攸栖，与臣民祝祈倚庇之所？
遂差吉创建崇殿修庑……神灵感孚，来游来止。①

正德年间（1506—1521），真武庙改为灵明显佑宫，定为京师九庙之一，由官方专门礼祭。在每年的万寿圣节、三月三日、九月九日，皆有太常寺官到宫中行礼致祭，以求"民安物阜，国祚延长"②。明成祖还在自己居住的紫禁城御花园中建专祀真武的钦安殿，以方便自己亲礼真武神。

明成祖在位期间，真武本山、武当山宫观的修建工程之浩大在我国名山开发史上是绝无仅有的。成祖下令大规模营建武当山宫观，命工部侍郎郭王进、隆平侯张信、驸马都尉沐昕督工，参与修建活动的中央和地方官员有400多人，每日役使军民工匠达30万之多，钱粮耗费以亿万记。史载"当永乐中，建真武庙于太和，几竭天子之府库"③。成祖也始终关注武当宫观的营建，前后共颁布敕令、谕诏碑文等60余道，并亲自安排工程营建事务之巨细。武当宫观营建的主体工程历时14年完成，共建9宫9观33处建筑，大小为楹1800多间。面对如此规模巨大的宫观建筑，时人王士性感叹道："至宫廷之广，土木之丽，神之显于前代亡论，其在今日可谓用物之宏也矣。志云聚南五省之财，用人二十一万，作之十四年而成，大哉我文皇之烈乎。非神道设教，余山安望其侪匹耶？"④

成祖之后的明代诸帝，严格继承成祖尊崇真武神的政策。每位新皇帝登基时都要举行对"护国家神"——真武玄帝的祭奠。诸位帝王对武当宫观也不断进行修缮和增建，其中以嘉靖年间规模最大。维修工程于嘉靖三十一年（1552）六月开始，次年十月竣工。据明王佐等撰《大岳太和山志》卷三《敕重修宫观》统计，总共修理大小宫观955座，为楹2441间。总之，由于

① 《御制真武庙碑》，《道藏》第19册第640页。
② （明）沈榜：《宛署杂记》卷十八《万字·恩泽·祠祀》，北京古籍出版社1982年，第217页。
③ （明）王世贞：《弇州四部稿》卷一百七十四《宛委余编》，《四库全书》本。
④ （明）王士性著，周振鹤校编：《王士性地理书三种·五岳游草·楚游上·太和山游记》，上海古籍出版社1993年，第125页。

朝廷的精心管理和及时维修，武当山宫观在明朝统治的二百年间，始终完整坚固、精美如新。

由于帝王的崇信，明代朝廷内外掀起了真武崇拜的高潮。对玄天上帝的信仰达到了历史的顶峰。皇室成员、太监和官员均十分热衷修建真武庙。分封于各地的藩王，也在所封之地大建真武庙，奉祀玄武神像。不仅如此，藩王们还前往武当山修建宫观以奉祀真武，较著名的有秦府庵、晋府庵、楚府庵、瑞府庵等，其中尤以周府庵规模最大，殿堂道房达 500 间之多。由于天下百姓普遍信仰真武，地方官员也是不遗余力修建真武庙，率民信崇，以安民心，所建大小宫观，不计其数。

清朝是由满族建立的大一统王朝，其统治者立黄教为国教，对汉民族的道教采取严厉防范和约束的总体政策。因而，清皇室对真武的崇信相对明朝来说不可同日而语。但真武乃司命之神，尤其是具有保护皇室帝王寿命的职能，故清朝统治者也与明王朝一样，将真武神列为信仰对象加以奉祀。每年的万寿圣节，皇帝都派遣官员祭祀真武大帝。

在真武宫观的营建方面，清朝新建的宫观较少，大抵是对明代所建真武庙加以维修与扩建，营建资金也大多由道士募化、信士捐助。如景山东门有真武殿三间，乾隆九年（1744）添建配殿六间。雍正九年（1731）、乾隆二十八年（1763）两度重修建于明朝永乐年间的显佑宫。对于真武本山武当山的宫观，清朝也有过几度维修。康熙年间，王公大臣曾捐资修葺武当殿宇，康熙二十一年（1682），总镇蔡公与抚军王公捐资整修通往武当金顶的山道；康熙二十二年（1683）镇安将军噶宫捐资倡修周府庵。宣宗道光年间，清朝廷还对武当山各宫观进行了一次大修。

尽管清朝皇室对道教采取限制政策，真武信仰在皇室中也今非昔比，但是，真武信仰在民间已经深入人心，在地方上有非常大的影响力。并且此时的真武信仰具有了很多新特点，被民间秘密宗教和会社所利用，还被许多行业奉为行业保护神。

据《妙见宫实记》《八代神社记》记载，公元 680 年秋，妙见菩萨乘神兽"龟蛇"从中国明州（浙江宁波）渡海来到日本熊本八代郡土北乡千

图2—14　日本道观早期收藏的玄天上帝雕像

把村竹原津①，妙见菩萨即真武大帝。妙见菩萨到了日本以后，深受当地人尊奉，795年，日本桓武天皇下令在八代郡修建妙见宫，即今天日本八代神社内三宫中的上宫，后又于1160年、1186年分别建造了妙见宫的中宫和下宫。到镰仓时代，日本各地建造有许多北辰神社、妙见神社，供奉的都是这位脚踏"龟蛇"的北方水神。虽其名有异，但实质上与中国道教的玄武信仰一脉相承。

此前，日本道观就收藏有真武大帝的雕塑，但没有展开大规模针对真武大帝的专门性宗教活动。自2018年在日本道观崇玄观进行了真武大帝开光仪式后，现在，日本道观也正式开始真武大帝的信仰祭奠活动，这对于真武大帝信仰本身的推动也好，对于中日文化的交流也好，都具有非常重要的意义。

三、栖霞观

日本长崎综合科学大学院的村田明久教授，经过两年多的调查研究，最后证明日本在平安时期存在过"道教"修行场所，这个场所就是"棲霞观"，即"栖霞观"，这是日本历史中有明确文献记载的两所道观之一。② 村田明久教授在论文中说，在《河原左府传注》中，包含了关于日本栖霞观的文献

---

① 参见孙亦平：《道教在日本》，南京大学出版社2016年，第248页。
② 另一所是江户时代的"崇玄观"，日本原田教授经过考察，从日本现存江户时期画家川原庆贺的画作中证实了"崇玄观"的存在。

记载，并有两幅插图。其文曰：又创山庄于嵯峨，曰栖霞观……洞清楼在栖霞观……今清凉寺，即栖霞观。从文献中可知，此栖霞观建成于元庆四年（880）八月二十三日，且与道教修炼有密切关系，可以认为是日本存在有道教、道观的实证。[①] 可以说"栖霞观"是日本

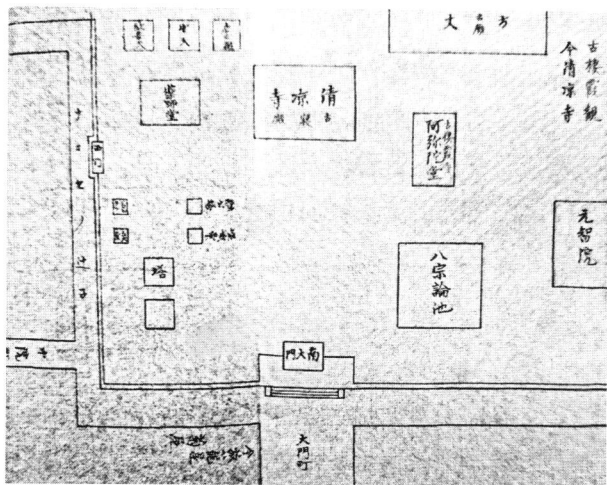

图 2—15　清凉寺境内图　松浦史料博物馆馆藏《河原左府传注》

最早有记录和遗址留存的道观，是日本国曾经流传过道教，并建立过道观的最重要实证。

　　日本道观对这一遗迹非常重视，可以说，日本道观从"栖霞观"的历史遗存中找到了自身存在的巨大信仰自信，这是一种寻找到根源的热情。而要更深刻地寻迹日本"栖霞观"的宗教信仰渊源，则不得不把目光再次投向它的来源地——中国。

（一）栖霞观在中国的历史渊源

　　按新旧《唐书》可知，唐玄宗在张果隐居的地方为其建立栖霞观。《旧唐书》曰："玄宗为造栖霞观于隐所，在蒲吾县，后改为平山县。"[②]《新唐书》载："（张果）至恒山蒲吾县，未几卒，或言尸解。帝为立栖霞观其所。"[③]

　　今河北省石家庄地区有平山县，春秋时为晋蒲邑，战国时赵置番吾，西汉置蒲吾县，隋置房山县，唐至德元年（756）改为平山县。考《平山县志》

[①]　参见 [日] 村田明久：《栖霞观之研究》，《道》，日本道观 2017 年，第 36 页。

[②]　（后晋）刘昫等撰：《旧唐书》，北京：中华书局 1975 年，第 5106 页。

[③]　（宋）欧阳修、宋祁撰：《新唐书》，北京：中华书局 1975 年，第 5810—5811 页。

载:"元宗开元二十二年遣中书舍人徐峤往恒山迎方士张果,寻放归,卒于浦吾。"①"庐山在县西北五十里,上有张果老祠。"并未记载唐玄宗为张果所立之栖霞观。然河北《邢台县志》中则有关于栖霞观的记载。在唐代,邢台为邢州,属于河东道;浦吾县为房山县,属于河北道。《旧唐书》载"玄宗为造栖霞观于隐所,在蒲吾县,后改为平山县",可能为误记栖霞观在蒲吾县,或者"隐所"并不是指蒲吾县,而蒲吾县则仅是张果老请辞归山的入山处。而《新唐书》则只言"帝为立栖霞观其所",并没指出栖霞观的具体位置。

《邢台县志》载:"栖霞观在邑西仙翁山,有唐敕封张果碑。"栖霞观观内有开元二十三年所立《敕封仙人张果记》碑,其碑文曰:

> 仙翁张姓果名,隐于襄阳条山,常往来邢洺间。昔人传其乘一白驴,日行千万里,修则叠之,置巾箱中,其厚如纸。乘则以水噀之,如故。初邢州西北三十里许有山,翁常游玩,见内有溜射之水出,又见有云梦山下左右居民苦水,翁一指,顾井泉益涌,一方永赖,因名井曰"指圣"。一夕曾至赵州过桥,问土人曰:桥可渡否?众人大笑曰:此桥车马犀象走如无物,奚难一驴?翁至桥,桥即动摇,再步即解散矣!至今帽迹蹄痕犹在。开元二十三年,神益显着,元(玄,避讳)宗闻之,遣通士舍人裴晤驰驲迎之,肩舆入宫,果试仙术,殊不能穷,日加礼遇。时有道士叶法善者,亦多知之,元宗曰:果何人也?法善对曰:混沌未分,即有果之神也。元宗曰:果信神已。随南行,果化云而去。遂降旨封其山为仙翁山,建一观为栖霞观,立庙祭祀,至今香火不绝。又为本住持道人置焚田三顷,北至圣井,地一十五亩,井东地一十亩,打驴岭地五十亩,东南至小孤山,西南至百花山,西北至龙门峪,东北至山,四至为界附焉。道士叶法善门人李山童主其祀焉!②

---

① 《平山县志》卷一,清咸丰四年刻本,第69页。
② 《邢台县志》卷十八,清乾隆六年刻本,第541页。

该碑文记载张果老的仙术故事以及唐玄宗为张果老建栖霞观的缘由、栖霞观的地址以及当时栖霞观的人员活动及地产规模情况。据考，此碑至今仍保存在仙翁山栖霞观。

唐玄宗降旨将张果"化云而去"的地方封为仙翁山，在此为张果建栖霞观，改观后的山洞为仙翁洞。《邢台县志》载："仙翁山，西北四十里，一名张果老山，山左右相抱，中多纽纹柏，上有栖霞观，即果老庙，庙后有洞，洞前有池，大不盈尺，不涸不溢，名圣水盆……洞上高五丈有八仙洞，下有通仙桥，左有白鹿洞……"[①]自唐代建立以后，栖霞观一直香火不断，元代全真教大兴，许多道士在仙翁山修真。据《邢台县志·仙释》载，元代邢台长春观观主高志云，号超然子，弱冠时师从广宁高弟李开真云游，默契其道久而有得，后块坐于仙翁山栖霞观，鹑衣粝食、炼性忘形达二十余年。当时名闻四方的道士吕志先、窦志深、张志远、王志衷等都是高志云的弟子。另载，丘处机弟子洪妙真人李志柔，号同尘，早年得炼气诀，隐居仙翁、广阳两山间，绝迹尘市十二年。大德六年（1302）前往终南山主持宗圣宫，成为全真道派在南方的领袖人物。明朝时期，栖霞观重建，栖霞观后的仙翁古洞被誉为邢州八景之一。此后常有文人骚客来此游览，清朝诗人刘九叙曾写诗赞道："栖霞洞口水如环，此是仙翁隐处山，每到月白风静后，依稀渔鼓落云间"[②]。在当代，仙翁山为冀南著名的旅游景点，栖霞观于20世纪80年代再次重建。1978年后，栖霞观为邢台市正式开放的第一所道观。据统计，观内残存碑刻14通、石造像20尊、石构件6个，1987年栖霞观被列为邢台县文物保护单位。

（二）与栖霞观密切相关的张果老

张果老的有关事迹，历代典籍、方志中多有记载，目前已知最早的记载见于刘肃《大唐新语》。正史新旧《唐书》也均为张果作传，其中内容加入

---

① 《邢台县志》卷一，清道光七年刻本，第67页。

② 《邢台县志》卷七，清道光七年刻本，第430页。

了玄宗屡试张果仙术和玄宗欲令张果尚公主，以及为张果立栖霞观等事，其余记载和《大唐新语》基本相同。

《大唐新语》卷十《隐逸第二十三》载：

> 张果老先生者，隐于恒州中条山，往来汾晋。时人传其长年秘术。耆老咸云："有儿童时见之，自言数百岁。"则天召之，佯尸于妒女庙前。后有人复于恒山中见。至开元二十三年，刺史韦济以闻，诏通事舍人裴晤驰驿迎之。果对晤气绝如死。晤焚香启请，宣天子求道之意。须臾渐苏，晤不敢逼，驰还奏之。乃令中书舍人徐峤、通事舍人卢重玄赍玺书迎之。果随峤至东都，于集贤院肩舆入宫，倍加礼敬。公卿皆往拜谒。或问以方外之事，皆诡对。每云："余是尧时丙子年生。"时人莫能测也。又云："尧时为侍中。"善于胎息，累日不食，时进美酒及三黄丸。寻下诏曰："恒州张果老，方外之士也。迹先高上，心入窅冥，是混光尘，应召城阙。莫知甲子之数，且谓羲皇上人。问以道枢，尽会宗极。今将行朝礼，爰申宠命。可银青光禄大夫。仍赐号通玄先生。"累陈老病，请归恒州。赐绢三百疋，并扶持弟子二人，并给驿归至恒州。弟子一人放回，一人相随入山。无何寿终，或传尸解。①

从《大唐新语》的记述可知，张果和光同尘法术灵异，其身世籍贯人莫能测。《旧唐书》说张果"不知何许人也"，《新唐书》说其"晦乡里世系以自神"。前辈学者对张果籍贯曾探究论述，有邢台广宗说、甘肃两当县说、淮北龙脊山说等，个中说法，莫衷一是。关于张果的年龄更是充满了神秘色彩，他自称"尧时丙子年生"，朝廷下的诏书亦曰："莫知甲子之数，且谓羲皇上人。"按《纪元编》，唐尧丙子为尧元年，如此推算张果年龄有几千岁

---

① （唐）刘肃撰，许德楠、李鼎霞点校：《大唐新语》，北京：中华书局1984年，第2126—2127页。

余，此是玄虚。《新唐书》载他看起来像六七十岁的样子。可见，史家们尚且只能凭其外貌来客观地判断他的年龄。《全唐诗》载张果《题登真洞》诗一首："修成金骨练归真，洞锁遗踪不计春。野草漫随青岭秀，闲花长对白云新。风摇翠筱敲寒玉，水激丹砂走素鳞。自是神仙多变异，肯教踪迹掩红尘。"① 张果老在他的诗中表达了其修仙隐逸的思想，而他的身世行踪也因张果老不愿将之明诸于世从而蒙上了更加神秘的色彩。

张果老的身世无从确定，但从史料记载中尚可考其主要行迹范围与活动事迹。武则天时期张果"隐于恒州中条山，往来汾晋"，开元二十三年"随峤至东都"，此后又"请归恒州"，"乃入恒山，不知所之。玄宗为立栖霞观于隐所，在蒲吾县，后改为平山县。"② 各类地方志中也记载了许多张果老的行迹，如《蒲州府志》卷二十四引《山堂肆考》云："山西平阳府蒲州东有中条山，乃张果老跨白驴之处。"③《祁县志》卷九谓："张果，不知何许人，尝游寓县东南温风岭，住石窟中，后人名其窟为张果老窑。石壁上有石撅，长二尺余，俗呼拴驴撅。石面有驴蹄印四，深数寸。窑左北上有一小峰，呼仙南岑。岩平凹有园池，阔一丈，呼天井。又有石槽，为果老饮驴之地。今其遗迹犹存。"④《重修保定志》卷十二载："洪崖山……诚羽流游宴之所，古老相传昔张果老炼丹于此，丹灶石床，古迹尚存……"⑤《邢台县志》卷七载"城西北三十里为仙翁山"，该条有注曰"山多柏，世传唐张果尝憩山上，因然山半有果老祠"⑥ 云云。此外，《陕西通志》《江南通志》《江西通志》《湖广通志》等中也有一些关于张果老行迹的记载。可见，张果老以山西、河北为主要活动地方，足迹同时遍布甘肃、陕西、湖南、湖北等地。

关于张果老的仙术活动，典籍中也多有描述，此处略述一二。其一，

---

① 《全唐诗》第 24 册，北京：中华书局 1980 年，第 9718 页。

② （后晋）刘昫等撰：《旧唐书》第 16 册，北京：中华书局 1975 年，第 5106 页。

③ 《蒲州府志》卷二十四，清乾隆十九年刻本。

④ 《祁县志》卷九，清光绪八年刻本。

⑤ 《重修保定志》卷十二，明弘治七年刻本。

⑥ 《邢台县志》卷七，清乾隆六年刻本。

张果老有佯死之术。据考，这种佯死之术就是道教修炼中的胎息功。《抱朴子·释滞》曰："得胎息者，能不以鼻口嘘吸，如在胞胎之中，则道成矣。"① 张果老"善于胎息，累日不食，时进美酒及三黄丸"②，《道藏·洞神部·方法类》中还收录了《张果先生服气法》，其中描述将服气法炼就到一定的层次就可以"不用粮食，不须药物。时饮一两盏好酒或新水通肠耳"③。其二，张果老有未卜先知的本事。新旧《唐书》都记载了玄宗想让张果老娶玉真公主为妻之事：玄宗好道慕仙，想把张果一直留在自己身边，于是欲将公主嫁给张果，而张果事先并未被告知，却对秘书监王迥质与太常少卿肖华说："谚云娶妇得公主，真可畏也。"④ 王迥质与卿肖华相顾而望，不理解张果所说之话。然而不久便有使者到来，宣布诏书说："玉真公主早岁好道，欲降先生。"⑤ 张果大笑，不接受诏命，请求归返山中。这时王迥质与卿肖华才明白张果之前对他们说话的意思。其三，张果老可以去发击齿、变化面容。《明皇杂录》载玄宗诏请张果入朝后，倍加礼敬，但见张果的长相颇为显老，与听说的不一样，便问："先生得道者，何齿发之衰耶？"张果回答说："衰朽之岁，无道术可凭，故使之然，良足耻也。今若尽除，不犹愈乎？"⑥ 说完便在御前拔去鬓发、击落牙齿、流血溢口。玄宗甚是惊奇，让人扶张果去休息。一会之后，张果老重回殿前，长出了青鬓皓齿，成了一个青壮年。其四，噀水成驴。《明皇杂录》载张果老有一匹神奇的白驴，该驴"日行数万里，休则褶叠之，其厚如纸，置于巾箱中；乘则以水噀之，还成驴矣"⑦。在一些方志中也多有张果老骑毛驴留下足迹的记载，因此，在后世民间传说中形成了"张果老倒骑毛驴"的著名

① 王明：《抱朴子内篇校释》，北京：中华书局1985年，第149页。
② （唐）刘肃撰，许德楠、李鼎霞点校：《大唐新语》卷十，北京：中华书局1984年，第157页。
③ 《延陵先生集新旧服氣经》，《道藏》第18册，第425页。
④ （后晋）刘昫等撰：《旧唐书》，北京：中华书局1975年，第5107页。
⑤ （后晋）刘昫等撰：《旧唐书》，北京：中华书局1975年，第5107页。
⑥ （唐）郑处海、裴庭裕撰，田廷柱点校：《明皇杂录》，北京：中华书局1994年，第30页。
⑦ （唐）郑处海、裴庭裕撰，田廷柱点校：《明皇杂录》，北京：中华书局1994年，第30页。

形象。总之，张果老的仙术活动神奇多样，以致玄宗"累试仙术，不可穷纪"①。

张果并非徒以术法变幻之神奇闻名，他在丹道功夫上造诣不凡，在道教哲学理论上也有重要贡献，并有著作流传于世。玄宗赞叹其思想之精湛与道理之通达，制称"问以道枢，尽会宗极"。《新唐书·艺文志》所录张果著作有《阴符经太无传》1卷、《阴符辨命论》1卷、《气诀》1卷、《神仙得道灵异经》1卷、《罔象成名图》1卷、《丹砂诀》1卷。《新唐书·艺文志》所录的书目尚且不全，在《道藏阙经目录》卷下中还载有《张果老绝句》和《通玄先生张果隐化法》二书。张果的著作一部分已佚，在《道藏》中有《玉洞大神丹砂真要诀》（即《丹砂诀》）《玄珠歌》1卷、《道体论》1卷、《黄帝阴符经注》《还丹金液歌注》保留下来。另外，《延陵先生集新旧服食气经》中引有《张果先生服气法》，《诸真圣胎神用诀》中引有《张果先生胎息诀》。

张果所流传的著作分为内修和外炼两类，可知张果修行采用的是内外兼修的路径。其内外两方面的代表作属《玄珠歌》和《玉洞大神丹砂真要诀》。《玉洞大神丹砂真要诀》收录于《道藏·洞神部·众术类》，专论以丹砂为主要药材的外丹烧炼方法。按此法炼成的最终产物为"神符白雪丹"，张果认为服用神符白雪丹"奇功莫测，造化无穷，乌餐成凤，蛇饵为龙，人服神仙，坐致于风，立致于两，玉女来侍，致给行厨，水陆毕备，画地成江河溪谷，拥土为山岳丘陵，握土为金，变枯朽为生荣，憎俗以为贤哲，在意所欲，无所不为，服之当日冲天也。土石五金，烁之化成宝也"②。《玄珠歌》收录于《道藏·洞玄部·众术类》，是论述内炼思想的著作，全书由30首七言绝句构成，每首皆含"玄珠"二字，通篇以"玄珠"为中心构成一套完整的内炼体系。"玄珠"一词出自《庄子·天地》："黄帝游乎赤水之北，登乎昆仑之丘而南望，还归，遗其玄珠。使知索之而不得，使离朱索之而不得，使吃诟索之而不得也。乃使象罔，象罔得之。黄帝曰：'异哉，象罔乃

① 《明皇杂录》，北京：中华书局1994年，第30、31页。

② 《玉洞大神丹砂真要诀》，《道藏》第19册，第43页。

可以得之乎？'"[1] 在《玄珠歌》中，"玄珠"代表内丹，是生命的根本："宫阙楼台表道躯，不留命本敌洪炉，元神散走枯庭在，抛尽玄珠一物无。"[2] 张果认为常人将元神散尽、玄珠抛却，生命的根本不能保存，如此便不能敌得住天地造化之大洪炉的煎熬。修道之人则"生处莫令流浪去，当时清净不迷昏"，"解采玄珠万恶除，尽令得道入清虚"[3]。关于采取"玄珠"的方法，在于以本身为天地，纳玄珠入丹田。具体下手处，则是以真火炼真精，纳日月入黄道，"欲采玄珠日月奔，先须火发制灵根，朝元万过金精法，此是登真第一门"[4]。

第三节　日本的神道信仰与中国道教

日本道观的建立和形成除了与中国道教有一脉相承的紧密关系外，还受到日本本土的神道教影响，并通过神道教，接受中日文化融合后的道教元素。日本神道教亦简称"神道"，是基于日本本土信仰发展起来的传统民族宗教，在日本的历史与文化中拥有举足轻重的地位。《周易·观卦》最早出现"神道"一词："圣人以神道设教，而天下服矣。"[5]"神道"的意义在汉语与日语中并不相同。汉字传入日本后，"神"字被用来表示日语中的"かみ"。日本人称已逝的人之灵魂为"かみ"，亦将值得敬拜的山岳、树木、狐狸、狼等动植物之灵称为"かみ"。因神道所拜神灵众多，故有"八百万"神之称。在一千多年的发展进程中，神道教从"无名"到创"神道"为名，从最初的原始信仰与泛灵崇拜到公元 6 世纪开始与外来宗教理论融合，渐渐

---

[1] （清）郭庆藩撰，王孝鱼点校：《庄子集释》，北京：中华书局出版社 1961 年，第 414 页。

[2] 《玄珠歌》，《道藏》第 10 册，第 679 页。

[3] 《玄珠歌》，《道藏》第 10 册，第 679 页。

[4] 《玄珠歌》，《道藏》第 10 册，第 679 页。

[5] （魏）王弼、韩康伯注；（唐）孔颖达等正义，黄侃经文句读：《周易正义》，上海古籍出版社 1990 年，第 61 页。

形成了完整的教理体系。其中，以老庄为代表的道家思想和包括符箓斋醮在内的道教仪式与神道具有极其密切的联系，成为神道教从朴素的民间信仰过渡到教义完备的宗教过程中最重要的助力之一。

一、原始信仰阶段的神道与中国道教

"神道"发源于旧石器末期至新石器初期的原始信仰。先民并没有"宗教"的意识，只是在聚落中遵循着朴素的模式进行自然崇拜、灵魂崇拜与图腾崇拜等原始信仰行为。原始社会生产力低下，先民摆脱不了被自然力量所支配的命运，当先民在劳作中无法正确认知自然现象与规律时，只能转而寻求其背后的未知力量。日往月来、斗转星移，迷茫、恐惧与求生的欲望交织在一起，催化了神话传说与原始信仰，成为先民精神世界的两大支柱。[1]

原始信仰最主要的构成是山河日月、风雨雷电等自然崇拜，这是由对自然界的敬畏之心驱使而导致的。随着氏族产生而形成的"图腾崇拜"于世界各民族的原始信仰中都有发现，如中国瑶族的狗图腾、澳大利亚土著的虹蛇图腾等。

在日本绳文时代遗址出土的生活用具中，已发现原始信仰与祭祀的痕迹。陶俑、祭祀物品上的日神、海神、山神、雷神、花神、鹿神等，皆是自然神灵崇拜的例证。弥生时代开始后，水稻种植技术传入日本。与此同时，铜器、铁器等金属工具的广泛使用促进了生产力质的飞跃。日本原始先民部落在江汉水系带逐渐发展壮大，祭祀巫术仪式频繁起来。在《日本书纪》《古事记》《万叶集》等日本古典籍中都记录有祭祀的相关内容。《三国志·魏书·倭人传》记载的弥生时代末期著名的"邪马台国"女王卑弥呼被称为"日巫女"。"邪马台国"是学界承认的日本第一个统一王权，而卑弥呼被投以更多的关注，却是因为她拥有巫女的神异力量，《三国志》称

---

[1] 参见詹石窗主编：《新编中国哲学史》，北京：中国书店2002年，第4页。

其"事鬼道"。

> 其国本亦以男子为王。住七八十年，倭国乱，相攻伐历年，乃
> 共立一女子为王，名曰卑弥呼，事鬼道，能惑众。[①]

《三国志·张鲁传》载："鲁遂据汉中，以鬼道教民，自号'师君'"[②]。对张鲁之教和卑弥呼之教均以"鬼道"称之，可见当时的中国人视日本女王卑弥呼所领导的宗教同于张鲁的"五斗米教"——也就是当时的道教。

"鬼"字的含义与"阳"相对，属"阴"。"鬼道"在此指鬼神之说，可以理解为卑弥呼利用鬼神之说对臣民进行思想上的控制。因卑弥呼女王一生浓厚的传奇色彩，她历来被认为是日本神话与神道教供奉的最高女神"天照大神"的原型。

公元250年，古坟时代开始，日本步入阶级社会与国家的萌芽期。4世纪中期大和朝廷统一了日本。这一时期求仙行为弥漫在贵族之间，前方后圆的坟茔大量出现，象征着祈求死后登仙的强烈憧憬。因此这个时代被称为古坟时代。"天圆地方"本是我国春秋战国时期阴阳学派的宇宙认识论，体现了天人合一的思想，是一种朴素的辩证法。"天圆地方"坟冢的出现已经可以初步看到中国古代哲学思想在日本的影响，但是总体上这一阶段的神道还并未摆脱"巫术和朴素升天思想的范畴"[③]。

二、从《古事记》与《日本书纪》看中国道教对日本神道的影响

《古事记》与《日本书纪》在日本文化中具有极重要的地位，二书虽然

---

① （晋）陈寿撰，（宋）裴松之注：《三国志》第4册，北京：中华书局1971年，第856页。
② （晋）陈寿撰，（宋）裴松之注：《三国志》第2册，北京：中华书局1971年，第263页。
③ 王金林：《日本神道研究》，上海辞书出版社2007年，第5页。

不是神道教的产物，却被后世神道教诸多宗派奉为经典。《唯一神道名法》言："有三部本书，以之立显露教。又有三部神圣，以之为隐幽教。唯一神道，显密二教是也。问：三部本书者何哉？答：先代《旧事本纪》圣德太子撰、《古事记》太朝臣安丸撰、《日本书纪》一品舍人亲王奉敕撰，是云三部本书。"① 三部本书之二就是《古事记》与《日本书纪》。这二书对伊势神道在内的后世神道教影响深远，许多神道教派系的教义与神话便是从这两部书中衍生而来的。其所记述的诸多神明至今仍被日本大大小小的神社所供奉。

然而，对日本神道教影响如此巨大的记纪二书，其撰写动因及神代卷内容中却包含着丰富的中国道教思想。

《日本书纪》编撰于天武天皇时期。公元 673 年，天武天皇执政，加强了天皇专制，开启了律令治国的时代。此时经"壬申"之乱而取得统治的天武天皇，为了巩固自身之皇统，开始特别关注原始神道信仰。天武天皇先是责令编撰《日本书纪》，全书 30 卷，采用编年体的形式，以汉字写成，前两卷为神代卷，第三卷到第十五卷为神武天皇到德仁天皇帝记，是日本最早的正史。

《日本书纪》记述了上古时代皇族包括神代史在内的史书宣扬"皇权天授"的思想，意图证明皇权具有神性与至高无上的正统性。同时，天武天皇命令建立伊势神宫，供奉天皇始祖天照大神，使伊势神宫具有了皇家性质与至高的尊崇地位。《日本书纪》中以天照大神为首的神代史据此有了皇族的支撑。而以天照大神为始祖的日本天皇同时亦据此在实践上夯实了自己皇权的神圣性与正统性。《日本书纪》的编撰以及伊势神宫的修建，都表明此时日本原始神道逐渐向神道教过渡，而在这一过渡过程中，中国道教的影响痕迹通过《日本书纪》的记述显得格外醒目。

在《日本书纪》中有大量中国道教理论的内容，如其记述天地开辟的过

---

① [日] 大隅和雄编：《中世神道论》《日本思想大系》第 19 册，东京：岩波书店 1977 年，第 319 页。

程，与中国道教的说法几近相同。《日本书纪》曰：

> 古天地未剖，阴阳不分，混沌如鸡子，溟涬而含芽。及其清
> 阳者，薄靡而为天；重浊者，淹滞而为地。精妙之合抟易，重浊之
> 凝竭难。故天先成而地后定。然后，神圣生其中焉。故曰：开辟之
> 初，洲壤浮漂，譬犹游鱼之浮水上也。①

道教典籍《淮南子·傲真训》记述天地开辟曰：

> 天地未剖，阴阳不判，四时未分，万物未生。②

《淮南子·天文训》载清升浊降为天地：

> 清阳者薄靡而为天，重浊者凝滞而为地。③

《艺文类聚》在开篇"天"部引徐整《三五历纪》言：

> 天地混沌如鸡子，盘古生其中，万八千岁。天地开辟，阳清为
> 天，浊阴为地。④

《法苑珠林》也引《三五历记》之说：

> 未有天地之时，混沌如鸡子。溟涬始可，蒙鸿滋分。岁起摄

---

① 《国史大系》第一卷《日本书纪》，东京：日本经济杂志社明治三十四年（1901），第
1页。
② （汉）高诱注，《淮南子》，北京：中华书局1954年，第20页。
③ （汉）高诱注，《淮南子》，北京：中华书局1954年，第35页。
④ （唐）欧阳询撰，汪绍楹校，《艺文类聚》，上海古籍出版社1982年，第2页。

提，元气启肇。①

《淮南子》讲"天地未剖，阴阳不判"，《日本书纪》曰"古天地未剖，阴阳不分"；《艺文类聚》讲"天地混沌如鸡子"，《日本书纪》曰"混沌如鸡子"……从行文到思想，都显见中国道教典籍的身影。称之为借鉴甚至"拿来"都毫不过分。

《古事记》一书由太安万侣在公元 712 年献给元明天皇，是日本最早网罗历代神话、历史故事与民间传说而成的文学作品，分为上、中、下 3 卷。《古事记》同《日本书纪》一样，都用汉字写成。《古事记》上卷为"神代卷"，即从开天辟地起，以神话的形式阐述历史；中卷与下卷记载从第一代天皇神武天皇到第三十三代天皇推古天皇的事迹与家谱，内容混杂神话传说与史实。

《古事记》的创作与《日本书纪》一样，借鉴或是直接搬运了许多中国道教思想。如安万侣在《古事记》的序中写道：

> 臣安万侣言：夫混元既凝，气象未效，无名无为，谁知其形。然乾坤初分，参神作造化之首；阴阳斯开，二灵为群品之祖。所以出入幽显，日月彰于洗目，浮沉海水，神祇呈于涤身。故太素杳冥，因本教而识孕土产岛之时，元始绵邈，赖先圣而察生神立人之世。实知悬镜吐珠，而百王相续，吃剑切蛇，以万神蕃息欤。议安河而平天下，论小浜而清国土。②

这段文字中所述"无名""无为""混元""阴阳""太素""乾坤"等概念，皆与中国的道教一脉相承。如下面所引的《淮南子·精神训》，对比二文，仅从字面上就能明确看到二者之间的密切关联。

---

① （唐）释道世撰集：《法苑珠林》，上海古籍出版社 1991 年，第 29 页。
② ［日］安万侣著，周作人译：《古事记》，北京：中国对外翻译出版公司 2000 年，第 1 页。

> 古未有天地之时，惟像无形。窈窈冥冥，芒芠漠闵，澒濛鸿洞，莫知其门。有二神混生，经天营地，孔乎莫知其所终极，滔乎莫知其所止息。于是乃别为阴阳，离为八极，刚柔相成，万物乃形。[1]

这两段话都是讲天地万物化生的过程。《淮南子》讲天地未形成之前，"窈窈冥冥，芒芠漠闵，澒濛鸿洞，莫知其门"，然后有二神混生，产生天地。天地产生以后，没有终极、没有止息。在此基础上有阴阳，又进而有八极，阴阳刚柔相辅相成，进而产生万物芸芸。《古事记》基本的思维模式与《淮南子》类似，又借用《道德经》"无名无为"之说，从无形无像中分乾坤、定阴阳，并进而产生万物。

总之，《日本书纪》和《古事记》这两部在日本影响极大。从地位极高的史学或文学作品来看，日本神道教几乎从形成的一开始，就借鉴了大量中国道教的理念和中国文化的内涵，日本的神道教在其体系形成之初，就打上了中国道教的鲜明烙印。

三、伊势神道与中国道教

（一）伊势神道典籍造作与中国道教

公元 6 世纪中期，佛教由朝鲜半岛传入日本，得到了当权者的喜爱与重视，朝廷不仅拨款支持佛教修建寺院，甚至还亲自接手进行管理。约从奈良时代开始，日本神道开始了一段历时相当长的与佛教融合的过程。

在神佛融合时期，影响最为深远的现象便是"本地垂迹"说的传播与渗透。"本地垂迹"说兴于平安中期，多被新兴的神佛融合宗派所援用。

---

[1] 何宁：《淮南子集释》，《新编诸子集成》，北京：中华书局 1998 年，第 503—504 页。

如山王神道与真言神道分别依托佛教天台宗与真言宗理论体系立教，虽称"神道"，但却是佛为主、神为辅，用佛理阐释神道。"本地垂迹"说根源于佛经中"法、报、化"三身的概念①。"本地"同于法身的概念，代表佛、菩萨清净无垢的自性之身；"垂迹"相当于化身，即佛与菩萨为方便利乐有情众生应机显化的身份，在"本地垂迹"说中指佛与菩萨在日本本土所化现的身份，如宣扬伊势神宫的最高女神天照大神为观世音菩萨的化身。在这种学说的映照下，日本本土一直以来的最高神便都成为了诸佛的显现。

时间来到镰仓时代前后，神道教的新兴派系逐渐反思己身，寻求自己的出路，意欲与佛教划清界限。而第一个公开向"佛主神从"宣战的神道教派就是伊势神道。

14 世纪伊势神宫外宫祠官度会行忠、度会常昌创立伊势神道，亦称外宫神道或度会神道。伊势神道建立的初衷是伊势外宫对伊势内宫权威的挑战。伊势神宫是供奉与祭拜最高神祇的皇家神社，在日本诸多神社中具有超然的地位。伊势神宫又分内外两宫，内宫供奉天照大神，外宫供奉丰受大神。天照大神是日神，具有火德。丰受大神是粮食神，具有水德，主要负责供奉天照大神的饮食，因"水火既济"，与天照大神依存共生。

伊势神道信奉推崇《古事记》一书的神代谱系，主张《古事记》中的始原神天御中主神和国常立尊是一体神，而与伊势外宫供奉的丰受大神亦是同体，借此来提高外宫的地位。

伊势神道否认神道从属于佛教，反对"本地垂迹"说，以神道为主体，以包括道、儒、阴阳、五行学说在内的理论为辅，提出了自己的神道理论。伊势神道撰写了丰富的典籍体系，主要著述是度会氏假托古人所作的《神道五部书》，分别为《御镇座次第记》《御镇座传记》《御镇座本记》《宝基本记》和《倭姬命世记》，此外亦有度会家行之的《类聚神祇本源》与度会行忠之的《大元神一秘书》，对教理进行完善与补充。在这些建构自我独特教理的

---

① "化身"亦常作应身。

典籍中，伊势神道充分摄取了中国道家道教学说作为养分。

如度会行忠与度会家行在《大元神一秘书》和《类聚神祇本源》二书中大量引用了《老子》《庄子》《老子述义》《列子》《淮南子》《易纬》《五行大义》等中国道教典籍中的哲学观点。尤其是《类聚神祇本源》一书，基本是道教与易家等学说的集成汇纂。下面我们略举一二以证。

如《大元神一秘书》引《老子述义》：

《老子述义序》：大象无形，独立阴阳之首。玄功不宰，混成天地之先。生万物而莫测其终，妙万物而不知其始。希夷视听之外，氤氲气象之中。虚而有灵，一而无体。

《老子述义》云，感道德以生，必为阴阳所育。变化之大，凡有四焉；有命，有性，有生，有死。死则复命，命则有性，性则有生，生则复死。牵夫受恶之境，系乎死生之城者，千变万化，未始有穷。合天地者，可以长久。冥道一者，然后常寂。亦曰：先陈天地阴阳虚一之本，次究人物死生性命之源，遮修行者有归，知道德之无昧者矣。所谓道德者，盖以名言谓之耳，及其得之必在名言之外。①

《类聚神祇本源》同样如此，频繁引用道教典籍：

老子《道经》曰：无名天地之始，有名万物之母。又曰：玄牝之门，是谓天地根。

《老子述义》曰，有太易，有太初，有太素。气形质具曰浑沦。清为天，浊为地，和为人。天地含精，万物化生。又曰，《易纬》及《列子》曰，太易者，未见气。太初者，气之始。太始者，形之始。太素者，质之始。气形质具而未相离曰浑沦。浑沦

---

① 孙猛：《日本国见在书目录详考》中册，上海古籍出版社 2015 年，第 1000—1001 页。

者，言万物相浑沦而未相离也。言虚前精气，气则有形，形则有质者也。

　　《淮南子》曰：天地之袭精为阴阳，阴阳之专精为四时，四时散精为万物。积阴之寒气反者为水，积阳之热气反者为火。[1]

短短的行文直接涉及的道教典籍就有《道德经》《老子述义》《列子》《淮南子》。而在伊势神道造作的典籍中，诸如此类的现象不胜枚举。

　　除了直接引述道教典籍外，伊势神道的这些经典还以"圣曰""经曰"的方式指称道教教主老子和《道德经》，如《类聚神祇本源》中就说："圣曰：万物本于三，三本于二，二本于一，一生于道。故经曰：天下之物生于有，有天下也。又曰，有生于无，无道也。"[2] 此处的"圣"指的正是老子，而经就是《道德经》。

　　可见，日本伊势神道的这些典籍以直观的形式展示了日本神道教的基本理念和发展历史，同时也记录了中国道教文化对日本神道教的深刻影响。

（二）伊势神道理论构建与中国道教

　　伊势神道除了在典籍构建中直接取用中国道教典籍作为内容支撑外，在教理教义构建上更是以中国道教理论为源头活水。甚至可以说，伊势神道的理论构建大框架皆取自中国道教文化。

　　首先，伊势神道借鉴了"道"的哲学范畴来诠释神道的神明之道。

　　"道"是道家最高的哲学范畴，也是道教信奉者追求的最高境界，道教修炼的终极目标就是"与道合一"。《老子》五千言最先提出"道"的概念，开启了道家学派的理路，也奠定了中国道教立教的根基。《老子》第四十二章言明"道"生成宇宙万物的规则：

---

[1]　[日] 大隅和雄编：《中世神道论》《日本思想大系》第 19 册，东京：岩波书店 1977 年，第 284—285 页。

[2]　[日] 大隅和雄编：《中世神道论》《日本思想大系》第 19 册，东京：岩波书店 1977 年，第 284 页。

道生一,一生二,二生三,三生万物。①

伊势神道典籍《类聚神祇本源》采纳了道教的这种宇宙生成论,其文曰:

圣曰:万物本于三,三本于二,二本于一,一生于道。故经曰:天下之物生于有,有天下也。又曰,有生于无,无道也。一在有无之间,对道为无,即德也。惟道德之寥郭,即称万物已备。则万物之性照于混沌之前,不可万物之生始于开辟之后,理必然矣。又曰:一形道之应,道为一之本矣。②

关于"道"的命名,《老子》中也有一以贯之的阐释,《老子》第一章:

无名,天地始;有名,万物母。③

《老子》第三十二章:

道常无名。朴虽小,天下不敢臣。王侯若能守,万物将自宾。天地相合,以降甘露,人莫之令而自均。④

《老子》第三十七章:

道常无为而无不为。侯王若能守,万物将自化。化而欲作,吾

① 朱谦之撰:《老子校释》,北京:中华书局1984年,第174页。
② [日] 大隅和雄编:《中世神道论》,《日本思想大系》第19册,东京:岩波书店1977年,第284页。
③ 朱谦之:《老子校释》,北京:中华书局1984年,第5页。
④ 朱谦之:《老子校释》,北京:中华书局1984年,第130页。

将镇之以无名之朴。①

　　因为"道"是虚无无为、无可名状的，故而只说"道"像什么、能够产生什么或是可以带来什么增益，而不是直接说它是什么或是对它作直观的解释。

　　为什么伊势神道要借鉴中国道教的"道"之理论呢？究其根源，与伊势神道反对"本地垂迹"说，重新树立日本本地神的神圣地位，抵制佛高道低的宗教理念有关。

　　"本地垂迹"说把日本人建立起的本土信仰完全纳入了佛教体系，像天照大神作为日本神话中的最高神也被重新撰写了佛之"法身"。作为最先反对"本地垂迹"说的神道流派，伊势神道必须正本清源，重新定义神谱。

　　道教理论中的"道"是虚静飘渺、无象无踪的，同时又是可以化生世间万物的至高所在。"道"的特性给了伊势神道广阔的发挥空间，为何诸神不能是"道"所化生的？把"道"作为诸神的本体，不仅抵制了本地诸神为外来佛教法身所化的说法，同时也避免了"本地垂迹"的流弊——对"个体"的过度崇拜。

　　"个体"崇拜的对象是"本地垂迹"背后的佛菩萨系统，"一佛一世界"是佛教宣教的最突出特色，佛以神通显化为各方世界的守护神，这就逐渐形成了有"佛"无"神"的局面。佛教信奉者极力以各种书、论佐证这一观点，但神道教众想要摆脱低佛一等的地位势必要从根源瓦解"本地垂迹"说。所以，道家以"道"为本的宇宙生成论便走入了神道教的教义中。

　　其次，在对道教宇宙观的吸收中，宇宙未分之前"混沌"状态的概念也是伊势神道反复强调的。《古事记》与《日本书纪》中已经有大篇幅引用了道教的宇宙生成论，伊势神道在接受和崇奉《古事记》与《日本书纪》二书的基础上，更加突出了"混沌"的概念。

　　"混沌"在《山海经》中是作为人格化的天神出现的。而在先秦道家典

---

① 朱谦之：《老子校释》，北京：中华书局1984年，第146—147页。

籍中则渐渐被赋予了哲学意义，用来描述气质未分前天地蒙昧的状态，侧面反映了"道"体的状态。《老子》二十五章：

> 有物混成，先天地生。寂漠！独立不改，周行不殆，可以为天下母。①

《列子·天瑞》在描写宇宙生成状态时有"浑沦"之语，"浑沦"与"混沌"相通：

> 子列子曰：昔者圣人因阴阳以统天地。夫有形者生于无形，则天地安从生？故曰：有太易，有太初，有太始，有太素。太易者，未见气也；太初者，气之始也；太始者，形之始也；太素者，质之始也。气形质具而未相离，故曰浑沦。浑沦者，言万物相浑沦而未相离也。视之不见，听之不闻，循之不得，故曰易也。易无形埒，易变而为一，一变而为七，七变而为九。九变者，究也；乃复变而为一。一者，形变之始也。清轻者上为天，浊重者下为地，冲和气者为人；故天地含精，万物化生。②

《庄子·应帝王》中则记载了"浑沌"的寓言：

> 南海之帝为倏，北海之帝为忽，中央之帝为浑沌。倏与忽时相与遇于浑沌之地，浑沌待之甚善。倏与忽谋报浑沌之德，曰："人皆有七窍以视听食息，此独无有，尝试凿之。"日凿一窍，七日而浑沌死。③

---

① 朱谦之：《老子校释》，北京：中华书局1984年，第100—101页。
② 杨伯峻：《列子集释》，北京：中华书局1979年，第5—8页。
③ （清）郭庆藩撰，王孝鱼点校：《庄子集释》，北京：中华书局1961年，第309页。

《庄子》这段寓言中还保留着"混沌"作为神话人物出现的痕迹，但却旨在以寓言形式说明"混沌"是如何被打破的——"人皆有七窍，以视听食息"，人因不能收视反听，所以通过七窍向外放射精神。这里的"混沌"有以天地状态喻指人身的意思，表现出了天人合一的寓意。

日本神道五部书之一的《御镇座次第记·天照坐止由气皇太神宫》篇有载：

> 天地开辟之后，虽万物已备，而莫照于混沌之前。因兹，万物之化若存若亡。[1]
>
> 天户开之时，大玉命捧持宝玉是也，圆筥则混沌形也，故藏万物种子是也。[2]

《御镇座传记·神托戒律》篇则直接点明诸神生于混沌而与佛法无关的教旨：

> 人乃天下之神物也，莫伤心神，神垂以祈祷为先，冥加以正直为本。任其本心，皆令得大道。故神人守混沌之始，屏佛法之息。[3]

《宝基本纪》中有相似的记载："神道则出混沌之埒，归混沌之始。三宝则破有无之见，佛实相之地。神则罚秽恶导正源，佛又立教令破有相。"[4]《御镇座本纪》中则对诸神产生的过程做了详细的描述，点出神生之前世界

---

[1]　《日本经济》杂志社编：《国史大系》第7卷，东京：《日本经济》杂志社明治三十四年（1901），第432页。

[2]　《日本经济》杂志社编：《国史大系》第7卷，东京：《日本经济》杂志社明治三十四年（1901），第433页。

[3]　《日本经济》杂志社编：《国史大系》第7卷，东京：《日本经济》杂志社明治三十四年（1901），第444—445页。

[4]　《日本经济》杂志社编：《国史大系》第7卷，东京：《日本经济》杂志社明治三十四年（1901），第473页。

是"混沌"的状态：

> 盖闻天地未割，阴阳不分以前，是名混沌。万物灵，是封名虚空神。亦曰大元神，亦名国常立神，亦名俱生神。希夷视听之外，氤氲气象之中，虚而有灵，一而无体。故发广大慈悲，于自在神力，现种种形，随种种心行，为方便利益。所表名曰大日霎贵，亦曰天照大神。为万物本体，度万品。世间人儿，如宿母胎也。亦止由气皇太神、月天尊，天地之间，气形质未相离，是名浑沌，所显尊形，是名金刚神。生化本性，万物惣体也。金则水不朽、火不烧，本性精明，故亦名曰神明，亦名大神也。任大慈本誓，每人随思。雨宝如龙王宝珠，利万品如水德，故亦名御气都神也。金玉则众物中功用甚胜，不朽不烧，不坏不黑，故为名。无内外表里，故为本性。谓人乃受金神之性，须守混沌之始。故则敬神态，以清净为先，谓从正式为清净。随恶以为不净，恶者不净之物，鬼神所恶也。①

"希夷"出自《老子》第十四章："视之不见，名曰夷；听之不闻，名曰希"②无色为夷，无声曰希。在这段文字里希夷是和氤氲一起描述混沌虚寂静灵的状态的。正是这种混沌无形的状态才生出千变万化的诸神，符合道生万物、因物赋形的道家宇宙生成论。诸神从混沌中来，故也要随时反观自守混沌之性。否则，《庄子·应帝王》中凿七窍而"混沌"死的寓言便会真实发生。

正因诸神从混沌中来，故而要持守混沌、返本归元。这也是伊势神道在接纳《古事记》与《日本书纪》二书时更强调"混沌"的原因。

最后，伊势神道借鉴了中国道教的修持理论。

伊势神道要建构完善的神道教义系统就需要解决宗教无法忽略的问

---

① 《日本经济》杂志社编：《国史大系》第7卷，东京：《日本经济》杂志社明治三十四年（1901），第460—461页。

② 朱谦之：《老子校释》，北京：中华书局1984年，第52页。

题——修持。修持的概念从中国先秦道家思想中已经可以窥得端倪，并为后世道教演绎发挥。如《老子》第十六章讲：致虚极，守静笃。万物并作，吾以观复。冲虚守静到极致才能以旁观者的角度客观地观察世间万物循环往复的道理，这段话历来被诠释为如何求道与见道的基本原则。

《庄子·大宗师》曰：

> 夫道，有情有信，无为无形；可传而不可受，可得而不可见；自本自根，未有天地，自古以固存；神鬼神帝，生天生地；在太极之先而不为高，在六极之下而不为深；先天地生而不为久，长于上古而不为老；狶韦氏得之，以挈天地；伏羲氏得之，以袭气母；维斗得之，终古不忒；日月得之，终古不息；堪坏得之，以袭昆仑；冯夷得之，以游大川；肩吾得之，以处大山；黄帝得之，以登云天；颛顼得之，以处玄宫；禺强得之，立乎北极；西王母得之，坐乎少广，莫知其始，莫知其终；彭祖得之，上及有虞，下及五伯；傅说得之，以相武丁，奄有天下，乘东维，骑箕尾，而比于列星。[1]

庄子除了言明道是自亘古就客观存在的之外，又借上古神话喻道的存在是先于人、诸神与自然界客观事物的，神明之所以"神"的原因是因为得道，而不是因为个体具有超越其他个体的特殊能力，指明了修持的目标即为"得道"。

中国道教在此后的发展中，基本以老庄所主张的"得道"为修持目标，"冲虚守静"为基本的修持原则。冲虚守静、清净、守一等成为道教最崇尚的"心法"，是趋近"道"的状态的简要程式。《清静经》有言："人能常清静，天地悉皆归。"[2] 千变万化的道教修习方法，可以说都是沿着这一基本原则展开的。而中国道教的这一修持理论亦为伊势神道所吸纳，作为自己修持

---

① （清）郭庆藩撰，王孝鱼点校：《庄子集释》，北京：中华书局 1961 年，第 246—247 页。

② 《道藏》第 11 册，第 344 页。

システム

システム

教义的基本理念。

《御镇座传记》中说到修持时云："人乃天下之神物也，莫伤心神，神垂以祈祷为先，冥加以正直为本。任其本心，皆令得大道。故神人守混沌之始，屏佛法之息。"① "莫伤心神""任其本心""守混沌之始"都是"冲虚守静""清静"的具体做法而已。

又如《御镇座本纪》言："谓人乃受金神之性，须守混沌之始。故则敬神态，以清净为先，谓从正式为清净。"② 又言："故祭神清净为先，我镇以得一为念。"③ 以"清静守一"为伊势神道修道的重要原则。

《镇御座传记》和《宝基本纪》分别有"神镜坐事"章节，以镜喻净：

> 天地开辟之明镜也，三才所显之宝镜也。当受之以清净，而求之以神心，视之以无相无位，因以为神明之正体也。④
>
> 斯天地人之三才，当受之以清净，求之以神心，视之以无形显实。⑤

《宝基本纪》言：

> 人心圣而常也，直而正也。然地神之末，天下四国人夫等，其心黑焉。分有无之异名，心走使，无有安时。故心脏伤而神散去，

---

① 《日本经济》杂志社编：《国史大系》第7卷，东京：日本经济杂志社明治三十四年（1901），第444—445页。

② 《日本经济》杂志社编：《国史大系》第7卷，东京：日本经济杂志社明治三十四年（1901），第460—461页。

③ 《日本经济》杂志社编：《国史大系》第7卷，东京：日本经济杂志社明治三十四年（1901），第460页。

④ 《日本经济》杂志社编：《国史大系》第7卷，东京：日本经济杂志社明治三十四年（1901），第443页。

⑤ 《日本经济》杂志社编，《国史大系》第7卷，东京：日本经济杂志社明治三十四年（1901），第471页。

神散去，则身丧。①

《类聚神祇本源》引《庄子》文强调"纯素"与"专一"的重要：

> 庄子曰：不明于道者悲夫。何谓道？有天道，有人道……
> 又曰：纯素之道唯神是守，守而勿失与神为一。一之精通合于
> 天伦。②

从伊势神道的这些典籍中，可以非常明显地看到或直接或间接对道教清静守一修持方式的借用与化用。这些文献的存在，都彰显了伊势神道和中国道教的密切关联。

四、吉田神道与中国道教

镰仓幕府的建立标志着武士阶层正式登上历史舞台。虽然最终皇室联合倒幕势力消灭了镰仓幕府，但武士势力却持续影响着日本的历史与文化思想。随后，日本进入了群雄割据的战国时代，皇室的绝对影响力开始减弱，民众的兴趣爱好开始对主流趋势产生影响。上至朝廷贵族下至平民百姓，以朱熹为代表的儒学逐渐拥有了广泛的受众；吸收了神道教、儒学与佛教的武士道精神大行其道。而在神道一脉，伊势神道因皇室势力的衰弱而失去了最重要的支持，又因时移势易不能及时在民间网罗信众而今非昔比。因此，吉田神道应运而生了。

吉田神道成立于室町时代文明年间，创立者是京都吉田神社的祠官吉田

---

① 《日本经济》杂志社编：《国史大系》第 7 卷，东京：《日本经济》杂志社明治三十一年（1898），第 465 页。

② ［日］大隅和雄编：《中世神道论》，《日本思想大系》第 19 册，东京：岩波书店 1977 年，第 287 页。

（祖姓卜部）兼具，所以也称卜部神道、唯一神道。与伊势神道重构神道体系时，把伊势外宫供奉的丰受大神奉为与内宫天照大神同样无上尊贵的地位不同，吉田神道独尊"国常立尊"，在京都设神道总社大元宫，祭祀"国常立尊""天照大神"等八百万神，但奉"国常立尊"是诸神的中心。

虽然吉田神道与伊势神道同样反对神道教对佛教的依附，但是教义体系却依然囿于"本地垂迹"说，只是从"本地垂迹"说的"诸佛"变换到了日本本地的诸神。吉田神道的代表作为《唯一神道名法》与《神道大意》。

吉田神道在创立的过程中，依然借用了大量儒、道、佛的思想，但其目的已不限于建立教义，而是强调"神道"的唯一性与本法性。如该派典籍《唯一神道名法》云：

> 颂曰：宗万法归一，诸缘开基。吾国开辟以来，唯一神道是也。[1]

吉田神道在对神道唯一性与本法性进行构建时也像伊势神道那样从道教取经，借取老子"道"的概念：

> 神者，天地万物之灵宗也，故谓阴阳不测。道者，一切万行之起源也，故谓道非常道。总而器界生界，有心无心，有气无气，莫非吾神道。[2]

如果"道"是使万物赋形的源头，那么"神"就是使万物有灵的存在。在此处，神与道是合而为一的、是万物之所以成为万物的根源。

"三元"说是吉田神道最具特色的理论。数字"三"是吉田神道最为

---

① ［日］大隅和雄编：《中世神道论》，《日本思想大系》第 19 册，东京：岩波书店 1977 年，第 319 页。

② ［日］大隅和雄编：《中世神道论》，《日本思想大系》第 19 册，东京：岩波书店 1977 年，第 323 页。

重视的数字。《老子》中有"三生万物"之说。《易传·系辞下》云："有天道焉，有人道焉，有地道焉。兼三材而两之，故六。六者非它也，三材之道也。"[1]"三才"指天、地、人。《唯一神道名法要集》中讲："儒教、道教万端以三成物。故《易》云，三生万物，是谓之乎。"[2]除"三元"外，还有"三妙"与"三行"，三妙指天、地、人，在每一妙下又各有神力、神通、神变三妙坛；"三行"指天道、人道与地道各自的五行神，再加天、地、人三道各自的三神，即人道的性命成就神、天道的元气圆满神、地道的一灵感应神，称为天六神道、地六神道、人六神道，合称"十八神道"。

虽在世界中各分显化出如此之多的神，但是神道仍是唯一的：

> 易曰：观天之神道，而四时不忒，圣人以神道设教而天下服矣；道教云：道生一，一生二，二生三，三生万物，皆是神也；内教中，密经云：神变加持经，并诸经论中，神变、神通、神力，多以在之，非是神道哉？儒教云：太极生两仪，两仪生四象，四象生八卦，八卦生万物。是则圣人神道也。故颂曰：唯一神道，诸法根本；万行滥觞，毕竟宗源。[3]

总之，我们从日本最重要的神道信仰发展及神道各流派的建构和演变过程中，可以非常明确地看到来自中国的道教思想为其构建教理教义提供了充足的理论支撑。而在宗教仪式等外在层面上，道教更是神道教直接可以对接的对象。虽然 20 世纪的日本学者对道教是否传入过日本存有分歧，但随着认识的深化，日本学术界还是逐渐承认道教对日本各个层面的影响。

在宗教仪式方面，以安倍晴明为代表的阴阳道凭占卜术与法咒闻名。天

---

[1] 李学勤主编：《周易正义》，北京：北京大学出版社 1999 年，第 318 页。

[2] ［日］大隅和雄编：《中世神道论》，《日本思想大系》第 19 册，东京：岩波书店 1977 年，第 327 页。

[3] ［日］大隅和雄编：《中世神道论》，《日本思想大系》第 19 册，东京：岩波书店 1977 年，第 331 页。

社土御门神道本厅藏有《太上神仙镇宅灵符》，灵符中央是北斗星象图，上有八卦图，下为天尊及侍者像，其符的画法与道教符箓完全相同[1]，而阴阳道的祭祀仪式也采用了道教的禹步；日本年节的守庚申习俗与庚申信仰也来自道教修持的禁忌；道教的法器剑、镜、玉被吉田神道奉为三种"灵宝"；伊势神道也在祈福禳灾的各种斋醮科仪中向道教取经，《神祇道灵符印》中的灵符印就来源于道教的《太上玄灵北斗本命延生经》。

在神仙体系的构建中，神道教吸收了许多道教神祇，如关帝、土地、灶王等。除吉田神道认为宇宙本源神"国常立尊"是道教的元始天尊外，真言神道则确信道教的北斗七星君为天神七代。道教神灵被供奉在神社与普通民众的家中，甚至是献给天皇的祝寿词中。

道教浩如烟海的典籍对神道诸派影响深远。编修于 7 世纪的《日本见在国目录》已收录《太上灵宝经》《本际经》《神仙传》《魔宝真安志经》等书目；明代编修的《正统道藏》在江户时代传入。《吉田文库》至今仍收藏着《太上玄灵北斗本命延生经》《上清三元玉检三元布经》《太上老君说常清静经》《陈先生内丹诀》《修真九转丹道图》等道书。吉田神道的《唯一神道名法要集》除了使用如前文所述的《老子》等道家经典中的哲学范畴外，也借用"三清""无上灵宝"等道教术语。如在祈愿等仪式的发言前加上"无上灵宝，神道加持"八字，同时该书也借用了《北斗经》中的"三清天"来比拟"高天原"："《北斗元灵经》曰：无色界之其上有三清天。故颂曰：太极玉清，上清太清，无上极天，是高天原。"[2]《北斗经》对吉田神道的教义教理影响甚大。日本学者松下道信在《浅谈道教对吉田神道的影响——以〈北斗经〉与内丹学说的关系为中心的考察》[3] 一文中指出，吉田神道的创立者吉田家藏有与陈朴著《陈先生内丹诀》密切相关的内丹书《修真九转丹道图》，

---

① 参见陈耀庭：《道教在海外》，福州：福建人民出版社 2000 年，第 55 页。

② ［日］大隅和雄编：《中世神道论》，《日本思想大系》第 19 册，东京：岩波书店 1977 年，第 321 页。

③ 参见［日］松下道信：《浅谈道教对吉田神道的影响——以〈北斗经〉与内丹学说的关系为中心的考察》，《全真道研究》第 4 辑，济南：齐鲁书社 2015 年。

并对吉田神道中基于《北斗经》与《修真九转丹道图》内丹说二者之间并非矛盾而是并修的关系试以论证。松下道信还从吉田神道所藏的汉籍目录出发对道教和内丹说的摄取状况进行分析，并指出吉田神道以南宗的内丹说为中心、也曾接触过元初李道纯等人的观点的问题。

　　随着日本在第二次世界大战中的失败，国家神道彻底瓦解。如今在政教分离的时代背景下，神道教已经回归了民间宗教的本位，以神社活动为主延续着它的生命。而在理论上滋养过神道教的道教思想却依然以千般面目对日本文化有着绵延不绝的影响。日本道观就是在道教思想深刻影响后的日本神道文化氛围中创建的，以"道"为名，并主动以中国道教为源头，与中国道教更是直接的源流关系。

第三章　日本道观与山岳信仰

由日本道观主持创办的日本道教协会主道场位于日本英彦山，其道场的创立是日本源远流长的山岳信仰传统之延续，也是日本山岳信仰与中国道教文化洞天福地思想血脉交融后的自然之果。

根据日本国土地理院的调查，日本的国土总面积约为 37 万平方公里，其中山地和丘陵占 72.8%。在冲积平原和陆地上形成的城市、村庄及田园仅占不超过 27%，可以说日本国土放眼望去，尽收眼底的几乎都是山地。西晋陈寿《三国志·东夷传》收录的《魏志·倭人传》是最早对日本自然环境有简明扼要记载的著作。该书开篇写道"倭人在带方东南大海之中，依山岛为国邑"。日本的山岳为人们提供生活、生产不可缺少的水源、燃料、建材、造船所需材料，以及出产金、银、铜等贵金属，人们根据山中形成的云、雪等自然现象能够预知气象、生活节气。因四季明显变化而产生的植物景观、花鸟动物等还能够治愈人类的心灵。此外，山岳还孕育了丰富的有机物，这些有机物随着河川流入大海，促进浮游生物充分繁殖，沿海地区还能产出丰富的鱼贝类食物。另外，从海面通过观察陆地上山脉的形态还能够得知天然好渔场的位置及船只的位置。因此，人们深受山岳恩惠而心怀感谢之情。但是，另一方面，山脉阻碍了人们的通行，由于山脉复杂的地形及山中森林阻碍视线，造成了交通不便。另外，高山荒凉且寸草不生，而且因山中寒气、火山喷发、硫气孔、暴雨导致泥石流、洪水泛滥等自然灾害，因此，日本国的人们在满怀感恩的同时，也感受到山岳的威胁，产生恐惧心理。无论是恐惧还是感恩，都会让人感受到山岳的神奇，拜服于山岳极大的自然能量，于是，产生了对山岳的崇拜。

在日本风土形成的历史过程中，山岳被看作神仙降临的圣地（神道）、祖灵飞升之地（民俗信仰）、长生不老的仙境（道教）、佛菩萨的净土（佛教），是山中胎内观（修验道）等各种信仰的基础。

日本传统山岳观起源于以狩猎、采集为主的绳纹时代（约12000年前）。从以水稻耕作为主的弥生时代（约2500年前）开始，在这悠久的历史长河中，山岳一直被当作民族宗教和信仰所说的神仙、先祖灵魂居住之地。日本人的传统山岳观不排斥从中国、朝鲜传来的神仙、道教思想及起源于印度的佛教思想，且与其融合共存，山岳成为一个神圣的地带，受到人们崇拜。此外，山岳还成为圣人（非俗人）的聚集地，他们积极地来到圣域灵山，通过严格的修行获得灵力，满足众生的愿望。与此同时，这些圣地都遵守禁止杀生伐木等戒律，因此自然生态环境得到了保护，仿佛成了远离凡尘俗世的世外桃源。

在悠久的历史长河中，日本山岳信仰融入并积累了多样化的宗教信仰，山岳自然而然地深深受到人们崇拜。至今日本仍然有很多的山岳被看作灵山、圣峰，成为人们崇拜的对象（见图3—1）。

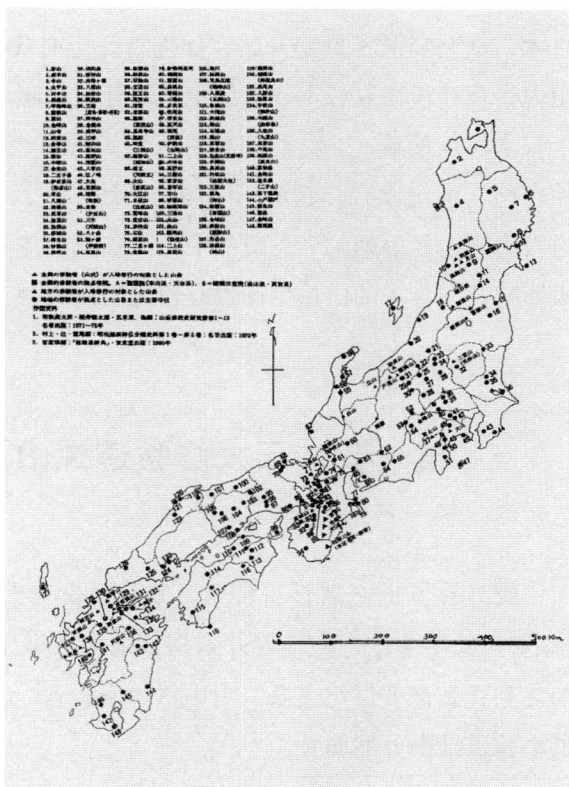

图3—1　日本的灵山分布

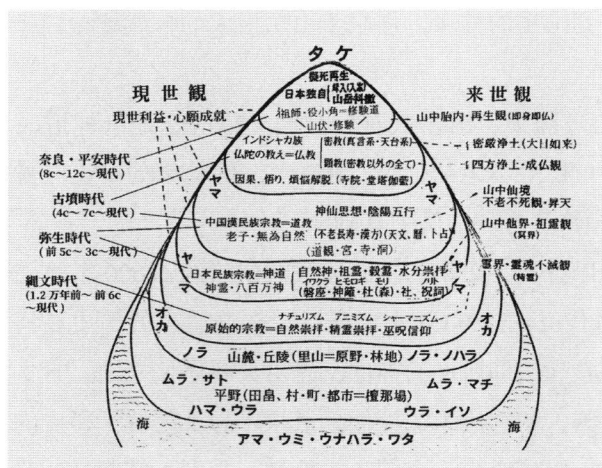

图 3—2　日本山岳信仰的构成—诸教融合的灵山

原始信仰和宗教是日本山岳信仰的基础（如图 3—2），并且这也曾是全世界原始社会的共同点，即自然崇拜（naturism）、精灵崇拜（animism）、巫术崇拜（shamanism），现在仍然存在这种迹象，例如恐山的招魂术、木曾御岳山的驱邪祈祷等。在日本，从公元前 5 世纪开始，伴随着弥生时代以水稻耕种为主的生活体系，祖先崇拜和祈祷五谷丰登的祭祀活动开始兴起，到了古坟时代大和朝廷完成了日本民族的统一，并将皇祖神天照大神奉为民族宗教——神道的最高神。而在前 3 世纪以后，起源于中国，阐述了"长生不老、无为自然"的神仙、道教思想，经由朝鲜半岛或从中国大陆直接传至日本，对日本神道产生了很大影响，与日本的山岳信仰也有较大层面的融合。

第一节　三大修验道灵山及其道教思想

佛教在 6 世纪从百济传至日本，虽然当时的苏我氏（崇佛）与物部氏（崇神）发生争论，但最终并未将其他宗教排斥在外，而是接受了各宗教并与之共存。在 8 世纪左右，由山伏（修验者）进行的被称之为日本民俗宗教的修验道渐渐开始萌芽。

修验道以山岳信仰为基础，其开山鼻祖是受人崇拜的役小角（役行者、役君）。役小角作为修验道鼻祖，在山岳信仰中融入诸多宗教思想并加以实践。

7世纪，役小角身着朴素、断食辟谷，在大和国（奈良县）葛木山中艰苦修行。据说他能够使役鬼神，后因受谗言构陷，于公元699年被流放到伊豆大岛。据《日本灵异记》记载，大宝元年（701）大赦之后，役小角离开伊豆大岛，在都城周边化身神仙、飞升天界，极具神仙色彩。役小角曾游历各地，他信仰的修验道灵山广泛分布于本州、四国、九州（图3—1）。

俗称神佛融合的修验道是基于日本山岳信仰，并吸收了道教思想及佛教思想的结果。修验道的山伏（指修验道的修行者）与道教的方士（道士）相近，他们积极行动、游走各地，向大家讲述山岳神灵显现的故事，劝导人们来灵山圣地参拜，并为修行者进行指导，实现普度众生之愿。而一个普通人若想成为修验道的修行者，则需要经历修验道师徒相承的绝密修行和礼仪。因为修验道深受神仙思想和道教思想的影响，所以修行者必须进行"山岳抖擞"的入峰修行，而且在艰苦修行中还要经历辟谷等考验。修行以外的时间可以下山，通过给村里人施符咒、草药等来教人们养生、为人治病、普及信仰。修验道者在驱邪、斋戒时使用的咒语、符文中常常用到"唵急如律令""临兵斗者皆陈（阵）列在前""山、鬼"等文字，这些都属于道教的咒语、符文。

日本道教学界泰斗窪德忠认为，"修验道是将山岳作为神仙降临的清净修行之地，并且能够让长生不老成为现实之灵域，可以说修验道是道教在日本的存在形式，或是日本的道教也不为过"。

宫本袈裟雄从宗教民俗学的角度来看，认为"从整体上看修验道与密教理论不同，但修验道的修行者在修行中采纳了神仙思想、使役鬼神、急急如律令的咒文、占卜、医术、辟谷等密教化色彩的内容。但是，修验道与道教关系方面的研究现在仍属于还未涉及的领域。"

松田智弘对大量仙人像进行了分析，他认为"修行者为求长生不老而入深山幽谷进行修炼———仙人与密教和修验道紧密相关。修验道是密教与道教相融合发展而来"，平安初期嵯峨天皇在京都嵯峨野修建的规模宏大的离宫即栖霞观就是远离尘世的仙境。村田明久考证证明"源融将嵯峨天皇在离宫时代修建的紫宸殿迁移至现在的所在地，称其为'栖霞观'"，而且他还根据松浦史料博物馆的栗原史料制作出栖霞观的平面图。

根据《镇西彦山缘起》中嵯峨天皇的相关内容记载，"从平安后期开始，奉天皇之命将修验道著名的灵山筑紫日子山改名为彦山"。原田博二已经明确证实，江户时代实行闭关锁国的政策，长崎港成为全日本唯一对外开放的国际贸易港，崇玄观曾存在于此地，它的存在证明了作为与诸宗教相独立的道教据点确实存在，并且备受瞩目。

到了中、近世纪（1185—1867），修验道发展到高潮，从修验灵山的规模、信仰圈的范围扩大程度及"山岳抖擞"（指"入峰"修行）连绵的山脉来看，中世纪以后位于日本列岛中部的大峰山、关东的羽黑山、关西九州的彦山（英彦山）成为三大修验道灵山的道场。

一、英彦山

日本三大修验道灵山中，位于九州的英彦山受到中国道教的影响最深，这或许是因为在日本列岛中，九州与中国大陆和朝鲜半岛的距离最为接近的原因。据《彦山流记·镇西彦山缘起》记载，英彦山的开山始祖是北魏孝庄皇帝的第六子善正。善正为传播佛教，出家皈依佛门远渡日本，在日子（彦山）的一个石窟中修行时，与猎鹿而来的猎人藤原（藤山）恒雄相遇，并使其领悟到杀生的罪过。日本佛教公传前的普泰年（531），善正在英彦山修建山寺。但是，道教是当时北魏的国教，通过有关善正的记载以及后世人在此基础上对善正其人画像的描绘，我们可以看出善正的装扮并非佛教僧侣，而是身着木叶衣的长发神仙。

此外，《彦山流记》一书中记载了权现与道教名仙之间的关系，权现由魔诃提国（印度）经震旦国（中国）王子乔旧址来到彦山。

据《彦山流记·镇西彦山缘起》记载，役小角于大宝元年（701）飞升成仙后来到彦山，随即进入位于中国昆仑山的西王母石室。日本室町时代，每年阴历二月举行的松会延年祭祀活动是彦山规模最大的祭礼，山伏在这一仪式上吟唱西王母。此外，还有很多与道教相关的事例，例如彦山修验道的仪轨、服饵、灵符等。以大峰山和富士山为首，日本很多名山直至明治初年为止都严格遵守禁止女性出入的禁令，但是英彦山从江户时代起解除了禁止女性出入的禁令。与英彦山不同的是，以中国昆仑山为首的被人们视为神仙境的道教灵山并没有禁止女性的出入，同时道教保持长生不老的养生法中有一门房中术，由此可以看出英彦山修验道的一个特点是并不限制女性的出入，而是重视男女和合以及阴阳调和。

从上面这些简单的资料考察，我们就可以看出英彦山的道教色彩格外浓厚。另外因为英彦山是日本道观最重要的修验本山所在，所以在本章第三节将再次更加集中详细地论述英彦山与道教的关系。

二、大峰山

相传大峰山是 7 世纪役小角开山的修验道的根本道场，它并非单一的山脉，而是位于近畿的吉野和熊野之间，南北绵延大约 120 公里的山脉的总称。其中包括了山上岳（金峰山）、大普贤岳、弥山、八剑山、释迦岳、深仙（神仙、神山）、大日岳、笠捨山、玉置山等 1500 米—2000 米高的陡峭山岳，且峡谷幽深，大多是原生林较多的山地（图 3—3）。

最初，大峰山的修行（入峰）从熊野入山向吉野行走（顺峰）。从《古事记》和《日本书纪》记载的神话时代开始，熊野就被当作能够使人长生不老的仙境，被比作蓬莱仙山。传说公元前 3 世纪，徐福奉秦始皇之命，为求长生不老的仙药来到位于东方的海上，即蓬莱山。据说他率领五百童男童女所乘大船就是在熊野登陆，后世还为纪念徐福，在和歌山县新宫市修建了徐福的坟墓。而且，自古蓬莱山就被认为是肥前国（今日本佐贺县）天山以及骏河国、甲斐国（今日本静冈县、山梨县）的方士修炼之山。

据说从吉野进入大峰山向熊野行走的修行（逆峰），是 9 世纪醍醐寺开山始祖圣宝大师开创的入峰修行失传之后，再次兴起的入峰修行法。自古以来，吉野也被看作山水幽静的仙境，在《怀风藻》中就有相关记载："欲访神仙迹，追从吉野浔"。从古至今，都严守禁止女性从吉野登上金峰山（山上岳，1719 米）的戒律。关于这点，与日本相比，在中国的文献中很早就有记录。后周显德元年（954）义楚编《释氏六贴》中写道："日本国亦名倭国……本国都城南五百余里有金峰山，顶上有金刚藏王菩萨，第一灵异。山有松桧、名花、软草。大小寺数百，节行高道者居之。不曾有女人得上，至今男子欲上，三月断酒肉欲色，所求皆遂。"

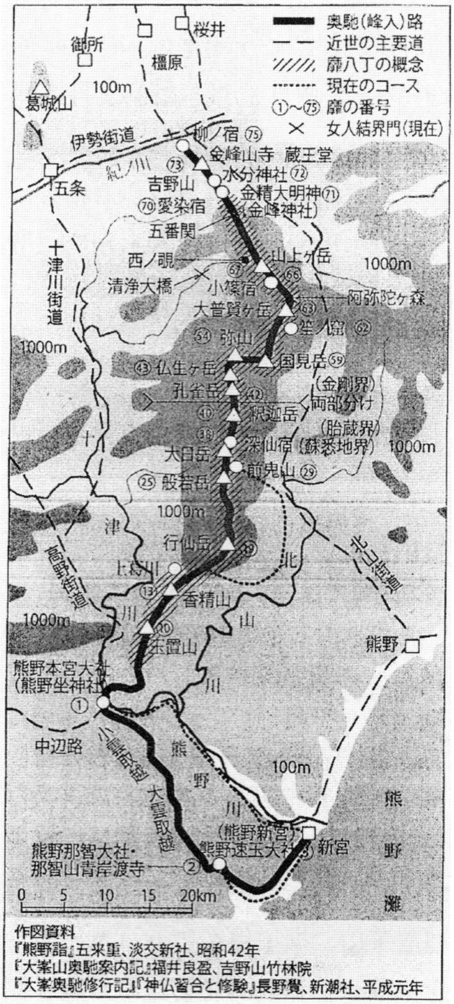

如上所述，大峰山是与俗世相隔的、神秘的山岳灵域，自中世纪来，日本的修验道修行者（山伏）在大峰山修行后，回到各地将各地区的灵山当作修验道的据点。到了平安时代以后，师徒传承的修验道礼法深受山岳佛教的影响。从唐朝归来的最澄开辟了以比叡山延历寺为本山的天台宗，以及同样是从唐朝归来的空海开辟了以高野山金刚峰寺为本山的真言宗密教，日本的修验道修行者渐渐分为天台宗的本山派和真言宗的当山派，两派都将大峰山作为修行的大本营道场，重要礼仪均在大峰山举行。但是，羽黑山和彦山主张的是另一流派，并

图 3—3　大峰山的入峰修行（奥驱）路线　［日］长野觉：《山岳与宗教》，《地图情报》第 139 期，地图情报中心 2016 年

在江户时代得到了幕府的认可。

近代以来在大峰山、大阪堺等地的男性市民仍然遵守禁止女性登山的规则，他们组成了法会组织（八岛八讲座），集体登山团拜兴盛一时。另外，在大峰山周边地区，有男子满 15 岁必须登山参拜的习俗，并将之当作重要的成人式仪礼。现在位于登山口吉野、洞川以及登山路边的茶馆里仍然在销售万能药，特别是对肠胃病有特效的"陀罗尼助"，相传是役小角传授了其制药的方法，现在成为当地的土特产。

南面的熊野和北面的吉野是大峰山的入山口，这两地在古代都被看作神仙的圣地。沿着大峰山山脉行进 120 公里是修验道必须进行的入峰修行（奥驱），从中切身体会十界修行中最重要的仪式——正灌顶，即由大先达将香精水灌注于头顶，使人深切感受"即身成佛"。这是密教仪礼，但在修验道中役小角也将这一极具神仙色彩的仪礼传承了下来。另外，正灌顶道场位于大日岳和释迦岳中间的深仙（神仙、神山）宿。称其为"宿"，也说明修行者认为这是成为神仙（地仙）的道教和密教相融合的秘密仪式。但是，在役小角后的 200 年之后，醍醐寺圣宝大师创立的真言宗当山派的慧印灌顶（正灌顶仪式）被改为在山上岳（金峰山）附近的小篠宿举行。

三、羽黑山

羽黑山（414 米，山形县鹤岗市）俗称"三千坊"，是日本天台宗的修验道灵山，以日本关东以北的地区为主要信仰圈。羽黑山视为胎藏界，月山（1984 米）视为金刚界，这两山与汤殿山（1500 米）被当作"胎金不二"的圣山灵域，是进行入峰修行的场所，被总称为"出羽三山"。羽黑山的开山鼻祖为崇峻天皇（公元 587—592 年间在位）的蜂子皇子（参弗理大臣、能除仙），他医术高明，被人们看作神仙，人称"能除仙"。

月山（1984 米）被视为祖灵去往之地，羽黑山即位于以月山向北延伸出的支脉丘陵地带，"山岳抖擞"的修行之路向月山方向绵延。汤殿山

（1500 米）与月山相邻，在汤殿山的山谷中热水涌出呈现出岩塔（阳）和汤池（阴）的造型，但这里是不能告诉他人的阴阳调和的秘密场所，受到人们崇拜，现在仍然禁止拍照。在山脚下的真言系修验寺院，例如注连寺、大日坊等场所，修行者辟谷、土圹入定（入寂）达到"即身成佛"的状态后，在寺内正殿里进行祭拜。

现在，东日本仍然有法会组织进行羽黑山、月山、汤殿山的相关信仰活动，即"出羽三山"的巡山参拜活动。每年夏天，在羽黑山本宗（正善院）和出羽三山神社（合祭羽黑山、月山、汤殿山神社）修验道的修行者都会在 10 天内汇合举行入峰修行的活动，这一活动现在在各修验道仙山的入峰修行中依然是最古老的中世纪的修行活动。现在，在举行入峰修行入山时，大先达为了消灾除难，仍然会授予入山修行者们道教的"九字"符咒（图 3—4）。

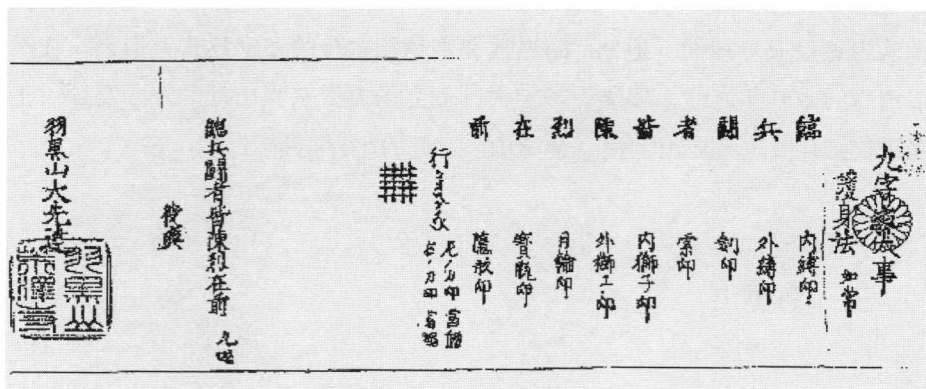

图 3—4　羽黑山修验本宗的入峰修行中被授予的"九字之大事"

虽然由于年代久远，目前尚未有定论，但是元旦时节最初是由山伏在位于羽黑山上的出羽三山神社松例祭祀活动上举办了"国分神事"仪式。在皑皑白雪覆盖着的广阔庭院中举行的这一仪式庄严而神圣，它象征了关东的羽黑权现、关西的熊野权现和九州的英彦山（彦山）权现各自管辖一个区域，并以定尺棒（杉丸大）来划定这三大权现各自负责管辖的边界。此仪式也可以说是象征日本三大修验道灵山的一种具有表演形式的修验礼仪。

第二节　入峰修行中的十界修行与神仙道教思想

入峰修行即走遍由气散生万物的圣山，根据入山次数或修行深浅，分作初先达（3 层）、正先达（4 层）、大先达（9 层）和大越家（36 层）。三大修验道灵山的共同点是，在修验道最为重视的入峰修行中规定了超过 100 公里的山岳抖擞的路线。

一、入峰修行

入峰修行的宗教理念是以密教思想为基础的、具有实践性质的修行，山岳被视为以大日如来为主尊的金刚界和胎藏界两部曼陀罗。金刚界表示如来之智德有如金刚宝石般坚固，能摧破各种惑障所带来的一切烦恼。与此相对，胎藏界表示如来之"理"性，有如母体拥有容纳、孕育生命这一普遍而绝对平等的机能。

大峰山靠近熊野的一侧被视为胎藏界，靠近吉野的一侧被视为金刚界。因此，大峰山被看作将金胎两界相结合的山岳曼陀罗，修验道当山派（真言系）被视为将金胎两界分为两部分的巨大岩石，修验道本山派称胎金两界为最神秘的深仙（神仙），二者与被视为苏悉地界的周边区域共同构成三部曼陀罗。所谓苏悉地，是指密教秘法中所达到的领悟通达的世界，亦指一切得以醒悟、一切得以复苏重生之圣地。若以神仙思想进行解释说明，深仙即"气"的发源地，由此产生阴（胎藏界）阳（金刚界）二气，山岳曼陀罗的阴气向着熊野方向、阳气向着吉野方向发展，或者也可以说阴阳二气通过深仙得以融合归一。

在深仙宿举行的入峰十界修行中的正灌顶仪式，是修行者在成为即身成佛的大先达所举办的修验道特有的象征仪式，举行被认为是役小角传承的

"柱源"秘密仪式。

"柱源者，柱者二本，乳木出入，命息也。源者，舍利一切众生，二气和合，本源也，以柱源建立自身五大，乳木出入断绝，则五大家即灭……以二柱立水轮上，事一切众生二气和合之相次父母二气。"

上述修行的具体做法是在护摩坛的檀板上放置象征阴阳和合的水轮容器，将一根柱源作为天地二气和合统一与修行者自身合二为一的宇宙轴立置于中央，两侧竖立两根乳木（小柱）。这是一种表示由阴阳和合而生的父（阳）母（阴）之二气及其呼吸进出的观想修行法。与其说这是密教秘法，不如说是与重视天地、阴阳之气的道教思想相一致。因此，可以说修验道中最为重视的深仙（神仙）的正灌顶仪式是道教与密教相融合的一种神秘仪式。

入峰修行的地点以山中洞窟、巨岩、巨树、瀑布和池水等自然环境为主，也包括神社和寺庙等参拜场所。大峰山中将这些场所称为宿或者靡，平安末期共有 120 宿、近世以后共有 75 靡为大众所熟知。日本中世和近世时期，英彦山（彦山）共有 48 宿。羽黑山以 1、2、3 宿为笼山（僧人在山中修行）据点。关于入峰修行的时间，大峰山和羽黑山分为春峰、夏峰、秋峰、冬峰四季，英彦山分为春峰、夏峰、秋峰三季，各峰修行的时间约为 1—2 个月，明治时期以后缩短了入峰时间。目前秋峰是大峰山和羽黑山入峰修行者最多的时期，约为 10 日，英彦山三季均在 5 日以内。

关于修验道灵山中胎（阴）金（阳）两界的分布，在上文中对大峰山已作出了简要介绍，而出羽三山中的羽黑山 = 胎藏界、月山 = 金刚界、汤殿山 = 胎金不二、英彦山 = 胎藏界、深山（神仙）= 苏悉地界、宝满山和福智山 = 金刚界。日本中世和近世时期，在连接胎金两界的曼陀罗山岳中，修行者拼上性命在残酷的入峰修行中进行着十界修行。明治时代以后，虽然修行时间有所缩短，仪式也逐渐简化，但是对于已经习惯了文明生活的现代人来说，此修行仍是回归人类生活原点的一种严酷修行。

入峰修行中的十界修行的目的在于结束六道迷界的修行后，进入到四圣界，达到即身成佛的境界，普度众生。所谓六道迷界，在佛教中是指因生前业因而在地狱、恶鬼、畜生、阿修罗、人间、天界的生死世界中循环不息（轮回转世）。但是，修验道并没有停留在教理解释的层面，它是修行者（山伏）为了切身体会俗世人的业因，通过宗教仪式（修行）与自身拥有相同境遇的俗世人合为一体，超越困苦、脱离俗世，而后进入到脱离烦恼的无明四圣界（声闻、缘觉、菩萨、佛）中的一种修行。其中，作为六道迷界最终境界的天界备受重视，吸收了深厚的神仙思想。

迄今为止羽黑山基本继承了十界修行这一修行法。大峰山继承了像正灌顶仪式一样重要的古式秘密仪式，但是也可以通过现代语言对奥驱（入峰修行）的十界进行理解。

入峰修行即告别俗世的自己（假死），进入到观想母胎的山岳，（一）在地狱界（业秤）修行中感受业重（图3—5）。（二）恶鬼界（断谷）：通过断食，感受饥饿的痛苦与悲惨（图3—6—1、图3—6—2）。（三）畜生界（断水）：感受断水被迫劳动的痛苦。（图3—7—1、图3—7—2、图3—7—4）。

（四）修罗界（相扑）：相互对立、愤怒，进行搏斗（图3—7—3）。（五）人界（忏悔）（图3—8）：通过（一）—（四）的修行进行自我反省，脱离俗尘成为纯洁的人后飞升天界。（六）天界（延年）。这种修行方式与其说是佛教思想中的六界轮回观，不如说它是在修验道入峰修行中，根据道教的宇宙观，认为天乃神仙修行者居住、演奏舞乐的一个长生不老的延年世界，至天界为止的阶段并不存在轮回，进而到达四圣界佛、菩萨净土，最终通过正灌顶仪式达到即身成佛的境界，作为道教观念的成仙重生"假死重生"即

图3—5　重现英彦山修验道的十界修行之地狱界"业"秤，福智山顶，2000年

图 3—6—1　宝满山入峰修行画卷　福冈县太宰府天满宫藏品）

图 3—6—2　向汤殿山注连寺即神佛供奉的辟谷食物左起为核桃、香榧、白果、榛子、山毛榉

图 3—7—1　位于羽黑山上的出羽三山神社及神社前的御手洗池

图 3—7—2　羽黑山修验本宗的荒泽寺和山伏夜晚在萱葺寺内蜡烛和煤油灯的微光中勤行

图 3—7—3　修罗界的天狗相扑出自于户川安章《羽黑山修行》《修验道修行大系》

图 3—7—4　修行者在月山弥陀原采集的药草 1984 年 8 月 29 日拍摄

图 3—8—1　大峰山，即山上岳西觇的舍身行初次参加的新人在被用一根登山绳索倒挂悬在崖边的恐惧感和大先达的各种斥责声中全心忏悔

图 3—8—2　大峰山奥驱的巨树崇拜——阿弥陀森的札打被用木钉钉进树皮的木札，最终在腐烂后回归土地

图 3—8—3　大峰山的女人结界门 1984 年由此处开始，女性返回或者避开大峰山，绕很远的路继续奥驱修行

可以说是入峰修行。

图 3—6 中的图描述的是宝满山初次参加修行的"新客"以及经验尚浅的"同行"随身携带极其有限的粮食，凭借每天仅有的短暂睡眠时间，克服疲劳困苦，人们称这些人为"居眠山伏"。这些图是描绘江户时代由宝满山出发前往英彦山进行入峰修行的其中一部分。每年秋天，英彦山都举行同样的入峰修行。

二、以富士山为例，看入峰修行与神仙道教的关系

修验道吸收了神仙思想，重视天界，虽然这一点已近乎被人们所遗忘，但是以富士山为例，我们仍旧可以找到显著的证据。这与现在富士山登山车道需在半山腰的五合目处停车有着密切联系（图 3—9—1、图 3—9—2）。

图 3—9—1　始于静冈县富士宫正门的登山车道　此为当地明信片

富士山（3776 米）是日本第一高峰，自古以来被称为神仙思想汇聚的蓬莱山。据《释氏六帖》记载："日本国，亦名倭国，东海中……

又云本国都城南五百余里有金峰……又东北千余里有山名富士山，亦名蓬莱，其山峻，三面是海……顶有火烟……常闻音乐。徐福止此，谓蓬莱，至今子孙皆曰秦氏。彼国古今无侵夺者，龙神保护，法不杀人，为过者配在犯人岛"。

书中记载，日本平安时代富士山曾有喷烟时期；东渡而来的徐福子孙自称秦氏，无论是过去还是现在，国中既无盗贼，亦无杀人犯，犯法者均被流放，是一个乌托邦社会。

此外，与佛教思想的"六道""四圣""十界"相比较，日本很多山岳将登山口到山顶划分为 10 份，即 1 合目、2 合目至 10 合目。相传其起源正是富士山登山道。末代上人曾于日本平安时代后期登顶富士山数百次，在山上修建了大日寺，人们认为正是他开创了山麓村山修验道，以富士山作为修行地，并将富士山划分为十合目。

在五合目的人界和六合目的天界之间，修验道回峰行的"御中道"作为"天地的划分"（图 3—9—3），正好绕富士山一周。以此为界，由人界进入天界，至山顶观想神、佛、神仙圣域。由此可知，终止五合目以上的行车道建设，并非是因为技术的限制或出于建设费用的考虑，富士山登山车道以五合目作为"下车"的起点，自此往上人们口中吟唱着"六根清

图 3—9—2　所有登山车道均在五合目处，即天与地界限停止行进

图 3—9—3　《富士山北口女人登山之图》部分，万延元（1860）年庚申版画中记载的"天与地界限"。仅限庚申之岁时允许女性登山。出自《日本之心　富士美展》图录，NHK 名古屋电视台（1998）

153

净"，通过自身的努力登顶，体现的是对富士山信仰精神的推崇和敬仰。佛教思想将至天界为止的阶段称为六道迷界，与此相比，视天界为神仙圣域的道教思想对行车道的建设作出调整，既体现了道教信仰的力量，也在客观上保护了六合目以上的富士山的原生环境。

第三节　英彦山的山岳信仰与道教

英彦山是日本道观最重要的道场之一，它连接了北部九州东西两侧的筑紫山地最高峰（1199 米），横跨福冈县和大分县（古代丰前、丰后、筑前国）。从山顶放眼望去，北部九州（古代筑紫国）地区尽收眼底，据《考古学遗物》《魏志倭人传》和《后汉书》等书记载，自弥生时代起各国之间的文物交流就已经为大众所熟知。据《倭人传》记载，樱马场瓮棺（今日本佐贺县唐津市）被推断为公元 1 世纪末卢国首领之墓。从墓中出土的方格规矩四神镜铭文记载：不老长寿仙人，饮玉泉饥食枣，浮游天下遨四海，到访名山采灵芝。可见当时倭人各国首领及其从属已对作为道教核心的神仙思想有所了解。要想成为神仙，就需行辟谷和服饵之术以净化心灵和肉体。于是，人们开始寻求富有植物、动物和矿物等药材的山岳，以获得培育困难的各种仙草。

英彦山是古代倭国对外贸易最为繁盛的北部九州地区的最高峰，山麓温暖多雨、多常绿树，半山腰至山顶属寒冷地区，被落叶阔叶树所覆盖。巨大旧火山体中有许多天然洞穴，在日本多座灵山中拥有适宜神仙居住的最佳自然环境，经济和自然条件都促使中国道教神仙思想深深渗透于英彦山修验道之中。

一、开山与中兴传说中浓厚的神仙思想

英彦山一名来源于自古供奉在山顶的天照大神（即太阳神、皇祖神）之

子天忍穗耳尊（忍骨命），因此被称之为"日子山"，它作为神奈备山以及河川水源头的水分山受到当地人的崇拜与爱戴。据《续日本纪》记载，法莲以医药帮助民众摆脱疾病痛苦，曾前后两次受到朝廷的嘉奖。据《镇西彦山缘起》记载，弘仁十年（819），相传已有百岁高龄的法莲获得嵯峨天皇的敕准，"法莲乃邦家之彦，复是本朝之仙也，将住山，日子山更名为彦山"。据《英彦山神宫文书》记载，江户时代享保14年（1729），灵元法皇颁布诏书，赐予彦山"英"字，寓意富有灵力的山峰，自此彦山更名为"英彦山"。像英彦山这般能够两度获得朝廷赐名的灵山可以说是极为罕见的。在对山名的称呼上，一千多年来一直沿用"hikosan"这一通称。因本文中多数情况下采取从现代向上追溯的方式，故文中多使用英彦山这一称呼，但是在论述享保十四年以前的内容时也会使用彦山一词。

如前文所述，在英彦山开山传说中，其开山始祖是北魏普泰年间，为传播佛教佛法远渡日本的善正。善正在日子山石窟中闭关修行时，与猎人藤原

图 3—10—1　载于《百济系移民团与古代日本列岛文化》，权兑远著，世宗文化社刊

图 3—10—2　右图载于中野幡能《檀君神话与英彦山》，《檀君神像》一部分，三省出版博物馆所藏

恒雄相遇后使其领悟到杀生之罪并收为徒（即忍辱）。在后世（室町时代）以镰仓初期以前的传说为基础描绘的画像中，我们可以看出善正的装扮并非佛教僧侣，而是的的确确的神仙之姿。据《三国遗事》记载，被誉为古朝鲜统一神话中的神仙檀君在 1908 岁时以不死之神成为白岳山（阿斯达）的山神，善正的仙姿佚貌与檀君及其父神桓雄身姿相似，故英彦山的开山始祖的确是神仙（图 3—10—1、图 3—10—2、图 3—11）。

图 3—11　英彦山开山传说中的善正其人，英彦山神宫所藏

据《镇西彦山缘起》记载，修验道祖师役小角是 7 世纪时真实存在的历史人物，他于大宝元年（701）飞升至彦山后，进入不老不死之圣地的昆仑山西王母石室修行，这一传说也表明英彦山修验道吸收了神仙和道教思想。

在上文中我们提到，在宇佐弥勒寺内担任别当一职的法莲是 7—8 世纪真实存在的历史人物，被誉为英彦山中兴之祖。据《续日本纪》记载，法莲获得了朝廷丰前国 40 町[①] 野地的赏赐，以表彰他运用精湛的医术帮助民众摆脱疾病苦难困扰而作出的重大贡献。法莲获得的野地虽然并不是具有很高经济价值的田地，但这正是他所需要的可以自由收集药草的牧草地。

后来关于法莲的神仙传说不断发展。据《镇西彦山缘起》记载，法莲以百岁高龄往返于宇佐与彦山之间数十里而不曾感到疲倦，他还像炎帝神农一样，尝百草、

---

① 町，日本度量衡的面积单位，一町约为 99.2 公亩。

救济民众。此外，据《彦山流记》记载，法莲进行修行的英彦山般若（玉屋）窟中的神泉水永久不变，饮此泉水一滴就有祛除万病、改善白发、焕发容颜、青春永驻的神奇药效，因而彦山被视为仙境般的灵山。

相传嵯峨天皇赐予法莲的赏赐，包括法莲担任住持的彦山灵仙寺方圆四境七里的寺院领地和十方檀越，以比叡山为标准山中安置信徒三千，城中坊舍八百，成为祈愿七十州和平、海宇丰实的勅愿寺。据《镇西彦山缘起》记载，法莲回到山上后，通过使用天皇赏赐的物产和檀那的布施，修建了灵仙寺堂塔伽蓝、四十九窟以及供奉天地神祇的十二社。法莲虽然是被誉为"彦山三千八百坊"的英彦山中兴之祖，但实际上被看作是一位兼具佛教、道教和神道的人物。

二、史实与物证中的神仙、道教思想

（一）平安后期经筒的道教七郎神

日本平安时代后期 11 世纪时，伴随着律令体制衰退，南都北岭爆发僧兵和神人之战、向朝廷示威、洛中大火、传染病频发、陆奥安倍氏发动叛乱、刀伊（女真族）袭击北部九州地区沿岸等，整个社会处于动荡不安之中，在这一背景下，人们相信永承七年（1052）后将进入末法之世。于是，在救世主弥勒菩萨现世以前，人们将经卷置于经筒中埋在圣地之下，通过功德祈祷愿望实现、往生极乐，这种实施经塚的行为尤其在近畿地区和九州北部的山岳中盛行。于是，在神体山中出现了很多与佛教合二为一的由神佛习合权现（本地垂迹）坐镇的灵山。英彦山就是其中的典型代表，山顶由北岳、中岳、南岳三峰组成，北岳为天忍穗耳命即阿弥陀如来，中岳为伊弉冉命即千手观世音菩萨，南岳为伊弉诺命即释迦如来，这三座彦山权现信仰一直持续到平安后期至明治维新神佛分离令颁布时为止。

英彦山北岳 1984 年出土的青铜经筒台底座上用墨笔书写着"王七

郎"[①]3 个字。相传道教七郎神是中国宋元时期浙江地区保佑水运安全的海神，深受人们爱戴，由从事水运工作的人们祭拜。[②] 曾作为宋朝和日本贸易港口的现长崎县平户市松浦地区，共有 9 座供奉七郎神的神社，据说当地人在出港时必先祈愿行船安全。[③] 据镰仓初期《彦山流记》记载，当时每月都

作为航海守护神的道教七郎神——长崎县平户市龟冈八幡祭神，岩元惠修氏提供
图 3—12—1 英彦山北岳经塚的图像

---

① 经筒底部的字读作"王七房"，有说法认为其为王氏的第七位夫人。但是，如果侧重笔迹浓重有力的笔画"阝"，可读作"王七郎"。笔者推测，或许是错听为"王七房"后，在将"房"字改为"郎"时着重加粗其简化字"阝"。顺便一提的是，在彦山中世修验的记载中，将"正灌顶"写作"正汀"或"正滇"，像这样将汉字的左偏旁或右偏旁其中一边作为正体字的简化字的事例不在少数。"正汀者或名内作业，汀也"。大永五年（1525）彦山末流役氏阿吸钦以记之（详见《增补日本大藏经》第 94 卷，铃木学术财团 1977 年）；《彦山峰中滇密藏》，永禄元年（1558），丰州彦山灵山寺南谷华藏院住权小僧都阿吸房法印即传示之（详见《增补日本大藏经》第 93 卷，铃木学术财团 1978 年）。
② [日] 二阶堂善弘：《海神伽蓝神圣宝七郎大权修利》，《白山中国学》，2007 年。
③ [日] 小川吉弘：《七郎神社物语》，《松浦党研究》第 1 号，艺文堂 1980 年。

有从宋日贸易的据点博多来到彦山权现参拜的人，山上向为他们做向导的先
达提供彦山修验的诵经房。我们推测墨笔书写的"王七郎"3字，是笃信七
郎信仰、从事海外贸易的中国商人王氏，将祈祷航海安全和买卖兴隆的愿望
用墨笔写在宝贵的经筒上面后埋藏于灵验的彦山①，布施于彦山先导修行者
委托代为保管（图3—12）。

经筒台底座用墨笔书写的铭文（王七房？王七郎？）
［出自于《英彦山综合调查报告书》（本文编）添田町教育委员会2016年］
图3—12—2　英彦山北岳经塚的铜制经

明代以后，作为海上守护神的妈祖信仰兴盛，七郎信仰逐渐衰落。千里
眼和顺风耳身为妈祖的左右胁侍，视力和听力卓绝，是航海安全中不可不缺
的重要存在。七郎神与千里眼的姿态相似，由此认为七郎神可能与妈祖神胁
侍相融合。

（二）镰仓初期《彦山流记》中流传的道教信仰

关于英彦山与中国道教的关系，《彦山流记》中《彦山缘起》的相关内
容也有所涉及，今记载如下：

岭有三千仙人，诤松风而弹和琴，谷无一畦耕田，尝草露而续

---

① ［日］参见后白河法皇：《梁尘秘抄》（出世时间疑为1179年）中言及作为丰前国的灵验
地"彦山"受到人们传唱。

生活……爰住侣等朝诣社头而祈三皇五帝之遐算，暮居禅房……①

文中讲到，在彦山有三千仙人居住，山谷里没有稻田，这些仙人过着以草露度日的生活，他们每天清晨在神社前祈求道教神仙三皇五帝② 的保佑，夜晚住在禅房。这一记载说明彦山就是道教神仙崇拜的仙境。另同书又曰："凡山内散在四十九之宝窟，并甍寺中充满二百余宇治禅庵，轩入望诸佛净土之庄严"③ 云云，详细描述了当时以天台宗为主的山中每年按惯例举行神佛祭祀仪式，山内共有 110 位聆听法会的听众和 205 位修验道指导者，来彦山三所权现的参拜者也络绎不绝等状况，英彦山道教、神道、佛教三教融合的信仰一直持续到明治维新。由于英彦山内实施禁止稻田耕作的政策，到了江户时代末期英彦山经济窘迫，直至安政五年（1858），山脚下的北坂本地区解禁后多少能够自给自足才有所缓解，但有记录表明，有人被发现想将旱地改造为水田时，仍会受到罚银两或者严厉批评等处罚。④ 因此，英彦山还流传着"我是彦山座主的女儿，都不知道还有能变成米的树"这样的俚语。现在，在英彦山内的梯田全部是明治维新以后，离开英彦山的山伏坊舍的房屋遗迹。

（三）室町时代至江户时代的入峰修行产生的深仙（神山）和神仙思想

英彦山修验道春季的入峰修行也源于密教思想，修验道的修行者（山

---

① 《英彦山胜圆坊文书》，日本道观藏书。

② 三皇指天皇（伏仪）、地皇（神农）、人皇（黄帝）。五帝指东方苍帝东海君、南方赤帝南海君、西方白帝西海君、北方黑帝北海君。参见 [日] 山田利明编《道教事典》，东京：平河出版社 1994 年。

③ 《英彦山胜圆坊文书》，日本道观藏书。

④ 嘉永五年（1853），"春来村中申合所持之畑，田地相成候得此，上无次第御座候……畑心见为，少心见为，少计耕作仕候得，同吟味、时检分相成，此迄耕作致候事甚与不届千万急度被申付，裁许渡边氏科银三百文、樋口弥一郎叱远虑被仰付、十七日相仕舞申候"。（英彦山北坂本、童子讲控）

伏）在大概两个月期间，从胎藏界英彦山行至金刚界宝满山（灶门山），全程大约 70 公里，进行"山岳抖擞"（十界修行）的修行（明治以后中断）。特别是对新加入"入峰修行"的修行者十分严格，修行时每日只食一碗米。在此期间，中世纪时有七日完全断食的修行，在近代有三日完全断食的修行。为了使新的修行者不惧怕山中的恶灵、强敌，大先达（即入峰修行的领导者）在最开始会传授他们降服恶魔的符咒，即来源于道家的"九字"符咒（即"临兵斗者皆陈（阵）列（烈）在前"）。

春季入峰修行从农历二月十五日开始。这天是释迦牟尼的忌日，黎明时在英彦山灵仙寺大讲堂由众僧人（天台系）举行纪念释迦牟尼逝世周年的法会。接着，在大讲堂的中央由总方（神道系）举行彦山权现松会神幸祭（祈祷五谷丰登的祭祀活动），最后由修行者（修验系）宣布"入峰修行"活动开始（入成）。这种修行被人们理解为修验道的修行者（山伏）与现世中的自己诀别（假死），诞生为新的生命进入冥想中的母体——胎藏界英彦山中寄宿，历经"十界修行"，在 4 月 8 日即释迦牟尼的诞生日，于金刚界宝满山成为"即身成佛"的大先达完成"入峰修行"，从山中出来（出成）回到现世，这一过程被称作"假死重生"的修行。从宝满山至英彦山的归途，走小路约 50 公里，需三天两夜方可归山。

胎藏界英彦山和金刚界宝满山的连接点是海拔 500 米的小石原盆地（今福冈县朝仓郡东峰村），此地被看作胎金不二的苏悉地，中近世将被茂密的树林（行者杉）环绕的神秘深仙（深山、神山、神仙）"宿"① 设立为举行正灌顶仪式的场所。在中世纪，小石原仍然被奉为七里结界的彦山领域。

在深仙宿依据大先达的记载，会举行"柱源"秘密仪式。如前所述，"柱源"以气为根本，融入由天地、阴阳调和而产生森罗万象的道教思想，并将其作为一种秘密仪式。英彦山修验道的柱源是一种非常严格的秘密仪

---

① 在入峰修行的"宿"修行或者经过这里的人很多，笼山的宿由入峰修行的团体在此住宿、修行的"大宿"以及协助修行者的登山向导在此住宿、做饭的"柴宿"两者构成。英彦山的春季入峰和秋季入峰时各有 48 宿，但能够住宿的地方，春季入峰有 10 宿，秋季入峰有 7 宿。

式，相关记载很少。仅有中世纪末期的《修验修要秘诀集》、近世的《彦山修验最秘印信口诀集》等书有所涉及。

（四）装饰深仙宿的行者杉、修行者与陶器艺人与道教思想

江户时代的小石原是神仙宿的所在地，远贺川沿岸的长崎街道饭塚宿，和属于将军领地的日田市交汇的最短道路，以及经由肥前、筑后、筑前的英彦山参拜道路在此汇聚成交通要道，便形成了有驿站的村镇，参拜者在这里住宿一晚后，第二天一早就开始英彦山参拜之路。向东出发 1000 米多便能看见距今树龄 100—500 年的巨型杉树，约有 500 棵簇生在一起，被称为"行者杉"（树龄 300—500 年的大概有 300 棵）（图 3—13）。据老辈的人说，在明治以前种植的地域比现在还要大数倍。还有人说树龄 500 年的巨型杉树是在有驿站的村镇形成之前就开始生长的天然杉树。而树龄在 300 年以下的巨

图 3—13　被行者杉围绕的深山的行者堂和圆形石头组成的护摩檀，福冈县朝仓郡东峰村，拍摄于 1992 年 2 月 29 日

（行者堂的中央供奉着文禄元年刻有铭文的木雕役行者像。现在的护摩檀是天明二年皿山陶器匠人的捐赠品。江户时代，一般约 20 名修行者一起进行入峰修行，深仙宿的笼堂又称大宿、柴宿，设于行者堂后面较低的位置。）

型杉树分为地杉、彦山杉、绫杉、饶肥杉等各种，因此可推断是人为种植的，据说是九州各地的英彦山参拜者敬献的树木。但是，英彦山的修验者偕同登山向导游走各地、拜访施主，因此也很有可能是修验者自己带回了各地的杉树树苗进行种植。特别是英彦山修验者与小石原陶器艺人之间的关联。小石原烧于宽文九年（1669）左右，另一说法为天和二年即1682年，在小石原的技村中野（皿山）开窑，当时周围都是普通树木并不是杉树。但是，贞享年间（1680—1688）黑田藩为了增产而设立了皿山奉行[①]，在不到50年间，到至正德年间（1711—1716），此处已经变成伐木过度、陶器生意经营困难的状况。因此，为了寻找新的陶土和柴火，人们在筑前早良郡鹿原和丰后日田郡小鹿田开窑。但是，剩下的那些陶器艺人依然过着一边农耕一边制作陶器的生活。而且，将山上的普通树木均砍掉重新种植了商品价值较高的杉树，这些杉树就是现在树龄300年的那些杉树。据推测这应该是在英彦山修行者的指导下进行的。据传英彦山周围（中世彦山神域）的水田、矿山等的开发都是在修行者的指导下完成，诸如这样的传承分布各处。并且，当时英彦山还鼓励种植杉树，以全山为例，《英彦山守静坊文书》[②]记录如下：

元禄六年（1692）《彦山御定书（写）》定

一、杉指每年三月六日、惣山坊、庵室、神役无公役

一、下攫每年七月二十一日、此处同上

一、场所（略）每人付百本宛可植付也

在上述的社会、经济背景下，中世纪以来英彦山修验道修行中举行最重要的秘密仪式——正灌顶的场所深仙宿，到了江户时代演变成了位于附近的设有驿站的小石原村，据推测英彦山的修验者为了使深仙宿能够保持如同与世隔绝的仙境一般，他们很有可能因此而亲自种植栽培杉树。另外，根据江

---

① 奉行，官职名称。

② 参见《英彦山守静坊文书》，日本道观藏书。

户时代入峰修行的大先达的记录①，从深仙宿出发至不动岩的过程中"宿立、作法如例、阏伽水、杉山最念、入检见、祖堂（役行者堂）闭户礼拜、六半发宿"，也就是说还特别记载了关于管理杉木的记录，即对深仙宿的阏伽水（香精水）和杉山（行者杉）要进行十分严谨的检查。

（五）英彦山大权现松会祭祀仪式延年与西王母

延年，即从平安时代开始主要在大寺院的法会宴席上，由寺内僧人举办的用于祝贺娱乐的活动。英彦山"延年的开场戏先向住持（座主）问安，并慰问当山伏（司祭者）的精气神"②。另外，延年的高﨟风流会演唱歌颂"西王母"的歌谣。西王母的能乐始于室町时代，自古在英彦山的山岳信仰中，役小角从彦山到昆仑山入山修行的传说代代相传，因为修验者们对长生不老的西王母充满崇拜之心的神仙思想一脉相承下来，所以才会在英彦山三所权现"神虑欢喜"③ 前演奏西王母的歌谣。

负责延年祭祀活动的是在江户时代后期具有担当神佛祭祀礼仪资格的人，一共约250名僧人，另外还有协助僧人的勤杂工，人数大致相同，组成的英彦山的一山组织，分为总方（神道、兼修验者144名僧人）、众徒方（天台宗、兼修验者57名僧人）、行者方（专职修验者51名僧人），其中被称为祭祀仪式两大主力的色众（阴）89名僧人，和刀众（阳）55名僧人，两组人都由总方的僧人担当。④ 延年祭祀礼仪时期，自室町时代以来⑤，农历二月十四日至十五日，英彦山大权现松会祭祀活动的当天（十五日），在灵仙寺大讲堂（现在的英彦山神宫奉币殿）大堂内，供奉英彦山三所权现神

---

① 修验道领导者法印（能圆坊）安航：《从因至果峰中日记》，天保四年（癸巳），《英彦山守静坊文书》。

② [日]村上龙生：《英彦山修验道绘卷》，KAMOGAWA 出版于 1995 年。《大祭显城略考》，根据《享保年间胜圆坊文书》记述。

③ 《延年》，著者、年限不详，但其中简述了江户时代的祭祀仪式《英彦山高田家文书》。

④ 坊数，根据明治七年的调查，江户中期至明治维新期间，英彦山坊的总数发展到250坊左右，明治七年的坊数显示了维新以前的状况。

⑤ 参见文安二年（1445）《彦山诸神役次第》《英彦山神宫文书》。

像的神舆前举行祭祀仪式。

根据江户时代中期的记录，举行松会祭祀仪礼这两天从各个地方来的参拜者，通过计算通行费（每人 6 文钱）可知总人数最多的那年高达 7—8 万人。[①] 大多数参拜者都是为了祈祷五谷丰登、消灾长寿的农民。担当总方的色众（阴）和刀众（阳）的修验者，在众人面前展现的表现阴阳调和的祭祀仪式中便有"延年"。祭祀依照流镝马（色刀）、御田祭（总方、众僧、修行者）[②]、狮子舞（色）、长刀舞（刀）、鈸（色）、43 公斤重的金棒振（刀）鞋々打・拍板（色）的顺序进行，接着是延年开场戏 1 人（色或者刀）、地下风流 14 人（色刀）、高膈风流 14 人（色刀）、早具足（色刀），最后练相扑（色刀），一系列的祭祀表演结束（括号内指负责此表演的团体）。

在二月八日的延年座将决定在松会祭祀仪式当天，延年开场戏"开口"中表演歌谣的这个人，从总方（色、刀）里挑选出没有住持过松会祭祀仪式者 50 名，在盛大的晚宴之后，请这 50 人依次演唱"地下风流"中的一段，

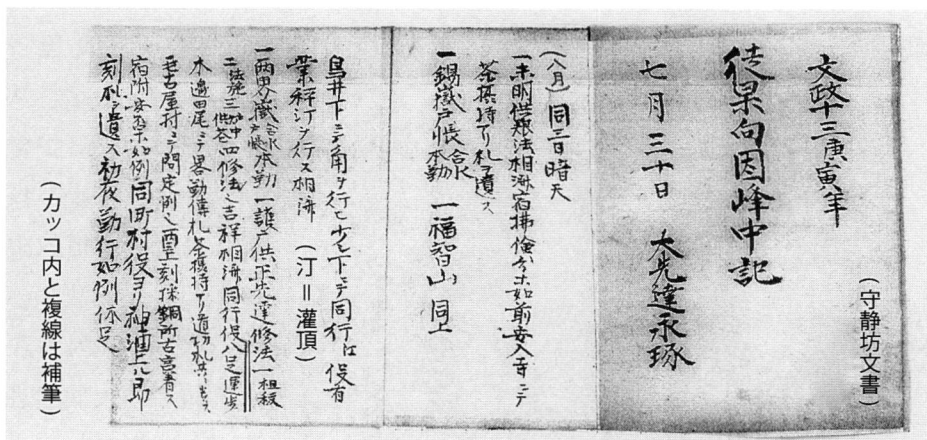

图 3—14　《守静坊文书》关于秋季入峰修行的记载

---

① 宽政四年（1792）《彦山大权现松会祭礼绘卷》，长崎县平户市松浦资料博物馆藏。
② 御田祭由神道系修验的总方负责，但有报告称众僧、修行者也共同负责。参见［日］山口正博：《松会的宗教史・民俗史——近世的神佛融合祭礼的史实与近代修验灵山的表象》，2014 年。

通过他们的声音优劣来选出一名。另外挑选色刀 7 名在松会祭祀活动当日，依次演唱、表演"地下风流"。祭祀活动当日演唱西王母歌谣的是松会活动的色刀、高﨟各 7 名，共计 14 名。表演时以演奏笛、大鼓的乐师为中心围成一个圈，演奏结束后开始演唱西王母的歌谣（图3—15）[①]。歌词大意为：从诸神、三皇五帝的古时至今日，无圣主之例……当天仙理王来临，无数孔雀、凤凰飞舞，神鸟悦耳之音环绕，在漫天飘舞的衣袖中依稀望见西王母娘娘的曼妙身姿，照耀整个庭宇……觥筹交错……王母娘娘也随风起舞，身姿卓越，飞升天路。[②]

现在，延年祭祀活动仍然在毛越寺（岩手县平泉町）、轮王寺（枥木县日光市）、长滝寺（歧阜县郡上市）等地举行，各地区寺院的法会艺术表演中也有，但像英彦山这样以歌颂西王母为主的延年祭祀活动鲜有人知。但是，英彦山的延年祭祀活动在明治维新实施神佛分离政策后，即明治五年（1872）在废止修验宗的禁令下也被取消。

另外，在往返于英彦山胎藏界和金刚界（约 120 公里）的秋季入峰修行（7 月末—9 月 4 日）中，从福智山的采铜所（宇佐八幡的神镜铸造所）至古宫宿的途中一定会举行从古代传承下来的采灯护摩仪式和"八足、运步"仪式。这其实就是指道教中的一种驱邪念咒步法——"禹步"（罔反）。因为在英彦山灵仙寺的大仙达进升仪礼的宣度祭等祭祀活动中，常常不发"ん"（日语中假名发音）这个音的

图3—15　延年的高﨟风流歌颂西王母，出自英彦山大权现松会祭礼绘卷。英彦山神宫藏

---

① ［日］佐佐木哲哉：《彦山的祭祀仪式与信仰》，载田川乡土研究会编《增补英彦山》，福冈：苇书房 1978 年。

② ［日］观世左近校订，世阿弥元清（1363—?）原著：《西王母》，京都：桧书店 1987 年。

情况很多，所以说"运步"是"禹步"的别字。在此两界途中由于修行者进行十分严格的入峰修行，有人在途中倒下，而修行者认为死为不净，因此在他们还有气息时用碎石子将其埋葬就成了山伏墓，这应该就是为了超度他们而行的咒法。

到了近代，英彦山的参拜者大部分都是与修行者（山伏）结缘成为僧人与施主关系的农民，他们来到山伏坊家受到美酒佳肴的热情款待。各坊家的内厅都供奉着神龛，而且各坊家都花费很大精力将自己家中布置成寺院的样子。比如，在守静坊中设有飞天的格窗以及画着神仙水墨画的板门等，留宿者在这里住一晚仿佛进入仙境一般。但是，到了江户时代，原有的 250 坊家（宿坊）现在也仅剩 10 坊而已。

（六）传承至近现代的修验道灵山中的中药

日本列岛地处温带季风性气候，四季变化显著，是一个多山的岛国。山岳因高度差引起的气温变化以及因复杂地形所形成的自然条件，与平原地区相比有着显著变化，动植物种类多种多样，尤其以山岳作为神圣的修炼道场，未被世俗化的修验道灵山中的自然生态系统保存完整，是一座药材种类丰富多样的宝库。修行者（山伏）以山岳为据点进行修行，获得灵力，以回应人们的愿望。贯穿古今，长生不老、息灾延命或许是人们祈愿的共同点。跋涉山野的修行者对植被和鸟兽类相关知识有着充分的了解，通过使用自制中药，以及可称之为精神疗法的加持祈祷、咒术和符札等，为帮助人们摆脱疾病困苦、强身健体作出了贡献。这一点与道教道士努力致力于医学和咒术等行为有共同之处。

在医院和药房并不像现代一样普及的年代，对当时的人们来说修验道灵山可以说是医疗中心般的存在。特别是其中很多宗教都与治病和无偿供药有关，神道教中的素盏鸣尊，佛教中的药师如来都备受人们的信仰和尊敬。但是，在神道教和佛教中，神主和僧侣原则上以神社和寺院为主；与此相对，修验道脱离了神社寺院，修行者奔走于山野之间，和村落中的广大民众近距离接触，或者也有很多人前往遥远的修验灵山成为客僧，他们励志修行，具有极其旺盛的行动力，同时还精通远距离的信息交流。相传，役小角在大峰山传授的陀罗尼助（肠胃药）具有神奇的疗效，从日本全国各地来到大峰山进行奥驱（入峰）修行的修行者，将像陀罗尼助一样的药品带回他们的出生地，在东北地区的羽黑山和四国地区的石锤山等山岳中便曾有制作此药的事例。另一方面，也有很多灵山集思广益，制成自己特有的药品。

然而，在明治维新时颁布的神佛分离令，以及明治五年（1872）颁布的修验宗废止令中，与修验道有关的神佛习合灵山迅速衰落，甚至在明治七年（1874）的医制及药制改革中将西方医药学奉为正统医学，传统的汉方医学作为民间疗法受到轻视。英彦山约 250 坊家中作为必备物品的药碾子无论大小均不再使用，在第二次世界大战中铁制品全部上交国家，基本没有剩余。

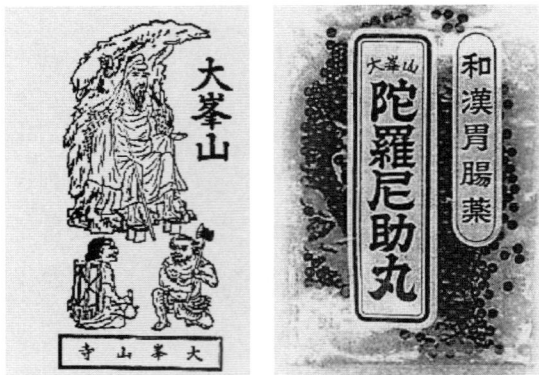

图 3—16　大峰山役行者护身符和陀罗尼助丸图

图 3—17　羽黑山的修行者将从月山弥陀原采摘的草药带回

二战以后，传统东方医药学获得了人们的重新认识。传承至今的、与修验道有关的著名灵山中的中药，下文就其药效及成分等作简要介绍。在这些介绍中，也将非常明显地看到其中的道教因素。

大峰山（奈良县、和歌山县，最高峰为八剑山，山高 1915 米）的陀罗尼助。（图 3—16）

对食欲不振、胃胀腹胀、消化不良、胃下垂、肠胃弱、胃灼热、暴饮暴食、恶心、呕吐、宿醉、肠胃功能紊乱、便溏、便秘等有功效。

一日量成分：黄檗提取物 1000mg、莪术末 500g、老鹳草 1500g。

（制造本铺　奈良县吉野町　吉野山　藤井利三郎药房）

出羽三山的施药（山形县羽黑山，山高 414 米、月山，山高 1984 米、汤殿山，山高 1500 米）（图 3—17）。

羽黑山中也有陀罗尼助，药效与大峰山的陀罗尼助基本相同。每年夏季，羽黑山和汤殿山向一般登山者提供免费药汤供饮用。月山八合目的弥陀原因药草丰富多样，到此进行入峰修行的修行者将药草采下带回去施舍给人们，这一施药行为现在依然得以保存。

富士山（静冈县、山梨县山高 3776 米）御师制作的富士神授丸（图 3—18）。

是治疗霍乱（受热）、上吐下泻、胸腹病、疝积（剧烈绞痛）、食物中毒、时令病、虎列刺的药物［甲斐国南部留郡福地村（现山梨县富士吉田市）本家、富士北口注连泽兴麿］。

富士山御师是指山麓处斋坊的经营者，负责为来自日本各地的富士讲（某山岳崇拜宗教组织）登拜者（道者）提供住宿，并为他们准备登上山顶的装备。在攀登日本第一高峰——富士山的过程中，由于山麓和山顶之间温差较大，登山者可能会出现头晕、恶心等症状，因此很多人都随身携带中药，此外也有人将中药作为伴手礼带回去。然而，很多斋坊中本应都有自家制作的药品，但是如今却没有制药的御师了。

图 3—18　富士山御师制作的不二神授丸

图 3—19　木曾御岳山的百草、奇应丸、熊胆丸、爽快延龄神圣丹

木曾御岳山（3067 米，长野县、岐阜县，山高 3067 米）的百草、奇应丸（图 3—19）。

百草丸治疗腹泻、便溏、消化不良、上吐下泻、（因饮水而）泻肚。

成分：黄檗提取物 10g（长野县木曾郡王泷村长野县制药株式会社）。

相传百草起源于尝遍百草来配药、被人们视为中药鼻祖的道教人士神农，百草现在依然是御岳山的特产。

奇应丸治疗中风、中暑、腹痛、难产、霍乱、疟疾（间歇热）、（因蛔虫等引起的）胃肠疼痛、妇科病、感冒、食物中毒、头晕、麻疹。产前产后禁用。

成分：36 粒中，胡萝卜末 40mg，沉香末 18mg，日局麝香 1mg，胆汁末 4mg，日局 ① 牛黄 2mg，龙脑 3mg。（制药公司同上）

明治十五年（1882）信州木曾福岛、高濑兼吉制药的说明书中明确强调药品中使用了纯粹的木曾熊胆，详细叙述如下。

"此奇应丸乃家传之法，使用木曾山真正熊胆，延宝年间所配妙药，一度服用（此药）之人，其效显著，御存知可有云云"。

江州伊吹山（滋贺县，山高 1377 米）的艾灸和伊吹药草汤。

艾灸烧除一切疾病、健康长寿（制造经销商 滋贺县坂田郡伊吹町、伊吹药草堂）

用法："每月一日至八日期间，艾灸足三里。世界第一长寿之人三河国百姓万平每日进行艾灸，活到了二百四十岁（德川时代）"（经销商）。

伊吹药草汤具有医治人体的功效。自古以来，伊吹草都是广为人们熟知的一种药草，相传织田信长曾下令在宣教师的指导下在伊吹山中种植多种药草，并将这些药草分发给臣下，给患者服用或以温水入浴。但是，早在信长以前，便有以四护国寺为中心被称为伊吹百坊的修验道据点，因此，使用伊吹药草的时间可能更早。伊吹山现在也约有 150 种的药草，药草观几乎遍布全山。

---

① 日局即日本药局的简称。

起源于立山（富山县，山高 3015 米）修行者制作的越中富山家庭常备药（图 3—20）。

六神丸对治疗心脏病、亢奋心悸、气喘、胸腹部疼痛、兴奋、盗汗、感冒、霍乱、头晕目眩、头晕等有药效。

图 3—20　立山地狱谷的硫磺塔　硫磺被称为 egama 是治疗皮肤病的药材图

有效成分：75 粒中含日局麝香 11.25mg，日局牛黄 7.50mg，日局蟾酥 75.00mg，日局熊胆 7.50mg，日局胡萝卜 82.50mg，日局莪术 67.50mg，日局甘草 30.00mg，黄连提取物 11.25mg，沉香 75.00 mg。

反魂丹药效对治疗胃痛、腹痛、胃痉挛（疝痛、疝积）、胃酸过多、胃灼热等有药效。

有效成分：1 日份药量 60 丸中含蓝萼香茶菜 900 mg，日局黄龙胆根 200 mg，日局黄檗 1200 mg，木香 100 mg，黄连 500 mg，莨菪提取物 40 mg（制剂本铺 富山市梅泽町株式会社广贯堂）。

自万叶时代起，立山便被人们誉为神山，山中动植矿物（硫磺）（图 3—21）药材丰富。立山修行者向以越中为首的广大信众（檀家）分发自家制作的药品和符札，从而扩大了信仰圈范围。江户时代，将这种方法推广至日本全国成为各家庭常备药的正是越中富山药商（富山药师）。直至太平洋战争结束为止，日本全国医院和药店都很少见，越中富山配置药每年巡回一次来到各地，逐渐普及至整个日本并成为各个家庭的常备药。

比叡山（滋贺县、京都府，山高 848 米）延历寺的传教大师陀罗尼助。

对治疗胃痛、腹痛、食物中毒、（因饮水而）泻肚、吐泻、肠胃炎、宿醉等药效。

成分：20 粒中含黄连提取物、黄檗提取物 271 mg，獐牙菜末 189 mg、尼泊尔老鹤草末 270 mg、黄檗末 189 mg、药用炭末 81 mg（滋贺县神崎郡能登川町中央药品工业株式会社谨制）。

相传在比叡山四明岳的千种谷中有一片最澄种植的药草，这座药草宝库备受珍视。"比叡山的陀罗尼助有效地发挥了药草的功效，是在传教大师（最澄）誓愿的基础上向本尊药师如来祈祷的无病息灾的药品。天台宗总本山比叡山延历寺"（药袋上记载）。

高野山（和歌山县，山高 985 米）金刚峰寺的弘法大师陀罗尼助药片和延命草。

大师陀罗尼助药片对治疗食物中毒、（因饮水而）泻肚、上吐下泻、消化不良、腹泻、泻肚、便溏等有药效。

成分：5 片药中含由日局黄檗 3.0g、龙胆 0.4g、珊瑚木 0.1g 种提取出来的干燥物 0.85g（制造商　和歌山县伊都郡高野町高野山大师陀罗尼助制药）。

大师延命草对治疗腹痛有药效。山野里自生的唇形科植物，又称蓝萼香茶菜。全草中含有一种结晶性苦味物质（销售商　和歌山县伊都郡高野町高野山小泷弘法堂）。

陀罗尼，即长文真言（咒文）的总称。据说其起源是真言宗总本山高野山金刚峰寺的修行僧，将陀罗尼助含在口中，通过药中的苦味来抵御睡意。有苦味的黄檗成分具有健胃功效。

据《和汉三才图会》记载，相传曾有一位僧人因腹痛处于濒危状态时，空海让其咀嚼服下高野山里自生的何首乌（延命草）后很快便痊愈了，延命草因此而得名。

高野山金刚峰寺的一山组织，由真言密教先修的学侣方、负责堂塔伽蓝管理和辅佐学侣修行的行人方、倡导高野山信仰在全国各地进行巡回的高野圣共同组成。行人方中的很多人拥有从日本中世时期起便作为当山方大先达进入大峰山进行入峰修行的经验。

石锤山（爱媛县，山高 1982 米）的陀罗尼药和赤玉神效。

陀罗尼有健胃，治疗腹痛、消化不良的药效。外用于摔伤、挫伤（加适量的水溶解成泥状，再加入蛋白搅拌均匀涂抹于患处）。

成分：1袋8g。日局黄檗提取物0.75g，公定书外青木叶提取物0.05g（制造商、爱媛县西条市朔日市石川健康堂）。

赤玉神效用于消化不良导致的腹泻、食物中毒、上吐下泻、饮水而导致的腹泻、腹泻、软便、伴随腹痛的腹泻。

成分：45粒中含有儿茶末1.5g、黄檗提取物0.5g、牻牛儿苗粉末0.5g、当药粉末0.3g、莨菪膏粉末0.05g、玉米淀粉0.3g（制造商同上）。

石锤山是近几以西的西日本最高的山峰，若要登顶需攀登上一锁（30米）、二锁（40米）、三锁（66米）的悬崖。关于役小角的开山传说、空海大师在石峰辟谷修行，书中都有记载（《三教指归》，公元797年）。此山作为修验道的灵山直至江户时代都禁止女性登山。现在只有每年7月1日这一天，举行一个叫作"开山"的登山仪式时不允许女性登山。

英彦山（位于福冈、大分县，山高1199米）的不老丸（图3—21）。

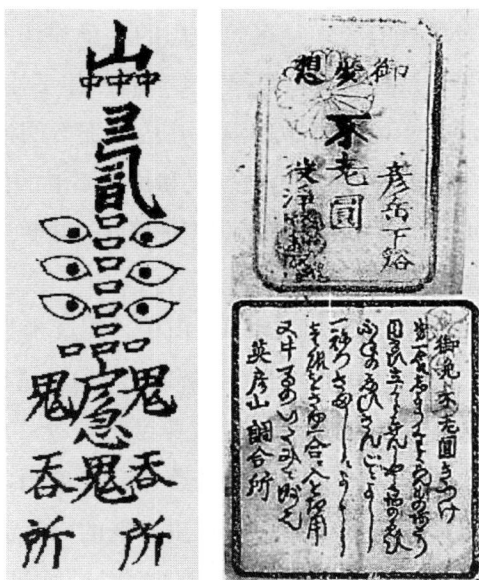

图3—21　英彦山的不老丸和类似于道教符咒的消灾符

不老丸对治疗食物中毒、某物中毒、头晕、站起时的眩晕、胸腹部绞痛、醉酒、晕船、产后恢复、退烧、对牛马止痛有药效（彦山下溪　役净贤制造）。

不老丸是英彦山最有代表性的汉方药，从药名来看就极具神仙思想的色彩。根据历史，此药是因解救百姓受到朝廷两次褒奖的法莲传授而来的（《续日本纪》）。但是，明治以后停止了制药，因此其具体成分不明。

神仙不老丹药根据口传，其成分为：阿仙160目、甘草5两、唐肉桂

5 两、砂参 5 两、三稜 5 两、茂木 5 两、丁子 5 两、唐椿 2 两、陈皮 3 两、香附子 2 两、葛粉 2 两、龙脑 2 两、麝香 1 两、秘药 7 味 [①]。

上述为神仙秘药，并未记录成文字，而是口头流传下来。还有秘药 7 味，另外还调配了名贵的药材唐椿（产于江南的木百药）、麝香等，英彦山、求菩提山的不老丸（丹）被称为神仙药，"常用于大人小孩，对充盈精气、调养五脏有妙用" [②]。有记录在天保十四年（1843），英彦山守静坊在一年中曾向施主分发 1330 袋不老丸。[③]

上述仅列举出修验道中十座灵山的实例。除此之外，在日本全国得到普及的还有关东地区筑波山的艾草和伤药香蒲油。伊势朝熊山的肠胃药万金丹，该药作为伊势神宫参拜者的伴手礼远近闻名。若将现在已失传的修验道灵山中的所有中药囊括在内，那么明治维新以前，日本的灵山作为修行者（山伏）向祈祷无病息灾和长生不老的民众作出真挚回应的据点，不仅具有心理治疗疗效的加持祈祷和符札，同时还兼备制药、治病和养生功能的医学疗效。

总之，日本诸多灵山中，英彦山是传承了浓厚的神仙、道教思想的修验道灵山，但在明治维新政府的神道国教化政策下，由于神佛分离律令，英彦山大权现社演变成英彦山神社（现在的英彦山神宫）。到了明治五年（1872），在修验宗废止令下，英彦山内的佛教寺院及法会等更是全部被取缔，称颂西王母祈祷长生不老的延年活动的歌谣，以及入峰修行的秘密仪式、汉方制药和施药等都被禁止。而且，在太平洋战争后允许信教自由，修验道的入峰修行也渐渐简化，虽有复活的迹象，但蕴含道教思想的在神山进行的正灌顶仪式也不再举行。以上所述为英彦山的现状，但是在中世纪英彦山神圣领域——神山的附近，日本道教协会在此创立了英彦山道场，创立道场的原因看似形而上学的主观意愿，但其实也是无为自然的结果。

---

① 此处的"两"为日本重量单位，药物的 1 两 =4 勾，1 勾 =3.75g。

② ［日］重松敏美编著：《丰劦求菩提山修验文化考》，丰前市教育委员会 1969 年。

③ 参见［日］长野觉：《英彦山修验道的经济基础》，载《英彦山修验道的历史地理学研究》，名著出版社 1987 年。

第四章　日本道观武术文化传承中的道教色彩

日本道观非常重要的一个弘道实践形式就是"武术"，而追其源头，则与来自中国的道教兵法有密不可分的关系。日本道观将中国古代传至日本的兵法与兵法的本源——"道"相互融合在一起，并将其在现代的日本继承并发扬光大。

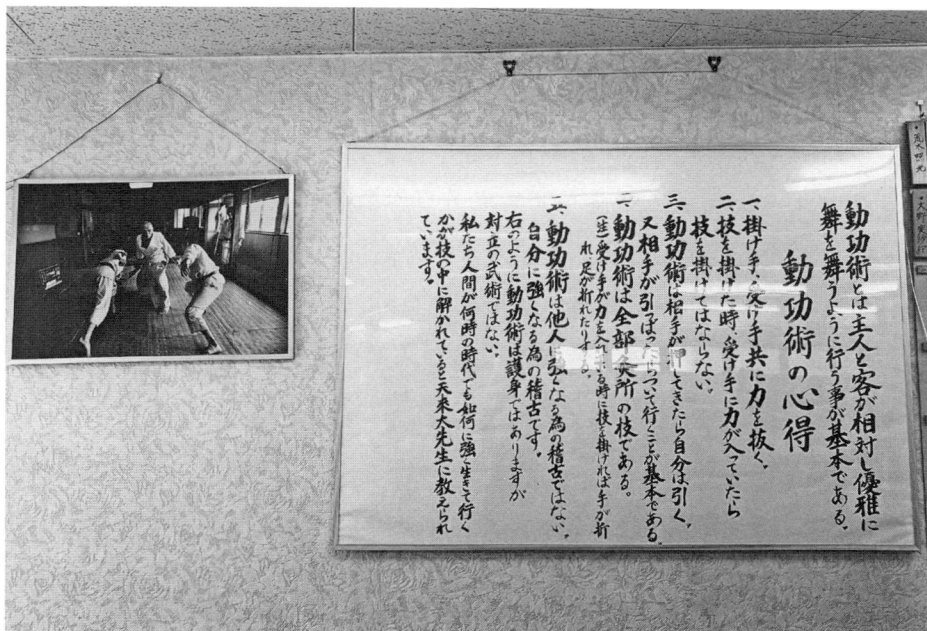

图 4—1　由日本道观成立的道教学院内悬挂的"动功术心得要领"，"要领"左侧图片为动功修炼图

第一节　日本道观的武术传承

日本道观创始人早岛天来修习并推广的"导引术、动功术、服气法、洗心术"，是一种融合了武术、神仙术、符咒等在内的综合体，其最重要也是最根本的源头来自遥远的古代中国道教。

一、日本道观武术传承中的道教兵法色彩

早岛天来道长在其尚未出版的书稿中写道：

相传古代合气术是在应仁天皇（270—310）时期，由百济的王仁从中国带到了日本。后来到了平安时代，菅原道真将汉文训读成和文，交给了源氏一门的手上。不过，当时还不是合气术这个名字，而被称为平方学。这种武术在中国被称为掌形术，传到日本后经由源氏的新罗三郎义光发展成为现在的合气术各派。所谓平方学，本义指的是主人和客人相对而坐并做出优美的动作。后来据说这些动作被用于武家礼仪、歌舞伎、舞蹈、能乐等项目中。平方学传至源家，新罗三郎义满（八幡太郎义家的弟弟，河内源氏出身）将其进一步发展后命名为大东流合气术。"大东"曾经出现在《日本书纪》中，是"中国"的意思。义光公解剖败军的遗体，将人体骨骼组织和阴阳之动研究清楚后进一步完成了大东流合气术。然后在村上源氏、清和源氏的家族中挑选合适人选，世世代代秘密相传，因此大东流合气术并不为世人所知。清和源氏只传承了"武术一脉"，村上源氏传承了"武术与医术合二为一"，即将从技法体系衍生而来的"合气术"与"导引术"合为一体的"武医合一"。此后，

源氏的武将世世代代将合气术传承下去。据说牛若丸（后来的源义经）在鞍马山追随鬼一法眼修行时，被授予了长达三间半[①]的许可证书。其实这长达三间半的许可证书就是兵法中的寅卷(八门遁甲、神仙秘传、幽体显现法)，以及其中的龙卷（六韬三略、八门遁甲、金乌玉兔、绳张筑城兵法）。据说牛若丸在京都五条桥上大战弁庆，轻而易举地取得了胜利。在这则广为流传的故事中，牛若丸使用的其实就是合气术。[②]

义经被授予的许可证书中写着"金乌玉兔"，参考在《簠簋内传金乌玉兔集·职人由来书》[③]中介绍的相关内容可知，现存的《金乌玉兔》在义经的时代并不存在。《金乌玉兔》是由安倍晴明编写、传承下来的中生阴阳道书、历法书，但其中并没有关于晴明的叙述，而且《本朝书籍目录》中也查无此书，现存的这本书只有中世纪以后的抄写本，其中的内容饱含中世纪独特的佛教色彩，因此该书应是后世之人假借平安时代著名阴阳师安倍晴明之名伪造的假书。另外，日本道观藏的《簠簋内传金乌玉兔集三卷·长历万善万恶卷》是根据人们不同的行为描述吉日、凶日的历法书籍。

石冈九夫著《日本兵法史》一书中也有论述，在平安时代除了纯粹的中国兵书，天文、阴阳、五行等相关书籍也是人们研究学习的内容。宇多天皇宽平年间（889—897），藤原佐世奉命编写《日本国见在书目录》中兵法书的部分，也介绍了《孙子兵法》《司马法》《太公阴录符》《黄石公三略记》《云气兵法》《投壶经》等丰富多彩的内容。另外，平安时代传至日本的兵法书，其中蕴含的阴阳五行思想是极其重要的部分，而且也包含了义经被授予的秘诀——《金乌玉兔》《八门遁甲》等内容。也就是说，根据天文预测种种现象在战争中也是很重要的部分，并且是兵法中极其重要的内容。

---

① 一间为六尺，约 1.82 米。

② 日本道观提供手稿本。

③ 参见［日］深泽徹责任编集：《兵法秘术一卷书·簠簋内传金乌玉兔集·职人由来书》，《日本古典伪书丛刊》第三卷，现代思潮新社 2004 年，第 100 页。

早岛天来倾其一生都在进行武术的修行和钻研，并研读了不计其数的资料文献，但是与武术相关的一些文献已经遗失，现在日本道观也有一部分文献没有流传下来。因此，无法确认天来道长所述内容究竟参考了哪些资料，但根据牛若丸被授予的许可证书的内容，可以了解到其兵法并非孙子兵法和吴氏兵法，而是涵盖了黄石公、张良传承下来的六韬三略、道教相关的神仙术以及易经等兵法。而且，可以认识到天来道长所学大东流合气术的起源并不是现在所指单纯的武术技艺，而是融合了神仙术、易经、道教相关的阴阳理论、天文预测、符咒等内容。

二、起源于中国的黄石公兵法

日本自古以来就被认为受到中国文化的影响，据《宋书》《南齐书》《梁书》等中国南北朝时期的史书记载，早在 5 世纪，日本就派遣使者出使东晋与南朝宋。换而言之，可以说在 5 世纪时，中国高度发展的文化就已传入日本。到了唐太宗时期，正值日本大化改新前后期，唐代很多文物及兵法等传入日本，对日本文化的形成产生了巨大的影响，包括《孙子》《吴氏》《六韬》《三略》在内的各类兵法书由中国传入日本，其中由黄石公传给张良的《六韬》和《三略》兵书深受日本人民喜爱。被称为太公望吕尚之作的《六韬》以及被称为太公望或者黄石公之作的《三略》，作为由中国传入的兵法主流而备受瞩目。

有关《三略》的记载最早见于 990 年编纂的《日本国见在书目录》一书。从平安镰仓时代的日语典籍中对《三略》的引用，我们可以看出虽然在当时已有人阅读过此书，但是仅局限于一部分学者之间，并且兵法书自古以来便充满神秘色彩，密藏不露。

在日本平户市松浦史料博物馆中，保存着江户时期抄写下来的众多兵法书籍，虎卷作为其中一册对此曾有记载。正如图 4—2 中的两图所示，卷中记载了传入日本的兵法起源于黄石公授张良的传承，后传播至日本。

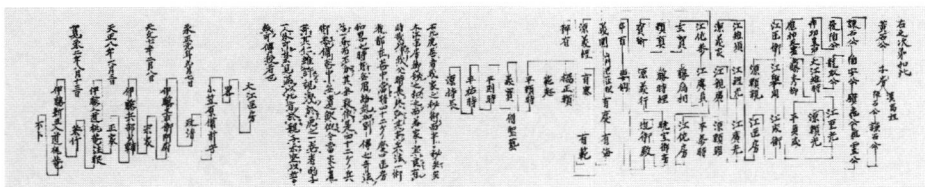

图 4—2—1　松浦史料博物馆藏　《匡房和略兵法一卷》虎卷局部

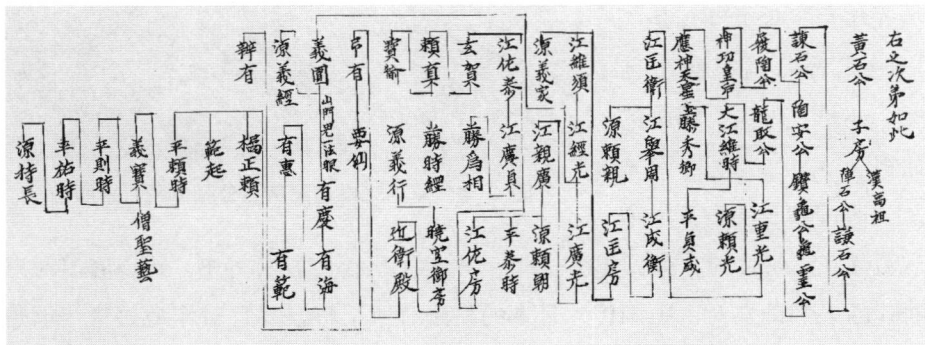

图 4—2—2　松浦史料博物馆藏　《匡房和略兵法一卷》虎卷局部

图 4—3　木曾街道六十九次之内　沓掛　黄石公、张良国芳　浮世绘

由太公望传授给黄石公再传给张良的兵法书传承一说，其来源是汉朝《史记》之《留侯世家》中谈到的一则典故。江户时代，黄石公传给张良兵法书的故事在日本也是非常有名的，这一点从日本道观收藏的锦绘中描绘的场景也可以推测出来（图 4—3）。在张良还鞋于黄石公的画作中，描绘了黄石公将鞋掉到桥下，被张良拾起，后来黄石公将兵法传授给张良的这段逸事。

另一则史料是尾形光琳创作的木版画——黄石公张良图（图 4—4）。木版画中描绘了黄石公此后将兵法

179

书卷传授给张良，以及张良心存感激地收下兵法的画面。这本画集于1925年（大正十四年）出版，作者尾形光琳（万治元年至享保元年）是江户时代著名画家和工艺家，亦是"琳派"绘画的始祖。

图4—4　尾形光琳笔画黄石公张良图　木版画

通过参照同为日本道观藏品江户时代的《黄石公素书》①《军林子房秘传》② 等书，可以看出江户时代的人们确实对由中国传入日本的兵法有所了解，并且对作为兵法传承始祖的黄石公、张良传承也有着非常深入的理解。

此外，从日本道观藏品《黄石公三略直解》③ 一书中多处墨笔书写笔迹，以及从书中记录的朝鲜文字中，我们可以看出此书在中国出版后，传入朝鲜半岛经过复刻，几经变迁最后传入日本。对此书进行注释的刘寅其人，阿部隆一在论文中指出"明初撰述《武经直解》，此后至清末为止出版了很多七书的注释书籍"，因此认为作为武经七书之一的三略直解是唯一一本在朝鲜半岛经过复刻的书籍④ 。至于具体复刻时间不详。⑤ 1371年（洪武四年），刘寅考中进士，因此考虑这本书初版应是在此之后。

---

① 参见张商英注解：《黄石公素书》，庆长二十年（1615）。

② 《军林张子房秘传》全5卷，明历四年（1658）3月，洛阳松永伊右卫门开版。

③ 《黄石公三略直解》（出版年号不详、前辛亥科进士大原刘寅解）。

④ 七书包括：1.《孙子》；2.《吴子》；3.《司马法》；4.《尉缭子》；5.《黄石公三略》；6.《六韬》；7.《唐太宗李卫公问封》卷上。清水重石卫门版，宽文四年（1664）、庆长十一年（1606）紫阳闲室元估书写；《武经七书合解俚谚钞》全10册25卷，神田胜久编辑，正德四年（1509）序。

⑤ 参见阿部隆一：《三略源流考附三略校勘记、拟定黄石公记佚文集》，庆应义塾大学付属研究所编《善斯道文库·斯道文库论集》，1969年。

第二节　黄石公兵法在日本的传承及其
与日本道观之关系

有关中国兵法传入日本的确切史料记载，可见于《日本书纪》一书。《日本书纪》天智天皇十年（671）正月条目记载了当时来到日本的百济人授勋仪式，文中提到了谷那普首、木素贵子、憶礼福留、答炑春初这4名兵法学者的名字。天智天皇二年（663），日军在白村江战役中败给新罗与唐朝的联军时，百济灭亡。同年九月日军撤退时，余自信、木素贵子、憶礼福留、谷那普首等人跟随其余百济人一起来到了日本。因此，后世认为这些学者在移民日本后，将兵法传承了下来。①

此后，中国兵法逐渐地被日本国内所接受，朝廷颁布指令在全国范围内开展学习，这一盛况在《日本书纪》卷三十"公元693年"条目中有所记载："十二月丙午朔丙午，派遣阵法博士等人前往诸国学习。"

以上史料表明是百济人将中国兵法带到了日本。但是，显然日本学界对此有许多不同看法，除了百济传入说之外，日本国内还有四种影响较大的兵法传入说，即：●应神天皇——履陶说●吉备真备说——鬼——法眼说●大江维时——匡房——源义家说●菅原道真——源氏说

一、应神天皇——履陶说

这一种说法是指应神天皇时期，中国人履陶公带着《六韬三略兵图》来到日本，并将其传授给天皇。据传天皇将此兵书作为秘传，为了自己能够成

---

① 参见［日］坂本太郎、井上光贞、家永三郎、大野晋校注：《日本书纪》卷二十七，《岩波文库》，1994年；［日］石冈久夫：《日本兵法史》第一章序说，雄山阁1972年。

为军神，在驾崩之际将其藏了起来，故此兵法从此失传。

日本道观所藏《大江维时御军法书》"军法入唐传来四十二条"中"军法相续起序"写道："应神天皇然应神崩御之时，吞此书，欲为军神，纳捡之给，故履陶兵书终绝。"［1］就是说，应神天皇驾崩时为了自己成为军神，将兵书藏了起来，封藏在箱子里。因此由履陶公传来的兵书从此失传。《大江维时御军法书》中还写到后来吉备真备将传来的兵书密封起来，藏在了鞍马寺里。也就是说，由于无法忽略在大江维时之前出现的历史人物传说，因此在日本道观藏《大江维时御军法书》中才记录了关于中国兵法传入史的多种说法，但最后的结论还是偏向于大江学说。

二、吉备真备——鬼一法眼说

这一说法是指元正天皇养老年间，吉备真备[1]出任遣唐使来到大唐，将兵法书带回日本。吉备真备认为不能将兵法传授于无用兵才能之人，所以并未传给自己的子孙，而是离世前将其收藏在鞍马寺的宝库中。后来，又经由鬼一法眼传授给义经。

大宝律令颁布后，吉备真备出任遣唐使远渡大唐，经过 19 年的潜心学习终于从唐朝回到日本。他认真学习了十三经、阴阳历、各种艺术、兵法、书法、八神图等知识并将其全部带回了日本。现在，能够清楚证明归国后的吉备真备如何学习并掌握了兵法思想的相关史料十分稀少，但在《续日本纪》中有记载相关内容：

天平胜宝八年六月条

甲辰，始筑怡土城。令大宰大二吉备朝臣真备专当其事焉。

勅。明年国忌御斋，应没东大寺。其大佛殿步廊者，宜令六道诸国

---

① ［日］吉备真备（695—775），持统天皇九年至宝龟六年。

营造。必会忌日，不可怠缓。①

天平宝字三年六月条：

　　壬子，令太宰府造行军式。以将伐新罗也。②

天平宝字四年　十一月十日条：

　　丙申，遣授刀舍人春日部三关、中卫舍人土师宿祢关成等六人，于大宰府就大二吉备朝臣真备，令习诸葛亮八阵、孙子九地及结营向背。③

　　《续日本纪》中还记载讨伐新罗时，吉备真备兼任最重要的西海节度使，但仍然驻在太宰府。因此可知，吉备真备由于熟知兵法而深受朝廷信任。上述史实即日本兵法传承被认为是主要始于吉备真备的缘由。④

　　除了上述史料外，《大江维时御军法书》中也记载了吉备真备传兵法的事情，即吉备真备将传承的兵法书密封起来，藏在了鞍马寺的多门宝藏里，因此无人知晓。后来，第六十代醍醐天皇命大江维时求取兵书时才得以找到该书。书中还记载了延长元年（923）癸未五月，将兵府砂金 10 万两献给中国的事情。

三、大江维时——大江匡房——源义家说

　　醍醐天皇延喜年间，大江维时奉天皇之命来到大唐，跟随龙取将军文石公学习兵法的奥秘，朱雀天皇承平四年（934）七月将兵法带回日本，后来

---

① 《续日本纪》，《国史大系》第 2 卷，东京：经济杂志社明治三十年（1897），第 316 页。
② 《续日本纪》，《国史大系》第 2 卷，东京：经济杂志社明治三十年（1897），第 369 页。
③ 《续日本纪》，《国史大系》第 2 卷，东京：经济杂志社明治三十年（1897），第 386 页。
④ 参见 ［日］石冈久夫：《日本兵法史》，东京：雄山阁 1972 年，第 4—5 页。

成为大江家世代相传的秘传兵法。此后，大江匡房将此兵书改写成日文版传授给源义家，之后又传给了源家①。

这个传说因为无法证明大江维时曾去过大唐，所以可以说部分内容是虚构的。如果大江维时自己没有去过大唐，那么大江维时应该是在兵法传入日本后，由于其职务和其他机缘习得了兵法，并将其辗转授予后人，大江一系兵法作为来自中国黄石公兵法的正宗流传下来。

那么，大江兵法的具体流传情况及内容是什么呢？它与日本道观又有什么样的关系呢？关于这一问题，平户市松浦史料博物馆所藏兵法书、兵法传承的家谱资料，以及日本道观所藏《大江维时御军法书》中的相关论述，可能会给我们一个较好的解答。

（一）大江家兵法传授线索与日本道观合气术

松浦资料博物馆保存了大量兵法书，其中之一就是《匡房和略兵法一卷·虎卷》，该书收录了以大江维时、大江匡房等大江家族人物为中心，代代相传兵法的家谱图（见图4—5）：

大江维时——重光——匡衡——举周——成衡——匡房——惟顺——惟光——广元……

接上：

大江匡房——（略）——小笠原备前守——政清——伊东又右卫门尉——宗家

最后由大江匡房传给小笠原、伊东家。这样依次相传，中间省略部分内容如图4—5所示：

① 参见〔日〕石冈久夫：《日本兵法史》，东京：雄山阁1972年，第4页。

——六孙王——八幡太郎义家——贺茂泽昂义纲——新罗三郎义光——小笠原备前守　政清——伊东又右卫门　宗家——伊东兵部少补　正家——伊东入道桃庵法眼　茶竹——伊东新五入道桃庵　不卜。

该书讲解说此兵法书卷所记载的是本家族的秘术，由大江匡房秘传给本家族。书中记载大江匡房为了避免引起不必要的纷争，将第四十二条兵法中

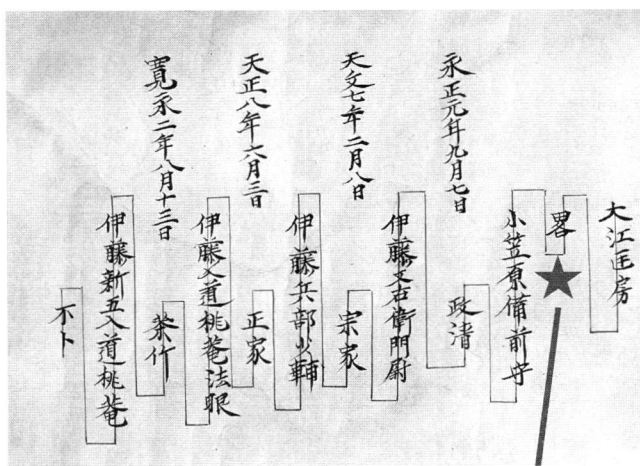

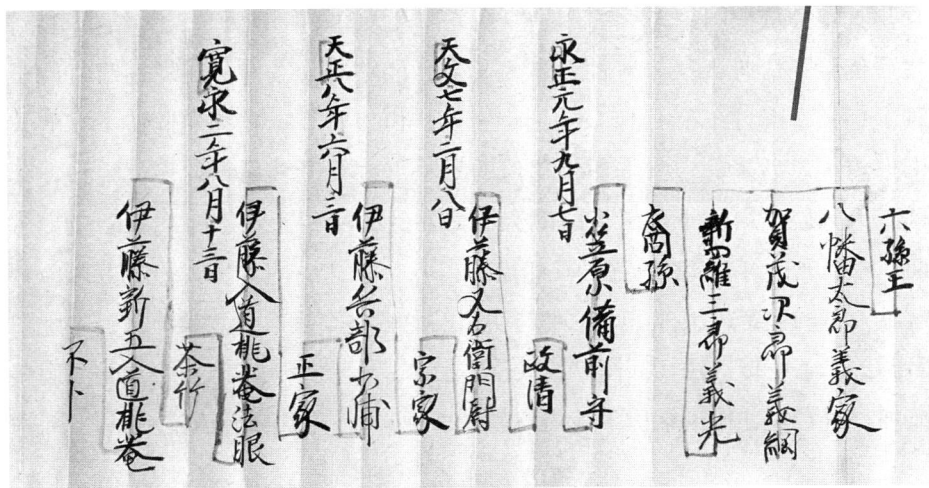

图4—5　松浦史料博物馆藏《匡房和略兵法》之虎卷局部

加入和略，采用一子相传的独特方式，绝不外泄。①

从图4—5"虎卷"中，可以看到神功皇后、大江维时、大江正房、源氏的皇族、武将们以及新罗三郎义光公的名字，其中新罗三郎义光公正是日本道观道学院开展的三种气的修炼法之一——道家动功术的始祖，即大东流合气术的创始人。也就是说，从现有的资料我们可以看出，日本道观的合气术，其起源来自大江家兵法，而大江家兵法则来自中国。

（二）大江家兵法的内容

大江维时所继承兵法的具体内容究竟是什么，需要参考日本道观藏《大江维时御军法书》来解读。

《大江维时御军法书》中标题为"御军法入唐传来四十二条"的"军法相续起序"开头写道："夫自汉朝传日本军书人皇十五代　神功皇后元年（201）辛巳六月履陶公传来而授。"

该书最后落款承历三年，即公元1079年。但日本道观所藏版本应该是在此后将承历三年的版本重新誊写的版本。

"御军法入唐传来四十二条　军法相续起序"条目中讲述了如下历史：

中国汉朝时代有许多书籍流传到了日本，第15代天皇神功皇后元年六月，履陶公从中国带来兵法，并传给了仲哀天皇，仲哀天皇又传给了皇后。之后传给了应神天皇，应神天皇为了自己能够成为军神，在驾崩时将此书藏了起来，密封在箱子里（与遗体一起合葬）。因此，最终履陶传下来的兵书失传了。后来，吉备真备将秘传的兵法书藏在了鞍马寺的多门宝藏，渐渐无人知晓。第六十代天皇醍醐天皇命左大弁宰相大江维时准备砂金十万两，在延长元年（923）五月乘船启程，八月抵达中国。将其中五万两砂金敬献中国的皇帝，另外五万两赠与明州的龙取将军换取了六韬奥义、军胜图及四十二条秘传兵法，回国献给天皇。后来，天皇命大江匡房将其兵法用日文加以解释，并传授给伊予入道源赖义。赖义在去陆奥赴任时，遇到安部赖

---

① 则松浦史料博物馆藏《匡房和略兵法》第一卷。

良之子厨河次郎大夫贞任与其弟富海三郎宗任谋反，于是发兵征讨，并由义家担任副将，同国居于北山的将军三郎清原武卫为义家的家臣，赖义立下赫赫战功，被任命为陆奥守。由此看来，行军布阵只要用到秘传兵书便所向披靡。

如上所述，极其珍贵的兵法书经由多种渠道传入日本后，经由匡房用日文加以解释才得以传承后世。左大弁① 大江维时之后的第五代子孙，纳言② 大江匡房将兵法传给八幡宫源义家，后来又依次传给大江广元、源赖朝、新田义贞、源义宗，此外并无其他传承。该书还写到大江家才是唯一真正继承了从中国传来的兵法书的家族。

另外，在"维时传来四十二条"兵法中有如下简单记录。

醍醐天皇御军法
维时传来四十二条

太平军政
文谋
道德仁义礼知信敌门鬼　之心治
武伦
持权变疑敌心神　门鬼　之求勇心
论将
以五杕十过可立大将
选士
择强弱兵器可任其得乎

战教

---

① 左大弁：日本官职。
② 纳言：日本官职。

教武

军法可教诸士可立练士事

行军

行列并五色旗以相图迟速进退可挂引

渡川

又马船筏其术可教并水鸟之术

楯具

骑牌步牌一切战具

步骑

笠印神印队符可定步骑并马上下马可立

三官

金鼓旌定相图诸军挂曳之事

五教

兵具教其品可战事

才配

煮教五色五方大将持之士卒　一二三之功可知

营阵

阵取式法付军幕有诱而行挂阵取布事

标剖

以表柱阵场可配渡

号箭

领字其时相言可定

城郭

城郭　筑法

要害　同

守城

笼城军法

水防　水攻之术

参门

步骑可分出事并以着到可改兵

秘门

生路可属法

守具

敌可防器具配可备

烽台

狼粪牛蒿艾烟箭火相图焘可定

通府

竹寸尺以主与将可弁田

通书

三发三使合用之事

候气

军气云烟尘胜负焘可知

围城

攻城

卷保久止之术人与粮兼可量知

火攻

其术品之可用

水攻

可依城地

对操

属城或筑山堆可攻

攻具

诸战具卷仕寄元仕上寄

船操

船营付船具布幔幕橹术等一切

轮舫

橹机不用舟自由挂引术

浮战

三官相图动之品ゞ

火器

火箭火鞠炮禄喷筒火桶

火船

敌船可烧术

罟网

舟垣用可敌术

碇尾

碇札有诱叓

浮水

息袋息返水底可潜

挂绳

船底步敌船可引寄

军胜图

风后井田八阵四头八尾

蜀孔明八阵

鱼鳞阵图　　挂引

鹤异阵图　　诘开

长蛇阵图　　车挂

偃月阵图　　箕手

鉾矢阵图　　杉形

方圆阵图　　　阵取

衡轭阵图　　　车立

雁行阵图　　　变阵

太公四部衡阵

唐太宗乐舞阵法

李卫公花阵图

关于兵法只有分条的记录，无法看到其详细的相关内容。但是，书中强调了大江家是黄石公传授给张良的兵法书的唯一继承者，并且在书末的后记中也有此相关内容。

书中总结道："右边附四十二条目录是传入日本的中国汉代的用兵方法，作为秘传只传于源家，因此其他流派的兵法均为大江家的支流。另外，兵术、兵操、兵器、用兵技巧等方法也十分玄妙。"这段文字的写作时间是承历三年，大进太夫光房记。

由于本书是手抄本，其内容可能有误，或者有作者个人渲染的色彩，但书中大力强调大江家继承的兵法十分珍贵，而且是唯一的继承者应该具有一定的真实性。

（三）大江家兵法的传承

1. 大江匡房——源义家

关于兵法从大江匡房传至源氏的经过，将介绍日本最著名的由大江匡房传授源义家兵法的故事。

在日本，众所周知有这样一则故事，源义家向大江匡房学习兵法后，看到雁子突然飞起就知道下面有伏兵，因此取得了战役的胜利。据说，这是因为大江匡房告诉了源义家《孙子兵法·行军篇》第九条"鸟起者伏也，兽骇者覆也"的相关兵法常识。

此外，日本道观收藏的《前太平记》[①] 中也写道："源义家的部下听到大江匡房悄悄说源义家不懂兵法后十分生气，便将此话告诉了义家，"义家突然醒悟"所谓良将应该智勇双全"，于是开始向匡房学习兵法。因为义家不懂汉文，匡房便将兵法译成日文传授给他。而传授给义家的兵法，应该也传给了其弟义光，由此看来新罗三郎义光作为大东流的创始人是从大江维时、匡房那里继承了兵法才创立了大东流合气术。

2. 伊予松山继承源家古法

根据石冈久夫的《日本兵法史》可知，伊予松山独特的兵法学传自源家的"源家古法"，该兵法源于大江维时从中国传承的 30 余卷兵法书，大江将这些兵法书敬献给朱雀天皇后，又将其赐予自己的第五代子孙匡房。匡房将此汉文的兵书用日文加以解释，在 1068 年传授给了源义家，后来书中又加入了源经基平定藤原纯友之乱、赖光退治魔物、赖义征讨东夷等历史事迹，整理为 55 卷，将此书命名为《训阅集》，作为源家的兵法传于后世。《训阅集》的内容不断演变，因此不能确定日本道观所藏《训阅集》[②] 的内容与其是否完全一致，但考虑到源家兵法传到了伊予松山，也属于四国之地，而且大高坂芝山有段时期曾为伊予的松平定直效力，并任职四百石；另外早岛天来道长的大高坂家族世世代代都居住在松山，还有松山的菩提寺等，将这些都联系起来，自然会联想到大高坂家很有可能继承了其兵法，而早岛天来道长也很有可能由于某些缘由学习了这些技法。但是，现在除了能够证明大高坂家世代相传兵法与导引之外，其他资料都已经遗失，无法确认。

3. 小结

从上述我们可以知道，日本道观创始人早岛天来道长在日本推广、普及的修行方法，其源头之一辗转来自于传承在日本的中国黄石公兵法，除此之

---

① 《前太平记》，年代不明，第 37 卷。日本道观收藏。
② 参见［日］长野健太编：载真锅竹治郎《皇国军学秘传·源家训阅集》，1938 年。

外，中国的剑术也是日本道观修行方法的源头之一。

据说最早将中国剑术带到日本的是应神天皇时期来到日本的王仁，后来菅原道真又将其兵法书加以日文的解释，在源义经时期传给了武家方，此剑术被称为"平法学"，并作为剑术道统口口相传下去[①]。与其他说法不同，菅原道真将其译为日文后传授给源氏的兵法并不是六韬三略、孙子兵法及吴氏兵法等，而是被称为"平法学"的剑法。

山田次郎吉氏《日本剑道史》中关于平法学有详细论述，书中谈到中国古代的武术中有一种叫做平法学的武术，传说应神天皇时期由王仁带到日本。之后，世世代代的天皇都要学习平法学。宇田天皇时期，菅原道真为了更便于平常学习，将其译成日文，源义经时期传于武家之手，是想成为大将之才必学的内容，其中提到二人相对而坐，一主一客，完成优美的动作，后来"形"这个字即源于此，意即十分工整规律的样子。书中还写到一部分武士约定好某个地点，另外采用口传的方式学习太刀、辅太刀、身体构造、步履、呼吸等内容。如果从源平时期开始学习平法学，那么就会需要教导平方学的老师，虽然还有些许疑问，但根据衣斐丹石入道流派所使用的平法文字可以判断，平法应该是很早以前就传入了日本。[②]

现在，兵法的定义通常指剑术、武术及军队部署等比较狭隘的范围。但是，根据早岛天来道长所述，并从他收藏的书卷中记载的兵法及平法的解说可以看出，从中国古代传至日本的平法学、兵法，在传授给义经时，是以道家、道教的"道"思想为根本，并包含了符咒、严密的礼法规矩、艺术基础等较为广泛的内容。传至古代日本的兵法实际上源于平法学、导引术以及道家哲学思想，它并不只是单纯的剑术、棍术、柔术或是用兵作战的方法。平法学证实了其中蕴含的顺应天地自然、与天共生、借助自然之力生存的道家真理及道家生活方式。

由此看来，早岛天来道长提出从中国传至日本的兵法起源于菅原道真的

---

① 参见［日］绵谷雪：《图节古武道史》，东京：青蛙房 1967 年。
② 参见［日］山田次朗吉：《日本剑道史》，东京：再建社 1960 年。

和译版兵法书一说，即从传至日本的平法学演化而来，从这一角度来解释大东流合气术的流传渊源有着重大意义。早岛天来道长以大东流为主，又学习了其他武术，并将其集大成，最后又回归于"道"的思想，同时钻研并发表了"杀法"与"活法"的理论，即回归于阴阳平衡的道家思想的根本。天来道长将日本道观·道家道学院开展的武术指导命名为"道家动功术"，并作为气的修炼法之一传承至今，这正是最接近平法学起源、回归于其本质的道家修炼身心的武术方法。

第五章　日本道观所藏绘画、造像、绘马与符箓书法资料

　　古语有云："人能弘道，非道弘人。"这是《论语·卫灵公》记载的孔夫子讲的一句格言。意思是讲人能够把"道"发扬光大，而不是用"道"来推展人。对此，宋代理学家朱熹有一个精彩的注释，他说："人外无道，道外无人。然人心有觉，而道体无为；故人能大其道，道不能大其人也。"[①]按照朱熹的解释，"道"是因为有人的修习、传播，才显示出来；而"人"之所以为"人"，是因为他遵循道法做事，具有"道"的涵养，才呈现了为人的本质。可见，人是不能离开"道"而存在的；如果离开"道"就与其他动物没有什么区别了。《论语》的说法以及朱熹的解释虽然是从儒家为人处事的立场来看问题，但实际上指出了一种普遍法则。朱熹揭示"道体无为"，这可以说已经超出了一般儒家关注社会人伦的范围，进到了宇宙本根的探讨领域，体现了"儒道兼容"的基本思路。根据这种思路，道教中人当然也是应该在"弘道"问题上拿出切实的行动，为了传播大道、造福大众，道教中的领袖人物颇重视神仙传记的收集、整理；与此同时，通过造像、绘画、书法、符箓等艺术法度来传播道法。日本道观对于这个传统的意义是有深切认识的，因此在这方面做了大量工作。

---

① （宋）朱熹：《四书章句集注》卷八，北京：中华书局1983年，第167页。

第一节　绘画与造像

　　日本道观收藏的道教文物中，包括一大批神仙人物画像、雕像、塑像。这些作品，与神仙传记一起，成为我们认知道教思想文化传播日本的重要线索，也是了解日本道观文化特质的主要依据之一。

一、绘画

　　日本道观所见画像包括两个类型。一是神仙传记里的黑白配图，这类画像基本上是每位神仙人物一幅，汇合起来就形成了神仙人物画的系统，具有连环画的某些特征。另一种类型是彩色挂画，这类画像有用于道教祭祀典礼的，也有作为艺术欣赏的、有单独流行的，也有成组流行的。

　　（一）神仙传记类书籍的黑白配画

　　关于绘本类神仙传记书籍，日本道观收藏的主要有《有象列仙全传》《异形仙人绘本》《儒仙》《武仙》等。

　　1.《有象列仙全传》

　　日本道观收藏的这本《有象列仙全传》封面题《列仙传有象》，王世贞著。正文题《有象列仙全传》，吴郡王世贞辑次，新都汪云鹏较梓，黄一木镌刻，于日本庆安三岁（1650）由藤田庄右卫门刊行，汉文印刷。案王世贞《有象列仙全传》又名《列仙全传》《有像列仙全传》，首刊于明万历二十八年（1600），由汪云鹏玩虎轩刊行，即通常说的玩虎轩刻本。全书涉及仙道人物近 500 人，仙人年代起自上古，以老子为首，下迄明弘治末年。全书插图近 200 幅，为明代徽州著名画工黄一木镌刻。从日本道观这本《有象列仙全传》内容来看，为中国明万历二十八年《有象列仙全传》的翻刻本，全书图案生动，以线写形、以线象意，中国画白描的各种线条风格都有体现。从刊刻时间来看，中国本《有象列仙全传》仅仅刊行 50 年后，就已在日本有了翻印本，可见当时日本社会对中国道教的接受程度，以及当时中日文化交流的频繁。

另日本有活字本《有象列仙全传》，为大阪书坊于庆安三年以玩虎轩本为祖本翻刻，中国北京故宫图书馆目前收藏有该书 1 套 9 卷。万历二十八年玩虎轩本《列仙全传》在中国藏本目前已不超过十套，数量很少，这从另一个侧面说明，日本道观所藏的该套明版玩虎轩翻刻本是非常珍贵的。而《有象列仙全传》从中国到日本，又从日本到中国的流传过程，也是中日宗教、文化艺术交流的历史见证。

2.《异形仙人绘本》

《异形仙人绘本》一书分上、中、下 3 册，日文印刷，日人菱川师宣绘制，元禄二年（1689）大傅马町三町目鳞形屋开版。该书每页题头为日文对神仙的介绍，文献来源主要为中国古代典籍《列仙传》《太平广记》等，页下半部分为所绘神仙，神仙来源为中国道教众仙，按照先后顺序，该书上卷的人物包括：李贺、刑和璞、太玄女、蔡女仙、武志士、子英、东王公、马师皇、木公、刘晨、阮肇、封衡、西王母、徐鸾、玄解、王子乔、太真王夫人、赤松子、相关、谢仲初、李少君。中卷包括：庄伯微、伯道、道恭、彭宗、莆棋、苗龙、陈南、郭璞、孔元、吕道章、负局先生、罗真人、王延、陶弘景、马钰、王道真、江妃二女、魏伯阳、满叔、刘安、王处一。下卷包括：唐广真、董奉、沈义、刘女、刘玄英、曹国舅、罗子房、吴猛、曹仙媪、张志和、谌母、徐则、孙博、林雪素、裴航、费长房、黄初平、葛由、朱有，共计 51 人（江妃二女，一条含两人）。

就整体而言，《异形仙人绘本》所立传的神仙人物并不是按照历史先后来编列顺序的，也看不出前后人物的类型关系。所收人物最古者为神话传说时代的木公与西王母，最近者为金元时期的马钰与王处一。其中，男仙占多数，女仙仅有 9 位；在人物刻画上，《异形仙人绘本》注意抓住其"异形"的特质；在画面上，《异形仙人绘本》善于从细节入手来展示人物的典型形象。例如该书上册的马师皇就很有代表性。顾名思义，马师皇是一位与马有关的神仙。相传他是黄帝时期的马医，所以我们看到画中的马师皇与马相伴。那马卧地，颈上鬃毛轻松而自然分布，马师皇倚靠着它，两眼微微眯着，显得很自如。在画面的左上侧，有一条龙腾云驾雾而来。表面看来，画上"龙"似乎与"马师皇"的身份不符，但实际上是有根据的。

《列仙传》卷上有马师皇之传："马师皇者，黄帝时马医也。知马形生死之，诊治之辄愈。后有龙下，向之垂耳张口，皇曰：'此龙有病，知我能治。'乃针其唇下口中，以甘草汤饮之而愈。后数数有疾龙出其波，告而求治之。一旦，龙负皇而去。"其后有赞语云："师皇典马，厩无残驷。精感群龙，术兼殊类。灵虬报德，弥鳞衔辔。振跃天汉，粲有遗蔚。"[1] 从《列仙传》的描述可知，马师皇本是治马病的行家，大抵是名气大了，连龙有病也找他治了。这虽然是传说，但从艺术角度看却有独到魅力。因此，《异形仙人绘本》有意识地选择了这个情节，在画面上予以强调。

《异形仙人绘本》画师菱川师宣（1618—1694）是公认的日本浮世绘版画创始人，其绘画水平非常高，存世的绘画作品也比较多，形成了日本历史上的"菱川画派"。从《异形仙人绘本》这部作品来看，其画作线条遒劲流畅，人物形象生动活泼，兼具中国画的白描特征，同时已经显示出日本绘画作品细致精巧的审美特征。《异形仙人绘本》一书是中日文化的结合，可以说是中国道教文化在日本本土存在的又一证据，显见中国道教神仙流入日本并与日本绘画、日本美学结合。这种绘本类书籍通俗易懂，其存在本身又对中国道教信仰在日本的流传具有极大的裨益。

3.《儒仙》《武仙》

日本道观收藏的《儒仙》一书作者不明，刊刻时间不明，汉文印刷，共

---

① 《列仙传》卷上，《道藏》第 5 册，第 64 页。

收录了伏羲、神农、黄帝、尧、舜、禹、汤、后稷、契、皋陶、伊尹、傅说、文王、武王、周公旦、孔子、颜回、曾参、子思、孟子、董仲舒、文中子、韩昌黎、欧阳修、周濂溪、程明道、程伊川、张横渠、司马光、邵康节、陆象川、朱熹、张南轩、真西山、许文正、王阳明等 36 位儒仙。从收录的人物来看，是按宋明理学家的学术标准收录的。孔子以前人物为孔子所创立的儒家所推崇，孔子以后到王阳明为止，则主要为宋明理学家追溯的所谓"道统"中人。这本书中图片主要为相对应的人物画像，每幅画像中有文字介绍该人物之大致生平并赞一首，述其在学术史上的重要贡献。

"儒仙"一说在中国由来已久，主要有两个含义，一指容貌慈祥之长寿老人，典出《汉书·司马相如列传》，其文曰："相如见上好仙，因曰：上林之事未足美也，尚有靡者。臣尝为《大人赋》，未就，请具而奏之。相如以为列仙之儒居山泽间，形容甚臞，此非帝王之仙意也，乃遂奏《大人赋》……"颜师古注曰："儒，柔也，术士之称也，凡有道术皆为儒。"[1] 因此，司马相如此处所言"列仙之儒"与现在所说一般意义上的儒家并没有直接关系，该典故后来也多被指代长寿老人，或者指道教仙人。如《变雅堂遗集·赠汪育风序》中讲到"寿至九十余，时谓之儒仙"[2]，即取其长寿意，而《于湖居士文集·题鲁如晦通隐》一诗中所说的"不向江湖忘魏阙，故应山泽有儒仙。十洲便着登瀛士，三径难留避世贤"[3]则直接用司马相如典故，以指避世仙人。

"儒仙"的另一个含义则指兼具儒者和神仙两种身份者，如《张三丰先生全集》卷八："邵尧夫儒仙也，尝见其显化士林……"[4] 如《无上黄箓大斋立成仪》中所祭祀诸神中包括的"历代明贤儒仙哲士"[5]，都是这个层面的含义。《宸垣识略》记载北京白云观有"儒仙殿"，当时供奉的神仙像赪面

[1]　（汉）班固撰，（唐）颜师古注：《汉书》卷五十七下，北京：中华书局 1962 年，第 8 册，第 2592 页。

[2]　（清）杜濬：《变雅堂遗集》卷五，清光绪二十年黄冈沈氏刻本。

[3]　（宋）张孝祥：《于湖居士文集》，上海古籍出版社 1980 年，第 55 页。

[4]　方春阳点校：《张三丰全集》，杭州：浙江古籍出版社 1990 年，187 页。

[5]　（唐）杜光庭：《无上黄箓大斋立成仪》卷五十六，《道藏》第 9 册，第 726 页。

黑髯襆头图花袍，作者据《仙源录》推测，供奉的是正大九年翰林学士张本。[1] 现在的北京白云观儒仙殿供奉的是财神，殿也随之变为财神殿。这里的"儒仙殿"之儒仙，其所指正是兼具儒者和仙家两种身份者。

与《儒仙》类似的是《武仙》一书，集中搜录了 36 名中国历史上的兵家名将，依次包括太公望、管仲、田穰苴、范蠡、孙武、吴起、乐毅、田单、白起、王翦、张良、韩信、曹参、周勃、周亚夫、赵充国、吴汉、冯异、诸葛亮、司马懿、周瑜、关羽、檀道济、谢玄、王濬、韦孝宽、斛律光、韩擒虎、李勣、李靖、郭子仪、李光弼、曹彬、狄青、岳飞、韩世忠。其书格式与《儒仙》完全相同，应为同一套书，同样，作者不明，刊行时代不明。

从画作细节来看，《儒仙》和《武仙》的画者颇注意描绘诸位神仙的历史背景与身份特征，上古传说时代人物，诸如伏羲、神农作者特意凸显头上有角；而自黄帝以来，则穿戴规整，展示了文明的历史进程。帝王级别的神仙人物，诸如黄帝、尧、舜、商汤、周文王、周武王等，其头饰均为"冕旒"。所谓"冕"即皇冠，由帽子、平板与珠穗构成。冕板以木为体，下涂纁色以象征地，上涂玄色象征天。其构型一般为前圆后方，符合传统天圆地方的天体认知模式；但也有长方形者，表示方正公平。其"冕旒"的珠穗分有不同等级。大裘冕配十二旒，衮冕配九旒，鷩冕配七旒，毳冕配五旒，希冕配四旒，玄冕配三旒。黄帝四旒，这与上古时期关于"黄帝四面"的传说相合；帝尧前五后六，与《易经》的"天五地六"的数理相合；帝舜也是四旒、汤王七旒，周文王、周武王与周公均为四旒。有趣的是夏朝的开国君主"禹"并没有戴冕旒，而是一身布衣打扮，这可能是为了彰显其治水劳作的特质；

其他关于帝王师或相国之类人物，诸如伊尹、傅说、孔子、子思、孟子都是儒生打扮；为了彰显个性，画者也注意佩戴器物的刻画，例如颜回的背后有一把剑和一个葫芦，这个形象符合《论语》对颜回"一箪食，一瓢饮，

---

[1] 参见（清）吴长元辑：《宸垣识略》卷十三，清乾隆池北草堂刻本。

在陋巷。人不堪其忧，回也不改其乐"①的记载。由此可见，《儒仙》的人物画是有文献依据的，并非随意想象。

《武仙》一书的人物形象，大体有两种类型。一类是佩剑的武将打扮，例如太公望、田穰苴、孙武、吴起、乐毅、田单、韩信、周瑜、关羽等；另一类是不佩剑的军师打扮，例如张良、诸葛亮、谢玄等。这说明，"武仙"亦非全用其武，而是将、师兼备。就造型看，《武仙》颇注意人物形神的点染与刻画，例如胡须一项，尽管每个人物都画有胡须，但胡须多寡与样态却有很大差别，武将的胡须大多是粗壮而多、且密，有的甚至是满脸胡茬，如孙武、关羽、周瑜、韩擒虎、岳飞等即作如此处理；至于军师一类人物，则胡须较少，例如张良、曹参、诸葛亮等；从头饰来看，《武仙》的大部分人物是戴冠的，只有少数几位没有戴冠，如张良、谢玄，仅有头巾扎于发上。

在中国，虽然"儒仙"一词被道教界内广泛接受，并有实体的儒仙殿，供奉儒家仙人，但并无此类专门的书籍描绘儒家仙人。而"武仙"之说，在中国一指地名"武仙县"；一指人名，即金末将领武仙；一指北天星座的"武仙座"。与日本道观收藏的《武仙》一书之"武仙"内涵皆不同。从《武仙》一书实际的仙人所指来说，这些人在中国历史上有不少也被视为仙人，如太公望、张良、关羽等；但更多是被视为重要历史人物，如谢玄、孙武、吴起等。所以，在中国没有类似的著作，日本的《儒仙》《武仙》二书，在道教海外发展中，无疑是一种创新。

（二）挂轴彩色众神画

在日本道观中，除了在《异形仙人绘本》之类书册里可以看到诸多神仙人物画之外，还有相当丰富的彩色挂画（图5—1）。这些挂画，就题材内容看，可分为"天神地祇""修行神仙"与"道意情境"三大系列。挂画大多为近、现代作品，艺术和文物价值一般，但作为日本收藏的中国道教图画，其背后所蕴藏的文化交流意义颇大。这一点在日本道观收藏的大部分道教挂

---

① （宋）朱熹撰：《四书章句集注》，中华书局1983年，第87页。

图 5—1　日本道观收藏供奉神像挂画的大殿

轴彩画中具有普遍性。

1.天神地祇

所谓"天神地祇"即天上与地上众神。就天神系列而言，日本道观收藏的作品包括：元始天尊、灵宝天尊、道德天尊、玉皇大帝、紫微大帝、玄天上帝、太乙救苦天尊、普化天尊、天地水三官大帝、护法天尊、康元帅、赵元帅、高元帅、殷元帅、朱衣天神、金甲大神、龙天君、虎天君、雷公、电母、风伯、雨师以及朝元图等。就地祇系列而言，日本道观收藏的作品包括冥王十殿诸神。此类作品属于肖像画，大多为单神，也有多位神仙共处一图的，没有落款，大抵是为道教法事活动需要而临摹的。就纸质与画面来看，这类作品看起来较新，故而其时代较近，基本上是近几十年来的画作。

日本道观收藏的天神地祇作品，在形象上严格遵循古法，依道教神明体制而画。例如元始天尊、灵宝天尊与道德天尊（图5—2），作为道教最高级别的三清尊神，其衣着都有八卦，依照乾坤、坎离、震巽、艮兑顺序布列，头部后方都有光圈，体现了庄严肃穆与灵异的特质。当然，作画者也注意到个性特征的刻画，例如手势与器物的佩带，元始天尊手上无器物；左手掌心朝上，右手掌心朝下；食指与小指伸直，中指与无名指与大拇指相扣，两手呼应，形成抱太极之状。灵宝天尊两手抱着一朵莲花，但手势则与元始天尊相反，左手在上，用中指、无名指及大拇指勾住莲花的茎，右手的食指与拇指托住莲花茎的后部分。道德天尊手持阴阳扇，手势与灵宝天尊相反，左手

图 5—2　元始天尊、灵宝天尊、道德天尊

在下，右手在上，这刚好回到了元始天尊的手势样态，在哲理上体现了"正反合"的回转。

再看玉皇大帝（图 5—3），其头部之后也有光圈，这是高品阶天神的共有特征，但他头上戴着冕旒，手持玉版，胸前有玉带。日本道观所收藏

图 5—3　玉皇大帝

图 5—4—1　朝元图

图 5—4—2　朝元图

的两幅玉皇大帝像，都不是正面的，而是侧面的。二图悬挂起来恰好是相向而坐的姿态，一应装饰、人物形态、眉目均完全相同，仅设色有别。二图中的玉帝均穿龙袍，一为纯黄色，一为黄褐色，显得颇为庄重，其胯下露出老虎胡须，暗示其坐骑是老虎。

日本道观收藏有《朝元图》6 幅，一幅神数为 14 位（图 5—4—1），四幅为 16 位（图 5—4—3、图 5—4—4、图 5—4—5、图 5—4—6），另有一副为 15 位（图 5—4—2）。均按 s 形构图，以云为分界，神分两层排列，居于上层者为三位天神，或抱拳，或操弄乐器，或抱持武器；下层所布列又分两排，多持玉版，为凡间修行有成

图 5—4—3　朝元图

图 5—4—4　朝元图

而升仙者，向天神朝拜，故称"朝元"。

我国自古就有朝元图这种题材的画作，最为著名的是永乐宫壁画《朝元图》（图 5—5），以及北宋著名画家武宗元等作的《朝元仙仗图》（图 5—6）。《朝元仙杖图》系一卷壁画样稿，描绘五方帝君率领众神仙朝觐最高神

元始天尊的场面。全卷有 87 位神仙，队伍浩浩荡荡，绘画技巧相当之高。永乐宫的朝元图在永乐宫的三清殿内，场面更是壮阔，画幅高 4.4 米，长 97 米，主尊人物高达 3 米，最低的也有 2 米，共绘神仙近 300 人。形态各异，栩栩如生，艺术造诣相当之高，是目前留存下来的最精彩元代壁画。

图 5—4—5　朝元图　　　　图 5—4—6　朝元图

　　从人物形象、题材等方面来比较，可知日本道观收藏的 6 幅《朝元图》大抵是效法我国古代道教"朝元图"之画风和题材，但人物少了许多，色彩也比较艳丽，系今人依照古本变通而成。画作线条流畅，人物形象也颇生动，但与国内所存的两幅朝元图相比，不仅气势少了许多，仙人的烟火气也非常明显，图画的氛围少了庄严肃穆的仙气，倒是多了许多热闹喜庆的感觉，显然是迎合民间信众心态而创作的，民俗画特质明显。

图 5—5　朝元图　局部　永乐宫三清殿壁画

　　与三清尊神等天神的单人或多人肖像画不同，日本道观收藏的地祇大多为多场面画。既有主神，又有属神，更有作为衬托的诸多鬼怪，并描绘有生

图 5—6　朝元仙杖图局部　宋　武宗元　绢本墨笔　纵 57.8 厘米　横 790 厘米　美国纽约明德堂王季迁藏

图 5—7　冥王十殿之一

动的场景等。例如冥府十殿（图 5—7），画面色彩以红黄蓝三原色为主，颜色的明度和纯度都很高，使得画面看起来非常绚烂，每殿都以冥王为核心，居于上方，摆着案桌，以示审判善恶是非。冥王身后有侍者，冥王两旁有陪侍的官员；冥王案桌下方由云雾与围墙隔开，再往下看，则有惩罚恶人恶行的场面。其所惩处的典型罪行有：杀人放火、见物想贪、暗箭伤人、不孝父母、误国奸臣、见色起淫、通奸、用毒计害人、用斗不公、用水灌米、欺善怕恶、欺贫敬富、长舌妇人害人冤家、贪官污吏等；其受刑的方式包括：锯头、挖眼、火烧、磨体、椿击、蛇咬、刀铡、箭穿、车碾、寒水泡、下油锅等。冥府十王殿，通过各种不同的施刑场面，警戒世人；为恶多端，下地狱成鬼，必受惩罚，一切都有报应。

2. 修行神仙

与"天神地祇"系列基本上没有作者题款的情况相反，"修行神仙"系列作品大多有作者题款，且大多为名家。题款的作者既有中国的，也有日本的、韩国的。

所谓"修行神仙"指的是由人修炼而成的仙真或有功于社会而被尊崇的神明。前者侧重于自我性命的调理、保养，道德品质的提升，体现了比较明确的生命修行目标，并且为达到这个目标而不懈努力，实现了由人而仙的升华。例如：长寿仙翁、姜太公、老子、黄大仙等；此外，尚有一类人，他们本身在世的时候并没有成为仙真的追求目标，而是基于社会道德要求和使命感，作为社会一员而尽责工作，在立功、立德、立言的某一方面或者三个方面作出杰出成就，成为人们效法的榜样，在离开人世之后被后人尊奉为神，享有祭祀香火，诸如：福禄寿三神、关帝等。

今兹举数幅，略作介绍。

（1）五老观太极。

该作品为竖幅挂轴画像，题"庚寅年荷夏小仙写"，并有"吴伟"印章一枚。此所谓"小仙"名吴伟者，即明代的吴伟（1459—1508），江夏（今属湖北武汉市）人。据李濂《嵩渚文集》卷八十八等文献记载，吴伟年幼丧父，后来湖广布政使钱昕收养了他，随之而到江苏常熟。据说，他从小即展露出惊人的绘画天赋。7岁作画题字曰：白头一老子，骑驴去饮水。岸上蹄踏踏，水中嘴对嘴。其聪明悟性令老师惊讶。17岁时，吴伟即闯荡南京，得成国公朱仪赏识。朱见其画，飘逸傲骨，惊呼为"小仙人"，从此吴伟便以"小仙"自号。1480年，吴伟至北京，时仅20岁，即已名声播扬。明宪宗召见他，授予锦衣卫镇抚官衔；与此同时，还颁给他"画状元"印章，令其供职画院。相传吴伟好剧饮狎妓，人欲得吴伟画者，则载酒携妓前往。一日正醉而被诏，吴伟蓬首垢面，曳破皂履，踉跄而行，中官扶掖入殿。皇帝见之大笑，命作《松泉图》。吴伟跪翻墨汁，信手涂抹，霎时风云唰唰惨惨，生于屏障间，左右无不动色，明宪宗看了以后赞叹其笔墨就像仙笔一样，足见其画气势之豪放。吴伟既工山水，亦擅长人物神仙画。

吴伟的主要作品有《采芝图》《仙踪侣鹤图》《芝仙图》《溪山渔艇图》《雪渔图》以及白描《人物图》《神仙图》等。吴伟的作品大多以道教神仙为题材或者表现神仙文化思想。顾名思义，"仙踪侣鹤"就是描写神仙踪迹，而以瑞鹤为伴侣；"芝仙"即采灵芝服食的神仙，而《神仙图》则更是直接以神仙为题材，表现其超脱凡尘的思想。由此可以看出吴伟对神仙文化是颇为雅好的。

这幅《五老观太极》中，所谓"五老"，指的是道教的五位尊神：北方洞阴朔单郁绝五灵玄老君，简称"灵玄老黑帝君"；南方梵宝昌阳丹灵真老君，简称"丹灵真老赤帝君"；东方安宝华林青灵始老君，简称"青灵始老苍帝君"；西方宝金门皓灵皇老君，简称"灵皇老白帝君"；中央玉宝元灵元老君，简称"灵元老黄帝君"。这幅作品并非只是写形，而是通过具体神仙形象，以表现一种深刻的哲理。"五老"具有深刻的象征意涵。首先，他们代表的是天地五方——北、南、东、西、中，而五方的背后则是水、火、木、金、土这"五行"；再进一步追溯，"五行"又与人体五脏——肾、心、肝、肺、脾——相对应。从这个意义上看，"五老"可以说就是人体五脏的法象，即生命灵动的外化表征。至于"五老"所观之"太极"，也寄托着道教的深刻哲理。本来，《周易》有所谓"太极生两仪，两仪生四象，四象生八卦"之说，而老子《道德经》则有"复归于无极"之说。按照道教的理念，"无极"乃是宇宙化生之前的混沌状态，它是无形无相的，故而谓之"无"。此"无极"外静而内动，一动而"阳炁"生，谓之"道生一"，亦称"玄光"，位于北方，于五行属水；动而复静，外动

图5—8　日本道观所藏《五老观太极》

内静，归于南方，于五行属火，谓之"一生二"，兆炁发萌，故为"太初"；静极复动，运于东方，于五行为木，谓之"二生三"，始炁化生，故为"太始"。当此之际，"玄""元""始"三轮周备，炁、形、质共包，未曾分离。三炁感通，静极复动，谓之"三生万物"；形朴未散，故谓之"太素"。运于西方，于五行为金，金利而制器，器具而四象成，万物各有其极，四象归元，故为"太极"，此太极居中，而为"土"，以中制外，观物回返。故所谓"五老观太极"者，即要复归于"无极"。由此看来，《五老观太极》乃是道教宇宙化生论与生命修炼学的艺术表征。

正因为"五老观太极"这一意向思想深刻，后世模拟、演绎者多，以至于真假难辨；《五老观太极》一图，国内亦有藏友收藏，且有众多仿图流传，并有题名沈周的《五老观太极》（低仿作品），与此图都具有极大的类似性。国内该画构图设色与日本道观所藏大同小异，但细节相差甚大，至少必有一假。国内藏品品相略有破损，颜色更为古朴。国内仿品衣服丝绦颜色类似日本道观所藏，但题名的"五"字更近似国内藏友所藏本画。从设色和行笔来看，虽不能断定国内藏友所藏为真，但日本道观所藏本画极有可能为假。且其作者是否是吴伟尚且存疑。因有关吴伟的资料未明确显示其画过《五老观太极》，且从画技来看，比对吴伟目前存世的作品，此《五老观太极》风骨相差甚远，不像是一代大师手笔。但不论情况如何，日本道观收藏的这幅《五老观太极》表明了道教在发展过程中逐步形成了大道学说与修炼法门相统一的思路，也表明了中国文化和中国道教在日本国的传播和影响。

（2）神农尝百草

竖幅挂轴画像（图5—9），作者为"邨艾峨士洋"，生平不详。该幅画之上方有题记曰："尝百草，始医药，滋味水泉之甘苦，令民知所避矣。虽同人能受之而生病，历试之者何也？孰能以气味记得之者？比比皆是设生知之。圣虽不尝，可知复生之乎？我谨守吾口而已。宽政七年，岁次乙卯，夏日翰于閩阖眼科。冈墅边氏　邨艾峨士洋"。从这个题记的"宽政七年"可知，此图作于1795年，而作者应该是一个医生。因为题记标示了地点是

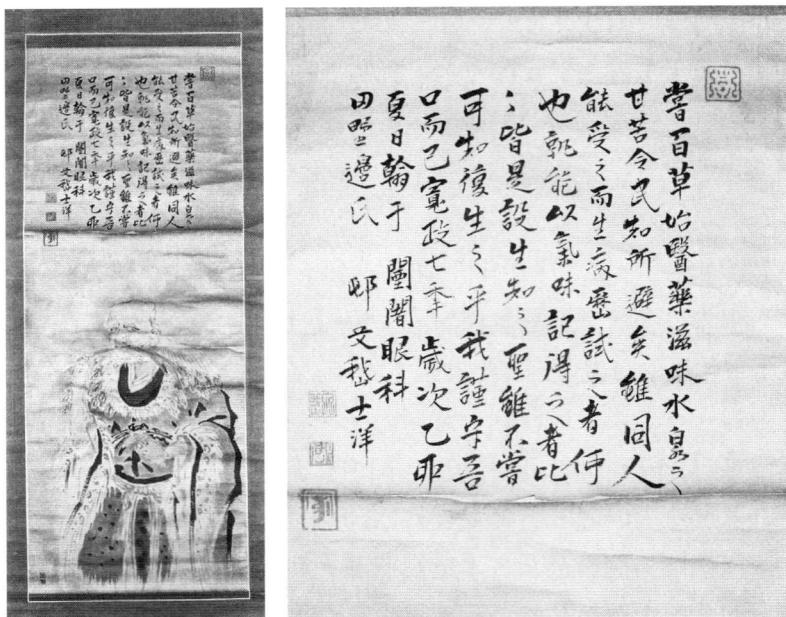

图 5—9　日本道观收藏《神农尝百草》图

于"闉阓眼科"，这又进一步透露，其作者很可能是以五官科为专业的。

日本医生画神农，这是有特定文化背景与缘由的。众所周知，神农在古代东方不仅是农耕文化的象征，也是医药知识的代表。《史记·集解》班固曰："教民耕农，故号曰神农……"《史记·正义》引《帝王世纪》曰："神农氏，姜姓也。母曰任姒，有蛴氏女，登为少典妃，游华阳，有神龙首，感生炎帝。人身牛首，长于姜水。有圣德，以火德王，故号炎帝……又曰列山氏。"[①]《淮南子》记载："于是神农乃始教民播植五谷……尝百草之滋味，水泉之甘苦，令民知所避就。当此之时，一日而遇七十毒。"[②] 传世的《神农本草经》也表明了神农在医药学的巨大贡献。正因为如此，神农又被尊为"药王"，而道教则将之列入神仙谱系中，作为药神朝拜。随着中国传统农学与医药学在日本传播，神农也在日本享有很高地位，日本每年都要举行神农祭

---

① （汉）司马迁撰，（宋）裴骃集解，（唐）张守节正义：《史记》，北京：中华书局 1959 年，第 1 册，第 3—4 页。

② 张雙棣撰：《淮南子校释》卷十九，北京大学出版社 1997 年，第 1939 页。

祀典礼，足见其影响之大。由此，神农也就成为日本绘画的题材，很多画家都创作了关于神农的画像（图5—10）。出自医生邨艾峨士洋之手的这一幅神农画像，线条古朴粗放，虚实对比鲜明，写意重于画形。画上的神农跟其他神农图类似，嘴里咬着一根草，穿着朴素，神态谦恭，看起来非常亲切。

（3）老子出关。

竖幅挂轴画像，题"老

图5—10　日本道观收藏的另外两幅《神农尝百草图》

子出关辛丑年秋月清溪樵子钱慧安写"，有一外圆内方铜钱印，并篆书方印"慧安"（图5—11）。

钱慧安（1833—1911），初名贵昌，字吉生，号清路渔子，一号清溪樵子，室名双管楼，上海高桥镇人，出身农家，自幼学画传神。清朝海派画家的代表之一，其弟子众多，被称为钱派创始人，因与一众画家在上海城隍庙鬻画自给，时人称之为"城隍庙画派"。钱慧安本人有许多以道教神仙为题材的作品，例如《麻姑献寿》《钟馗嫁妹》《桃源问津》《财神》《寿星》《控鹤仙人》等，都是该领域的代表作。从这种情况看，钱慧安创作《老子出关》在情理之中。

作为道教的祖师，老子向来为画家们所关注。自魏晋以来，以老子出关为题材的作品不少，例如宋代晁补之的《老子骑牛图轴》、宋代马远的《老子骑牛图》、明代张路的《老子骑牛轴》、清代黄慎的《老子出关图》等堪称名作。历代所画的老子出关的中国画，基本以唐代著名画家吴道子所画老子像为蓝本，演绎老子骑牛过函谷关的故事，或画老子单独骑牛行进，或

图 5—11　日本道观收藏《老子出关图》

画老子骑牛而牛童牵引；老子乘坐的牛，形态也各不一样。有的是犀牛（独角），大多为水牛。

日本道观收藏的这副题署"钱慧安"的《老子出关图》尽管有前代同类题材作品为借鉴，但也颇具特色。此前的诸多老子骑牛图、出关图，其牛头往往由东向西，也有朝正前方的；而题署"钱慧安"的这幅《老子出关图》，则让牛的身体侧东，而牛头摆西，牛童依偎于牛头，以老子头像为起点，顺着牛的脊背，再到牛头，我们可以看到一条隐性的"S"线，暗示了太极图的阴阳对应，同时这也是绘画的经典构图形态。此外，作者也注意到牛童与老子穿着服饰的对比。老子穿的是黑色正装，披着浅黄色外套，一深一浅，暗示"知白守黑"；童子上身红色，配上湖蓝的领子，对比强烈，显得活泼可爱；若把牛童与老子比照，我们又会发现：一黑一红，也形成鲜明的反差，如果说黑色代表"阴"，那么红色就代表"阳"，这也符合老子《道德经》所言"万物负阴而抱阳"。再看老子手上的拂尘朝西、侧后，而童子肩上树枝挂的两个葫芦则朝东靠前，则也是一个巧妙的对比。这种构图与色彩安排，展示了精巧的构思，也体现了作者对道家思想的谙熟。

日本道观收藏的此画，圆形钱形印章有印泥拖痕，且所盖外圆内方钱形印中空处无钱慧安常用的钱形印章中的"吉生"二字，又全画风格世俗，与钱慧安其他画作风格有较大差异。虽然钱氏画作学民间画师处甚多，但气质全不相同。而该老子出关一画，却全是民间气色。因此，日本道观收藏的这幅题为钱慧安的画作，其作者是否为钱慧安大可怀疑。因此，这幅画的意义和价值更多地体现为中日道教文化交流的载体和见证物。

（4）关帝。

竖幅挂轴画像，题"乙酉春仲千里郑重敬绘"（图5—12）。作者郑重，字千里，号无着，明末清初安徽歙县（今属安徽省黄山市）人，他善写人物与佛道像，也画山水小景。

郑重画作传世者极少，有名作《职贡图》，2008年在上海朵云轩春拍中以392万元成交。又有《江山胜览图》，2015年在嘉德春拍中以2000多万的价格成交。

《关帝图》属于单体肖像画，故而没有壮阔场面的描绘。该幅画的是关帝的站像，他右手持青龙偃月刀，左手前抬，两脚自然跨步。这种造型是有历史原型作为依据的。大家知道，关帝本是三国时期蜀汉名将关羽，原字长生，后改为云长，并州河东解（今山西运城）人，

图5—12　日本道观收藏的《关帝图》

自刘备于乡里聚众起兵时即追随之，系刘备的第一爱将。他英勇善战且有情义，战死后逐渐被神化，成为"忠义"的化身，被民间所祭祀，尊奉为"关公"。唐宋以来，朝廷对"关公"多有褒封。由于其忠义的典范意义，道教将"关公"纳入了神仙谱系，尊称"关圣帝君"，简称"关帝"，成为"忠义"善德教化的楷模，许多"劝善书"都以关帝为主神。随着时间的推移，关帝的影响越来越大。从北到南，中国广大的土地上，祭祀关帝的庙宇不计其数。这也反映到绘画、雕塑等艺术领域，成为艺术表现的一大对象。日本道观收藏的这副题署"郑重敬绘"的关帝像，是众多关帝肖像之一。这幅作品以关帝侧身转头挺立为基本造型，眉毛扬起，目光犀利，脸发红光，威风

凛凛，看起来很有震慑力。显然，这不是一般的艺术品，而是供人朝拜的神仙画像。

该画作与中国北方诸多门神类版画风格类似，具有浓厚的民俗气息。对比郑重传世之作的画风，再考虑到其画作传世的数量，该画作者之真实性令人生疑，其价值同样体现在中日文化交流上。

3.道意情境画

日本道观收藏的绘画作品中，还有大量作品虽然不属于神仙画，却有道教思想意蕴。此类作品或为人物，或为花草，或为山水，作者通过一定的场景画面来表达对"道"的感悟，颇有艺术情趣。

（1）画白石翁诗意图。

竖幅挂轴，题"沧州道人杨晋"（图5—13）。

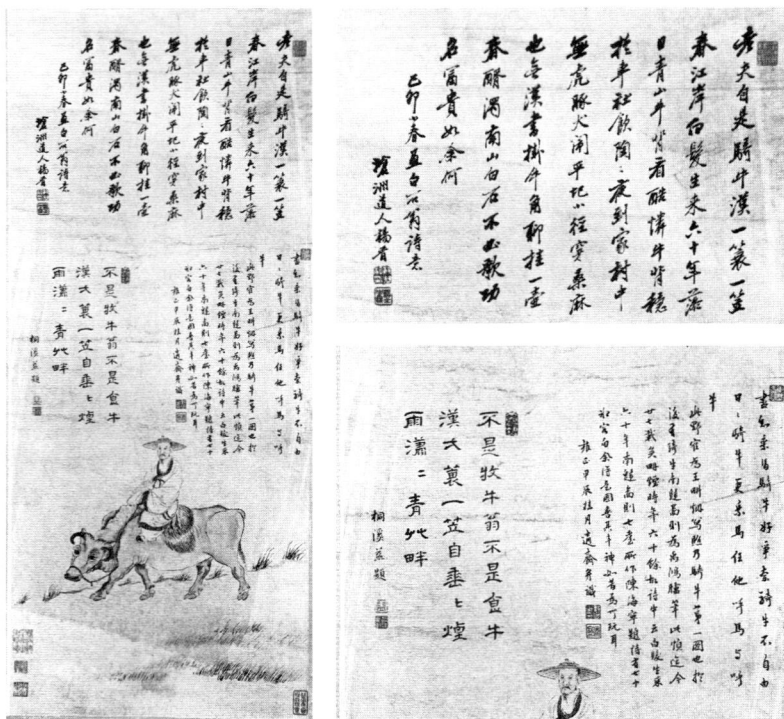

图5—13　日本道观收藏《画白石翁诗意》

　　杨晋（1644—1728），字子和，一字子鹤，号西亭，又号沧州道人、谷林樵客、野鹤、鹤道人等，江苏常熟人。他师承王翚，主攻山水画。曾与其师共绘圣祖南巡图，颇受时人赞赏。他深入观察，对农村景物颇有独特认知，其作品生活气息浓厚，尤其擅长画牛。《画白石翁诗意》即是以"牛"为主题意象。

　　其上有题记曰："'老夫自是骑牛汉，一蓑一笠春江岸。白发生来六十年，落日青山牛背看。酷怜牛背稳于车，社饮陶陶夜到家。村中无虎豚犬闹，平坦小径穿桑麻'也。无《汉书》挂牛角，聊挂一壶春醅浊，南山白石不必歌，功名富贵如余何？"其后有年庚签署："己卯小春画白石翁诗意"。

　　从这个记叙来看，上述的诗是白石翁王翚写的，而这幅图正是杨晋根据白石翁诗歌而创作的，其下尚有两人题诗并记。先是"适斋"于雍正甲辰桂月题诗云："尽知乘马骑牛好，争奈骑牛不自由。日日骑牛更乘马，任他呼马与呼牛。"随后记曰："此野隺为王，畊烟写照。乃骑牛第一图也。以后有《骑牛南归图》，则为禹鸿胪笔。此帧迄今二十七载矣。畊烟时年六十余。故诗中云：白发生来六十年。《南归图》则七鳌所作。陈海宁题诗有'七十冰容白，余得是图，喜具丰神如昔，为可玩耳。"适斋的题诗与记并不是在杨晋作画时就写上的，而是在相隔27年之后才写的。他的诗以闲暇笔触写出了杨晋所画"骑牛图"的思想情趣，而其记则陈述了杨晋与其师王翚的关系。其中的"畊烟"即指王翚，他的许多作品往往以"畊烟散人"或"畊烟外史"落款，让人感觉十分洒脱，适斋这段题记活脱脱地把杨晋的画意充分地揭示出来。接下来更有桐溪益题诗云："不是牧牛翁，不是食牛汉。弋蓑一笠自乘乘，烟雨潇潇青草畔。"将桐溪益与适斋的题诗与记衔接起来，我们再欣赏杨晋所作的"白石翁诗意"，就更加能够领悟其师雅好农耕风貌道家烟霞了。

　　此图原作收藏于北京故宫博物院。日本道观收藏此图当是仿制品。虽然如此，也反映了杨晋这幅作品颇受后人推崇与喜爱的情状。

　　（2）壶中乐境。

　　这幅画以葫芦作为基本架构，主人公卧于葫芦之中。其下有题写谓："从

图 5—14 日本道观收藏的《壶中乐境图》

心所欲不起身，通适逍遥令我灭。闲卧枕书安乐境，长生何必羡神仙？"其后有《记》曰："大正癸亥，盂兰盆会日，自写并题于无量寿佛堂，八十有八叟，铁斋炼。"题字的右上角有"今古同心"椭圆小印一枚，左下角有方印两枚，上为"福冈百炼"，下为"无量寿佛堂"。

铁斋炼这幅画作于晚年。他以写意方式来表达闲适安乐，体现了一种大道自然、人性自然的理念。这个巧妙的构思与画面布局，令人想起了中国流传已久的壶公故事。唐人李商隐《题道静院》中的诗句：

> 紫府丹成化鹤群，青松手植变龙文。
> 壶中别有仙家日，岭上犹多隐士云。
> 独坐遗芳成故事，褰帷旧貌似元君。
> 自怜筑室灵山下，徒望朝岚与夕曛。①

这首诗最重要的是应用了"壶公"的故事传说。根据《后汉书·方术传下》所载，费长房为市吏之时，有卖药老翁，"悬一壶于肆头，及市罢，辄跳入壶中。市人莫之见，唯长房于楼上睹之，异焉，因往再拜奉酒脯。翁知长房之意其神也，谓之曰：子明日可更来。长房旦日复诣翁，翁乃与俱入壶中。唯见玉堂严丽，旨酒甘肴盈衍其中，其饮毕而出"。② 相传费长房之师张申亦常夜宿壶中，中有天地日月。这个壶器传说当是李商隐所构想的壶中仙境之

---

① （唐）李商隐著，（清）朱鹤龄笺注：《李商隐诗集》，上海古籍出版社 2015 年，第 258 页。
② （宋）范晔撰，（唐）李贤等注：《后汉书》，北京：中华书局 1965 年，第 10 册第 2743 页。

所本。对照一下中国的壶公故事，再看看铁斋炼的《壶中逍遥》，我们可以发现：道教追求的洞天福地的空间场景得到了巧妙的借鉴。在古老的壶公传说里，表面看起来很小的壶，其内在的世界却是无比的广袤，置身其间，心旷神怡。铁斋炼画作虽然不是用"壶"来表现内在空间，而是用葫芦作为"安乐境"的表现框架，但其追求幽雅的精神却是一致的。当然，铁斋炼并不是为了表现神奇，更不是在追求法术的效果，而是要展示生活的"自在"，其立意就在一个"闲"字，用笔简练、老到、干净、利索，虽是随意而写，却能够把一种生活快意生动形象地展露出来，真可谓独具匠心。

作者铁斋炼（1837—1924），出生于日本京都的富冈家，父亲是一位法裔商人，好学而知书达理，且十分重视子女教育。铁斋炼年轻时名道辅，自幼雅好绘画。京都福冈家世代尊尚中国明代著名学者王阳明，奉"石门心学"为家学。在铁斋炼还很小的时候，其父将之送到野之口隆正门下学习日本传统文化，后又开始在岩垣洲及春日潜庵处学习汉语和阳明心学。由于有了这种教育背景，铁斋博学多识，能够参悟天地常理，尤其对道教之学更有浓厚兴趣，他后取名铁斋炼本身就是一个例证。对道教的兴趣和研究是他的作品能够具有深刻思想的一个基础。

从其生活经历看，铁斋炼早先并没有选择绘画专业。他喜欢读书，绘画只是他的一种业余兴趣，或者说是一种充实生活的精神需求。他每日读书、作画，却不以画为画，而是为了表达心中的某种领悟、某种思考。然而，正是如此无心于画，使得他的作品真正浸透了自我的真挚情感，从而具备了独特魅力。

以上两幅作品，一幅来自中国，一幅产生于日本本土。姑且不论其真伪，就其思想内涵和表现手法看，都体现了道家"养性修真"的思想意境，表达了混沌"大道"就在生活中，热爱生活、表现生活，这就是道家情怀、道家格调、道家审美精神的寄托。

二、造像

日本道观在汇聚了大量画作的同时，也收藏了数量众多的造像。所谓"造像"就是通常说的塑造物体形象，也就是用泥塑成或用石头、木头、金属等雕铸的形象。早在三国时期，魏朝的曹植在其《宝刀赋》里便有这样的说法："规圆景以定环，揽神思而造象。"[①] 其中所谓"象"与"像"相通，因此曹植讲的"造象"也就是"造像"。如果说，"造象"之题材内容具有更广泛的包容性，那么，"造像"或许更偏重于人物造型，引申开来，神仙、佛祖等也是在此范围之内的。

正如绘画系列一样，日本道观收藏的造像，其题材也是相当广泛的，既有天神也有地祇，既有男神也有女仙；其来源不一，或从中国、韩国传入，或由日本本地造就。兹举数例，略为评述。

（一）二十八星宿神

日本道观英彦山主殿排列于太上老君两侧的28尊神像（图5—15—1、2），据现任住持早岛妙听道长介绍，系该道观开创者早岛天来（正雄）在台湾民间发现的，而后遵照仪轨请来，安放有年。该组造像时代不明，大约为清末民国时民间所造。28尊神像形态各异，有的戴帽、有的长角、有的四只手，不一而足。每个神像的背后均有一小木格，里面放有五色丝线、花生、香料，以及一枚光绪通宝铜钱，代表着造像者祈求平安、健康、富有。

在中国文化史上，二十八星宿由来甚早。《诗经》《尚书》等经典文献涉及了"二十八星宿"中的某些星辰名称。湖北随县出土的战国时期曾侯乙墓漆箱，已有完整的二十八宿名称。按照东西南北方位，该墓漆箱以青龙、白虎、朱雀、玄武四神兽统摄二十八星宿。东方苍龙七宿：角、亢、氐、房、心、尾、箕；北方玄武七宿：斗、牛、女、虚、危、室、壁；西方白虎七宿：

---

① 傅亚庶注译：《三曹诗文全集译注》，长春：吉林文史出版社1997年，第766页。

图 5—15—1　日本道观收藏 28 星宿神像之一

图 5—15—2　为神像背后小格中所藏物品

奎、娄、胃、昴、毕、觜、参；南方朱雀七宿：井、鬼、柳、星、张、翼、轸。二十八宿本出于天象观察，被广泛地运用于航海、医药、农学等领域，在文化史上占据相当重要的地位。汉代以来，"二十八星宿"作为一种文化传统的积淀，逐渐符号化，无论是文学作品，还是星占、星命、风水、择吉等术数法式体系里，"二十八星宿"都频频出现。在不同领域中，"二十八星宿"被赋予不同内涵，其内容变得异常庞杂。在道教三洞四辅十二类的经典文献里，"二十八星宿"出现的频率也是很高的。道教认定：在"二十八星宿"中，都有神明居处，于是便有"二十八星宿之神"。《云笈七籤》卷二十四《二十八宿》称：

　　甲从官阳神也，角星神主之。阳神九人。姓宾名远生，衣绿玄单衣，角星宿主之。乙从官阴神也，亢星神主之。阴神四人，姓扶名司马。马头赤身，衣赤缇单衣，带剑，亢星神主之。丙从官阳神也，氐星神主之。阳神十三人，姓王名师子。衣青纱单衣，氐星主之。丁从官阴神也，房星神主之。阴神八人，姓洪名寄生，衣绛绯单衣，房星神主之。戊从官阳神也，心星神主之。心星火也，为工，故在东方，阳神五人，姓女名涂祖，牛头人身，衣黄单衣，带剑，心星神主之。已从官阴神也，尾星神主之。阴神十一人，姓涂名徐泽。兔头人身，衣青单衣，尾星神主之。庚从官阳神也，箕星神主之。桑木者，箕星之精也。阳神十一人，姓元阙名仲，衣飘飘玉纱单衣，箕星神主之。辛从官阴神也，南斗星神主之。阴神四人，姓阳名多，衣青单衣，持矛，南斗星神主之。壬从官阳神也，牛星神主之。阳神十二人，姓柳名将生。衣绛玄单衣，牛星神主之。癸从官阴神也，女星神主之。阴神姓刁名徐字郁子，犬头人身，女星神主之。寅从官孟神也，虚星神主之。槐者，虚星之精也。孟神四人，姓木名徐他。鼠头人身，衣银黑单衣，带剑，虚星神主之。卯从官仲神也，危星神主之。仲神十一人，姓刘名归生。衣琼纹单衣，带剑，危星神主之。辰从官季神也，营室星神主之。营室之内，五色杂神。营室，天子受命之司，水官星神主之。季神八人，姓吕名升，衣黄锦单衣，营室星神主之。巳从官孟神也，东壁星神主之。孟神七人，姓石名苏和，豕头人身，衣黑单衣，带剑，东壁星神主之。午从官仲神也，奎星神主之。仲神六人，姓黑名石胜。衣丹纱单衣，带剑，奎星神主之。未从官季神也，娄星神主之。季神十三人，姓竺名远来。衣流荧单衣，娄星神主之。申从官孟神也，胃星神主之。孟神八人，姓冯名谢君。衣流黄单衣，带剑，胃星神主之。酉从官仲神也，昴星神主之。仲神四人，姓张名弩小。衣绿青单衣，昴星神主之。戌从官季神也，毕星神主之。季神姓桑名公孙，带剑，衣白毛单衣，毕星神主之。亥从官孟神也，觜星神主之。孟神十一人，姓王名平，衣龙青单衣，觜星神主之。子从官仲神也，参星神主之。仲神八人，姓铜名徐舒，衣黄绯单衣，带剑，参星神主之。丑从官季神也，井星神主之。季神九人，名博阳，衣黄水单衣，带剑，能致凤凰玄武，东井星神主之。震，乾之长男也，鬼星神主之。长男神五人，姓作名涂于。蛇头黑身，带剑，衣赤野单衣，鬼星神主之。坎，乾之中子也，柳星神主之。中男神四人，姓角名石襄，羊头人身，衣黄韦单衣，柳星神主之。

艮，乾之少子也，七星神主之。少子神五人，名胜子。衣飞霞单衣，七星神主之。巽，坤之长女也，张星神主之。长女神五人，姓李名神子。衣赤血单衣，张星神主之。离，坤之中女也，翼星神主之。中女神十人，姓张名奴子。衣赭黑单衣，带剑，翼星神主之。兑，坤之少女也，轸星神主之。少女五人，姓符离，名苏子。衣流黄单衣。①

从上面这篇记录可以看出，宋代以前道教"二十八星宿"就并非只是星辰名称，而是具有"神"的特质。《云笈七籖》编纂者不仅完整记录了"二十八星宿"的神明体系，而且将十天干、十二地支以及八卦中的"震、坎、艮、巽、离、兑"六个"子女卦"对应起来；其中既有男神，也有女真。

道教的二十八星宿神明信仰，在宋元以来的历史文化中影响很大。尤其是在小说名著里，"二十八星宿神"通过人物故事来烘托，更加强了其具象性。例如《封神演义》中的人物就按二十八星宿来构建：角木蛟柏林，斗木犴杨信，奎木狼李雄，井木犴沈庚，牛金牛李弘，鬼金羊赵白高，娄金狗张雄，亢金龙李道通，女土蝠郑元，胃土雉宋庚，柳土獐吴坤，氐土貉高丙，星日马吕能，昴日鸡黄仓，虚日鼠周宝，房日兔姚公伯，毕月乌金绳阳，危月燕侯太乙，心月狐苏元，张月鹿薛定。除此之外，《封神演义》又设水火二部正神管事。其中，火部正神为：尾火虎朱招，室火猪高震，觜火猴方贵，翼火蛇王蛟；水部正神为：箕水豹杨真，壁水㺄方吉清，参水猿孙祥，轸水蚓胡道元。在《水浒传》里，也有类似的安排：角木蛟孙忠，亢金龙张起，氐土貉刘仁，房日兔谢武，心月狐裴直，尾火虎顾永兴，箕水豹贾茂，斗木獬萧大观，牛金牛薛雄，女土蝠俞得成，虚日鼠徐威，危月燕李益，室火猪祖兴，壁水㺄成珠那海，奎木狼郭永昌，娄金狗阿哩义，胃土雉高彪，昴日鸡顺受高，毕月乌国永泰，觜火猴潘异，参水猿周豹，井木犴童里合，

---

① （宋）张君房《云笈七籖》，北京：中华书局 2007 年，第 550—552 页。

鬼金羊王景，柳土獐雷春，星日马卞君保，张月鹿李复，翼火蛇狄圣，轸水
蚓班古儿。这种安排，既传承了道教的"二十八星宿"信仰，又让具体的故
事人物展示了神圣性和灵异性。

结合中国道教文献与小说史料，我们就不难体会日本道观祈请、供奉
"二十八星宿"的文化史根据了。

（二）真武大帝与妈祖

日本道观收藏的造像中，有两尊铜制神像尤其引人注目：一是真武大帝
像，二是妈祖女神像（图5—16、图5—17）。

图 5—16　日本道观收藏·真武大帝像　　图 5—17　日本道观收藏·妈祖像

真武大帝造像，其基座刻有"玄武祖师"四字，背面则刻"真武大帝"，
底部有"大明宣德年制"。此造像为坐式，两手平放于膝盖上，腰部有玉带，
脸颊比较饱满，胡须垂至玉带上方，视线略微朝下，神态平静，显得谦恭亲
和。从背面看，可见两耳垂肩，满头长发延至夹脊，含胸拔背。其座椅背部

有先天八卦太极图，昭示其为天神之特质。

真武大帝又称玄天上帝、佑圣真君玄天上帝、荡魔天尊、九天荡魔祖师、无量祖师，真武荡魔大帝等。其原型当是北方辰星。《太上玄灵北斗本命延生真经》称："老君曰：北辰垂象，而众星共之。"注谓："北辰者，北帝也，一名北极，亦号太辰。"① 所谓"北辰"在历史上有不同理解，一指北极，另一则指北斗。故注者言，"北斗为万象之尊，魁罡运转，昼夜常轮，则众星皆随斗柄而行。曰北辰者，即北斗也。北斗七星在太微之北微垣，北极之前，魁四星为璇玑，杓三星为玉衡。所谓璇玑玉衡以齐七政也。"② 这段话将北斗的运行与为政关联起来，说明中国古代政治体制与政治活动曾经从天象中获得某种启发。

尽管"北极星"与"北斗星"在天象意义上是两种客体存在，但在道教信仰中，二者都获得"北帝"的称呼。这就是说，"北帝"这个神性符号在不同场合代表着不同的天体，但随着时间的流逝，其意义逐渐含混。故而作为北帝化身的"玄武"之内涵也就复杂化了：就五行属性而论，"玄武"属北方之水，因此又有水神的功能。早在先秦时期，"玄武"已经具备了神格。屈原《楚辞·远游》篇有"召玄武而奔属"③ 之句，反映"玄武"在战国以前已经受到崇拜了。东汉以来，"玄武"更成为道教的天上尊神。按照《太上说玄天大圣真武本传神咒妙经》《玄天上帝启圣录》等道经的描述，玄武大帝是太上老君第八十二次变化的身形，托生于大罗境的无欲天宫，系净乐国王善胜皇后之子。皇后梦而吞日，觉而怀孕；经十四个月，降诞于王宫。长成之后，辞父母，舍家居，入武当山，潜修道法，历四十二年而功成果满，白日升天，玉皇有诏，封为太玄，镇于北方，故有玄武大帝之称。唐宋以来，"玄武"信仰发生了一些变化。社会上虽然仍有"玄武"的称呼，但"真武"却更加流行。按《集说诠真》的记载，由"玄武"演变为"真武"据说是避宋真宗之讳（宋真宗名玄休、玄侃）；不过，《朱子语类》却说，"真

---

① 《太上玄灵北斗本命延生真经注》卷二，《道藏》第 17 册，第 16 页。

② 《太上玄灵北斗本命延生真经注》卷二，《道藏》第 17 册，第 16 页。

③ 董楚平译注：《楚辞译注》，上海古籍出版社 1986 年，第 203 页。

武"神称，是因为避宋圣祖赵玄朗之讳而起的。不论哪一种说法，都说明"真武"神称的确是由避讳引发的。

日本道观收藏的这尊真武神像底座所刻的铸造时间为"大明宣德年"，即公元1426—1435年，正是中国社会崇拜真武大帝达到高潮的时代。史载，明朝初期，朱元璋的儿子燕王朱棣发动"靖难之变"，夺取了皇位。据说在燕王夺权过程中，得到了真武大帝佑助。故而，朱棣登基后，即敕封真武为"北极镇天真武玄天上帝"。不仅如此，他还发布诏书，在武当山大规模修建宫观庙堂，先后建成二观、八宫、十二亭、三十六庵堂、三十九桥、七十二岩庙的庞大道教建筑群。其中，最重要的举措就是在武当山的天柱峰顶修建"金殿"，奉祀真武大帝神像。由于帝王的大力提倡，武当山成为举世闻名的道教圣地，真武大帝信仰在明代也达到了鼎盛，宫廷内和民间修建了大量的真武庙。在这种背景下，各种材质的真武大帝造像应运而生，日本道观收藏的这尊"真武大帝铜像"，披发跣足，形态风格与同一时期的诸多真武大帝造像基本一致，若其确为明代塑像，则可称为明代玄天上帝信仰盛行的一个证据，凸显了明代真武信仰的风行。

在日本道观中，与真武大帝同列的尚有一尊铜铸的女神像。此神像为坐式，头戴凤冠，两手执笏，神态谦恭，为中国泉州天后宫所赠妈祖像。

妈祖信仰，起于宋代。《妈祖研究资料》记载，南宋进士廖鹏飞所撰《圣墩祖庙重建顺济庙记》中，有关于妈祖的记载，文曰：

> 里有社，通天下祀之，闽人尤崇。恢闳祠宇，严饰像貌，肖然南面……独为女神人壮者尤灵，世传通天神女也。姓林氏，湄洲屿人。初，以巫祝为事，能预知人祸福；既殁，众为立庙于本屿。圣墩去屿几百里，元祐丙寅岁，墩上常有光气夜现，乡人莫知为何祥。有渔者就视，乃枯槎，置其家，翌日自还故处。当夕遍梦墩旁之民曰："我湄洲神女，其枯槎实所凭，宜馆我于墩上。"父老异之，因为立庙，号曰圣墩。岁水旱则祷之，疠疫祟降则祷之，海寇盘亘

则祷之，其应如响。故商舶尤借以指南，得吉卜而济，虽怒涛汹涌，舟亦无恙。①

按廖氏的记载，妈祖姓林，名默，人称林默娘。生前即能预测祸福，每每应验，所以当地群众非常敬重她。"羽化升天"之后，人们建庙祀之，此后，妈祖女神的功能进一步扩大，水旱瘟疫鬼祟海盗之祸，祷之皆可以免，因此，就成了海上船舶的保护神。廖氏的记载是目前已知最早的妈祖文献，作于北宋绍兴二十年（1150）。另据《妈祖文献资料》记载，状元黄公度绍兴二十一年（1151）遭贬赴平海军（今泉州）任度判官时，曾就圣墩"顺济庙"题诗一首：

枯木肇灵沧海东，参差宫殿崒晴空。
平生不厌混巫媪，已死犹能效国功。
万户牲醪无水旱，四时歌舞走儿童。
传闻利泽至今在，千里桅樯一信风。②

从以上两个早期材料来看，人们景仰妈祖应该在宋绍兴以前就开始了。先是在妈祖故里莆田湄洲湾兴起，此后逐步向外流传，越来越得到推崇。明清两代是妈祖信仰传播海外的主要时期，尤其是郑和率领船队下西洋时，妈祖信仰在海外传播加速。作为华人移民的一个重要区域，日本在江户时代已经有妈祖信仰传入。当时的茨城县、长崎县、青森县、横滨等地均有妈祖庙。现今日本九州鹿儿岛也有妈祖庙，是400多年前在日本的林氏后人所建。一些历史较悠久的妈祖庙与日本传统神道结合，成为"天妃神社"，如弟橘比卖神社、弟橘姬神社等比比皆是，有些地方甚至形成了以日本神道仪式举行的"天妃祭"。妈祖信仰还和日本的民俗信仰相结合，在日本民间的

① 蒋维锬编校：《妈祖文献资料》，福州：福建人民出版社1990年，第1页。
② 蒋维锬编校：《妈祖文献资料》，福州：福建人民出版社1990年，第3页。

稻神社中也供奉妈祖，因为日本的稻谷在古代是从福建传入的，而运稻谷的船以妈祖为保护神，因此，妈祖就演化成为了日本稻谷的保护神。这种信仰文化需要各类妈祖造像，日本道观收藏的这尊妈祖铜像从一个侧面反映了日本社会的妈祖信仰需求。同时，这尊铜像又由妈祖信仰的老家泉州天后宫所赠，是中日道教文化交流和中日友好的鲜活存迹。

（三）湖南民间道教系列神祇

在日本道观诸多收藏品中，有一组木雕神像，体积并不高大，大多在23厘米到50厘米之间，但却栩栩如生，令人刮目相看，这就是来自湖南民间的数十尊道教神像（图5—18、图5—19）。就结构而言，这批木雕神像大部分为个体，也有两尊组合体或者三尊组合体；就姿态而言，这批木雕神像的姿态大部分为坐式，也有一部分站立者，还有一部分是骑马或者驾驭老虎等猛兽者。当然，也有一些是手抓毒蛇、跨夹大鱼者。其手势大部分是右手高举，而左手则靠在腰间，手指大多呈半握拳状态，也有伸直食指与中指者。还有一些手持器具者，其主要器具有铁杖、玉版、令牌、香炉、木碗、琵琶等，形态各异，颇具生活气息与道教法术氛围。

图5—18　日本道观收藏　湖南民间道教神像　部分　木雕

这批神像的背后大多有一个可以打开的暗盒，里面藏着记录制作缘起的纸札以及符图等。其末尾往往有时间标识，让我们得以知晓其雕刻年代以及

图5—19 图中前几排较小的雕塑为日本道观收藏湖南民间信仰神像

所雕为何神。例如来自长沙府宁乡县的一尊神像后面的暗盒里有这样一个纸条:"今呈大清国湖南省长沙府宁乡县九都三区崇德乡亨衢里朱溪保东岳庙王、受祠土地。住居信人沈蔚承发心敬雕赵公元帅财神、招财童子,金身圣像一座,自敬之后,座正家堂,通灵显应,日进千乡宝,时招万里财,长锡威光,男女处吉,降福迎祥。丹青:张少堂。光绪八年(1882)十一月初九日戌时开光,圣像大吉"(图5—20)。从这段话里可以看出,雕刻神像首先要向当境神庙主管的神明禀报。内容包括了发心敬雕者的姓名、拟雕塑神明名称、雕塑后神明拟安置的场所、愿望,最后是"书丹"者姓名以及雕刻时间。由此,我们得以知晓,这尊神像出自光绪年间。

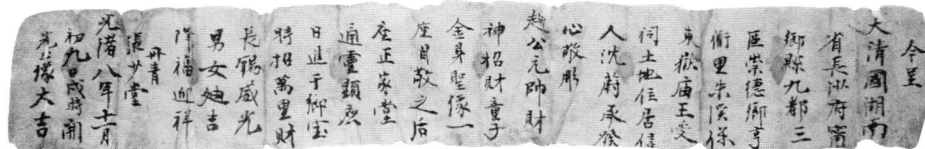

图5—20 日本道观收藏长沙府宁乡县尊神像暗盒内纸札

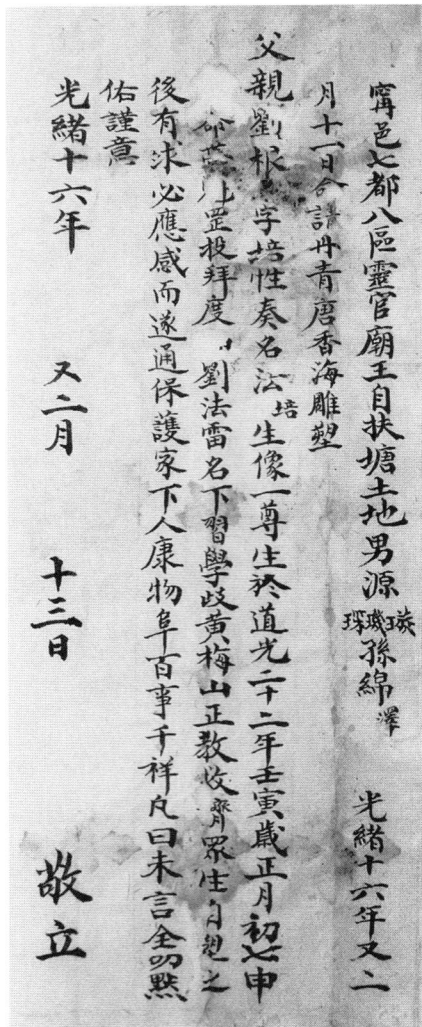

图5—21　日本道观收藏　湖南神像　道教梅山派纸札

尚有部分神像反映了道教梅山派的流布情形。譬如有一条札记谓："宁邑七都八区灵官庙王、自扶塘土地：男，源璇、源玠、源琛；孙，绵泽，光绪十六两又二月十一日，命请丹青唐香海雕塑父亲刘根，字培性，奏名法培，生像一尊。生于道光二十二年壬寅岁正月初七申时，命世爵魁罡，投拜度师刘法雷名下，习学岐黄、梅山正教，救济众生，自塑之后，有求必应，感而遂通，保护家下人康物阜，百事千祥。凡曰未言，全叩默佑。谨意。光绪十六年又二月十三日敬立"（图5—21）。文中所谓"岐黄"指的是以黄帝、岐伯为代表的中国传统医学；而"梅山正教"则是发端于湘中古梅山地区一种以瑶族信众为主的教派。该教派将古代瑶族狩猎英雄张五郎尊奉为开基神祇，在流传过程中逐步引入了道教仪轨。其传承者称之为"师公"或"道公"，这个称号本出自道教，所以该法派或称"梅山教"，或称"道教梅山派"。纸札中所言雕像神主既然是"习学岐黄梅山正教"，则其人本是梅山教信徒和教法传人。由此可见"道教梅山派"在湖南一带所具有的影响力。

这批木雕神像中所藏纸札，还有犹如拥戴神灵出巡的队列方阵图案（图5—22、图5—23）。人群中有举旗幡者，旗幡上标示"唐、陈、潘、颜"等姓氏名称，表明其信奉者是以姓氏为单位而相联结的，具有宗族信仰的特质。巡游队列中有持剑者，也有持刀戟等武器者，折射出古代狩猎的一些原始习俗。此外，尚有东西南北中排列的五方令旗，其上写着：一点东方九天兵，九九八十一万，木城兵；二点南方八玄兵，八八六十四万，火城兵；三点西方六卯兵，六六三十六万，金城兵；四点北方五连兵，五五二十五万，水城兵；五点中央三怜兵，三三如九，九十万，土城兵（图5—24）。这些札

图5—22　日本道观收藏神仙像背上内格所藏纸札

图5—23　日本道观收藏神仙像背上内格所藏纸札

图 5—24　日本道观收藏神仙像背上内格所藏纸札

子所绘方阵，不仅按照五行的程序来安排队列，而且依据道教五方真炁的运行顺序来展现神兵。此类数字在道教经典文献中的陈述有所不同，但力图调遣五方神兵来驱煞保安的精神却是一致的。

　　这批木雕神像背后的盒子中还藏有一些符。这些符有些是单独的，有些是在记录某人因某事造某神像并请某事等的纸条结尾处，以符做结。除此之外，这些盒子中还常有一个红色布或者红色纸包，内藏植物类动物类矿物类物质。如甘草、八角、海马、贝壳、珊瑚等，另多有铜钱一枚，五色线若干（图 5—25）。

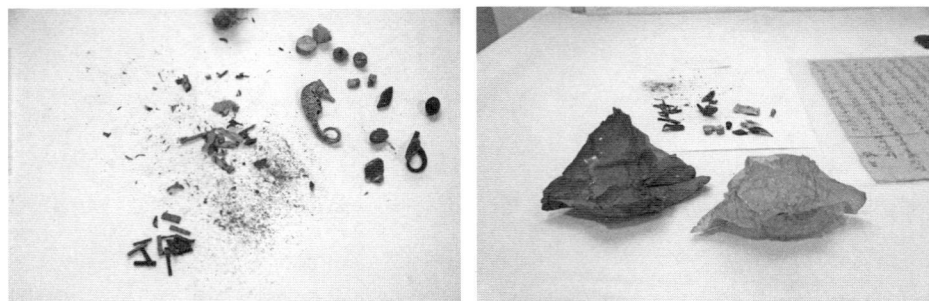

图 5—25　日本道观收藏神仙像背上内格所藏符纸及香料类物品

　　根据这些神像背后盒子内所藏纸札记录（图5—26）可知，日本道观收藏的这批湖南民间道教神像，大部分出自清代道光、咸丰之后。可见，一直到民国时期，当地依然保存着造像祈福保安的习俗传统。日本道观收藏的造像还有很多，这里陈述的只是其中几个例证，甚至可以说是冰山一角。这批收藏品，有的时间可考，有的因为神像背后小格子内所藏纸条年代久远已经破碎，或者其他原因，则难于判断。它们的造型风格，质朴简单，所画符令以及祈福字条，大多线条简单幼稚，非常原始，却透露着一种童稚之趣。祈祷文中对健康、财富、平安简单直白的祈求，更是展示了平民百姓的世俗幸福。这些造像就像一部戏，它们展示了民间艺术家们的创造力，反映了道教思想的生活根基所在，生命力之源头，更给我们展示了民间生活的简单期望。

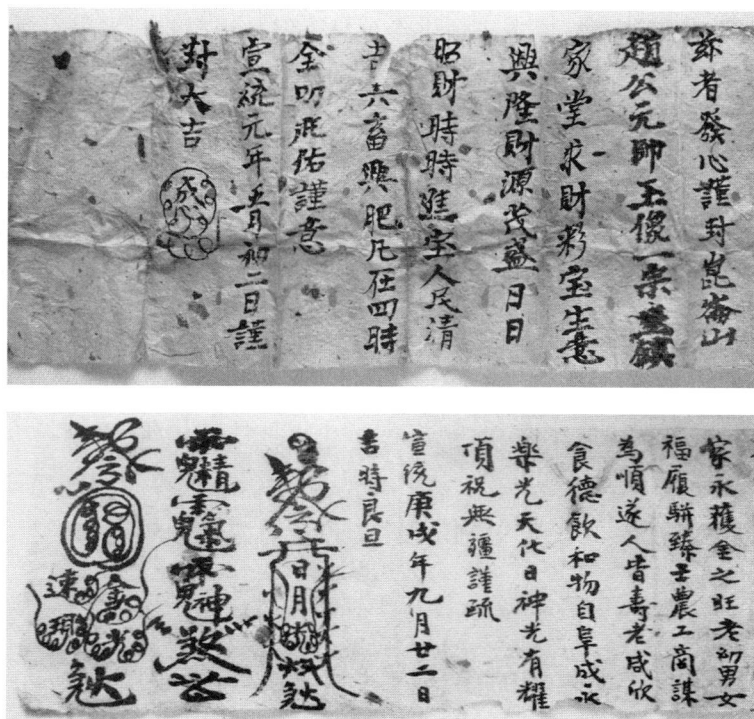

图5—26　日本道观收藏神仙像背上内格所藏纸札

日本道观中人不远千里来到中国，收藏了我国大量的道教文物，这中间有真有假，也有许多破损的。但日本国人注重传统文化，注重对历史的保存，他们内心对所有古老物质的敬畏之心，的的确确是值得我们学习和反思的。

第二节 绘马

绘马演变自将马作为祭品上供的日本道教风俗。但是，随着佛教教义在日本的广泛传播，生祭由于过于残忍而被禁止，取而代之的是把马画在木板上进行供奉。

还有一种说法是，原本应该供奉神马，但马很昂贵，平民百姓负担不起，所以在板额上画上马来代替真正的马上供。后来，人们慢慢开始在木板上描绘出各种各样的愿望来供奉，现在的日本各地都还有许多用画来表达自己的心愿的充满智慧的绘马。这样一来，具有绘画才能的人和职业画家便代替祈愿者（信徒）大量地描画绘马并贩卖。之后，制作风筝和提灯时，也有绘马的画师和手艺人活跃其中，他们被称作绘马商人或绘马师。为了能够生产出大量价格低廉的绘马，他们在创作时大多使用在墨汁中掺入胡粉（白色）、黄土（土黄色）、丹（红色）、群青（蓝色）、绿青（绿色）的廉价颜料，直接画在木板上。各式各样的绘马，不仅具有相当的艺术性，还反映和记载了普通民众的生活和愿望。日本道观就收藏了数量众多的各种绘马，包含了形形色色的人间百态，特别是与各种祭祀活动相关的场景。

一、日本道观收藏的绘马内容和分类

日本道观所收藏的绘马可以分成 16 种类别：1. 马；2. 老翁和老妪；3. 相

对而坐的一对狐狸；4.持桃的猴子；5.梭子；6.地藏菩萨；7.不动明王；8.男男女女的祭拜；9.鸺；10.各种愿望；11.神社佛阁与参拜的情况；12.源平合战；13.船；14.武士；15.大人国、小人国；16.历史性的场面。

（一）马

第一类绘马中都画着一匹马。图5—27的"白马"上，从墨书的"御崎神社"可以看出该绘马曾被供奉在御崎神社。图5—28"白马"上挂着真实的铃铛，摇晃绘马，铃铛就会叮铃作响。绘马原本起源于人们祈求降雨或雨停的活动，在吉野的丹生川上神社和京都的贵布祢神社等地，人们祈祷降雨的时候会供奉黑色皮毛的马，祈祷雨停的时候则供奉白色皮毛的马，后

图5—27

图5—28

图5—29

图5—30

图 5—31

来则演变为供奉画着马的板额。再到后来就不一定要祈雨或祈晴时才用画着马的绘马，而是任何愿望都可以通过画着马的绘马来进行表达，如图 5—29，在绘马上半部分的左右分别写着"奉纳""祈愿"，左下角写着奉纳人的姓名"高槁ちや"。意思就是这是高槁先生给神灵敬奉的马，祈祷愿望能够实现。至于高槁先生有什么样的愿望，那就只有他自己知道了。木板上描绘马的图案，成为绘马的基本款后，其颜色也不再拘泥于黑白两种，如图 5—28、图 5—31，都是画的红马。

从日本道观收藏的这几幅最基本的绘马来看，马匹都画得很健康、肥美，甚至有些夸张的肥胖。图 5—27 和图 5—30 的马匹有美丽的装饰，图 5—28 更是具有了把玩的性质，图 5—29 的马描画的像一个纯洁的精灵。图 5—30 马匹的白眼和偷偷抬起的前踢显得格外调皮；图 5—31 的马欢快跳跃，面带微笑就像一个快乐的儿童。这些画作栩栩如生，充满了画家的感情。神灵与人间的关系，由此也变得更加亲近和平常，祭祀的神圣性消融于温暖的世俗生活中。

（二）老翁和老姬

描绘老翁和老姬的绘马用于祈祷长寿。

图 5—32 的绘马从中间分成均等的两部分，左右分别画着一个穿红色上衣，白色下裳老翁和一身白衣的老姬，中有墨书："奉纳　明治廿九年拾月　次田□二"。在日本

图 5—32

234

奈良地区的习俗中，孩子出生的第一个正月，父母为祈祷孩子平安成长会向土地神供奉画有老翁和老姬的绘马。有些地方还会在结婚时供奉这种绘马。

（三）相对而坐的一对狐狸

描绘相对而坐的一对狐狸的绘马是祈祷生意兴隆、求赐子孙的供品。在日本，稻荷神是掌管五谷的神灵，后世也将其奉为能够使生意兴隆的神灵。狐狸被看作是稻荷神的使者，故人们向稻荷神许愿时，总会敬奉"狐狸"的绘马。

图 5—33

在图 5—33 的相对而坐的一对狐狸绘马中，在两只狐狸脚中央画了一颗宝珠，头上和尾巴上还画了三颗宝珠，所有的宝珠都闪闪发光，显然，这是用来祈祷生意兴隆的绘马。据了解，这一绘马是由箱根神社发售的。

（四）持桃的猴子

描绘持桃猴子的绘马用于求子、祈祷平安分娩、长生不老以及妇科病痊愈等。在日本，人们将猿猴看作山王的使者，一般用于求子。图 5—34 中还画了一个红白桃子。桃子向来被看作能使人长生不老的灵果，除了用于避邪避难之外，其形象也用于求子、祈祷平安分娩以及妇科病的治愈等。猴子最爱吃的就是桃子，绘马上这两种形象的结合是非常恰当的，这幅绘马应该祈祷的是与女性有关的主题。另外，从桃子在日本文化中代表长生不老的灵果，以及前文我们讲过的西王母

图 5—34

信仰来看，日本的绘马文化显见也受到了中国文化以及中国道教求仙思想的影响。

日本道观收藏的这幅持桃猴子绘马，配色雅致、笔意简洁、形象夸张、充满童趣、非常可爱。

（五）梭子

图 5—35

描绘梭子的绘马用来祈祷提高技艺，尤其是纺织技艺。纺织技艺的进步是日本桐生（今群马县）、足利（今栃木县）等地女性最殷切的期望，因而他们把这种类型的绘马当作供品进行供奉。

图 5—35 是日本道观收藏的一副描绘梭子的绘马。画面上有两个画成金色的梭子，一个里面画着红色的线柱，一个里面画着蓝色的线柱，因为年代比较久了，蓝色已经褪去，画面的上方画着像帷幔一样的装饰，随便点了一些红蓝点作为装饰。

（六）地藏菩萨

描绘地藏菩萨的绘马，是用于祈祷孩童不再夜啼、尿床、发脾气等的供品（图 5—36）。

地藏菩萨又被称为子安地藏菩萨、夜啼地藏等。除了可以用来祈祷孩子的平安，还可以用来祈祷孩童不再有夜啼、尿床、发脾气的情况。除此之外，日本还有很多描绘如延命地藏、拔刺地藏等各种地藏的绘马。

日本道观收藏的这幅地藏菩萨绘马以黄蓝色为主调，构图非常简单，脚踩的莲花，手拿的禅杖都以极简单线条勾勒，莲花更是简化为三瓣，人物形

象和蔼可亲，慈眉善目，男神女相，符合其
保护孩童的特征。无论是构图还是画面风格
都带着乡村画师浓厚的民俗风情。

（七）不动明王

描绘不动明王的绘马是用来祈祷驱邪避
害、远离火灾的。日本道观收藏的这幅"不
动明王像"中有墨书写道："□□（无法辨
认）五年九月　吉日""山本よね"（图5—
37）。画面以蓝黄为主色调，对比强烈。不
动明王的皮肤为蓝色，愤怒的表情象征着可
以降服恶魔，他身后是能够烧尽一切烦恼的
火焰，从这些可以体会到人们对驱邪避害、
远离火灾，以及各种心愿如愿以偿的强烈
期望。

图5—36

（八）男男女女的祭拜

描绘男男女女参拜场景的绘
马是用来祈祷各种心愿或者隐秘
不可为人知的愿望的供品，日本
道观收藏的这方面的绘马颇多。

如图5—38，描绘了一个年
轻母亲带着幼年孩子在神社祭拜
的场景，这种母子形象想必是用
于孩子自己祈愿或者是祈祷父亲
平安的绘马。

图5—37

图5—39描绘的是一个年轻女子在神社祭拜，这个女子身穿深蓝色的衣
服，神社的环境刻画相当细致。画面的左下角有墨书写道："中□□（无法

237

图 5—38

图 5—39

辨认）村大字粕礼新田　昭大内ひて　明治三十年旧（旧历）三月十八日"。参拜的女性便是"ひて"本人吧。女性参拜，往往祈祷的内容都是很忌讳被别人知道的，不过这一"女子祭拜图"中完整地记载了住址、姓名以及供奉日期，所以推测应该是普通的祈愿。

图 5—40

图 5—40 描绘的是一个男子祭拜的场景，画面非常精美，在神社的松树旁边还画了一白一红两匹非常俊美的大马，想来应该是男子与随从一起骑马而来祈祷的吧。绘马上有一些不太清晰的字迹，辨认后可知，祭拜之人是铃木平吉，他之前一直受淋病的困扰，直到在驹形神社中接到神谕，取灵木栲树的树枝煎后服用，病情得以痊愈，因此他供奉这幅绘马作为谢礼。这个诚心祈祷的男性衣襟上写着"铃木平吉"四个字，正是祭拜者本人。这幅绘马画得非常漂亮精致，祭拜的人应该是来自比较富裕的家庭。

图 5—41 的绘马上描绘的是一个艺伎，她穿着美丽雅致的服装，梳着高高的发髻，发髻上装饰着艺伎们常用的首饰，画着浓妆，神情严肃，想必是

在祈祷技艺有所进步吧。虽然此绘马没有落款，但绘画却很精湛，画面的构图、艺伎的刻画都非常生动。

图5—42的绘马上画了一对男女，他们围着火炉坐在温暖的家里，似乎在闲聊着什么。室内的陈设非常温馨整洁，两个人衣着非常美丽，表情也很平和。火炉的旁边还放着一盆绿植，绘马的右上角有墨书写道："日さかりや……"，部分字迹因为年代久远已经无法辨认了。奉纳者应该就是绘马上的二人，这两人可能是一对夫妻，从他们隔着火盆的样子可以看出他们应该是在祈祷夫妻美满、家庭和睦。

图5—41　　　　　　　　　　　　　　图5—42

（九）鵺

图5—43描绘的是《平家物语》中所记载的源三位赖政和其家臣猪早太一起射杀了怪物鵺的故事。鵺是一种头似猿、身似狸、足似虎、尾似蛇的怪物。该图蕴含着在混乱不安的幕府末期，普通民众想要消灭一切邪恶事物的心愿。另外，在速水春晓斋纂、北川春成子画的《都绘马鉴》中也记载了京都的清水寺中供奉着同样的绘马。这幅绘马的右下角有落款"为孝八十五岁

图 5—43

图 5—44

画"。这个绘马的绘画水平显然比较高超，整个画面充满张力，线条简洁富有弹性，色彩对比鲜明，用色淡雅，令人赏心悦目。

（十）各种愿望

日本道观还收藏了许多描绘各种特定愿望的绘马。

图 5—44 的绘马上用墨水写有"卯年三月雪"。画面分成三个部分，画面的左上角画着大雪中的房屋，表示奉纳的时间和因由，因为下了大雪，所以祈祷这雪能带来丰年。画面的下部画着忙忙碌碌收割庄稼的农人，正是对未来丰收景象的想象。而画面的右上角画着两个在日本非常重要的神灵：大黑天神和惠比须神。大黑天神本来自印度，是婆罗门教湿婆的变身，后被佛教吸收，成为佛教尤其是密宗的护法神，同时也是专门治疗疾病的医神。大黑天神在中国境内亦有信奉，西藏地区和清代的京城都有对大黑天的敬奉。在日本，大黑天被作为福德财神，不仅是佛门的护法神，还是掌管农业五谷丰收和财富的神，日本几乎所有的寺庙都会供奉大黑天神。他经常捧着一个金锤、米袋、钱箱等物。日本道观收藏的这幅绘马中所画的两个神仙，左边这个正是手拿金锤，身背一个巨大的米袋，也正是这个典型的符号证明他的确是大黑天神。

绘马上的另一个神灵是惠比须神，也是日本传说中的财神。他与大黑神都属于日本七福神，据说能够招来好运，他的典型形象是手持钓鱼竿，抱着鲷鱼。这幅绘马上的另一个神正是手持钓鱼竿，抱着鲷鱼。

雪景、财神、对未来的想象被融合到一张小小的绘马上，展示了农人对"瑞雪兆丰年"的期望。这幅绘马画面奇幻，充满想象，展示了画师非常成熟的绘画技巧。

图5—45的绘马上画着一个正在缝制衣物的女子，针线与剪刀都被十分明显地展示在画面上，画面上方写有"曙や　皆　ふろまして　野の静　忠女"等字样，这幅绘马应该是祈祷缝纫技巧的精进或是夫妻关系美满的。

图5—46的绘马描绘的是一幅染坊的场景，画上写有"奉纳绀屋繁荣之图""明治十四年六月吉日染匠饭村重藏"的字样，是用来祈祷染坊生意兴隆的绘马。

图5—45

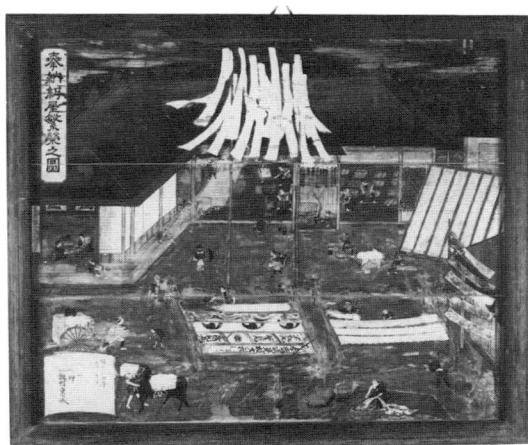

图5—46

图5—47画的是一条龙，笔画极其简单大胆，"龙图"是求雨的绘马。

图5—48的绘马上画着一个非常鲜艳的红色托盘，盘内放着两瓶酒。这幅绘马图据说是用来祈愿戒酒的。

总之，这一类绘马的图片上都有典型的艺术形象作为特定的文化符号，熟悉这种文化的人一看这种绘马，马上就会明白奉纳者的所求所愿。从日本道观收藏的这类绘马作品中，既可以了解日本的民风民俗，也可以从中看到中日文化交流以及道教与佛教文化对日本的影响。

图 5—47

图 5—48

（十一）神社佛阁与参拜的情况

描绘参拜神社佛阁场景的绘马，重点在刻画神社，或者举行祭祀活动时在神社内的众人的情况。画面或者以精密肃穆的神社建筑为主体，或者以举行祭祀活动的众人为中心。这一点与第八种刻画个人参拜场景的绘马有很大的差别。前者绘马上刻画的人物较少，常常就是一个，或者两个人，且一般就是奉纳者本人，而本类绘马中，奉纳的人则泯然于画面中，或者静立于画面之外。绘马图画上刻画的人物一般也比较多。

图 5—49 的绘马上有一个美丽的灯笼，占据了画面的焦点，上面写着神明宫三个字，在神明宫的庙宇前，有 8 人一起参加祭拜，他们的衣服上绣着相同的徽章，表明他们属于同一个家族。在画面的右下角写有"奉纳人 明治四十二年二月吉日 诚心祈祷心想事成 地点 岩濑寅之助 岩濑ブン"

图 5—49

的字样。虽然神明宫是哪里的神社尚无结论，但可以推测岩濑寅之助和ブン是一对夫妻，这应该是明治四十二年（1909）夫妻两人祈祷心想事成的绘马。奉纳的夫妻二人也许就是画面中的某两个，但我们并不太好确定。

图 5—50 的绘马详细地描画

了神社的景观，在画面的下方，也就是所描画神社的门口处，有前后相随的主仆二人进入神社的院内。左上角写有"奉纳　御宝前"，左下角写有"吉屋氏敬白"，背面写有"嘉永六癸丑年五月　祈求家宅平安，消灾长寿"的字样，这是吉屋氏于嘉永

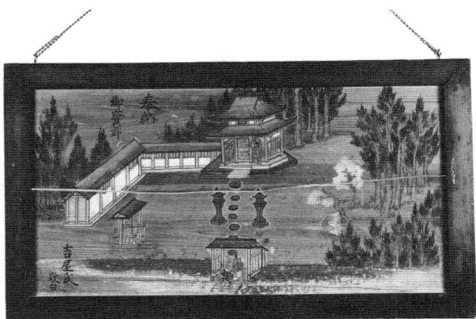

图 5—50

六年（1853）祈祷家宅平安，消灾长寿的绘马。整个画面以建筑为主，正与祈祷的内容一致。

图 5—51 描绘的是祭祀期间须贺神社的场景，画面上有男女老幼 42 人，上写有"奉纳　明治三十年酉九月吉日　羽贯氏子"的字样。羽贯不知为何地，这是氏子供奉的绘马。从绘马的图案上看不出来氏子具体的愿望是什么，想来应该是一般的美好祈祷。

图 5—51

图 5—52 也是一个众人图，画面从左到右由似断又连的三部分组成。最左边画面上的两个妇女身体相随，面容相对而立于室内；位于下方位置的妇女背着一个幼小的孩童；位于上方位置的妇女好像是一个仙姑，因为她正用手将一些似乎是云朵样的东西引导到她的面前，而背着孩童的妇女正专心虔诚地用鼻子吸闻。中间由一男一女组成，从画面中的树木可以判断此时的场景应该是室外。从中间部分女性的衣着来看，应该与第一部分画面中背着孩童的妇女是同一人，而男性似乎是一个出家人。画面的最右侧，也就是第三部分，是在一个阁楼上，从窗户可以看见屋内一男一女，女子背对画面而

坐，男子正从窗户往外观看，屋内女子衣着与前两部分穿黑衣女子类似，应为同一人。所以，这幅绘马应该是描绘了背孩童女子在不同地点的生活场景。第一幅应为求仙，第二幅应为求佛，第三幅应为家庭生活场景。绘马上写着"群马县上野国东群马郡天川村字台　明治十□年五月　纳（以下不详)"的字样，它和图5—51"须贺神社"图一样，没有详细写出祈祷的内容，但想必也是为了祈祷诸事顺遂。

图5—53刻画的是一幅神社祭祀中的歌舞场景。人物一共有25人，形态各异，姿态生动。画面主体由紫蓝、青绿和橘红、白色构成，颜色鲜艳又不失雅致，展现了画工非常高的绘画技巧。这幅绘马上的墨字是"伊势太太御乐""奉纳　大正十年三月二十八日""齐藤近藏　富泽新吉　齐藤寅吉"，这大概是大正十年（1921）齐藤近藏、富泽新吉和齐藤寅吉三人在祭祀伊势太神乐时供奉的绘马。画面同样看不出特殊的愿望，应与前几幅同类绘马一样，是一般的美好意愿祈祷。

图5—52　　　　　　　　　　　　　　图5—53

（十二）源平合战

图5—54—1、图5—54—2描绘的是源平合战的场景。

源平合战指日本平安时代末期，大约公元1180年至1185年间，源氏和平氏两大武士家族集团一系列争夺权力的战争的总称。图5—54—1画的是源氏家族的大将源义经著名的"八艘飞"故事。据说在坛之浦决战中，平教经为了追杀源义经，曾逼得源义经连跳八船而逃，即著名的"八艘飞"。这场战役最后，平教经挟持武士安艺太郎与其弟弟安艺次郎跳海而亡。图5—54—1占据画面上方，在海面上飞跑的是源义经，而图右下方正是挟持了源氏方两名武士的平教经。整个画面色彩鲜艳，对比强烈，人物形象非常饱满，并没有正面反面之分。平教经和源义经无论胜负，在画面中都展示的威风凛凛，充满了武士的英勇气概。

图5—54—2描绘的也是源平合战的另一个典故，主角是源义经的下属那须与一。据说在一个大风天里，源义经冒险渡海袭击屋岛。气候非常恶劣，当时只有五艘船出行。但源义经巧妙地虚张声势，驻守屋岛的平氏军队以为是大部队来了，慌忙登船撤退。登船以后他们才发现，源氏的军队并不多，于是，两支军队一个在岸边，一个在船上对峙起来。

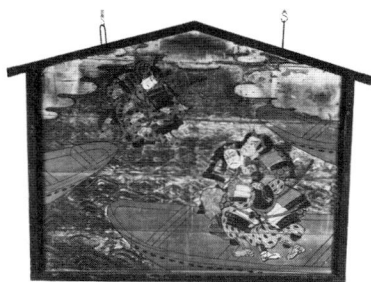

图5—54—1

图5—54—2

到了傍晚时分，源氏军队眼见双方僵持不下，于是准备收兵，这时，从平氏军队的战船中突然驶出一只小船，船头站着一位少女，挥舞着一把金色的扇子。在充满杀气的战场上突然出现这个貌若天仙的少女，源氏军队的士兵一下子全都看呆了。

领兵的源义经命令那须与一射掉那名少女手中的扇子。少女乘坐的小船在汹涌的波涛中来回晃动，扇子在少女的手中轻轻摇荡，想要远距离里射中这个小扇子实在是一件难事。但精于射箭的武士那须与一不慌不忙，一箭射去，正中扇柄。这便是那须与一在屋岛上一箭射扇的故事，在日本人的历史上广为流传，成为美谈。图5—54—2的画面被分成左右、陆海两部分，左边是平氏一方，右边是源氏一方。平氏方在海中的船上正有一个美丽的少女，而源氏方的那须与一正一箭射来。画中人物众多但主题鲜明，用色对比强烈，形象生动，少女曼妙，武士刚勇。

图5—54—1"八艘飞"的供奉人以及供奉年份尚不明了。图5—66—2"那须与一箭射扇"中倒是写有"奉纳 某年 某二癸未 正月吉日"，但供奉人以及供奉年份也不太明确。因两幅绘马都在描绘战争中的经典场面，故推测供奉人是祈祷在战斗中取得胜利，像那与一似的在弓术上有所进步，像源义经、平教经一样英勇无敌。

（十三）船

第十三类描绘船的绘马中，图5—55"南蛮船"上有墨字"奉献"，是用来祈祷航海平安的绘马。从船的外形以及船上戴着帽子的人们来看，可以推断出这艘船为南洋船。该绘马作为研究南洋船的资料也很有意义。图5—56、"军船图"上写有"纳奉"的字样。从船的外形、木筏、船帆以及被箭射中从船上跌落的人物的服饰等可以看出描绘的是当时蒙古之战的场景。这应该也是用来祈求战争胜利的绘马。但出人意料的是，它描绘出供奉者对蒙古军的景仰和对神风的期待。这对于研究我国元朝军队也是非常珍贵的资料。

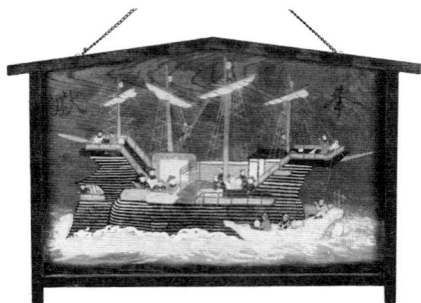

图5—55

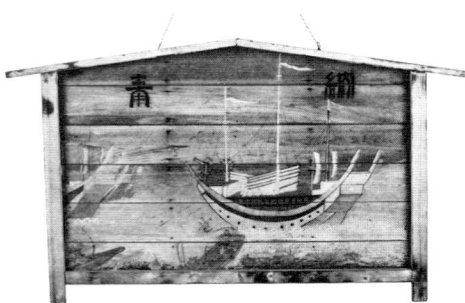

图5—56

（十四）武士

第十四类描绘武者的绘马是用于祈祷战争胜利的供品。

其中，图 5—57 画的是"源义家摔打海部九郎图"，落款"龟山"；图 5—58 画着一个武者与老人，落款"静年"；图 5—59 画的是"朝比奈扯拽草摺"，落款"云山丰"。由此可以判断这些绘马是专业画师所绘。

图 5—57

其中，图 5—57 描绘的是日本后三年之役爆发时期，源义家和敌方安倍贞任的家臣海部九郎进行战斗，并将其从马上提起来扔出去的情形。据《都绘马鉴》记载，京都的八坂神社中供奉着一样的绘马。

同时，据《都绘马鉴》记载，京都的清水寺和八坂神社中也供奉着和图 34"朝比奈扯拽草摺"一样的绘马。但是，八坂神社中供奉的"朝比奈扯拽草摺"绘马有题字，意思是："建久二年，相州大矶町（今日本神奈川县）和田家族的同族正举办宴会，曾我五郎时宗和朝比奈三郎义秀因酒杯发生争论。曾我五郎时宗的草摺腿甲被朝比奈三郎义秀抓住。"朝比奈三郎义秀乃和田义盛的三子，义秀和曾我兄弟中的哥哥十郎祐成因席间的酒杯发生争论，最终演变成与其弟五郎时宗（当时叫时致）争执起来。义秀抓住时致的草摺腿甲全身发力使劲扯拽，时致也使出浑身力气扯着义秀的草摺腿甲，然后义秀翻了个跟头朝后倒去，随即两人一同大笑起来。后来，和田义盛和曾我祐成等人约好再举行宴会，随后告辞离开。

日本道观收藏的这幅绘马除了有画师的签名和印章外，左侧还有一串供奉者的名字，看来是大家集资找画师绘制的一幅绘马。从绘马的制作水平来看，这

图 5—58

幅绘马的绘画技巧非常高超，人物形象极其夸张，面部表情刻画得非常细腻，动作富有弹性，用色也非常雅致，线条简洁明快，是一幅不可多得的作品。想来画师的收费应该不少，否则也不必数人一起供奉一个绘马了。

图5—58画着武者与老人的绘马上有墨字"天保十一庚子年七月"，是1840年的作品。图5—59"朝比奈扯拽草摺"上有墨字"明治二十八年　旧历五月（略）"，故而判定为1895年5月敬奉的绘马。另，图5—60画了一个为竹矛所伤的纵马武者，这个被竹矛伤害的是有名的武将明智光秀。该图刻画了明治光秀在本能寺之变后，遭丰臣秀吉东上复仇，在山崎之战中败北，当天深夜逃往近江，不料走到醍醐附近时，被落武者狩①视为败走武士而遭劫杀。画面中骑在马上的光秀忽然被来自身后的一个竹矛刺中，他猛然回头提刀而战。刺他的是一个农夫，身体隐藏在竹林之中，戴着斗笠，披着稻草，只有两只大眼分外有神。

图5—59

图5—60

（十五）大人国、小人国

图5—61描绘大人国和小人国的绘马中，其中一面有墨书："大人国，又称高个岛，相传曾经明洲之人乘船在微风吹拂下到达了一座岛屿，这里人高一丈有余，经常游泳。小人国，又称小人岛，小人国位于东方，国中之

---

① 落武者狩：落难武士猎人，指日本历史上抢劫或袭击，击杀战败的落单武士的行动。参与者主要是农民，或有组织的土匪。日本战国时代的社会混乱不堪，战场附近的农民往往抢劫、劫杀路过的落难武士，以武士首级邀功的形式获得财富。

人身高九寸或一尺五寸，此国之中有一种像鹤一样的鸟会叼食小人，所以小人们从不单独行动，总是成群结伴"。这幅绘马是对中村惕斋编纂的《头书增补训蒙图集大成》① 中收录的"大人国与小人国"的正确临摹。作者将这样的画作画在绘马上的意图难以领会，有可能是作者对这幅插画感兴趣，所以才用绘马供奉了起来。

图 5—61

（十六）历史性的场面

在描绘历史性场面的绘马中，图 5—62 描绘了"马关议和会议"，绘马的一面上写有"古村积神社　敬奉""明治二十九年五月二十二日　第十四户　柴田铁五郎""明治二十九年□字八桥□居乔"的字样。该绘马描绘了在下关市春帆楼举行的签订日清议和条约的场景，是由古村的柴田铁五郎向积神社敬奉的

图 5—62

绘马的。虽然无法判定作者的姓名，但画面翔实地描绘了日方负责人伊藤博文和陆奥宗光，以及清王朝负责人李鸿章和李经方等人进行紧张交涉的场景。

---

① ［日］中村惕斋编纂：《头书增补训蒙图集大成》，升屋勘兵卫，嘉永二年（1849），日本道观收藏。

二、绘马的形状及年代分布

根据形状，绘马可以分为屋顶形和四方形。

最简单的绘马是像图27、图30、图33、图35、图38、图48这样的，在被切割成四方形的木板上直接绘制。

更精细一些的四方形绘马是像镶嵌绘画一样，把绘马的四个角加上涂成黑色的边框，如图32、图39、图40、图41、图42、图44、图45、图46、图49、图50、图52、图53、图57、图59、图60、图62等。

屋顶形的绘马制作更复杂一些，需要把四方形的绘板切割成屋顶形状。这种形状的绘马也有两种，一种是直接在做成屋顶形的木板上绘制即可，如图28，另一种屋顶形的绘马则是加上黑色边框；如图29、图47、图51、图5—54—1、图55、图56、图58、图61等。

更有趣的绘马是像图5—28的"白马"一样，挂上铃铛，摇动绘马铃声就会响起。

最正式的绘马是将长方形的绘板上半部切割成屋顶的形状，然后把"屋顶"与周围边框涂成黑色，就像画框一样。

关于这些绘马中能够明确地判断制作年代的作品，如果只看江户时期的作品的话，那么图5—58"铠甲武者和老人"制作于天保十一年（1840），年代最为久远。其次是图5—52刻画寺院的绘马。其地区分布情况最为明确的是图5—40刻画"男子祭拜"的绘马，它制作于东京都；图5—52刻画参拜神社图景的绘马制作于群马县。这些绘马大部分都来自日本关东地区，也有一些如图5—62"马关议和会议"一样的绘马制作于山口县。

总之，日本道观收藏的绘马非常丰富，较早的有一百多年的历史了，且大都制作精美，有些还是有相当功力的画师所画，有签名、有落款，具有很高的文物价值。从文化层面来看，日本道观收藏的这批绘马刻画的场景非常丰富，既有普通人的日常生活，也有神社祭祀场景，还有历史典故，以及佛教道场、道教求仙长寿等图案的形象描绘。不仅记录和反映了普通

人的美好愿望、内心期盼，也记录和见证了日本民间宗教信仰的多样性和
复杂性。

第三节　日本道观收藏的符箓书法及文房用具

在日本道观收藏的珍贵文物中，还包括了一部分道教符箓、名人书法作
品以及各种各样的墨和砚台。之所以把"符箓"与名人书法归纳为一类来
阐述，是因为"符箓"就发生学的意义上来讲，也属于"书法"，甚至可以
说是中国最为古老的书法。而墨和砚台恰恰是书写书法和符箓不可缺少的
工具。

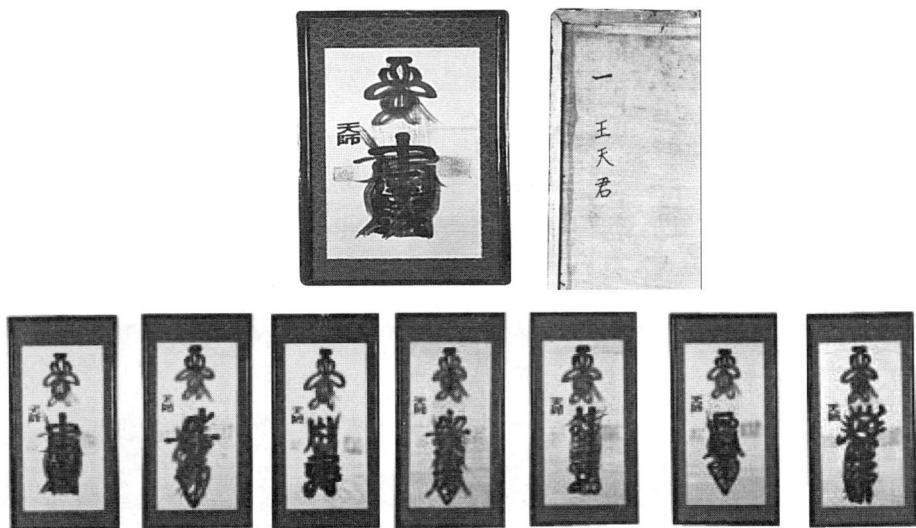

图5—63　三十六元帅符，部分

一、三十六元帅符

日本道观收藏的道教符箓有许多不同的类型，尤其应该特别论及的是第六十三代天师所书写的"三十六元帅符"（图 5—63）。

第六十三代天师张恩溥，字鹤琴，号瑞龄，谱名道生，又名岩生，生于清光绪三十年（1904），为正一派第 62 代天师张元旭之长子。张恩溥幼承庭训，既读儒家四书五经，亦诵《清静经》《道德经》以及《太上感应篇》等道门要典，且习斋醮科仪法度，他对正一道的符箓特别有研究，可谓术有专攻。

1924 年，20 岁的张恩溥嗣掌天师道玉印、法剑。道门依传统习俗称之为第六十三代天师。其天师之位虽然并未如从前那样由皇帝敕封，但在名义上实为当时正一派首领。他曾经在上海、苏州一带开展道教教务活动，抗战期间退隐于龙虎山。

1946 年冬，张恩溥倡议成立上海市道教会。他秉承"宗教为重，团结为重"的精神，提出以地方性道教会为基础，然后再组织全国性道教会的构想。1947 年，张恩溥依靠上海玉皇山福星观分院住持李理山道长的支持，在当时上海民政局长张晓松的帮助下，发起成立了以李理山为会长的上海市道教会，该会以"研究玄学，阐扬教义，刷新教务，联络道友感情，发展宗教事业"为宗旨，开展了许多教务活动，对于道教文化传承起了一定的组织作用。

1949 年，中华人民共和国成立前夕，张恩溥携长子张允贤和祖传"玉印"及"法剑"一口，迁徙台湾。至台湾后，他隐居于台北市大龙峒觉修宫，继续规划教务。1950 年在台北创建台湾省道教会，并出任理事长，设立"嗣汉天师府"驻台办公处，传授法箓，开展一系列教务活动。1957 年又附设道教居士会和道教大法师会于其府中，委派道行资深者为大法师，聘用道行高深者为大居士。

1964 年夏，张恩溥到马来西亚（吉隆坡、芙蓉、马六甲）及新加坡等国宣扬教义、传法授箓，信众求度者甚多。1966 年，在原台湾省道教会基础上，建立了"中华道教总会"，1968 年张恩溥当选为首届理事长。该会积极辅导台湾道教各派整理经忏科仪，建立与各道派之间的教务联系。当时日本道观开创者早岛天来道长同张恩溥会面，并获其法箓传授。目前日本道观收藏的"三十六道天师符"即是早岛天来道长接续道脉的重要信物。

在传统道教中，"符"与"箓"常常合称。"符"是一种以屈曲的笔划为主，点线合用、字画相兼的图形。据说它起源于古老的"云书"。

相传黄帝作"云书"，故以云纪官。观察过天象气候的人都知道，流云有飞龙变化之状，狂风有猛虎下山之势，所以古称"云从龙，风从虎"。大概"云书"即是模拟云彩飘动之状而成的。作为一种古文字，云书在早期为巫师所传习。当巫教作为重要源头被道教所吸收时，云书也变为道教的主要法术之一并加以变迁。因为黄帝在道教中以天神的面目出现，所以传为出自黄帝的云书也就有符合神意的意蕴，故又有"符"之称。至于"箓"，则是道教记录天曹官属佐吏之名的一种秘文。《太上赤文洞神三箓》引"隐居先生"陶弘景曰："箓者，本曰赤文洞神式。"[1] 这里的"赤文"指明了箓的书写方式，而"洞"即为"通"，"洞神"就是通神。因为符与箓的书写方式和基本性质大体相似，所以二者后来便归为一类而合用之。按道教的说法，符箓有召神驱鬼、镇邪治病的功效，修习服用，据说也能"长生"。

六十三代天师张恩溥授予早岛天来道长的"天师符"是众多符箓中的一种，其笔法系祖上所传，且贯注了个人的修行功力，弥足珍贵。这批"天师符"共计三十六道，系按照三十六天罡的数理，书写三十六元帅神称，用以召请三十六方天将神兵。祂们是：王天君、马元帅、殷元帅、赵元帅、邓元帅、辛元帅、张元帅、陶元帅、庞元帅、刘元帅、苟元帅、毕元帅、温元帅、康元帅、关元帅、岳元帅、伍元帅、高元帅、孟元帅、朱元帅、李元帅、宋元帅、吴元帅、程元帅、石元帅、邹元帅、赵元帅、杨元帅、金元帅、马元帅、尹元帅、张元帅、宁元帅、陈元帅、周元帅、吕元帅。

---

[1]　《道藏》第 10 册，第 793 页。

从形态上来看，这批天师符有基本格式，每道符分为上下两个部分。上半部分基本相同，惟有下半部分差别较大。仔细一瞧，隐隐可以发现其中往往藏有"雨字头"或天干、地支、虫鸟等轮廓。由此可知，古时的云书当是以云彩飘动为主要模拟对象，兼而摹写相关物体的形态，构成特定的传输法令，用以调兵遣将。不论其功效如何，我们都可以认定，这是中国最为古老的一种符号艺术。正如音乐的曲谱可以记录旋律流程、电脑图标可以启动对应的信息与能量一样，这种古老的符号艺术也代表了某种信息能量的存在，是自我心灵律动的外化，表达了沟通天地、宇宙的意愿，也是传递能量的一种"精神开关"。

二、名人书法作品举要

除了六十三代张天师张恩溥的"三十六元帅符"之外，日本道观也收集了不少名人书法作品。

图5—64

（一）孙文的"同种同文"

该幅竖排，"同种同文"四字为大，下方左侧有"片冈先生"四个小字，下方右侧落款为"孙文"，下有"孙文之印"篆书方印一枚（图5—64）。

孙文，即孙中山（1866—1925）。孙氏谱名德明，字载之，号日新，又号逸仙。他出生于广东香山翠亨村（今广东中山）一个贫苦农民的家庭。在兄长至茂宜岛垦荒、经营牧场和商店后，家境有所好转，孙文得以上私塾，接受中华民族的传统教育。光绪五年（1879），孙文随母赴檀香山。其长兄孙眉资助孙文先后在檀香山、广州、香港等地，比较系统地接受西式的近代教育。1892年，孙文毕业于香港西医书院。随后，孙文来回于广州、澳门等地，他一面行医，一面结纳反清秘密会社，创立革命团体。1905 年 8 月，孙中山与黄兴等人，以兴中会、华兴会等革命团体为基础，在日本东京创建全国性的资产阶级革命党同盟会，孙中山被推举为总理，他所提出的"驱除鞑虏，恢复中华，创立民国，平均地权"的革命宗旨被采纳为同盟会纲领。

作为中国国民党的总理、中华民国首任临时大总统，孙文早期流亡日本时曾经化名"中山樵"，后来即以"中山"为雅号，人们尊称为"孙中山"。种种资料显示：孙中山多次到日本，且与日本的一些政治家有过接触，也得到日本友人的帮助。日本道观收藏的"同种同文"这幅字右下角题署的"片冈先生"即反映了这种情况。

"片冈先生"即片冈健吉（1843—1903），系出身于日本土佐藩的政治家。曾协助板垣退助推行自由民权运动，是"爱国公党""立志社""国会期成同盟"的中心人物，也是日本自由党的主要成员，曾经担任众议院议长。

就政治诉求来看，孙中山与片冈健吉有共同的思想基础。就年龄而论，片冈健吉比孙中山年长 23 岁，所以在这幅字中，孙中山尊称其为"先生"。按照一般规矩，如果这幅字是孙中山写给片冈健吉的话，那么他应该会把"片冈健吉"的名字放在右上角，并且有"指正""惠存"之类谦词，但片冈健吉的名字却放在大字的下方右侧，看起来这是代表两人共同署名。也就是说，"同种同文"是孙中山与片冈健吉共同的理念。孙中山将片冈健吉名字放在右侧，那是出于尊重。

"同种同文"有个逻辑原则，在这里，孙中山强调了同种，即都是黄种人，暗示某种血缘关系；至于"同文"，表达的则是汉字与日文之间的根本上也是一致的。孙中山所强调的是"同"。这个"同"从表层来看，可以理解为"相同"或"共同"；但从哲理上看，则有"玄同"的意涵。老子《道德经》第五十六章谓："塞其兑，闭其门，挫其锐，解其纷，和其光，同其尘，是谓玄同。"老子所谓"玄同"的"玄"其实就是"道"，王弼在解释《道德经》的"玄"字时说："玄者，冥默无有也，始、母之所出也。"[1] 既然

---

[1] （魏）王弼注，楼宇烈校释：《老子道德经注》，北京：中华书局 2008 年，第 2 页。

是"始、母"之所出，当然是"道"了。因此，所谓"玄同"也就是以大道为准则的和同。作为一个政治家，孙中山也许并没有赋予这幅书法以"玄同"的意义，但当它被日本道观收藏之后，其意义就申发开来，逐步地被打上"道"的精神烙印了。

（二）龚群的"可道非常道，无为即有为"等

日本道观收藏的书法作品中有几幅是台湾道教界资深道长龚群长老的作品。其中，"可道非常道，无为即有为"就是颇具代表性的一幅。这幅作品属于楹联。上联"可道非常道"，于右侧题曰"早岛正雄法正"，可见这是龚群长老送给早岛正雄先生，即日本道观创始人早岛天来道长的作品。下联"无为即有为"，于左侧有落款："道教嗣汉天师府秘书长龚群"，显示作者当时题写的身份（图5—65）。

图5—65 日本道观收藏 规格：1670×400cm

龚群，原籍江西吉安，1949年随国民党军队到台湾。他的叔父龚乾升追随张恩溥有年，这对龚群产生了很大影响。于是，龚群到了台湾之后不久，即转而服务于道教，跟随六十三代天师张恩溥多年，并且当了在台"嗣汉天师府"秘书长。为了推动道教文化传播与交流，龚群长老曾于1977年邀集黄公伟、邓文仪、萧天石、马璧、高越天等人创办了《道教文化》。该杂志本为月刊，后来改版，每年发行数期。该刊对道家与道教的历史、思想以及台湾宫观寺庙等多有介绍和探讨。1988年8月，龚群长老率领台中慈圣宫一行来到龙虎山天师府进香谒祖。1994年12月，龚群长老与龚鹏

程教授、中华道教会张栘副秘书长共同发起、筹备、举办了"海峡两岸道教文化学术研讨会"，两岸道教学者一百余人出席。

　　基于虔诚信仰，龚群长老对于日本早岛天来先生的道教活动当然也是不遗余力地支持。他把"可道非常道，无为即有为"的楹联送给早岛天来先生，既传播了大道文化精神，也是对日本道教的一种支持，体现了双方的道教情谊。这幅楹联，上联出自《道德经》第一章第一句话，下联则是对《道德经》第三十七章"道常无为而无不为"思想的概括、彰显。按照王弼等老学专家的解释，"无为"是顺自然的意思，而"无不

图5—66　日本道观收藏　规格：1570×400cm

为"所表明的则是能够遵循大道法则，领悟宇宙运行的规律，就能办成所要办的事情。从这个角度说，"无不为"就是"有为"。

　　龚群长老的书法作品还包括他赠送早岛正雄先生的一首七言诗（图5—66）

　　　　华山高处是吾宫，
　　　　出即凌云跨晓风。
　　　　台榭不须金锁闭，
　　　　来时自有白云封。

　　龚群长老这首七言诗以华山比喻自己心目中的道教仙境理想。既然居处的宫观是在华山的高处，那么一出门自然而然地有白云缭绕；因为居处甚高，所以就有"凌云"的感受。至于早上迎面而来的"风"，在龚群长老笔

下就像一匹马，所以他选择了"跨"字与其相配，这就把风写活了。第三、四句，作者抒发自己的感受，他以否定的方式来展示"台榭"的存在。"不须金锁闭"体现了道家任物不拘、不予雕琢的心态。作者随手写来，气韵若行云流水，颇有道家的自然法度。

三、文房用具

伴随众多的书法绘画珍品，日本道观还收藏了大量的文房用具。主要有砚、墨等。

（一）纷繁多样的砚

砚是文人们作画、写字的基本工具之一。这种工具是由原始社会的研磨器演变而来的。东汉开始，本具有多种功能的研磨器生发出专用于研墨的文

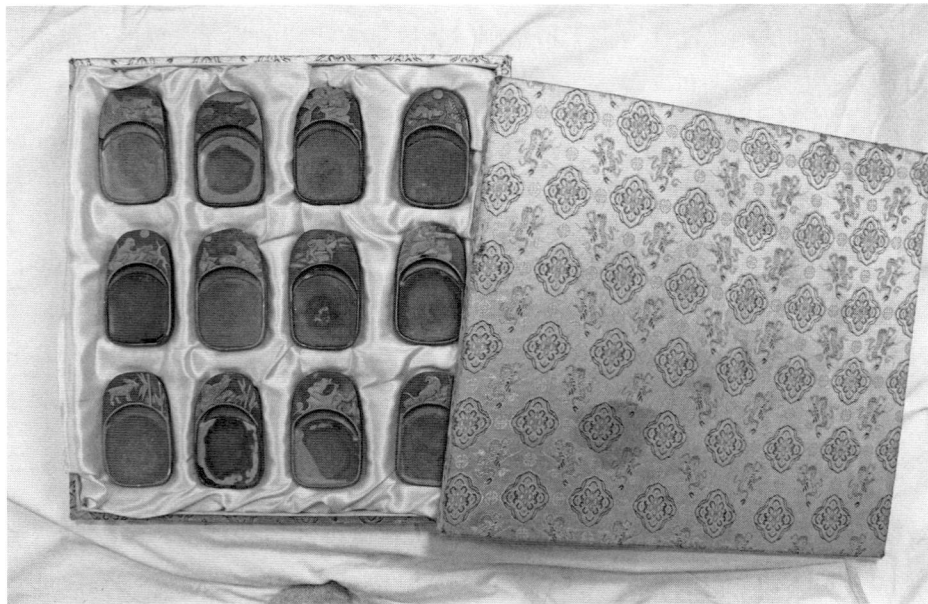

图 5—67　紫袍玉带十二生肖砚

房工具，这就是"砚"。隋朝出现了瓷砚，而从唐朝开始，砚的种类不断增加。其中，最有代表性的是：端砚、歙砚、洮砚、澄泥砚。由于质地上乘，历来为皇家以及富商巨贾所拥有。

中国文人墨客对砚台的选择非常讲究，这种风气也流传到许多接受汉文化传统的国家，日本道观收藏的大量砚台反映了日本国曾经盛行的对汉字书写的热爱。据不完全统计，日本道观收藏的砚台有 30 多种，这些砚台到底出于什么年代，一时难于考证，但其造型典雅、图案美观却令人瞩目，其中尤以紫袍玉带石为材料，鼠、牛、虎、兔、龙、蛇、马、羊、猴、鸡、狗、猪为装饰的十二生肖

图 5—68　双龙砚

系列砚台（图 5—67）别具一格。制砚的人利用紫袍玉带石的天然特征，顺势雕出十二生肖的形态，图案线条简要率真、栩栩如生。

图 5—68 是一方以双龙为装饰图案的砚，因其雕工细腻、构图精巧，看了令人双眼发亮。此砚整体呈现椭圆形，一龙居于正面，另一龙护住砚侧，龙头刚刚露出，位置较低，与正面飞升态势的龙头相向，构成雄雌对应、阴阳感通的态势。双龙砚，背后雕有祥云，云朵间海浪纹理，仿佛一个转动的太极。看久了，仿佛那太极纹理转动起来，有飘飘欲仙之感。

日本道观收藏的砚台中还有一方仙桃砚（图 5—69），体现了道教仙风在文人中的流行。这个砚台的正中雕刻两

图 5—69　仙桃砚

只精致的仙桃。想来在原主人的案头时常常被笔尖摩挲，两只仙桃油光铮亮，非常可爱。

桃在中华文化和道教传统中，自来与长寿有关，更与成仙有直接的关系，因为掌管仙桃的王母娘娘同时也是长生不老药的所有者。一方砚台，以两只精致的仙桃，把世俗化的长寿追求、文人的雅致之风、道教的方外境界完美地结合在了一起。这方砚台的背后有"快雪堂正宗"五字。应为快雪堂所制之砚。快雪堂为清朝制墨品牌，同款仙桃砚台在中国国内亦有传世，该砚台完整的另有砚盖，上刻李白醉酒图。"快雪"二字源于王羲之的《快雪时晴帖》。王羲之乃一代书法大师，制砚之堂以"快雪"名之，真是太妥帖了。而王羲之又是道教中人，真是观仙桃快雪，思王母羲之，水墨运转，飘渺出尘，文人仙风，道脉绵绵。

图 5—70　日本道观藏　扇形墨

（二）千姿百态的墨

关于文房用品，日本道观还收藏了一批颇有年代的墨。有扇形、长条形、圆形，也有八角形、方形、椭圆形等。

扇形的一块（图 5—70），一面雕刻九条活灵活现的飞龙，一面刻"百龙汇海"四字，并用篆体及其变形书写 64 个"龙"字，落款为"徽州胡开文造"。此胡开文者，字柱臣，号在丰，徽州绩溪县人，著名徽商，徽墨行家，清代乾隆时制墨名手，系"胡开文"墨业创始人。胡开文早年师从徽州休宁汪启茂，他好学敬业，以制墨为技艺，亦以之为修身门径，成为休宁派墨匠后起之秀。学成之后，胡开文于休宁、屯溪两处开设"胡开文墨店"。到 20 世纪 30 年代，胡开文墨业发展迅猛，除了休宁胡开文墨庄、屯溪胡开文老店外，先后在杭州、扬州、歙县、南京、上海、九江、安庆、长沙、汉口等地设分店、开新店，其经营范围几乎覆盖大江南北，至此徽州制墨业呈胡开文一枝独秀之势，后代均沿用此老字号。

日本道观收藏的胡开文造墨，形状古朴，图案沾上了许多黄色灰尘，看起来应该颇有年代了。

长方形墨者有一块（图 5—71），上题字："喷墨成字"。且引《神仙传》称，"班孟能嚼墨一喷，皆成字，竟有意义。墨耶？人耶？必有能辩。纸各各者，苑以为墨"。另一面有浮雕图案，其中有方桌，一人于正前方，呈俯身状，张嘴喷墨，此人大抵就是班孟。另有五人，在其两侧或站或坐，全神贯注，为喷墨事所惊异，看起来应该根据《神仙传》的班孟故事而制作。

在这批藏墨中，最为传神的是佛教禅宗十八尊者像墨（图 5—72）。其状或长方形，或正方形，或八角形，或圆形。正面为尊者像，背面为描述性文字。譬如喇乎拉尊者："亢眉瞪目，若有所怒。借问佛子，怒生何处？喜为怒对，怒亦喜目。画师著笔，任其传神。"

图 5—71　日本道观藏　喷墨成字　　　　　　图 5—72

图 5—73

图 5—74

又如纳阿唱塞纳尊者（图5—73）："晓目突额，若鬼曳区；见者莫怖，大慈正如；欠身偃仰，合堂双手；不圣不凡，非无非有。"再如迦理迦尊者（图5—74）："撼石侧膝，于焉以息；惟是上人，非语非默；眉毛拖地，以手挽之；谁云拣择，示此丝丝。"此类说明性文字，将人物描写与佛理巧妙地结合起来，一方面凸显、强化了人物形象，另一方面则传播了佛教的人生哲理，起到了教化的作用。

第六章　日本道观收藏的道教经典文献述考

"弘道"是所有道教组织最为重要的工作。日本道观成立以来，也将"弘道"作为历史使命。然而，"弘"什么"道"？如何"弘道"？这都是需要慎重考虑的。不言而喻，"弘道"是建立在文化传承基础上的。因此，注重经典传承，这便成为日本道观长期关注与努力实施的方向。长期以来，日本道观注意收集《道德真经》《南华真经》《冲虚真经》的各种注释本，鉴于"道"与"术"的密切关系，日本道观对于民间流传的道门养生文献以及占卜、风水之类具有道教思想内涵的书籍也多有关注，且收藏了许多富有特色的文献。

第一节　《老子》

道家鼻祖老子所著书《老子》，也被称作《老子经》《道德真经》《五千言》和《德道经》等，是中国历史上伟大的哲学经典著作，更是道教经典文献之一。作者老子①，斯人逝远，骸骨荡然。然而，在躁动不安的世界里，老子

---

① 目前，关于老子其人，国内主流研究家仍以司马迁的判断为准。老子，即老聃，楚苦县（今亳州一带）人，比较流行的说法，认为老子约生于公元前 571 年，卒于公元前 471 年。

所书的五千言依然闪烁着发幽解昧的智慧光芒。《老子》一书虽字不过五千，却拥有一个博大精深的理论体系，内容涉及自然、社会、人事、政治、经济、文化等各个方面，对传统哲学、科学、政治、宗教等产生了深刻影响，因此《老子》一书自问世以来一直受到人们的重视。不同时代、不同学者从不同角度去探讨、研究、注释《老子》的著作甚多。

在中国，汉代已有《老子河上公章句》、西汉严君平撰《老子指归》、东汉张陵撰《老子想尔注》等；魏晋南北朝时期有王弼《老子注》、葛玄《老子节解》等；隋唐时期有陆德明《老子音义》、成玄英《道德经义疏》、唐玄宗《御注道德真经》、傅奕《校定古本老子》等；宋元时期有王安石《老子注》、吴澄《道德经注》、吕祖谦《音注老子道德经》等；明清时期有焦竑撰《老子翼》、魏源《老子本义》等；近现代有陈鼓应《老子注译及评介》、高亨《老子正诂》、朱谦之《老子校释》等。在诸多《老子》的注疏本中，河上公注本和王弼注本是流传最广、影响最大且最具权威性的两大家。

一、《老子》在日本的受容

《老子》五千言不仅对中华民族大家庭有源远流长的文化思想影响，也是除《圣经》以外被译成外国文字发行数量最多的世界文化名著。随着遣隋使、遣唐使往来于中日，《老子》一书也流传到了日本。《老子》之书何时传到日本，并无明确记载，但日本飞鸟时代（593—710）的皇族、政治家圣德太子（574—622年）所撰的《三经义疏》里已征引《老子》，可知最晚在小野妹子出使隋朝（于607年与609年两度出使）时，《老子》就已传到日本。

日本古文献关于《老子》书[①]的最早记载是公元9世纪日本学者藤原

---

① 本节中所提的"《老子》书"指与《老子》相关的各种书籍的总称，包括《老子》五千言、老子注疏本等。

佐世所撰的《日本国见在书目》，此书由藤原佐世于宽平年间（889—897）奉敕编纂，共收录了唐及唐以前的古籍 1568 部，计 17209 卷。其中收录了 40 家汉籍，道家为第 25 家。收的道家书籍共 458 卷，其中有 25 种《老子》书，第一种为"老子二同柱下史李耳撰汉文时河上公注"，即河上公注本；第二种是"王弼注《老子》一卷"，即王弼注本，这是日本古文献关于《老子》书的最早记载。

到了镰仓时代（1185—1333），入宋六年（1235—1241）的禅僧圆尔辨圆（1202—1280）将很多汉籍带回日本，在其所撰的《东福寺普门院经论章疏语录儒书等目录》里，有《直解道德经》《老子经》等书的记述。镰仓末期至室町时代（1336—1573），日本的禅宗寺院里兴起了"五山文学"①，老庄文化也在禅宗寺院内盛行开来。五山禅僧成为学习和传播老庄文化的主要人物。据王迪著《日本对老庄思想的受容》一书可知，"当时有老庄禅僧 39 人，其中对老庄都有研究的占 30%，只研究《老子》者占 34%，只研究《庄子》者占 36%，总体来说，《老子》与《庄子》的研究人数相近"②。到了室町时代中后期，我国南宋理学家林希逸（1193—1271）的《老子鬳斋口义》传到日本，由于其通俗易懂且使用了很多禅家用语，所以很受五山禅僧的欢迎，很快被五山禅僧和博士家们学习、研究、传播开来。总体来说，日本镰仓至室町时代的老子研究以河上公本为主，这一时期内出现了很多河上公注《老子》的古抄本。此外，值得一提的是，平安时代在律令制的大学寮③里没有《老子》与《庄子》的课程，当时朝廷对老庄学不予以承认。但到了室町时代，老庄学不仅由寺院和博士家④开课讲授，足利学校⑤也将

① 　五山文学：指镰仓末期到江户初期，在京都五山、镰仓五山的禅僧之间兴起的书写汉诗文、日记、语录等文学形式的总称。
② 　王迪：《日本对老庄思想的受容》，东京：日本国书刊行会 2001 年，第 159 页。
③ 　大学寮：日本官方教育机构。
④ 　博士家：平安时代中期以后，以世袭制担任日本官方大学教官之职的家世。
⑤ 　足利学校：日本古代（一说为平安时代初期，一说为镰仓时代）创办的一所高等学校，被称为"日本最古老的综合大学"。位于日本首都东京北面约 70 公里的栃木县足利市。在室町时代和战国时代，是日本关东事实上的最高学府。

其设为课程，予以承认。

江户时代（1603—1867），老庄研究者达 170 家左右。江户时代初期，儒学家林罗山 ① 的朱子学独占鳌头，老庄学也由他引导到一个独特的领域。江户初期，河上公注本《老子》仍被广泛使用，但随着林罗山对林希逸《老子鬳斋口义》（简称"口义本"）的点校，口义本《老子》开始流传，并代替了一直以来的河上公注本，成为江户中期唯一流行的《老子》注本而盛行一时。据《江户时代书林出版书籍目录》② 和《享保以后江户出版书目——新订版》③ 的记录，当时老庄相关书籍共出版有 178 种，其中口义本约占 50%，可见口义本在当时的影响力。另外，明代焦竑的《老子翼》也于宽文到正德年间（1661—1715）不断被出版，与口义本有并行之势。然而，以享保十四年（1729）为界，口义本和焦竑的《老子翼》都不再出版。之后，自平安时代出现以来一直未被关注的王弼注《老子》于享保十七年（1732）出版刊行，开始受到重视。总体来说，江户时代初期河上公注本仍被广泛使用；之后直到享保十四年以前，老子研究以林希逸的口义本为中心，焦竑的《老子翼》也与之并行了一段时间；享保十七年随着王弼注本的出版，王弼注本开始受到重视。

以上是《老子》一书在日本江户时代以前的流传、出版及研究情况。到了近现代，仍有很多日本道学家、老学家以及道教文化研究者致力于老学研究，其研究内容包括对《老子》版本的考察、《老子》作者及成书年代的考察、《老子》哲学思想的研究等。明治维新以来，日本老学研究者中成就最高、影响最大的当属武内义雄（1886—1966）博士，其老学研究成果可见于《老子原始》④《老子研究》以及文库本《老子》等书中。此外，日本道观作为日本唯一一家以传播道家思想、弘扬道教文化为目的的道教研究机构，自

① ［日］林罗山（1583—1657），日本江户时代初期朱子学派的儒学家。

② ［日］《江户时代书林出版书籍目录》，井上书房，1962—1963 年。

③ 参见［日］朝仓治彦、大和博幸：《享保以后江户出版书目》（新订版），临川书店 1993 年。

④ 《老子原始》是武内义雄于 1926 年向京都大学提交的博士学位论文，后由弘文堂出版。《老子原始》问世不久，于 1927 年又完成了《老子研究》，继续推进其研究。

1980 年创立以来，也一直将《老子》研究作为其重要课题之一。日本道观十分重视《老子》版本的搜集，现收藏有数十种各时代出版的《老子》书，其中不乏珍本。本节以《老子》一书在日本的受容为研究背景，接下来重点探讨日本道观收藏的《老子》书的相关情况。

二、日本道观收藏的《老子》书的基本情况

如前所述，日本道观自 1980 年创立以来，一直致力于普及道家思想、弘扬道教文化，十分注重对道教典籍的搜集与整理。据笔者统计，目前日本道观共收藏有 76 种《老子》书。这些《老子》书按成书年代及版本来划分，既有室町、镰仓时代传抄下来的珍贵写本（或称古抄本），也有从我国流传至日本的明、清刻本，还有近现代刊行的各种《老子》注疏本。按内容及形式来划分，既有日本学者在汉籍《老子》原文基础上为便于理解而施加训读① 符号的训点本，又有不施加任何训读符号的汉文本，还有日本学者基于自己理解所著的《老子》注疏本。在这七十余种《老子》书中，有十多种珍贵的《老子》古本都是日本道观始祖早岛天来道长于早年间搜集的。早岛天来道长对《老子》《庄子》等道教典籍钻研至深，其本人更是实践派的道教修行者。多年来，早岛天来道长不仅搜集了日本国内现存的多种《老子》古本，还多次踏访中国及海外各国，遍寻《老子》珍本。日本道观现存的 24 枚老子道德经幢② 的拓本（图 6—1），就是早岛天来道长早年间踏访中国时在河北省邢台市所拓的。河北邢台道德经幢为唐开元二十七年（793）

① 训读：日本汉学大约始于公元 5 世纪，相当于中国魏晋南北朝时期，至今已经有一千多年的历史。在这期间，大量的汉籍传入日本并被日本人接受的过程中，日本汉学家创造了一种独特的翻译、解读中国古代作品的方法，人们称之为"汉文训读"。汉文训读是指在汉文原形的基础上将其翻译成日语的阅读方式。汉文训读也被称为"汉文训读法""训读法"或"训读"。

② 道德经幢：始建于唐开元二十六年（738）。唐玄宗李隆基认为老子是他的远祖，故亲自为《老子道德经》作注，并刻石立幢经传后世。

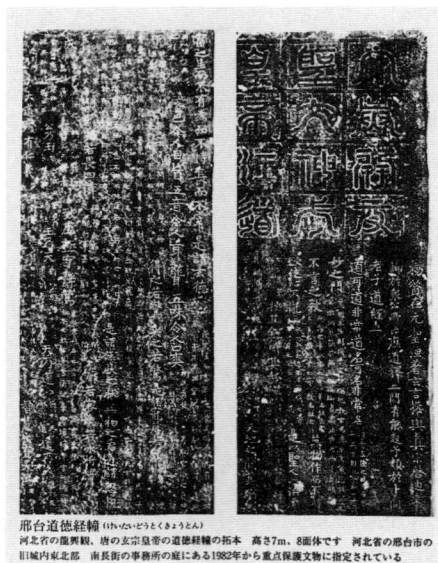

邢台道德経幢（けいたいどうとくきょうとん）
河北省の竜興観、唐の玄宗皇帝の道徳経幢の拓本 高さ7m、8面体です 河北省の邢台市の
旧城内虹北部 南長街の事務所の庭にある1982年から重点保護文物に指定されている

图 6—1　日本道观收藏·老子道德经幢

时任邢州刺史的李质造立，道德经幢在中国国内现仅存三座，因此十分珍贵。遗憾的是现仅存两块幢体。早岛天来道长将其拓本完整地保存了下来，对中国古文物的保存以及对中国老学研究来说无疑是一大福音。此外，早岛天来道长作为道教的实践修行者，其本人对《老子》也有十分深刻的理解，早岛天来道长于 1989 年出版了《老子道德経」の読み方》一书，此书是其基于自己理解而作的《老子》注，旨在用通俗易懂的语言让更多的人了解《老子》的内涵。此书在日本出版后引起了极大反响，好评如潮，并于 2011 年修订后再次出版。此书目前也已被译为中文。

日本道观收藏的 76 种《老子》书中，有古本 19 种，近现代刊行的各种注疏本等共 57 种。日本古籍一般指的是明治维新以前用传统形式撰写的书，而古籍版本则指只要这部书的本身是古籍，不管什么时候重刻、影刻、影印、铅字排版，也不管是线装或精装平装，都是这部古籍的一种版本。古籍的校注本，也可列入古籍版本的范围。因古本是较近现代刊行的各种注疏本更为珍贵的版本，因此，本节的考察范围主要为日本道观收藏的以下 19 种《老子》古本：

　　（1）梅泽纪念馆所藏《老子经》，上下二册，河上公章句、播
　　州弘山以一抄写，应安六年（1373）九月二十六日。昭和五十三年
　　（1978），米山寅太郎编、雄松堂书店影印刊行。
　　（2）《老子翼注》，全二册，北海焦竑弱侯辑、秣陵王元贞孟起
　　校，万历戊子（1588）。

（3）《老子鬳斋口义》，全二册（鳌头本），上村次郎右卫门板，明历三年（1657）刊本。

（4）《道德经会元》，上中下三册，势阴三宅元珉著阳纂注，宽文七年（1667）。

（5）《道德经》，全二册，河上公章句、陈元赟通考，延宝八（庚申）年（1680）九月。

（6）《老子经谚解大成》，全五册，林希逸注、梅室洞云谚解，延宝九年（1681）岁次辛酉正月吉且梓行，道德书堂。

（7）《老子经通考》，河上公章句、陈元赟拜撰，宝永二年（1705）九月板行。

（8）《老子道德经　王弼注》，上下两册、附录一册，晋王弼注、冈田权兵卫和训，享保十七年（1732）八月，东都书林、野田太兵卫藏版。

（9）《老子是正》，全只一本，日东张静撰、平安伊藤长坚撰序，宽延辛未年（1751）、东都书林、千钟堂发行。

（10）《老子形气》（写本），全一本，新井白蛾戏著，宝历癸酉年（1753）二月。

（11）《老子经国字解》，上中下三册，金兰斋著，旧刻宝历辛巳（1761年）孟夏、文化己巳（1809）五月再版，大阪书坊、文海堂发行。

（12）《老子经国字解》，金兰斋先生著，宝历辛巳（1761）、摄阳书坊文海堂寿梓，文化六年己巳（1809）春三月、大阪书林再刻。

（13）《王注老子道德经》，上下二册，王弼注、灪水宇先生考订，明和七年庚寅（1770）五月，东都书林。

（14）《老子道德经妄言二卷》，一册，长门被褐褐道人著，大盈居藏版，天明戊申（1788）。

（15）《老子经古义》，全四册，赞藩三野元密伯慎著、男知彰子刚校，文化六年己巳（1809）仲秋发行。

　　（16）《老子摘解》，全二册，苓阳广先生著、男孝校，1868年，浪华书林、群玉堂制本。

　　（17）《林氏口义　老子道德经补注》，乾坤二册，宋林希逸述、筑前吉田利行补注，明治十七年（1884）十月，林磊落堂梓。

　　（18）《注评老子道德经》，上下全二册，苏辙解、木山鸿吉编，松山堂蔵版，明治二十三年（1890）。

　　（19）《老子道德经本义》，上下二册，邵阳魏源著、义州李大翀校读，刊行年不明。

　　以上19种《老子》古本按注疏者可分为五大类：第一类是以河上公注本为底本的《老子》书，上述19种古本中第一、五、七种皆属于河上公本系列。日本江户时代以前的老学研究一直以河上公本为主要对象，因此留存了多种珍贵的河上公注《老子》的古抄本与和刻本。上述第一种《老子》古本——梅泽纪念馆所藏河上公注《老子经》，简称"梅泽本"，是日本道观现存年代最早且最有价值的《老子》书，也是日本现存的年代较早但最完整的《老子》古抄本。根据卷末的批注可知，梅泽本是日本南北朝时期（1336—1392）应安六年（1373）播州（现兵库县的西南部）僧人弘山以一抄写。梅泽本等日本古抄本《老子》皆是以唐本《老子》为底本抄写成书的，因此在版本上或胜过我国国内现存最早的宋刻本河上公注《老子》，梅泽本也于昭和三十九年（1964）被指定为日本重要文化遗产。另外，第五、七种古本也是以河上公本为底本，又加上渡日明人陈元赟[①]的注解而成的《老子》书。以上三种河上公本《老子》都是汉文书写的，又在汉文的字句间施加了训读的古本。

　　第二类是以王弼注本为底本的《老子》书，以上第八、十三种皆属于王

---

①　陈元赟，字羲都，号既白山人。生于明万历十五年（1587），卒于日本宽文十一年（1671），于1634年渡日定居。陈元赟不仅是诗人、学者，还在武术、绘画和制陶等方面有很深的造诣，在日本一直被视为重要的历史人物和思想家。其著作有《老子经通考》《朱子家训抄》《元元唱和集》等。

弼注本系列。这两种《老子》古本都是经日本学者考订、并加上训读符号后出版的和刻本《老子》书。其中第八种冈田权兵卫和训的《老子道德经　王弼注》，享保十七年出版，因此被称作"享保本"，是自平安时代出现以来首次经考订后出版的王弼注本《老子》，因其刊行部数不多，现已很难见到，因此十分珍贵。第十三种宇佐美灊水考订版《王注老子道德经》，明和七年出版，因此被称作"明和本"，是继享保本之后出现的第二种王弼注《老子》的和训本，因其校勘精良，出版后在日本国内引起了很大反响，并多次重刻。台湾学者严灵峰编写的《周秦汉魏诸子知见书目》里写道："大正十三年文求堂排印本，系上海商务印书馆代印，题：'王注老子'"①，可知民国时期在中国也出版了此本。此外，近年来中国国内对《老子》王弼本进行校订的最新研究成果——中华书局 2008 年出版楼宇烈所著的《老子道德经注校释》里也多次引用了宇佐美本，可见此本的珍贵。

第三类是以林希逸的《老子鬳斋口义》（以下简称"口义本"）。为底本的《老子》书，上述第三、六、十七种皆属于口义本系列。林希逸的口义本虽然在中国国内影响不大，但于室町时代传入日本以后，由于其内容通俗易懂、且使用了很多禅家用语，所以很快于五山禅僧和博士家之间流传开来。再加上江户时期日本儒学家林罗山对口义本的点校，使得口义本成为江户时代中期唯一流行的《老子》注本而盛行一时。以上第三、六、十七种古本都是在这样的背景下刊刻出版的，这三种和刻本《老子》书里都施加了训读。

第四类是除上述三大类以外的以宋、明、清刻本为底本的《老子》书，具体为上述第二种——以明焦竑《老子翼》为底本、第十八种——以北宋苏辙《老子解》为底本以及以第十九种清魏源《老子本义》为底本。焦竑的《老子翼》传入日本以后，于江户时代中期不断被出版，与林希逸的口义本有并行之势，上述第二种古本是焦侯辑、王元贞孟起校本，此本的字句间也施加了训读。上述第十八种是日人以北宋苏辙《老子解》为底本再解读并施

---

① 严灵峰编著：《周秦汉魏诸子知见书目》第 1 卷，台北：正中书局 1975 年，第 401 页。

加训读符号后出版的古本。第十九种是清魏源著、李大翀校读的清刻本《老子本义》，此本是直接从中国传至日本的清刻本，书中未有日人施加的训读。

第五类是日本学者根据自己的理解对《老子》五千言进行注解的版本，以上第四、九、十、十一、十二、十四、十五、十六种皆属于这一系列的古本。这些《老子》书从文体形式上看，有的是以汉文书写、再施加训读后出版的和刻本，如第四种三宅元琘纂注的《老子道德经会元》；有的是以汉字假名混合文书写出版的《老子》书，如第十、十一、十二、十五、十六种古本；另有以汉文书、无训点的汉籍本《老子》书，如第九种《老子是正》。此外，从内容上来看，有从医学、养生角度对《老子》进行的注解，如第四种三宅元琘纂注《老子道德经会元》，三宅元琘曾为医官，《老子道德经会元》是对其师飨庭东庵讲说的《老子道德经》进行总结、解释并注释之书，其注解文里可以看到《黄帝内经》《中庸》等内容，侧面反映了其作为医家、儒学家的一面；也有"以儒解老"者，即以儒家孔孟思想来解读《老子》，如第十五种三野元密伯慎著《老子经古义》等。

以上是日本道观收藏的 19 种《老子》古本的基本情况。值得一提的是，日本道观经过精心策划，于 2012 年将三宅元琘《老子道德经会元》《老子道德经 河上公注》以及《老子道德经 王弼注》三种和刻本《老子》影印再版，题为《和本〈老子道德经〉三种 复刻》（图 6—2）。这三种《老子》古本皆保存完好，无破损、脱落等，特别是无首尾欠损、卷数完备，因此十分珍贵。这三个版本也极具代表性，中国学者林中鹏先生曾对此书评价道："（一）作为道德经主流版本的王弼注本及河上公本均收入其中；

图 6—2 日本道观影印版《和本〈老子道德经〉三种》复刻

《老子道德经会元》的作者三宅元珉是位名医，众所周知，'修之于身，其德乃真'，这是老子的主张。因此，从医学的角度去解读道德经很重要，但却很罕见，因此也显得很特别。（二）所选版本中两种为17世纪中后叶，一种为18世纪初出版。此时的中国，文字狱此起彼伏，优秀的文化研究作业几乎绝迹。而三个版本的《道德经》的出版，填补了时代的文化真空，弥足珍贵。（三）中国道德经研究者对古代日本学者的成就知之甚少，三种原版的重现，将使中国学者对日本同行的杰出成就有更深的印象。"① 此外，日本道观收藏的另50余种近现代出版的《老子》注疏本因出版年代较近、刊行部书较多，其版本易得、文献学价值略低等原因，不在本节中赘述。

三、日本道观收藏的《老子》书的分类考察

在《老子》的诸多注本中，河上公注本和王弼注本是我国国内流传最广、影响最大的两大宗。在日本，除这两种注本以外，于室町时代就已传入日本的林希逸口义本《老子》，因其通俗易懂等原因成为江户时代中期唯一流行的《老子》注本而盛行一时，其影响力不亚于王弼注本。本节将从这三种注本起笔，对日本道观收藏的《老子》古本进行详细的分类考察。

（一）河上公注本系列

河上公注《老子》自东晋南朝以来广为流传，至唐初已出现不同版本。从唐代至今，经历代道家流派学者传抄、翻刻、校点、节录、引述，现存有关河上公注《老子》的版本甚多。中国现存的河上公注《老子》版本主要有唐代抄本、宋刻本、纂图互注本、《道藏》诸本、明清刻本等几种，其中唐代抄本有敦煌出土的古本三种（S477、S4681—P2639、S3926号写本）、镇江焦山寺所存的唐刻河上本道德经幢以及陆德明《经典释文》、魏徵《群书

---

① 《和本〈老子道德经〉三种》复刻，日本道观出版局2012年，第796页。

治要》等唐代典籍中摘录或引述的河上公注文。然而，这些唐抄本皆残缺不全，无法看到河上公注《老子》的全貌。中国国内现存最完整的河上公注《老子》为宋刻本，如《四部丛刊》影印常熟瞿氏铁琴铜剑楼藏宋建安虞氏刊本以及《天禄琳琅丛书》影印宋刘氏麻沙本等。

与之相对，日本江户时代以前的老子研究一直以河上公注本为主，因此十分重视河上本的流传。日本古文献关于河上公注《老子》的最早记载是藤原佐世所撰的《日本国见在书目》，其中收录了 25 种《老子》书，第一种为"老子二同柱下史李耳撰汉文时河上公注"，即河上公注本，这是日本古文献关于河上公本的最早记载。到了奈良、平安时代，随着遣隋使、遣唐使往来于中日，很多中国当时流行的河上公本《老子》传到了日本。这些随船舶载入日本的《老子》书被日本当时的学问家们传抄了下来，从而形成了一个独特的河上公本系列，即日本古抄本。这些古抄本皆源自唐抄本，在版本上胜过《四部丛刊》子部中所影印的、现在普及最广的宋建安虞氏刊本以及以宋刊本为底本的元明清刊本等。日本学者山城喜宪著《河上公章句〈老子道德经〉的研究》一书，将日本现存的河上公注《老子》的古抄本几乎网罗殆尽，共计 24 种。这 24 种古抄本的年代横跨镰仓与室町两个时代，现按年代顺序将其列表如下。

（1）正仓院圣语藏，镰仓写本，存卷下一轴。

（2）杏雨书屋藏（内藤湖南旧藏），镰仓末写本，存卷上道经零卷一轴。

（3）梅泽纪念馆藏（户川滨南旧藏），应安六年（1373）写本二册。

（4）斯道文库藏，南北朝写本，康应二年（1390）施入识语本二册。

（5）宫内厅书陵部藏，室町写本，至德三年（1386）识语本二册。

（6）足利学校遗积图书馆藏，室町写本二册。

（7）泷川君山·武内义雄旧藏，室町写本一册。

（8）大东急纪念文库藏，室町写本二册。

（9）坂本龙门文库藏，室町中期写本，存首一卷一册。

（10）杏雨书屋藏（内藤湖南旧藏），室町中期写本，存卷下德经一册。

（11）庆应义塾图书馆藏，大永五年（1525）写本，存首一卷一册。

（12）无穷会图书馆藏（井上赖囶旧藏），近世初传写，天文五年（1536）书写清家本一册。

（13）斯道文库藏（伊藤有不为斋·户川滨南旧藏），天文一五年（1546）写本二册。

（14）筑波大学附属图书馆藏，天文二一年（1552）写本一册。

（15）庆应义塾图书馆藏（户川滨南旧藏），天正六年（1578）足利学校南春写本一册。

（16）大东文化大学图书馆藏，天正六年（1578）足利学校真瑞写本一册，宝素堂旧藏经籍访古志著录本。

（17）东洋文库藏，室町末甲州七觉山释亮信令写本一册。

（18）东京大学综合图书馆藏(南葵文库旧藏)，室町末写本一册。

（19）户川滨南旧藏，室町末期写本，元和五年（1619）付与识语本合一册。

（20）阳明文库藏，室町末近世初写本二册。

（21）仁和寺藏，室町末近世初写本一册。

（22）谏早市立图书馆藏，近世初写本一册。

（23）六地藏寺藏，室町末写单经本一册。

（24）阳明文库藏，近世初写单经本一册。①

---

① 参见［日］山城喜宪：《河上公章句〈老子道德经〉的研究》，东京：汲古书院 2006 年，第 111 页。

日本道观收藏了三种河上公注《老子》的古本，其中第一种就是上述 24 种古抄本系列之一，即梅泽纪念馆藏（户川滨南旧藏）、应安六年（1373）写本（即"梅泽本"），也是上述 24 种古抄本中年代较早但最完整的古抄本；另外两种则是渡日明人陈元赟于 1670 年所著的《老子经通考》，此书是陈元赟在《河上公章句》的基础上又加上自己的注解所成的古籍，因此也是河上公本的系列成书之一。以下是日本道观所藏的三种河上公注《老子》古本的具体情况。

1. 梅泽纪念馆所藏《老子经》

上下二册，河上公章句、播州弘山以一抄写，应安六年（1373）九月二十六日。

版式：此本为写本，分上下二册，书长 25.5 厘米、宽 18.8 厘米，封皮采用的是楮纸，书名为墨笔所书。正文共 63 页，每页字体排列约占 22 厘米，每半叶有 8 行、1 行为 16 字，河上公注文为双行小字。四周无边栏、无鱼尾、书口和界格。

内容：此本分为上下二册，封面分别题为"老子经（上）""老子经（下）"。在每册开头有"今出川藏书"的朱文方印，在书底写道：

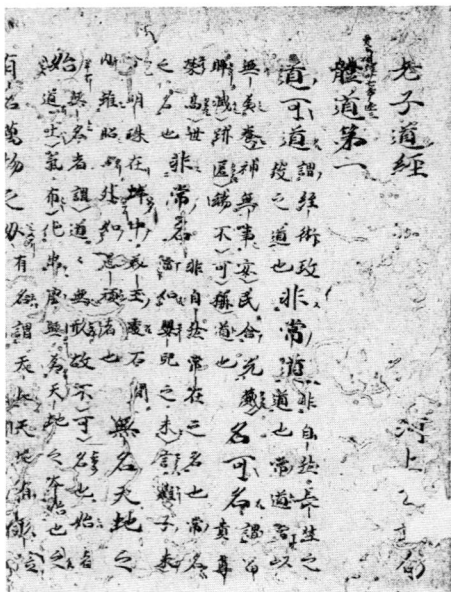

图 6—3　梅泽纪念馆所藏梅泽本

"应安六年（癸丑），九月廿六日于播州弘山以一笔书，两卷讫。（以下为细字朱笔）同闰十月十六日比校毕，桑门（花押）。"全书卷首冠葛洪"老子经序"一篇，正文分为 81 章，前 37 章为"老子道经（上）"，后 44 章为"老子德经（下）"，全文共计 5243 字。唯一遗憾的是，此本缺失了第三十八章"夫礼者忠信之薄……"到第三十九章"……万物无以生将恐灭"的一页内容，参照影宋本河上公注《老子》^① 可知此部分缺失内容共计 102 字。

此本字句间有红色标记的"乎古止点"^②、句号以及黑色训点、声调符号、浊音符号等训读符号。此本以河上公章句为蓝本，在行间与页眉上加有音注及与其他版本的校对，卷中还有今已失传的唐代贾大隐的《老子述义》一书的引用旁书。例如，在章题"体道第一"四字的右上角，标注有"贾大隐道经三十七章述三"的旁书等。

梅泽纪念馆藏本是目前笔者所见的抄写年代较早但最完整的河上公注《老子》的古抄本，此本于昭和三十九年（1964）被指定为日本重要文化遗产。目前中国国内对日本古抄本进行关注并研究的学者并不多，相关著书甚少。笔者目前仅在郑成海著、台湾中华书局 1971 年出版的《老子河上公注校理》，严灵峰著、台湾艺文印书馆 1973 年出版的《无求备斋老子集成续编》，朱谦之著、中华书局 1984 年出版的《老子校释》，王卡点校、中华书局 1993 年出版的《老子道德经河上公章句》，以及严绍璗著、中华书局 2007 年出版的《日藏汉籍善本书录》等书中见有对日本古抄本的提及、整理和研究。然而，对梅泽本《老子》的提及仅见于严绍璗著《日藏汉籍善本书录》一书中。

与之相对，梅泽本在日本学界较受重视，日本学界对梅泽本的考察主要体现在两个方面。第一，是对梅泽本等古抄本《老子》版本的重视。据笔者考察，在山城喜宪著《河上公章句〈老子道德经〉的研究》^③、藤原高男著《老子河上公注钞本集成·上下》^④《老子河上公注钞本集成校勘记·上下》^⑤以及西崎亨著《老子道德经古点的国语学研究·译文篇》^⑥ 等论著中，都有

---

① 见于《四部要籍注疏丛刊》影印宋建安虞氏刊本，北京：中华书局，1998 年。

② 日本人依日语文法解读汉文时标注的训读符号。

③ 《河上公章句〈老子道德经〉的研究》，东京：汲古书院 2006 年。

④ 《老子河上公注抄本集成·上下》，高松工业高等专门学校纪要第 8—9 号，1973—1974 年。

⑤ 《老子河上公注抄本集成校勘记·上下》，高松工业高等专门学校纪要第 10—11 号，1975—1976 年。

⑥ 《老子道德经古点的国语学研究·译文篇》，东京：大和出版印刷株式会社 1988 年。

对梅泽本版本的记述。第二，梅泽本被日本国语学界从训读方面进行了研究。语言文字学家小林芳规著《平安镰仓时代汉籍訓读的国语史的研究》①及西崎亨著《老子道德经古点的国语学研究·译文篇》都是从训读法入手研究梅泽本。

2. 陈元赟《老子经通考》

江户时代中期，林希逸的《老子口义》成为当时唯一流行的《老子》注本，盛行一时。然而，渡日明人陈元赟则认为河上公本在内容上远胜于口义本，在"老子经通考·序"中说，《老子》一书，"注家虽几于百，犹不证实理矣。旧有河上公之章句，公是老子也，阁河上公章句而用希逸口义是则非庸士理学之昏昧乎。"②基于这种社会学术背景，陈元赟在《河上公章句》的基础上，又采录晋唐宋元明以来二十多家注以及其自己的见解，著《老子经通考》一书。

《老子经通考》是在日本宽文十年（1670），即陈元赟逝世前一年完成的。据他在序文中说，书的取名，是因为"初学为欲求多解者，录于评论附注后，因题曰《老子经通考》"。《老子经通考》前有陈氏自己的序文和葛洪的"老子经序"及陈氏对之注解。正文按《河上公章句》分上经下经，共81章，约12万字。上经称"老子道经"，分"上之本"和"上之末"二卷，共37章；下经称"老子德经"，分"下之本"和"下之末"2卷，共44章。在"体道第一"下注："此题河上公所书也，希逸改为'道可道'章。希逸以无心为本，河上公以实理名题，皆仿此。"陈氏赞成以"实理名题"，在全书的注解中，他突出"实理"二字。

日本道观收藏了两种不同年代刊行的《老子经通考》，这两种《老子经通考》除刊行年不同外，内容上别无二致，具体如下：

（1）《道德经》，全二册，河上公章句、陈元赟通考，延宝八年（1680）

---

① 《平安镰仓时代汉籍訓读的国语史研究》，东京：东京大学出版会 1967 年。

② 陈元赟：《老子经通考》，延宝八年（1680），日本道观藏本。

九月刊；

（2）《老子经通考》，河上公章句、陈元赟拜撰，宝永二年（1705）九月颁行。

板式：四周单边，黑口，单白鱼尾下题"老子经"、卷次及页码，无界格。正文每章由《老子》原文、河上公章句和陈氏通考三部分组成，三部分字体依次缩小，故每页字体的大小不一、行数及字数也不等。每半页 10 到 20 行不等，每行 17 到 21 字不等。

内容：此本卷首为陈氏序文及

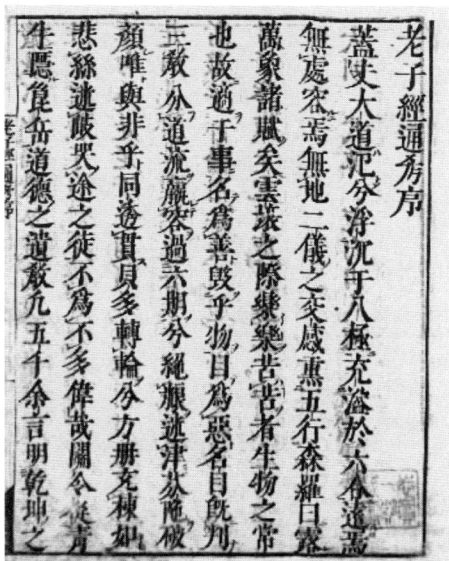

图 6—4　日本道观藏《老子经通考》

葛洪撰"老子经序"一篇，正文每章由《老子》原文、河上公章句及陈氏通考三部分组成，分上经下经，共 81 章，约 12 万字。上经称"老子道经"，分"上之本"和"上之末"2 卷，共 37 章；下经称"老子德经"，分"下之本"和"下之末"2 卷，共 44 章。

全本为汉字书，字句间有日文训读。

山城喜宪著《河上公章句〈老子道德经〉的研究》中说道："自庆长年间古活字版《老子》刊行之后，江户时代不再有河上公注《老子》的和刻本，而保留了河上公章句全貌的和刻通行本，唯有陈元赟的《老子经通考》。也就是说，一直到幕府末期为止，《老子经通考》一书承担着河上公注本的流传，它保留了日本所传河上注本正文的命脉，使之延续后世。这是《老子》流传史上值得书写的一笔，此本的意义值得人们重新认识。"①

以上是日本道观收藏的三种河上公注《老子》的古本。值得一提的

① ［日］山城喜宪：《河上公章句〈老子道德经〉的研究》，东京：汲古书院 2006 年，第 381 页。此处内容为东北大学王玉环博士译。

是，这三种古本里都添加了日本学者为理解汉文所施的训读，通过对《老子》古本里训读文的考察，可以了解到当时的日本人是怎样理解和吸收《老子》的。

此外，日本道观收藏的这三种《老子》古本的卷首都冠有葛洪撰"老子经序"一篇，这与我国国内河上公本卷首所冠的葛玄之"老子道德经序诀"的内容不同。梅泽本卷首所冠葛洪之"老子经序"分为两大段，现引录梅泽本"老子经序"原文如下：

老子者，盖上世之真人也。其欲见于世，则解形还神，入妇人胞中，而更生，示有所始。当周之时，因母氏楚苦县厉乡曲仁里李氏女妊之，八十一岁，应天太阳历数而生，生有老征，人皆见其老，不见其少，欲谓之婴儿，年已八十矣，欲谓之老父，又且新生，故谓之老子，名重耳，字伯阳，仕周为守藏室史。孔子适周，问礼于老子。老子曰："子之所言，其人骨已朽矣，独其言在耳。且君子得其人则嘉祥，不得其人，则蓬累而行。吾闻之，良贾深藏若虚，君子盛德容貌若不足。去子之骄气与多欲，态色与淫志，是皆无益于子之身也。吾所以告子，若是而已。"孔子去，谓诸弟子曰："鸟吾知其能飞，鱼吾知其能游，兽吾知其能走。走者可为罗，游者可为缗，飞者可为矰。至于龙，吾不能知，乘云风而上。吾今日见老子，其犹龙邪！"老子修道，其学以自隐无名为务。居周久，平王时见周衰，乃遂去至关。关令尹喜，望见东方，有来人，变化无常，乃谒请之。老子知喜入道，于是留与之言。喜曰："子将隐矣，强为我著书。"于是老子，著上下二篇八十一章五千余言，故号曰老子经。已而去，无知其所终。盖老子百六十余岁，或言二百余岁，以其修道而养寿也。老子之子名宗，宗为魏将，封于段干。宗子瑶，瑶子宫，宫子瑕，仕于汉孝文帝。而瑕之子解，为胶西王邛太傅，因家于齐。文帝兴用经道，窦太后好老子术，令景帝以教群臣，不通者不得仕朝。见老子无为自化，清静自正，世莫能名，太史公谓之为瘾君子，世莫能及则黜之。唯孔子上圣，谓之为龙。古列传著孔子师事老子者，以礼记曾子问礼于孔子，孔子曰："吾闻之老聃，其斯之谓。"所以分为二篇者，取象天地，先道而后德。以经云道之尊，德之贵。尊故为上，天以四时生，地以五行成。以四乘九，故卅六以应禽兽万物刚柔；以五乘九，故卅五以应九宫五方四维。九州法备，因而九之，故九九八十一。杀之极也。楚县今陈国苦县是也。

河上公者，居河上，跣履为业。孝文皇帝好老子，其州牧二千石，有不诵老子经者，皆不得居官。河上公作两难，与侍郎，问文帝老子经意，文帝不解，出就河上公。公在草庵中，不时出。文帝就谓之曰："朕能使人富贵贫贱。"河上公乃出曰："余上不累天，下不累地，中不累人，陛下何能使余富贵贫贱乎？"忽然而举上，高七百余丈而止，上无所攀，下无所据。文帝卑辞礼谢之，于是乃下，为文帝作老子经章句。隐其姓字，时人无知者，故号曰河上公焉。[1]

从上述原文可知，葛洪所撰"老子经序"的第一大段叙述老子事略，包括老子的出生、孔子问礼于老子、老子因何而著五千余言等；第二段叙述河上公事迹。据笔者考察，第一段关于老子事略的内容大都出自《史记》中关于老子的记载，而中国宋刻本则是从道家的角度来称颂老子及五千言的《老子道德经》。目前中日老学者对中国宋刻本葛玄之"老子道德经序诀"的考证已有很多，但对梅泽本等日本古抄本卷首所冠的葛洪之"老子经序"的先行研究甚少。笔者希望梅泽本等日本道观收藏的《老子》古本的文献学价值能引起国内学者的关注，将这些珍贵的文献资料运用至老学研究中，丰富中国老学研究的内容。

---

[1]　《河上公章句》，播州弘山以一抄写，《老子经》梅泽纪念馆所藏，应安六年（1373）九月二十六日。

（二）王弼注本系列

除河上公注本以外，王弼注《老子》是《老子》一书最重要的注释之一，也是研究王弼思想最主要的著作。《老子》王弼注本最初被记录在《隋书·经籍志》里，此外，在《旧唐书·经籍志》《新唐书·艺文志》《宋史·艺文志》里边也都记录了王弼本。现存较为完整的最早版本为清末浙江书局翻刻的明华亭张之象本，但就是这个本子也已据清武英殿本作了部分校订，而已非真正的张之象本。因此，研究王弼注本的一大问题是王弼注本缺乏可信的善本。

在日本，王弼注本最早见于平安时代藤原佐世编纂的《日本国见在书目录》里，此处收录了 25 种《老子》书，第一种为周柱下史李耳撰汉文时河上公注《老子》二卷，即河上公注本；紧接着第二种则是"王弼注《老子》一卷"。然而，王弼注本在日本再次出现是享保十七年（1732），这中间王弼注本一直未受到重视。

日本道观收藏有两种王弼注《老子》的古本，这两种古本也是日本现存最早且最有价值的两种王弼注本。具体如下：

1.《老子道德经王弼注》

该书上下两册、附录一册，晋王弼注、冈田权兵卫和训，享保十七年（1732）八月，东都书林、野田太兵卫藏版。

版式：四周单边，白口，单白鱼尾下题"上篇""下篇"及页码，有界格。每半页 9 行，行 18 字。分内外两栏，内栏文字是《老子》原

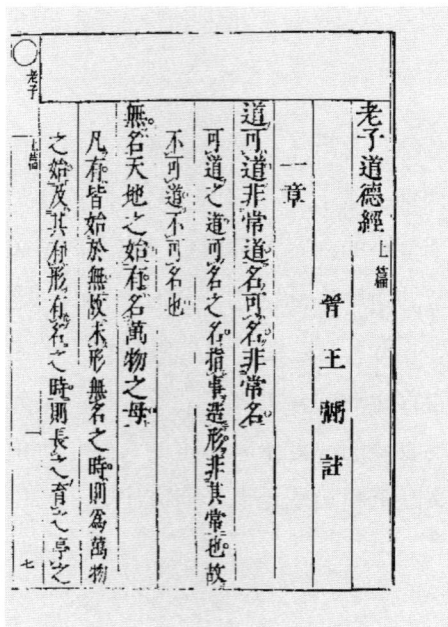

图 6—5　日本道观收藏《老子道德经》
享保本

文及王弼注文，外栏（眉栏）是冈田赟（权兵卫）中文小字注解，注解外有大框。

内容：此本共分为上篇、下篇和附录三册，《老子道德经　上篇　王弼注》包括一篇"老子道德经序"及"老子道德经上篇"第一至三十七章；《老子道德经　下篇　王弼注》包括"老子道德经下篇"第三十八至八十一章及旧跋；《老子道德经附录》包括"古今本考正"及"道德经附录"。

全本为汉字书，字句间有日文训读。以王弼注本为蓝本，眉栏附冈田赟解说。

此本由江户时代汉学家冈田赟于享保十七年点校出版，因此也被称作"享保本"。冈田赟，生卒年月不详，出生于江户，通称权兵卫，号阜谷，著有《郑玄注学庸校订》2卷、《道德经异同考》等。王弼注本自平安时代于《日本国见在书目》出现以后，至江户时代中期一直未再出现，江户时代中期的老学研究以林希逸的口义本独占鳌头，而享保本的出现打破了这一局面，使得王弼注本重新回到了人们的视野。冈田赟的享保版第一卷为《老子》的校勘，并在"附录"中收集了各类书籍所记录的老子传、老子民间传说。此外，该本引入了王弼注的全文，并施加了训读，为王弼注本早期在日本的传播起到了十分重要的作用。而且由于此本的发行部书不多，现在也极为罕见。

值得一提的是，在此本王弼注本《老子》的卷首有"老子道德经序"一篇，篇尾署名河上公，表明此篇为河上公所撰序文。这一序文的内容又与前述中国宋刻本卷首所冠葛玄之"老子道德经序诀"及前述梅泽本等旧抄本卷首葛洪之"老子经序"都不同。那么，这一"河上公序"出自哪里？又出自谁之手笔呢？如果这一序文真是河上公所作，或假托河上公之名所作，是否这才是原本河上公注《老子》真正的序文呢？出于以上种种疑问，现将其内容公之于此，以求教于方家。

这一河上公撰"老子道德经序"原文如下：

五味辛甘不同，期于适口；麻丝凉燠不同，期于适体；学术见闻不同，要于适治。今夫天下所以不治者，贪残奢傲，吏不能皆良，民不能皆让，以及于乱。诚使不贪矣，不残矣，慈俭而让矣，天下岂有不贪不残，慈俭而让，乃有不治者乎?! 今夫儒者高仁义，老氏不言仁义，而未尝不用仁义。儒者蹈礼法，老氏不言礼法，而未尝不用礼法。以濡弱谦下为表，以空虚不毁万物为实，见素抱朴，少私寡欲，而民自化焉。故其言曰，我有三宝，持而行之，曰慈，曰俭，曰不敢为天下先。慈，非仁乎? 俭，非义乎? 不敢为天下先，非礼乎?! 故用世之学，莫深于老氏。今儒者不务自治，而虚名之幻，内贪残而外仁义，处奢傲而治礼文，此乃忠信之薄而乱之首也。而老氏之所下也，河上公序。①

国内外关于这一"河上公旧序"的相关资料甚少，《吕祖秘注道德经心传》② 一书中有此序文，题为"河上公旧序"。在其他河上公注《老子》的版本中虽未见到这一序文，但我们仍可根据这一"河上公旧序"的内容，对其作者等做一些推测。这一"河上公旧序"中指出"今夫儒者高仁义，老氏不言仁义，而未尝不用仁义。儒者蹈礼法，老氏不言礼法，而未尝不用礼法。以濡弱谦下为表，以空虚不毁万物为实，见素抱朴，少私寡欲，而民自化焉"，以及"今儒者不务自治，而虚名之幻，内贪残而外仁义，处奢傲而治礼文，此乃忠信之薄而乱之首也"等文都是在"以老贬儒"，说明这一序文的作者不赞成儒家的"仁义""礼法"。我们知道，西汉时期黄老道家大盛，儒家遭到贬黜，河上公注《老子》文本正是在这样一个思想大背景下应运而生的。高华平撰《楚简本、帛书本、河上公注本三种〈老子〉仁义观念之比较》一文中指出，"河上公注本将原有《老子》文本重新编序，分为'道经'（道论）和'德经'（德论）两大部分，且'道经'在前，'德经'在后，突出了《老子》作为道家经典先'道'而后'德'的观念。而且河上公注明显

---

① 和本《〈老子道德经〉三种》复刻，东京：日本道观出版局 2012 年，第 6 页。
② 老子著，吕岩释义，韩起编校：《吕祖秘注道德经心传》，桂林：广西师范大学出版社 2014 年。

具有以道家'自然无为'之道，贬抑儒家'仁''义''礼''圣'（智）观念的自觉。""《老子》河上公注本第一次去掉了'大道废、有仁义'诸句以及'信不足，有不信焉'句中'有'前的'安'或'案'字，使《老子》全书在'弃绝'、否定或反对'仁''义''礼''圣'（智）观念上达到了内在的一致性。"①

　　就以上观点来看，这一"河上公旧序"的内容确实符合河上公（或假托河上公之名者）注《老子》时的思想背景和观念，因此笔者认为这一"河上公旧序"或为河上公其人注《老子》时所撰序文。

　　2.《王注老子道德经》

　　该书凡上下二册，王弼注、陆德明音义、南总宇惠考订，明和七年（1770）五月，东都书林。

　　版式：四周单边，白口，单黑鱼尾下题"老子上篇""老子下篇"及页码，有界格。每半页9行，栏内《老子》原文部分每行16字，王弼注文部分为双行小字，每行16字。眉栏是南总宇惠即宇佐美灊水中文小字考订部分，考订部分外有大框。

　　内容：此本共二册，第一册为《王注老子道德经　上》，卷首有"刻老子王注序"一篇，尾题"明和己丑冬十月""南总宇惠撰"；正文为"老子道德真经卷"上篇第1—37章；第二册为《王注老子道德经　下》为下篇第38—81章，尾为"旧跋"一篇。

　　全本为汉字书，字句间有日文训读。以王弼注本为蓝本，眉栏附南总宇惠考订。

　　此本因出版于明和七年，所以也通称为"明和本"。明和本经由江户时代汉学家宇佐美灊水校勘、训读出版以后，在日本学界产生了很大的影响，宇佐美灊水也作为出色的校勘学者受到了极高的评价。宇佐美灊水，生于宝

① 高华平：《楚简本、帛书本、河上公注本三种〈老子〉仁义观念之比较》，《中国历史文物》2003年第1期。

永七年（1710），卒于 1776 年，名惠，字子迪，通称为惠助，灟水为其号。由于灟水的叔母是荻生徂徕 ① 的表姐，因此在他 17 岁时（1726）入了荻生徂徕的门下，之后被世人称作"徂徕七哲"之一。虽然其师徂徕对《老子》持否定态度，② 但灟水有不同看法。在明和本卷首的"刻老子王注序"里，灟水引用了《荀子·天论篇》的"老子有见于诎，无见于信"来进行批评，但另一方面也说"周末诸子之言各有所长、先王之道之裂也"，表明《老子》也有"一长"之面。

关于为何校订王弼注《老子》，宇佐美在"刻老子王注序"里说：

老子正文，诸书所引有不存者，则固有脱文，而文字异同亦甚多矣。焦竑翼注有考异、王注旧刻附孙鑛古今考正。今共标于曾、冠以考异孜正。二考外尚有异同，诸书随见随记。及王注错误今改正者，共冠考一字而标于层。陆德明音义便于诵读，又举异同。误说间有，不可改补，加圈并附王注。王注今本多乱脱，无善本可取正。校以岁月，或当有所得。余，别有所志，不能专于此书，以俟后之君子。明和己丑冬十月。③

在这一序文中写道，因"王注今本多乱脱，无善本可取正"，所以才对王弼本进行了校订。灟水自己校订的部分是眉栏的"考"部分，这部分引用的参考书籍有焦竑的《老子翼》、林希逸《老子鬳斋口义》、傅奕《道德经古本篇》，陆德明《经典释文》《韩非子》《淮南子》《列子》《群书治要》《初

---

① 荻生徂徕：宽文六年至享保十三年（1666—1728），日本江户时代中期的哲学家和儒学家，他被认为是江户时代最有影响力的学者之一。古学派之一的萱园学派（又称古文辞学派）的创始人。
② 参见 [日] 尾藤正英：《荻生徂徕的"老子"观》，日本历史学会编《日本历史》第300 号所收，吉川弘文馆，1973 年；[日] 野口武彦：《徂徕学派的"老子"受容》，朝日新闻社 1987 年。
③ （魏）王弼注，陆德明音义，[日] 南总宇惠考订，《王注老子道德经》，东都书林明和七年（1770）。

学记》《战国策》等。当时日本和中国都没有如此广搜文献对王弼注本进行详密校订的先例，因此灜水的校订工作从文献学的角度来看显得难能可贵。

长泽规矩也著《和刻本汉籍分类目录》[①]一书中收录了以下几种王弼注《老子》：

> 老子道德经二卷　魏王弼注　唐陆德明音义宇佐美惠（灜水）
> 校明和七刊（江、须原平助等）
> 　同　　同（次印、江、千钟堂・花说堂）
> 　同　　同（明治印）
> 　同　　同　　同　昭和四刊（活版、东、文求堂）

由此可见明和本于 1770 年出版以后被多次再版，民国时期在中国也出版了此本。楼宇烈的《老子道德经注校释》是近年来对《老子》王弼本校订的最新研究成果，此书是对王弼注文进行的校释，里边也多处引用了宇佐美本。此外，从 1952 年到 1954 年，作为《横滨市立大学纪要》的单行册发行的波多野太郎的《老子王注校正》也在其凡例里谈到明和七年宇佐美本，胜处最多、流布最广，对宇佐美本给予了极高的评价。

（三）林希逸注《老子鬳斋口义》

林希逸（1193—1271）[②]字肃翁，号竹溪，又号鬳斋，福建路福清县万安乡苏里田人（今福建省福州市渔溪镇苏田村），南宋理学家。理宗端平二年（1235）进士，官至中书舍人。林希逸著作甚丰，尤其《三子口义》是其代表作，并流传海内外，在中国、日本、朝鲜都产生过深远影响。目前中国学界的研究成果，多集中于《庄子鬳斋口义》一书，对《老子口义》的研究甚少，然而《老子口义》在众多注老书中独具一格，具有重要学术价值。

---

① ［日］长泽规矩也著，长泽孝三编：《和刻本汉籍分类目录》，东京：汲古书院 2006 年。
② 林希逸的生卒年，笔者依王晚霞所撰论文：《林希逸生卒年考辨》，《东南学术》2016 年第 1 期。

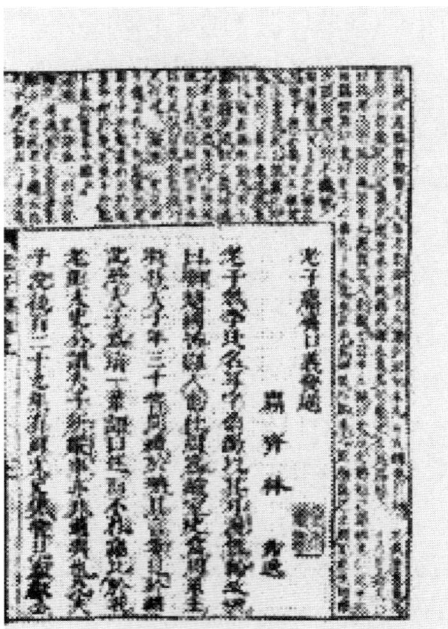

图6—6　日本道观收藏《老子鬳斋口义》

《老子口义》于室町时代中后期传入日本，由于其通俗易懂，且使用了很多禅家用语，所以很受五山禅僧的欢迎，很快被五山禅僧和博士家们学习、研究、传播开来。到了江户时代，随着林罗山对林希逸《老子鬳斋口义》的点校，口义本《老子》开始流传，并代替了一直以来的河上公注本，成为江户中期唯一流行的《老子》注本而盛行一时。然而，以享保十四年（1729）为界，口义本不再流行。

日本道观收藏有三种口义本《老子》古本，具体如下：

1. 鳌头本《老子鬳斋口义》

该书全二册，上村次郎右卫门板，明历三年（1657）刊本。

版式：白口，单黑鱼尾下题"老子经"、卷次及页码，每页分内外两框，原文和注文在内框，林道春批点在外框，四周单边，无界格，内栏每半页8行，行16到18字不等；外栏2到22行不等，行10字到36字不等。

内容：卷首为林道春所作序，简介了老子其人其书及林希逸，次为林希逸撰《老子鬳斋口义发题》，次为《老子鬳斋口义》，次行署"鬳斋林希逸"。卷尾附有林道春所作跋。另卷尾题有："罗山子，道春考定"，"明历三丁酉年孟夏吉辰，二条通玉屋町上村次郎右卫门新刊。"

字句间有日文训读。以林希逸口义为蓝本，眉栏杂引各家注解。

2.《老子经谚解大成》

该书全五册，林希逸注，梅室洞云谚解，日本延宝九年（1680），道德

288

书堂刊行。

版式：四周单边，白口，单白鱼尾下题"老子谚解"、卷次及页码，无界格。栏内文字可分为《老子》原文、林希逸口义和梅室洞云谚解三部分。《老子》原文字号最大，每行20字；林希逸口义部分字号稍小，每行20字；梅室洞云谚解部分为汉字假名混合文字，每行19字。

内容：《老子经谚解大成一》中有山本（梅室）洞云所撰"老子经谚解大成序"，梅室洞云谚解"老子鬳斋口义发题一"，以及"老子鬳斋口义上之二"（第一至第九章）；《老

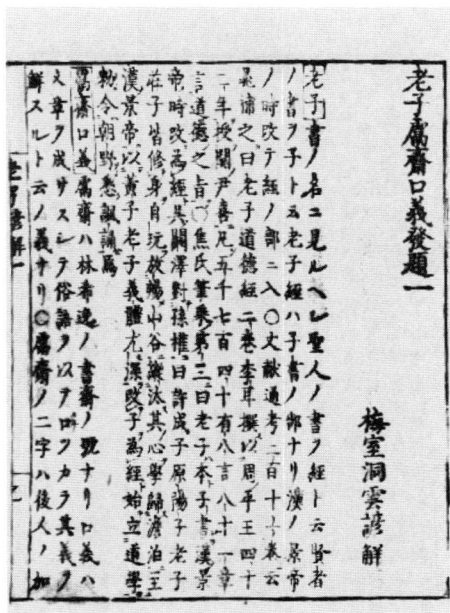

图6—7　日本道观收藏梅室洞云谚解本

子经谚解大成二》中有"老子鬳斋口义上之三"（第10—19章）及"老子鬳斋口义上之四"（第二十至第二十八章）；《老子经谚解大成三》中包括"老子鬳斋口义上之五"（第二十九至第三十七章）及"老子鬳斋口义下之一"（第三十八至第四十六章）；《老子经谚解大成四》中包括"老子鬳斋口义下之二"（第四十七至第五十五章）及"老子鬳斋口义下之三"（第五十六至第六十四章）；《老子经谚解大成五尾》中包括"老子鬳斋口义下之四"（第六十五至第七十三章）及"老子鬳斋口义下之五"（第七十四至第八十一章）。

《老子》原文及林希逸口义部分为汉文书，字句间有日文训读；梅室洞云谚解部分为汉字假名混合文字。此本以林希逸《老子鬳斋口义》为蓝本。

3.《林氏口义·老子道德经补注》

该书分"乾坤"二册，吉田利行编辑、吉田利行补，明治十七年（1884）十月，林磊落堂刊本。

版式：四周双边，白口，单黑鱼尾上题有"林注老子道德经"，鱼尾下

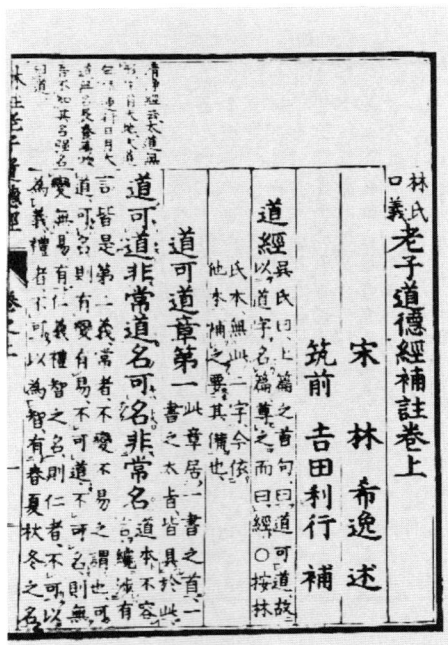

图6—8　日本道观收藏　林磊落堂刊本

题卷次及页码，有界格。每半页分内外两栏，内栏文字是林希逸注原文，外有小框；小框外是林道春中文小字注解，注解外有大框。内栏中每半页9行，无界格，行16字；林注文小字双行。外栏为吉田利行的注文，小字双行，2行到18行不等，行7字。

内容：此本分乾坤两册，在乾册卷首有"老子鬳斋口义发题"一篇，篇末有"福陵水香邨书"。"发题"之后为正文"林氏口义老子道德经补注卷上"，下分两行并列署名：宋林希逸述，筑前吉田利行补，"筑前"[①]与"宋"并列。乾册为《道经》第一至第三十七章的内容，坤册为《德经》第三十八至第八十一章。

全本为汉文书，字句间有日文训读。以林希逸口义为蓝本，辑各家说。

据国内学者王晚霞博士毕业论文《林希逸文献学研究》中对《老子鬳斋口义》的考察，"林希逸《老子鬳斋口义》在世所知传本共有52种，其中国内刊本一共有16种：宋刊本2种、元刊本3种、明刊本10种、当代刊本1种；日本刊本共有22种；韩国、朝鲜刊本共有14种，并有大量注解本引用林希逸口义。"[②] 日本道观收藏的上述三种口义本《老子》皆是林希逸《老子》在海外刊本系列中的经典之作，这三种口义本分属江户时代前、中、后期，是口义本在日本江户时代流行的一个缩影。此外，这三个版本的《老子》书全卷保存完整，无破损、无遗漏，是考察林希逸古本不可或缺的珍贵材料。

---

① 筑前：日本古代的令制国之一，今福冈县地区。
② 王晚霞：《林希逸文献学研究》，北京：中国社会科学出版社2018年。

四、日本道观收藏的《老子》书之价值

日本道观收藏的《老子》书数量多、类别广、内容丰富，笔者通过对这些《老子》书的详细考察，得出以下几点结论。

（一）版本价值

在日本道观收藏的 70 余种《老子》书里，有好几种版本是中国今已失传的极为珍贵的古本。比如日本道观收藏的 24 枚河北邢台道德经幢的拓本，由于历史原因，河北邢台道德经幢现仅存两片幢体，然而日本道观始祖早岛天来道长在早年间将其完整地拓了下来，这对老学研究，特别是对唐玄宗御注本《老子》研究来说是极为珍贵的，其版本价值不言而喻。此外，作为日本现存的古抄本河上公注《老子》系列之一的梅泽本，其版本价值也值得引起国内学者的重视。这一梅泽本是以唐本为底本的《老子》古抄本，其《老子》原文多同于马王堆汉墓出土的甲、乙本《老子》等年代较早的《老子》书，在版本上或胜于我国国内现存最早的宋刻本河上公注《老子》。此外，日本道观收藏的梅泽本与享保本卷首所冠的序文都不同于我国国内河上公本卷首所冠的葛洪之"老子道德经序诀"，这三种序文的内容也值得进一步考察。

国内研究《老子》的学者不少，然而主要是从老子其人、其五千言文、其思想等方面入手来研究，对《老子》版本未有足够的重视。日本古抄本等珍贵的《老子》版本虽有一部分已传入中国，但流传并不广，影响也甚微。笔者希望日本道观收藏的这些极为珍贵的《老子》古本能引起国内学者的重视，弥补国内老学研究缺乏可信的善本这一缺陷。

（二）训读价值

日本道观收藏的 19 种《老子》古本中，绝大部分以汉文书写，而又在这些汉文字的字里行间施加了日文训读的版本。《老子》流传至今，出现了

很多不同的注译本。由于古汉语文本在句读和句式结构上无标示、不稳定，这就造成了后人在理解《老子》原文上的差异甚至失误。如《老子》第一章中，"故常无欲以观其妙"一句，有人断句为"故常无，欲以观其妙"，将"无"作为一个单独的概念；也有人断句为"故常无欲，以观其妙"，将"无欲"断为一词。那么，哪一种理解更为准确呢？后人众说纷纭，没有定论。然而，日本道观收藏的几种《老子》古本中保留下来的返点、送假名等训读符号却准确地将句读和句式结构明朗化，词性、断句等一目了然，为今人研究《老子》提供了可贵的参考文献。笔者在考察中发现，通过训读后的《老子》文本在语义上和中国学者的理解有多处不同；比如，梅泽本"虚用第五"中，"多言数穷"一句，梅泽本将"数"训读为副词"しばしば（经常、屡屡）"，而我国学者多把"数"理解为"同'速'"字，即"加速、快速"等意，显然不同于梅泽本训读后的语义。这样因对关键词、句训读不同而引起的语义分歧还体现在"成象第六""能为第十"等多章中。

因汉文训读本身具有的独特性，使得日本道观收藏的《老子》古本的句式结构、词义及句义等明朗化，这不仅是我们探究各时代的日本人如何理解《老子》的重要途径，也是我国学者反观自己的老学研究成果的重要参照。通过对《老子》训读文的考察，明确中日两国学者在对《老子》句义、哲学观念等理解上的分歧，这对老学研究的进展是有益的。

（三）比较研究价值

日本道观收藏的多种《老子》书里，有很多不同年代、不同阶层的日本人从不同角度对《老子》进行的注解，有从医学、养生角度对《老子》进行注解，如三宅元珉纂注《老子道德经会元》（1667）；也有"以儒解老"者，即以儒家孔孟思想来解读《老子》，如三野元密伯慎著《老子经古义》（1809）。这些《老子》注疏本一方面体现了日本人从奈良、平安时代起一直到近现代对汉籍的学习、吸收情况；另一方面也体现了《老子》五千言本身作为道教经典对不同时代、不同阶层的人们的影响力。这些日人校勘、注疏的《老子》书中不乏优异者，如明治维新以来日本研究老子成就最高、影响最大的学者武内义雄，其老学研究成果可以说是近年来日本老学界的定论。武内义雄十分重视原典的考察，通过考证认为河上公本的成书年代应晚于王弼注本，老子的出生年代应晚于孔子等。这些观点与我国老学研究的成果恰好相反，我国学者虽然对其考证结果存有质疑，但对其重视原典考察的研究方法却予以了充分的肯定，通过对日人注疏《老子》版本的考察，可以了解中日两国学者在研究方法、研究思路等方面的异同。中国学者也可以以彼为镜，反观自身的研究成果。从这一角度来讲，日本道观收藏的日人注疏《老子》书无疑有十分重要的比较研究价值。

总之，《老子》作为中国传统文化的基石性典籍，是中华民族大家庭文化思想自我认同的主动脉，也是世界哲学思想宝库中的奇葩。此次日本道观将收藏的这些珍贵的《老子》古本公之于世，将给中国老学研究注入新的生命力。

第二节　《列子》《庄子》

日本道观收藏的道教类书籍除《道德经》外，主要还有《列子》《庄子》。

老庄书籍是何时传到日本的目前无法确切判断。但在藤原佐世编的《日本国见在书目录》中，在儒家的书籍之后列举的是《廿五道家》，《道德经》河上公注、《道德经》王弼注、《道德经》周文帝注、《道德经》玄宗御注等32种，《庄子》郭向注等22种，《列子》东晋张湛注等注疏2种，其余还有《抱朴子》《广成子》《符六子》等书。

由此我们可以推测，《道德经》《庄子》的注疏类书籍是从奈良末期到平安时代传到日本，并被人所知的。举个例子，足利学校所藏《老子经》二卷是室町时代的抄本，该校所藏《南华真经注疏解经》十卷也是室町时代的抄本。

一、《列子》在中国的注疏文献

东晋的张湛根据西汉末年刘向校订的《列子》8 卷，著《列子注》8 卷，这是最早的《列子》注释书，在清代另有别名《列子笺释》。

到了唐代，出现了殷敬顺撰的《列子释文》二卷。此后，清代任大椿将上述两本注疏结合在一起，作《列子释文考异》一卷。另外，还有唐卢重元撰的《列子注》8 卷。

玄宗天宝元年（742），封庄子为南华真人，列子为冲虚真人，并分别尊称其所作之书为《南华真经》《冲虚真经》。

到了宋代，北宋第八代皇帝宋徽宗精通《冲虚至德真经解》和诗文书画，撰写了《冲虚至德真经义解》6 卷。在此时期，宋、林希逸撰的《列子鬳斋口义》二卷等书成书并广泛普及。林希逸是南宋福州福清人，字肃翁，号竹溪，又号鬳斋，瑞平二年（1235）中进士，擅长书画和作诗。著有《列子鬳斋口义》《老子鬳斋口义》《庄子鬳斋口义》以及《竹溪稿》等。

明代还有朱得之撰的《列子通义》10 卷出版。

《列子》与其注疏书籍大约是在平安时代传到日本的。其中，可以推测《列子鬳斋口义》乾坤二卷本最晚是在日本镰仓时代末期至南北朝时期传到日本的，因为它的复刻版，也就是完全按照原版书复刻而成的和刻本，在当时已被出版发行。

二、日本道观收藏的《列子鬳斋口义》

日本国会图书馆中藏有被当作五山版复刻本的一本《列子鬳斋口义》。根据国会图书馆收藏的《列子鬳斋口义》，可推测出以下几个方面。该书未标出训读符号，但有后人在此书上用墨笔标注出少量送假名，可以想见原本在此之前已经从中国传入日本，至室町时代（1336—1573）之前已经在镰仓五山、

京都五山传播开来。因为足利氏十分
热衷于和明朝的贸易往来，所以此书
的原本可以有机会流传到日本。

　　在此之前的镰仓时代，北条时
宗（1251—1281）邀请南宋庆元
府（浙江省）的无学祖元（1226—
1286）担任镰仓建长寺住持。北条
时宗为了悼念蒙古袭来战争中死去
的士兵们而建立了圆觉寺，将祖元
立为开山初祖。从元朝赴日的清
拙正澄（1274—1339）、明极楚俊
（1262—1336）、竺仙梵仟（1292—
1348）等人带来了临济禅的清规和
儒学、语录与诗文。而且，除了佛

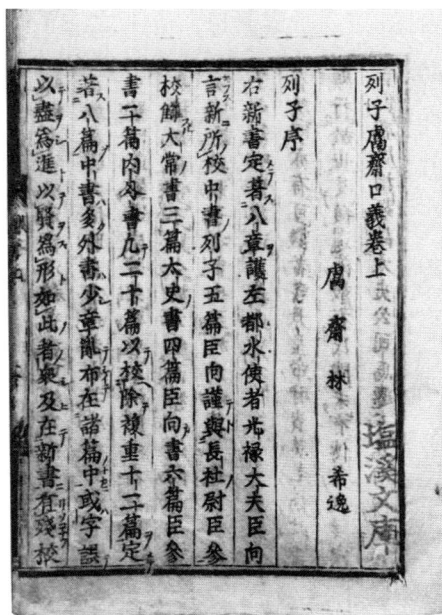

图6—9　日本道观收藏《列子鬳斋口义》

书经典之外，这些渡日僧人很有可能将以四书五经为首的史书、诗文类的汉
书也带到了日本。如此一来，在南北朝时期，盛行购读受宋、元、明的影响
的儒学书籍和诗文，即"五山文学"继镰仓禅林之后兴盛起来。据此推测，
在这样的背景下，儒家及道家的书籍——《列子》及其注疏之一《列子鬳斋
口义》传到了日本。传入日本的时间，大概是日本镰仓末期至南北朝时期。

　　到了江户时代，藤原惺窝门下的林罗山受到德川家康的提拔，把朱子学
当作政治的根本思想。以儒学安邦定国，进行启蒙教育，并且将四书五经作
为教育的根本。为此，由诸子百家到诗文、各种技艺在内的众多书籍传到了
日本。与此同时，出版活动从庆长元和时期开始，到了宽永时期，京都有上
百家民营书店，而且古活字版、整本印刷、木板印刷的书籍大量出版。

　　其中，出现了《列子鬳斋口义》第二版、第三版的复刻版及改版和刻
本。日本道观就收藏有这样一本《列子鬳斋口义》。该书为大本四卷四册
（26.6cm×19.4cm）深蓝色无封面。书内题"列子鬳斋口义卷上／鬳斋林希
逸""列子鬳斋口义卷上之二／鬳斋林希逸""列子鬳斋口义卷下／鬳斋林

希逸""列子鬳斋口义卷下之二／鬳斋林希逸"。全书卷上 66 页，卷上之二 40 页，卷下 47 页，卷下之二 48 页。书背上分别有"列子上""列子下"字样。该书板式为四周双边，9 行，有栏线。全书以汉字、片假名书写。书末有万治弎年己亥五月吉日／大和田九左卫门字样。

与日本国会本相比，此书内容与之相同，但是与国会本版本不同，应是传入日本的汉书《列子鬳斋口义》里标记出训点、假名著述的复刻本，但训读者不明。

《倭板书籍考》卷六"诸子百家之部"中记载：

> 一部共八篇，分为上卷两篇和下卷两本共计四本。宋代林希逸所作。列子，郑穆公（繻公）时人。晚于孔子时代，而早于孟子时代。本于老子为宗，继承并发挥老子提出的清虚无为。今本为列子正本遗落后经后人附益版本。经籍志中收录列子口义八卷。训读标注。据惺窝先生训注本。①

日本道观所藏本与该书记载相符。《倭板书籍考·诸子百家之部》中评价林希逸《老子经口义》，"老子诸注里没有可与《老子经口义》相比较的注解。林希逸，号鬳斋，又号竹溪。置身儒学，实为释道。口义的倭训始出于罗山先生"②。《倭板书籍考》中同时也记载了鬳斋《庄子口义》、郭象《庄子注疏》和《杨子法言》《淮南子》等书。

三、日本道观收藏的《庄子》注疏文献

对《庄子》三十三篇原稿成书的过程一直存在种种猜测。相传战国中

---

① 《倭板书籍考》，洛下书肆，寿阳堂藏版、木村市郎兵卫，元禄十五年（1702）。
② 《倭板书籍考》，洛下书肆，寿阳堂藏版、木村市郎兵卫，元禄十五年（1702）。

期齐物论篇、战国后期逍遥游篇等作问世，至战国末期公元前 2 世纪左右，在诸多文献中已经能够见到庄子及其文词。《史记》卷六十三列传第三《老子韩非列传》记载："庄子者，蒙人也，名周。周尝为蒙漆园吏，与梁惠王、齐宣王同时。其学无所不窥，然其要本归于老子之言。故其著书十余万言，大抵率寓言也。作《渔父》《盗跖》《胠箧》，以诋訾孔子之徒，以明老子之术。"[1]《史记》中记载《庄子》有十余万字，定义其为由真实存在的人所撰写的。战国末期的《吕氏春秋》以及西汉的《淮南子》对《庄子》也有引用。据《汉书·艺文志》记载，《庄子》原本共五十二篇，然而现存仅有三十三篇。西汉末年有原本五十二篇，整理收录于《淮南王庄子略要》，后六朝时东晋向秀编写节略本二十七篇，再由郭象编撰定稿三十三篇，也就是我们今天所看到的《庄子》。

已经有人指出，日本古代（飞鸟时代—平安时代）时便已出现与佛教相融合的老庄概念。该观点认为这是受圣德太子第十七条宪法精神的影响[2]，同时也与真言密教、修验道有着颇深的渊源。[3] 镰仓时代之前广泛流传于日本的《庄子》版本为郭象注本，这些《老子》《庄子》注疏是经由中国去往日本的僧人以及日本入唐僧带入日本的。

此后，林希逸注本传入日本。林希逸是南宋时代瑞平二年（1235）的进士，相当于日本镰仓时代中期。此时恰好是中国受到北方金人及蒙古人（元）威胁的时期。关于林希逸口义本如何来到日本并流行开来，武内义雄先生认为，禅僧东渡日本大大地促进了日本国朱子学的发展，同时也开创了新老庄学。由现存古抄本可以推断平安时代至镰仓时代，人们普遍读到的是《老子》河上公注版本、《庄子》郭象注版本，然而到了室町时

---

[1]　（汉）司马迁：《史记》卷六十三，北京：中华书局 1959 年，第 2143 页。

[2]　参见王勇：《〈庄子〉东传考略》，陆坚、王勇主编：《日本文化研究业丛书　中国典籍在日本的流传与影响》，杭州大学出版社 1990 年；王迪：《老庄思想在日本的传播》，国书刊行会 2001 年。

[3]　参见［日］小柳司气太：《由道教与真言密教的关系论及修验道》，收录于《东洋思想研究》，东京：森北书店 1942 年。

代发生了一些变化。① 也就是说，作为学问研究的对象，《庄子》也由郭象注版本转变成了林希逸注版本。现存的口义本被认为是南北朝时期的刊本（成簣堂文库藏）和五山版《庄子鬳斋口义》10 卷 10 册（国立公文书馆藏·旧文阁书库）。南北朝刊本《庄子鬳斋口义》10 卷 10 册（文阁文库藏）为"左右双边，有界 8 行 16 字，卷首有题目、穆陵宸翰，卷末付景定辛酉林同　同徐霖跋　林径后续"②。最终另一版本的 10 行本传入日本，其刊本也被复刻。

近世日本，老庄注疏的复刻本非常多，其中鬳斋口义为诸多读者们所接受。这些复刻本皆是以宋代、明代刊本为基础的。

德川时代以来，《老子》《庄子》受到人们的喜爱。其原因之一在于德川幕府草创期的政治政策和教育政策。当时政府鼓励依据朱子学，宣讲政治和道德规范，对百姓进行启蒙和教化。因此人们不得不受到君臣之道、身份、行动等框架的制约。在这种背景下，老庄思想倡导让身体回归自然，给予人们一时的宽松与开放之感。无论是作为学问还是读物，都得到了人们的广泛认可。

（一）《庄子鬳斋口义》

日本道观收藏的《庄子鬳斋口义》，训点者不详。大本、10 卷 10 册（28.3cm×18.9cm）、整版、深蓝色封面。粘贴式题签，墨书"庄子一—十"，内题"庄子鬳斋口义发题 / 鬳斋林希逸"卷一序、发题共 5 页，目录 1 页，正文 52 页；卷二 56 页；卷三 56 页；卷四 61 页；卷五 49 页；卷六 59 页；卷七 62 页；卷八 62 页；卷九 42 页；卷十 71 页（正文 49、后序 3、新添庄子十论 19）；全书板框形式为四周单边，有栏线，10 行。用字为汉字、片假名，书末印有"宽永六年十一月吉辰　二条通观音町　风月宗知刊行"。

---

① 参见 ［日］武内义雄：《老庄学在日本》，《武内义雄全集》第六卷《诸子编一》，东京：角川书店 1978 年。

② 参见 ［日］川瀬一马：《五山版研究》上，日本古书籍协会 1970 年。

可以推测这本书是
在前面提到的五山版
（翻刻了室町时代到近代
初期传到日本的明刊本）
的基础上添加训点后刊
行的。在《倭版书籍考》
中有关于该书的记载：
"……末李士表附庄子十
论。不知李士表乃何处
之人。《汉书·艺文志》

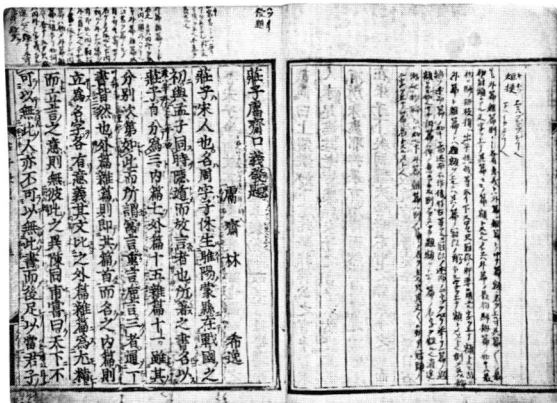

图6—10　日本道观收藏《庄子鬳斋口义》

的庄子道家中记有入五十二篇有之。今本有三十三篇。云建仁寺之岩惟肖得
耕云老人之传，初读此书。耕云法名明魏，乃南朝右大将长亲也。博识无
双之人也"①。也就是说，建仁寺的惟肖得岩从耕云老人，即子晋明魏（？—
1429）处得到了《庄子口义》。耕云是南北朝至室町时期的人，侍于南朝，
出家后法号子晋明魏，以歌人②的身份为生。在和汉文化方面博学多识，著
有《耕云千首》《耕云口传》《耕云纪行》《补陀山灵岩寺缘起》等。

据人见卜幽的《庄子口义栈航》10卷10册，延宝九年刊（1681）记载，
南禅寺的僧侣岩惟肖最初跟随明魏学习郭象注，后来惟肖得到了《庄子鬳斋
口义》并对此进行讲解。毛利贞斋的《庄子口义大成俚谚钞》首卷下（元禄
十六年刊）中也援引了这段内容，记载惟肖放弃了郭注，专心使用口义。

（二）《庄子口义大成俚谚钞》

日本道观收藏的这本《庄子口义大成俚谚钞》，毛利贞斋述、瑚珣校阅。
14卷9册大本，印刷版，浅茶色，内题"音释文段批评庄子口义大成俚谚
钞"。扉题"元禄十五壬午岁仲夏谷旦/庄子口义大成俚谚钞/神雒　毛利

---

① 《倭板书籍考》，洛下书肆，寿阳堂藏版，木村市郎兵卫，元禄十五年（1702）。

② 歌人：创作和歌的人。

贞斋"。扉绘"南华老仙真像"（站在柳树下的老仙图），书脊印有"庄子俚谚钞卷首上—下；庄子俚谚钞卷——十四"。板框为四周单边，上栏有一排头注，18 行本（钞的行数）。用汉字、片假名。

该书有元禄十六年、享和三年、弘化三年、无书牌版等版本。

此书卷数虽不多，但在近世广为流传，反复再版。作者毛利贞斋（生卒年不详），自大阪来到京都，是个以讲课和写书为生的隐士。他在延宝、天和、贞享时期著有很多辞典和注释书籍，广为人知的作品包括《四书俚谚钞》10 卷、《古文真宝后集俚谚钞》19 卷、《古文真宝后集备考》4 卷、《蒙求俚谚钞》20 卷等 30 多部。

日本道观所藏这本为无书牌版。

（三）《重刻庄子南华真经》

到了近世中期，迎来了重新审视、再次评价郭象注《老子》《庄子》的时期。荻生徂徕的古文辞学的兴盛促进了回归原作之风。其中一部是元文四年（1739）五月刊行的、服部元乔校订的《郭注庄子（南华真经）》10 卷（京都·中野宗右卫门、江户·植村藤三郎）。在"读郭注庄子"中服部写道，在众多注疏中"（郭注）事事不必曲说。可称有识。故亦得令辞遒上。乃悬河泻水不独见推于古昔。迄今亦可以孤行则吾有取于郭子玄"。他评价郭象注选用的原文比较正统，优于林注。

后来，受此影响，千叶芸阁在天明三年（1783）出版了《重刻庄子南华真经》。

芸阁名玄之，字子玄，俗称茂右卫门，拜秋山玉山为师，曾作为侍读侍奉下总古河藩士井利里，辞职后在江户的驹込开办私塾以讲学写书为业。他有些主张脱离了性理说，依据徂徕的古文辞说。在其著作中，除了《唐诗选掌故》《诗学小成》《官职通解》《重刻国语》《文草小成》《孔子家语》等校订本以外，还有如《芸阁先生文集》《重刻庄子南华真经》等很多校订本和实用性书籍。

日本道观所藏的这本《重刻庄子南华真经》，日本芸郭、千叶玄之读。

大本、10 卷 10 册，整版本，封面浅茶色。卷五、六、七用的是原本的书签"郭注庄子"，其他卷是用墨书的"重刊庄子一""郭注庄子"。内题重刻庄子南华真经卷一。

板框为四周单边，上栏有一排头注，有栏线，9 行本。用汉字、片假名。书牌为：原本东都南郭先生校共 10 卷，陆德明郭注庄子音义共 3 卷；右元文四年巳未五月并梓行；重刻东都芸阁千叶先生再校共 10 卷；右天明三年癸卯九月梓行；皇都书铺，植村藤右卫门 / 田中庄兵卫；东都书肆，植村善六 / 山崎金兵卫。

第七章　日本道观收藏的中医及
养生长寿学典籍述考

　　道教因为其宗教追求的核心为长生成仙，因此，天然地与医学、养生学关系密切。在中国，道士就有行医的传统，很多高道同时也是著名的医生。在日本，道士同样密切关注养生和医学，因此，在日本道观中，我们能看到非常多的医学和养生类书籍，这方面的收藏极其丰富，我们仅选择主要的典籍，勉强分类进行一个述考。之所以说是勉强分类，盖因为此类书籍在具体内容上多有交叉重合的地方，只能大体根据其主旨进行分类，以方便读者了解。

第一节　日本道观收藏的中医翻刻典籍

　　中国医学思想源远流长，不仅惠及中华民族，而且对亚洲、欧美等一些国家亦产生过较大影响，对与中国一水相隔的邻邦日本更是如此。早在南北朝时期中国的《针经》医书就传入日本，公元 562 年吴人知聪又携带《明堂图》和其他医籍东渡日本；公元 608 年日本天皇曾派惠日、倭汉直福因到中国学习中医，15 年后携带中国医家巢元方撰写的《诸病源候论》等医书归国。唐代武则天时期日本制定的《大宝律令·疾医令》基本上以中国唐朝的医政制度为指南；天宝年间中国大德高僧鉴真大和尚东渡日本在讲授佛学的同时也为日本人看病，促进了中日医药交流。迨至金宋元时期，中日之间医学交流更趋频繁，日本医家田代三喜来华学习李东垣、朱丹溪学说达 12 年之久，回日本后由其弟子曲直瀬道三广为推广其医学开创"后世派"。及至明清，永田德本、名古屋玄医、吉益东洞、丹波元简、丹波元胤等日本医家大力实践中国医学医术，又开创了"古方派""折衷派"等"汉方医学"流派。而由汤本求真先生撰著、成书于 1927 年的《皇汉医学》更使中国传统医学在日本明治维新之后大兴西方医学的背景下占据了一席之地。

在当代西方医学治疗一些疑难杂症陷入困境的今天，日本重视挖掘与应用汉方医学，截至目前，日本已经取得了《伤寒杂病论》《金匮要略方》中的 210 个古方专利。以重视学术研究、文化传播和开展系列养生健身实践活动为己任的日本道观更是收藏了多种珍贵中医典籍，今择要分类介绍。

一、医理病理类典籍

这类典籍主要围绕基本的医学理论或某类具体疾病的病理进行分析阐发，涉及一般的养生理念，较少涉及具体药方。日本道观收藏的这类书主要有《重广补注黄帝内经素问》《内经知要》《脉经》《万病回春》《医贯》等。

（一）《重广补注黄帝内经素问》

《重广补注黄帝内经素问》，唐代王冰编注。据清代陈梦雷《医术名流列传》等书记载，王冰，号启玄子，又作启元子，曾任唐太仆令，爱好老庄之学、养生之学，是位道医，著有《重广补注黄帝内经素问》《玄珠密语》《天元玉册》《元和纪用经》等书。

《重广补注黄帝内经素问》共 24 卷 81 篇，是对《素问》重要字词句的注解、阐释。北宋校正医书局林亿、高保衡等人于嘉祐二年（1057）再度校勘。2009 年，中国学苑出版社出版了该书影印版，中医古籍出版社 2015 年

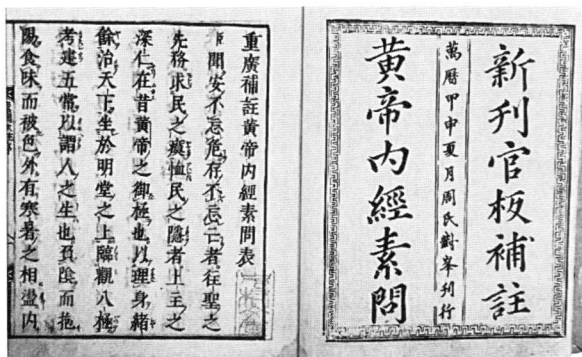

图7—1　日本道观收藏《黄帝内经素问》

出版了点校本，山西科学技术出版社 2012 年还出版过《王冰医学全书》点校本，收录有《重广补注黄帝内经素问》《玄珠密语》《天元玉册》《元和纪用经》。

日本道观所藏的《重广补注黄帝内经素问》12 册，为中文繁体竖排，夹有日文注音，也是 24 卷 81 篇。经过比对，可知其内容基本与中国刊刻本无异，在扉页处有"新刊官版补注黄帝内经素问，万历甲申夏月周氏对峰刊行"字样。"万历甲申"即万历十二年（1584）。该书序前有《重广补注黄帝内经素问表》一文，记载了北宋高保衡、林亿追溯刊刻王冰《重广补注黄帝内经素问》的缘由；接下来是王冰自序。该书文中每卷卷首皆标有"唐启玄子王冰次注，宋林亿、高保衡、孙奇特等奉敕校正，宋孙兆改误，明熊宗立句读"字样。

（二）《内经知要》

《内经知要》，李中梓撰。李中梓（1588—1655），字士材，号念莪，又

图7—2　日本道观收藏《内经知要》

号尽凡居士，江苏云间（今江苏松江）人，中国明末清初著名医学家，初习儒，后研习医学，著有《内经知要》《药性解》《医宗必读》《伤寒括要》《本草通玄》《病机沙篆》《诊家正眼》等，其所著之书论理精辟而又深入浅出，深受欢迎。李士材门人众多，皆有医学著作名世，世称士材学派。

《内经知要》全书有 2 卷 8 篇，上卷包括道生、阴阳、色诊、脉诊、藏象 5 篇；下卷有经络、治则、病能 3 篇，是李士材从《黄帝内经》中摘录、校勘的切于实用的医疗内容，同时，李氏还增加了注解和阐释，内容选材精当，注释言要不繁，是一本适合医学初学者的医书。

该书在明崇祯十五年（1642）刊行，当时以《李士材医书二种》之名行世，此后多次翻刻，流传甚广，主要有 2 卷本和 10 卷本两种。中国通行本主要分为上下卷的 2 卷本，如乾隆二十九年（1764）扫叶山房的刊刻本、乾隆长洲薛氏刻本、道光五年（1825）赵氏刻本、光绪九年（1883）江左本等。新中国成立后，1994 年中国的中国中医药出版社、2007 年人民卫生出版社、2016 年中国医药科技出版社先后在古本基础上出版了《内经知要》的点校本。

10 卷本有两种，都是流传到日本以后出现的，一种是日本宽文二年（1662）武村市兵卫刻本；一种是日本正德五年（1715）刻本。今日本道观所藏本所藏的《内经知要》即为日本正德五年刻本，10 卷 5 册，为中文繁体竖排刊本，中夹有日文注音。全书保存完好，字迹较为清晰，文中有句读。经对照，与中国明刻本内容基本无异，只是将全书内容进一步细分为 10 卷，卷一署名"云间念莪李中梓士材父著"，卷十末标有"正德乙未五年二月吉日，大阪心斋桥筋，敦贺屋九兵衙"字样。"正德乙未五年"即公元 1715 年，可见该书距今已有 300 多年历史，是该书传入日本后最早的两种版本之一，有较高的文物和文化价值。

（三）《王叔和脉经》

《王叔和脉经》也称《脉经》，是中国魏晋时期著名医家王叔和所著。此书是王叔和将自己毕生临床实践的心得体会与《内经》《难经》以及扁鹊、

图7—3　日本道观收藏《王叔和脉经》

华佗、张仲景等前贤名医的脉学思想进行汇总和集结的成果，可谓集汉以前脉学之大成，也是中国目前现存的最早脉学专著。

全书共分10卷，凡98篇：卷一15篇，主要论切脉的三部九候、寸口脉、二十四脉；卷二4篇、卷三5篇，主要结合脏腑经络来阐释脉理；卷四8篇，主要论述平脉、四十脉、生死脉的切脉要理；卷五5篇，主要阐释张仲景、扁鹊、华佗的脉法；卷六11篇，主要论述除手厥阴心包经之外的11条经络病证；卷七24篇，主要分析伤寒、热病的脉象和治疗法则；卷八凡16篇，主要分析霍乱、肺痈、黄疸、消渴等诸杂病的脉象和治疗法则；卷九凡9篇，主要论述妊娠、胎产等妇科和小儿病证的脉象和治法；卷十仅1篇，主要论述奇经八脉的脉理和病症，此篇内容记载原有"手检图三十一部"，今已亡佚。

该书最主要特点主要有三：一是总结提出了24种脉象：浮、芤、洪、滑、数、促、弦、紧、沉、伏、革、实、微、涩、细、软、弱、虚、散、缓、迟、结、代、动脉，这二十四脉象法一直沿用至今；二是完善寸口脉法，使这种简便易行的以寸口脉候脏腑病症的方法得以推广开来；三是紧密结合临床实际，以脉象言脉理、以脉理论病症，极具实用指导价值。

此书最早的刊刻本是由北宋校正医书局林亿等人校勘，于宋神宗熙宁元年（1068）由国子监刊印的版本，后又有宋宁宗嘉定二年（1209）的福建建阳刻本、明宪宗成化十年（1474）的苏州毕玉氏刊本、清嘉庆十七年（1812）刊本等多种刊印本，这些后来的版本皆是以林亿整理版为祖本。2007年中国人民卫生出版社、2014年学苑出版社的点校本《脉经》，和人民卫生出版社分别于2009年、2013年重新点校、注释、重印的《脉经校

释》《脉经校注》以及
2009 年中医古籍出版社
的《脉经译注》等多种
《脉经》善本，为阅读、
研究《脉经》提供了较
大助益。

　　今日本道观所藏的
《王叔和脉经》8 册，为

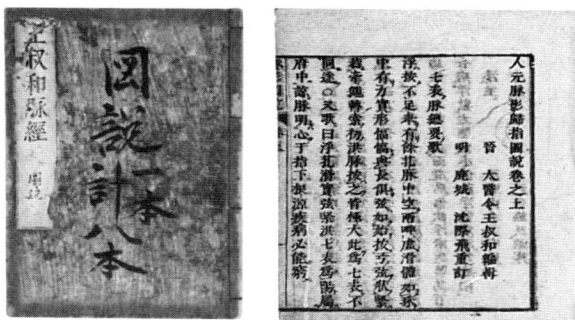

图 7—4　日本道观收藏《王叔和脉经》第八册

日本庆安三年（1650）刻本，中文繁体竖排刊刻本。全书保存完好，字迹
清晰。在全书之首有中文繁体字书写的"脉经序"，落款是"古鹿城沈祭飞
天羽父题于镜中行"，紧接的是"王叔和序"一，以及署名赵叔庆等人校正
"宋校订脉经进呈劄子"一，"宋刻本脉经牒文"一，"宋广西漕司重刻脉经
序"一，"元刻脉经移文"一，"元刻脉经序"二，"皇明福建承宣布政使司
右参政徐付校脉经手札"一。卷一署名"晋太医令王叔和编辑，明晋安袁表
类校，鹿城沈际飞重订，云林龚居中鉴定"。根据这些内容可知，日本道观
所藏的这套 8 册《王叔和脉经》是在宋元本的基础上，以中国明朝万历间马
钟家传本为底本，由袁表、沈际飞、龚居中等校订后的刊刻本。正文第 1—
7 册是中国《脉经》10 卷 98 篇的内容。

　　值得注意的是，日本道观所藏的《王叔和脉经》第八册的内容，该册题
名《王叔和脉经图说》，内容分上下两卷，卷名是《人元脉影归指图说》卷
之上和卷之下，卷首落款是"晋太医令王叔和编辑，明鹿城沈祭飞重订"字
样。其中上卷是"七表脉总要歌"和浮脉图、芤脉图、滑脉图、实脉图、弦
脉图、紧脉图、洪脉图，"八里脉歌"和微脉图、沉脉图、缓脉图、涩脉图、
迟脉图、伏脉图、濡脉图、弱脉图，"九道脉歌"和长脉图、短脉图、虚脉
图、促脉图、结脉图、代脉图、牢脉图、细脉图，奇经八脉歌、阴阳维歌、
阳维脉图、阴维脉图、阴阳跷脉歌、阳跷脉图、阴跷脉图、冲任脉歌、冲脉
图、任脉图，督带脉歌、督脉图、带脉图，八脉歌、四时用脉、阴阳用脉、
春夏秋冬；下卷内容是虾游脉、鱼翔脉等 16 种怪脉，如神篇、面部色侯、

面部色歌、见色知原篇、观形察色脉侯、观四季墓生死侯，观形色歌和左右手图的"论左手三部阴阳脉绝侯""论左手三部阴阳脉绝侯"。该册主要是对 24 种常见脉象、16 种非常见脉象和面相脸色的病兆的要点进行提炼和归纳，并画出示意图。文字精练、图文并茂，切中实质，对脉学理论的掌握有较大帮助。

这一册内容不见于中国各种《脉经》的刊刻本。《王叔和脉经》卷十原有"手捡图二十一部"，今图已佚，仅留文字。日本道观收藏的这个版本《王叔和脉经》卷十同样只有文字，没有"手捡图二十一部"，而题名为《王叔和脉经图说》的第八册，正如其文中所题的"人元脉影归指图说"，实为另一部著作，又称《脉影图说》《脉影图》，分卷上卷下，与前七册未一起分卷。"人元脉影归指图说"上下两卷，此书旧题王叔和编，明沈际飞或缪希雍重订，其发端应为《王叔和脉经》卷十的手捡图及文字，实际作者不详，医学界大多认为其成书于明代。日本道观收藏这套书是将《人元脉影归指图》作为王叔和著作，与《脉经》合为一套书出版。从学术源流和学者学习的方便性来看，《脉经》和《脉影图说》一脉相承，讨论的主题一致，因此，合刊为一套书亦有其方便之处。

《脉经》虽然流传很广，但日本庆安三年的这个版本无论是从时间还是8 册的刊行内容，都具有非常重要的版本和文献价值。对于研究中日医学交流和保存中国医学文献，都具有很重要的意义。

（四）《万病回春》

《万病回春》是中国明代著名医家龚廷贤于明万历十五年（1587）所撰，刊于明万历十六年（1588）。龚廷贤（1522—1619），字子才，号云林山人、悟真子，江西金溪人，曾随其父学医，后任太医院吏目，因曾治愈鲁王张妃鼓胀一症，被赞为"天下医之魁首"，受赠"医林状元"牌匾，著有《济世全书》8 卷、《寿世保元》10 卷、《万病回春》8 卷、《小儿推拿秘旨》3 卷、《药性歌括四百味》、《药性歌》、《种杏仙方》4 卷、《鲁府禁方》4 卷、《医学入门万病衡要》6 卷、《复明眼方外科神验全书》6 卷、《云林神彀》4 卷、《痘

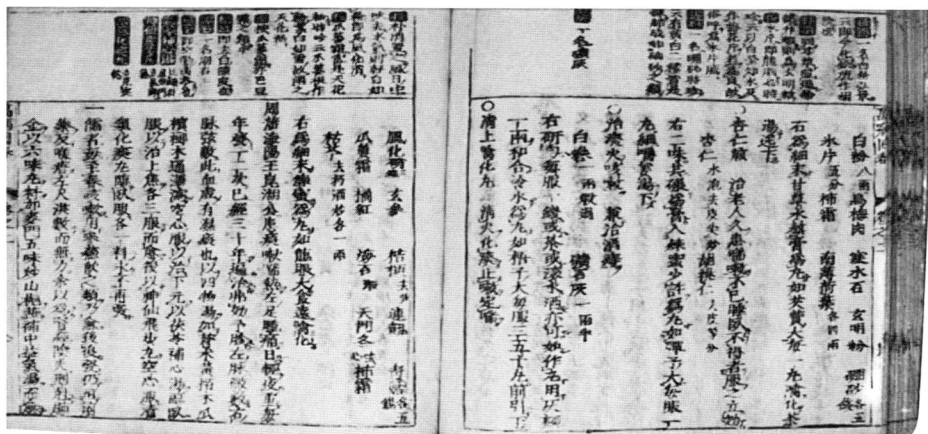

图 7—5　日本道观收藏《万病回春》

疹辨疑全幼录》《秘授眼科百效全书》《医学准绳》《云林医圣普渡慈航》等，并续编其父《古今医鉴》，可谓著作等身。

目前中国《万病回春》刊本较多，现存最早的版本是明万历三十年（1602）金陵周氏刊本。其他重要的版本有万历四十三年（1615）经纶堂重刊本、清道光二十五年（1845）桐石山房刻本、明善成堂本、绿慎堂本等。2007 年人民卫生出版社、2013 年山西科学技术出版社、2014 年中国医药科技出版社在众古本基础上先后出版了《万病回春》的点校本，为我们今天研读大开方便之门。

《万病回春》全书共 8 卷，内容涉及内科、外科、妇科、儿科等，载病症 186 种，其中，第一卷以"万金一统述"为题，论述天地人、阴阳五行、脏腑机能、主病脉证以及药性歌、诸病主药、释形体、周身脏腑形状、人身面背手足之图、十二经脉歌并补泻寒凉药、十二月七十二候歌、运气候节交应时刻数诀、医学源流等；第二至五卷主要论述内科杂病症状和治法；第六至八卷主要论述妇、儿、外科等病的症状和治疗。该书以《内经》《难经》及金元四大家医说为据，参以己意、阐释精当、选方严谨，是一部极具实用价值的医学专著，自问世以来，多次翻刻。因为龚氏在当时名声极高，其医学著作亦被奉为圭臬，对日韩影响极大。该书在中国刊行仅仅 25 年后，于

1613 年就在朝鲜刊行。1597 年，日本名医吉田宗桂之子吉田宗恂在其《历代名医传略》一书中，将龚氏列为书中最后一位名医，并提及龚氏著作《万病回春》。可见，该书在中国刊行不到十年，就流传到了日本。庆长十六年（1611），日本人曲直濑道三为日活字版《万病回春》作跋。此前，《万病回春》还有朝鲜本流传到日本。同时，龚氏的弟子——僧人独立曾赴日传授医学。这些都更进一步增加了龚氏在日本的声望及其著作在日本的流传。

今日本道观所藏的《万病回春》6 卷，为第二卷至第七卷，缺第一卷和第八卷，因此，无法准确判断其刊刻年代等信息。所存这 6 卷的内容均为中文繁体竖排刊本，字迹较为清晰，因为年代久远，书本有虫蛀痕迹，但不影响阅读，保存基本完好。经对照，内容基本与中国刊刻本相同。卷首标有"太医院医官金豁云林龚廷贤子才编辑，门人医官同邑胡廷训，慈豁罗国望、弟医宫廷器，姪懋官同校，金陵书林叶龙溪重刊"字样。比对现存日本刊本，与日本万治三年（1660）本内容及版式极其类似，有可能是该版本。目前中国中医科学院图书情报中心保存有日万治三年翻刻的《万病回春》。

（五）《赵氏医贯》

《赵氏医贯》或称《医贯》，赵献可著，明万历四十五年（1617）刊行。作者赵献可，字养葵，号医巫闾子（也写作"医无闾子"），鄞县（今浙江宁波）人，中国明代著名医学家。他一生熟读医学，精研儒、释、道三教，

图 7—6　日本道观收藏《赵氏医贯》

特别是对道教以阳化阴的性命理论颇有领悟。

该书共 6 卷。卷一"玄元肤论"，主要是对《黄帝内经》十二官、阴阳、

五行等的阐释；卷二"主客辨疑"，论述中风、伤寒、温病、郁病等诸病症；卷三"绛雪丹书"主要论述血症；卷四"先天要论"（上）和卷五"先天要论"（下）主要论述以六味丸、八味丸为基础方治疗真阴、真阳不足等导致的咳嗽、咽痛、消渴、梦遗等病；卷六"后天要论"主要论述中暑、疟疾和补中益气汤等。

该书最大的特色是崇尚"命门相火"理论，认为命门之火是生命之源、十二脏腑之根，只要掌握这一精髓，其他医学问题也就豁然贯通了，故书名冠为《医贯》。该书分析病理深刻、一针见血，方药配伍严谨简洁，系赵献可临床经验的总结，对中国传统医学影响甚大。此书的中国版本较多，如2005 年人民卫生出版社、2009 年中国中医药出版社等多个版本等，内容基本一致。

今日本道观所藏的纸质版《赵氏医贯》一书卷一、卷二、卷三已轶，仅存卷四、卷五和卷六。每卷的卷首标有"刻医无间子卷 X"，而后均标有"逸士养葵赵献可纂著，太史青雷薛三省订正，郡博赞皇李挺详阅，书林宾宇张起鹏剖劂"字样。所存这三卷均为中文繁体竖排书写，文中有日文注音，三卷均字迹清晰可辨，保存完好。

（六）《温疫论》

《温疫论》又名《瘟疫论》《温疫方论》，吴又可著。吴氏系姑苏（今江苏吴县）人，中国明末著名医家。该书分上下两卷，上卷包括《原病》《瘟疫初起》《传变不常》等 50 章，下卷包括《杂气论》《论气盛衰》《论气所伤不同》等 36 章。

作为论述急性传染病医理和治法的医籍，该书提出了导致瘟疫疾病的原因是从口鼻侵入的无形之"戾气"；其中戾气侵入体内有"自天受"（空气传染）和"传染受"（接触传染）两种途径，治病药方有"达原饮""三消饮"等。该书对清代叶天士、吴鞠通等后世医家影响甚大，以至产生了与自汉代医圣张仲景开创的伤寒学说相提并论的"温病学说"。

今日本道观所藏《温疫论》一书，其内容与中国刊刻本无异，且也是

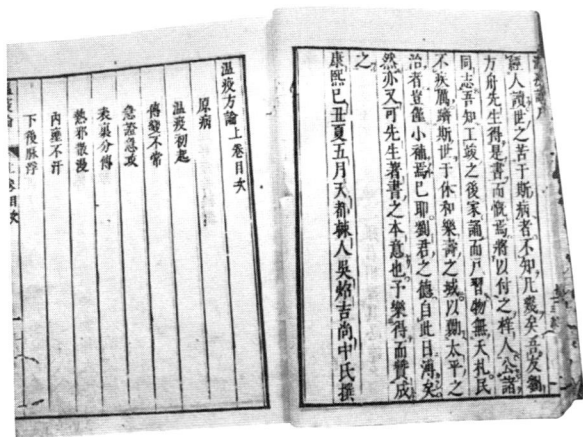

图 7—7　日本道观收藏《温疫论》

用中文繁体竖排，中夹有日文注音，但在目录和内容上缺损较多。其中，目录上卷只保留至"药烦"章；内容上，没有下卷内容，上卷内容保存至第四十九章"体厥"篇的"指甲青黑，六脉如……"部分，后面内容均缺损。此书是中国中医院校中医药专业的必读书目，人民卫生出版社、中国中医药出版社等出版机构均出版过今人点校本，阅读甚为方便。

（七）《巢氏诸病源候论》

《诸病源候论》又称《诸病源候总论》《巢氏诸病源候论》《病源候论》或《巢氏病源》，是由中国著名医家巢元方等于大业六年（610）奉诏编撰的，巢元方曾任隋代太医博士、太医令。

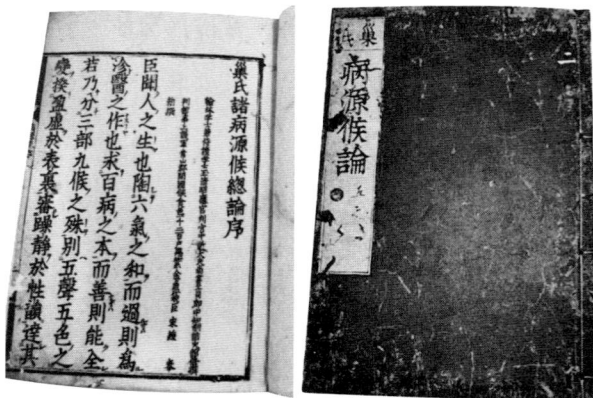

图 7—8　日本道观收藏《巢氏诸病源候论》

该书是中国历史上第一部专述病源和症候的书，共 50 卷，分 67 门，载列症候论 1739 条，包括内、外、妇、儿、五官、骨伤、传染病、寄生虫病、外科手术等多病证。其中，卷一至卷二十七主要是内科类，卷二十八至卷三十是五官类，卷三十一至卷三十六主要是外科和骨伤科类，卷三十七至卷四十四主要是妇科类，卷四十五至卷五十主要是小儿科类。

该书的主要特点有三：一是专论病因与症候，以病为纲，以证为目，分述病证、病因、病机和症候，其所罗列病症之全、症候之详备皆当时前所未见；二是提出了"乖戾之气"是导致传染病的致病因素的观点，论述了人体感染寄生虫的途径和防治方法；三是在防治方法上，全书基本不涉及方药，而是记载了多种具体的"养生方""导引法"，其中养生方计289条，导引法213种，堪称中国医学早期气功炼养法的大集结。

该书现存有元代刊刻本、明代汪济川、江灌刊本、清嘉庆本等二十多种版本。今通行的善本是清代光绪十七年周学海刊刻的《周氏医学丛书》本。新中国成立后，1955年人民卫生出版社出版过此版的影印本。近年来，有人民卫生出版社的《诸病源候论校释》《诸病源候论校注》以及2011年中国医药科技出版社、2016年北京科学技术出版社出版的点校本《诸病源候论》。

今日本道观所藏本封面全称《巢氏病源候论》，共分13册，首为宋绶序，卷内题"隋大业六年太医博士臣巢元方等奉敕撰"，全书为中文繁体竖排刊，中有日文注音。全书保存完好，字迹较为清晰，便于阅读。内容上与中国通行的周学海本差异不大，书末落款"正保二乙酉孟春，梅村弥右衙门版，岩松堂坂本亨"字样。"正保"是日本年号之一，为1644年至1647年。"正保二"当是正保二年，漏掉"年"字，为公元1645年，干支历刚好是乙酉年。根据日本目录学家森立之所撰的汉籍目录学著作《经籍访古志》的记载，正保二年曾刊刻过《巢氏病源候总论》，是重刊中国的元代刻本。在时间上与日本道观所藏此本一致，且该书每卷卷首皆有"重刊巢氏诸源候总论卷之 X"，故而可以判断正是此书，很可能是根据中国的元刊本翻印的。

二、伤寒类典籍

伤寒对古人来说是一种非常严重的疾病。中国自来就有针对伤寒的专门性著述，这类书既有病理分析，也有方剂记载，最为著名的就是张仲景的《伤寒论》。日本道观就收藏了多种版本的张仲景《伤寒论》著作，鉴于其影响及在中医学上的重要地位，因此特立专门一类予以介绍。

（一）《仲景全书·集注伤寒论》

《仲景全书》，张仲景（约150—154——约215—219）著。张仲景，名机，字仲景，东汉南阳人，汉代著名医学家。张氏感于当时家族遭受疾病导致人丁凋落和百姓饱受病痛折磨之苦，遂著《伤寒杂病论》一书。

此书开创了"六经辨证"的诊疗法则，已佚。今人看到的《伤寒杂病论》是由晋代太医王叔和整理的《伤寒论》和宋代王洙、林亿、孙奇等人整理的《金匮要略》两书构成。这两书在中国医学史上享有盛誉，其内所载的方剂药简效宏，经久不衰，被称为"经方"。

今中国保存的《仲景全书》乃是对《伤寒论》《金匮要略》原文的历代主要医家的注解阐释本，主要有两种版本：一是"二十六卷本"，初刊于16世纪末，系明代赵开美校刻，包括张仲景《伤寒论》10卷、成元己《注解伤寒论》10卷、宋云公《伤寒类证》3卷和张仲景《金匮要略方论》3卷，

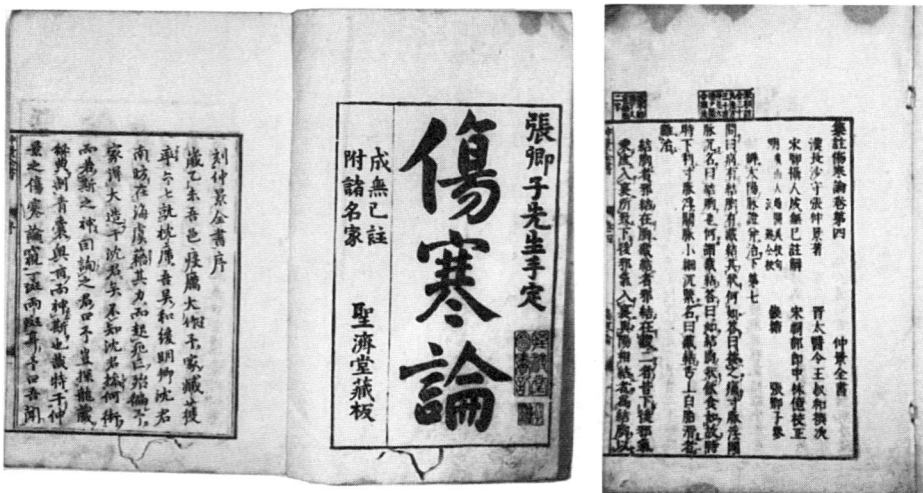

图7—9　日本道观收藏《伤寒论》

共 4 种；二是"二十卷本"，刊于清光绪二十年（1894），包括张卿子参注《集注伤寒论》10 卷、张机《金匮要略方论》3 卷、宋云公《伤寒类证》3 卷，成无己《伤寒明理论》三卷和曹乐斋《运气掌诀录》一卷，共 5 种。[①]

今日本道观所藏的《仲景全书·集注伤寒论》4 册，乃是其中"二十卷本"《仲景全书》中张卿子参注的《集注伤寒论》十卷部分。该书为中文繁体竖排手抄本，夹有日文注音，字迹清晰可辨，内容基本与中国刊刻本无异。全书卷首标有"张卿子先生手定，《伤寒论》，成无己注，附录诸名家，圣济堂藏版"字样。张卿子，名遂辰，号相期，明末清初名医，原籍江西，后其祖迁居浙江钱塘，开创了钱塘学派；成无己，金朝聊摄，今山东聊城人，约生于公元 1057 年至 1067 年间，成注本《集注伤寒论》是宋以后《伤寒论》的主要传本，也是明赵开美翻刻的宋本《伤寒论》流入日本前，日本最重要的《伤寒论》版本。书末标有"宽文八年岁次戊申五月吉日，书肆，秋田屋揔兵卫"字样。其中"宽文"是日本的年号，即公元 1661 年至 1672 年期间。"宽文八年"是公元 1668 年，即中国清初康熙七年。可见，日本道观所藏的这本《仲景全书·集注伤寒论》乃是距今 300 多年前的版本。该书收录了王涛、朱肱、许叔微、李东垣、王海藏、朱丹溪、戴原礼、庞安时、杜任、韩祗和、罗天益、李仲南、王安道、徐止善、张卿子等中国历代主要医家对《伤寒论》10 卷 20 篇主要方剂应用的注解。此书条分缕析，诸家注解对照，是研读中国传统医学特别是"伤寒学说"的重要典籍。

（二）正德本《伤寒论》

《伤寒论》正德刻本是日本正德年间对中国《伤寒论》10 卷本进行翻刻的医学典籍。全书为中文繁体竖排，夹有日文注音。卷首有"刻伤寒论叙"和"小刻伤寒论序"。"刻伤寒论叙"简要交代了中国《伤寒论》一书东渡日本的情况，其落款是"正德乙未之岁仲冬朔伊藤长胤书"，即伊藤长胤在公元 1715 年中国农历十一月初一书；"小刻伤寒论序"主要简介《伤寒论》

[①] 参见裘沛然主编：《中国医籍大辞典》上册，上海科学技术出版社 2002 年，第 149 页。

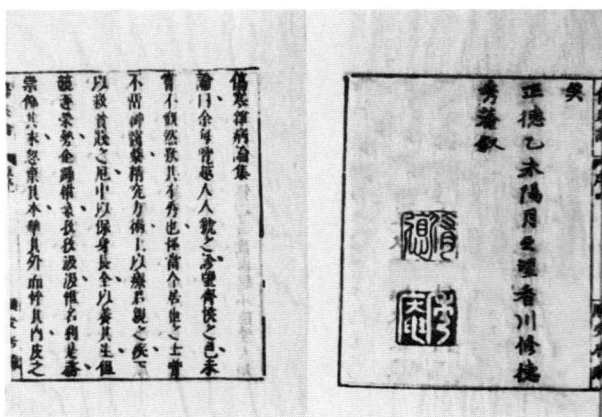

图7—10　日本道观收藏《伤寒论》正德本

对治病的重要指导价值，落款是"正德乙未阳月之望香川修德秀蕃叙"，即公元1715年，中国农历十月十五，由香川修德秀蕃作的序言；除两个序言外，该书其他内容都是翻刻。目录是关于《伤寒论》的"桂枝汤""甘草干姜汤""调胃承气汤"等药方的页码索引，正文是《伤寒论》10卷20条的内容，字迹较为清晰，便于阅读。可见，《伤寒论》不仅在中国影响甚巨，在日本的影响也不小。

（三）《宋板伤寒论》

《宋板伤寒论》又称《宋版伤寒论》，是中国北宋校正医书局林亿、高保衡、孙奇等人奉命刊刻的。《宋板伤寒论》大约在明末清初传入日本，这一时期中日两国民间商务往来频繁，中国商船常同时带有大量书籍。中国出版的书籍此时百分之七八十左右都已流传到了日本，且传播速度很快，一本新书问世以后几个月即可运到日本。宋本《伤寒论》进入日本后，很快成为日本江户时代《伤寒论》研习的重要版本。今日本道观所藏的《宋板伤寒

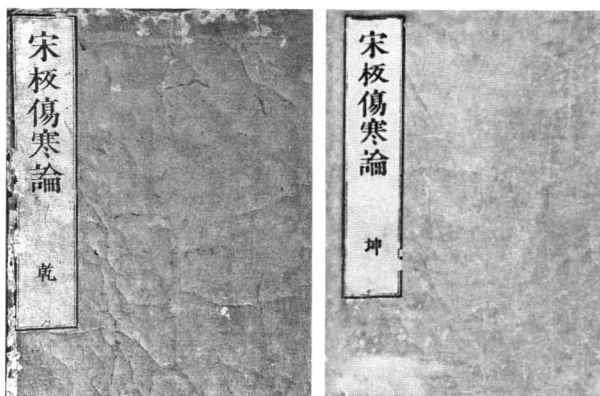

图7—11　日本道观收藏《宋板伤寒论》

论》，分乾坤两册，为中文繁体竖排刊刻体，夹有日文注音。全书保存完好，字迹颇为清晰，便于阅读。正文是《伤寒论》10卷22篇的内容。全书最后标有"文政十年（丁亥）秋凉，京都书林、江户书林、大阪书林，风月庄左卫门、出云寺文治郎、小川多左卫门、同源兵卫、山本长兵卫、胜村治右卫门、今村八兵卫、朝仓仪助、横江岩之助、三木安兵卫、页源屋茂兵卫、柏原屋清右卫门"字样。"文政"是日本仁孝天皇的年号，在文化之后、天保之前，即公元1818年至公元1829年，"文政十年"即公元1827年，干支历为丁亥年，表明此书是公元1827年秋的刊刻本。

从以上可见，日本道观存有《仲景全书·集注伤寒论》《正德刻本·伤寒论》《宋板伤寒论》三者关于《伤寒论》的医学典籍，足见中国医圣张仲景的伤寒学说对日本汉方医学影响颇大。

三、方剂类典籍

日本道观收藏的中国中医方剂类书籍不多，目前仅见到《穷乡便方》一书。

《穷乡便方》系中国明末简洁便查的药方类书，不著撰人，毓秀斋张宾宇梓。该书原不分卷，只分小儿、大人、妇科、外科类。中国中医古籍出版社曾以《明刊穷乡便方》为书名于1981年出版过，近年来尚未发现过再版。

今日本道观所藏的《穷乡便方》，2卷，封面分别印有"便方卷七"和"便方卷八"字样，均为中文繁体竖

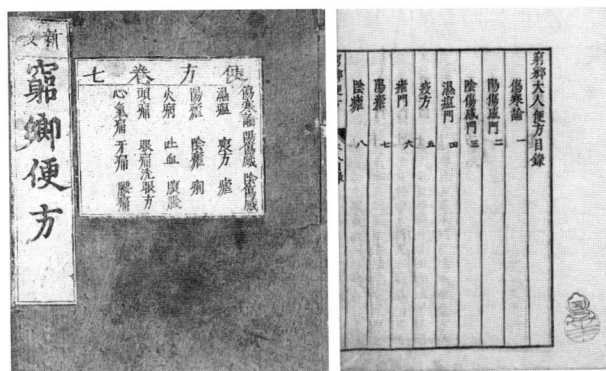

图7—12 日本道观收藏《穷乡便方》

排，文中夹有日文注音，书末标有"贤泉堂"字样。两卷字迹皆清晰可辨，保存完好。

"便方卷七"有 17 小节，"伤寒论一"简论伤寒致病的原理和治疗原则，言简意赅、切中要害，接下来的 16 小节则为 16 种病症的小药方："阳伤感门二""阴伤感门三""湿瘟门四""疫方五""疟门六""阳疟七""阴疟八""痢门九""火病门十""吐血门十一""腹胀门十二""头痛门十三""眼痛洗眼方十四""心气痛门十五""牙痛方十六""腰痛方十七"，每一小节有一到若干个小药方。

"便方卷八"分妇科、小儿、外科三类，其中妇科类有"清经汤""湿经汤""调经汤""滋血汤""四制香附丸""壬子丸""胎前产后方"7 个小方；小儿类有"初生小儿马牙方""口中白屑名曰鹅口方""初生不乳方""盘肠气方""脐汁不干方""肚脐突出方""春月外感方""夏月伤暑方""夏秋月患疟方""截疟方""夏秋间患痢方""香莲丸""四季患泄方""风痰方""疑似痘麻方""四季理脾肥儿丸""猪肚补脾丸""七味保婴汤""秘传稀痘神方""神圣羊肝饼"等 20 个小方；外科类则有"治飞虫入耳方""耳出脓血不止方""便毒方""疳疮方""无名肿毒方""足伤跛不能行方""治痰核方""汤火伤及刀斧伤方""蜈蚣咬方""治肉瘤方""治背发方""疮毒膏药方""风损膏药方""神应膏方"14 个小方。

从内容上看，日本道观所藏的《穷乡便方》与中国明刻本基本一样，无缺损，只是顺序不太一样。中国刊刻本不分卷，方类顺序是小儿类、伤寒类、妇科类、外科类，日本道观所藏的《穷乡便方》顺序则是伤寒类、妇科类、小儿类、外科类。从目录和内容来看，两册《穷乡便方》似无缺失，但封面却分别题为卷七和卷八，是否全书还有其他册尚未可知，待考。

四、导引类典籍

日本道观收藏的中国古代导引类典籍不多，主要有《养生气功导引图》。

日本道观所藏的《养生气功导引图》，是以图配文、以文释图的养生导引图册。该书由中国清朝敬慎山房所著，现中国国内存有清朝光绪初年的彩绘本。中国北京科学技术出版社曾于 1997 年出版过此书。

图 7—13　日本道观收藏《养生气功导引图》

日本道观所藏该书是一本黑白图册。全书用纯中文楷体印制，以一问、一答、一图的体例出现，共计 24 套动作，内容涉及求子、补充元气、炼元精元神、温养血脉、清心寡欲、养正气、养元真等疗养方法以及治疗湿肿、食欲不振、遗精、寒热往来、咳嗽、气闷、头晕目眩、腰酸、腹痛、淤血等疾病的治疗导引方法。该书言简意赅、图文并茂，是研究和导引修炼的较佳参考书。

第二节　日本道观收藏的日本学者撰写的汉医著作

除刊刻中国本有的医学经典文献之外，日本医学专家在此基础上还撰写了大量汉医著作。目前所见日本道观收藏的这方面著作颇多，大体可以分为本草药物类、方剂类、导引类及其他杂项类四种。

一、本草药物类著作

日本道观收藏的这类著作主要有贝原益轩所著的《大和本草》《大和本

草附录》及《大和本草诸品图》，吉益东洞撰写的《药征》及《药征续编》，兰医越儿茂连斯讲述而后整理成文的《日讲记闻药物学》等。

（一）《大和本草》《大和本草附录》及《大和本草诸品图》

《大和本草》又名《大倭本草》，是日本江户时代著名哲学家和植物学家贝原益轩编录的一部本草书籍。贝原益轩（1630—1714），名笃信，字子诚，初号损轩，后改号益轩，曾在长崎、京都、江户等地游学，其一生不仅精研朱熹儒学思想，还是日本本草学创始人，著有《筑前国续风土记》《慎思录》等著作。《大和本草》是其模仿中国明代医家李时珍《本草纲目》而撰写的日本本草学巨著。

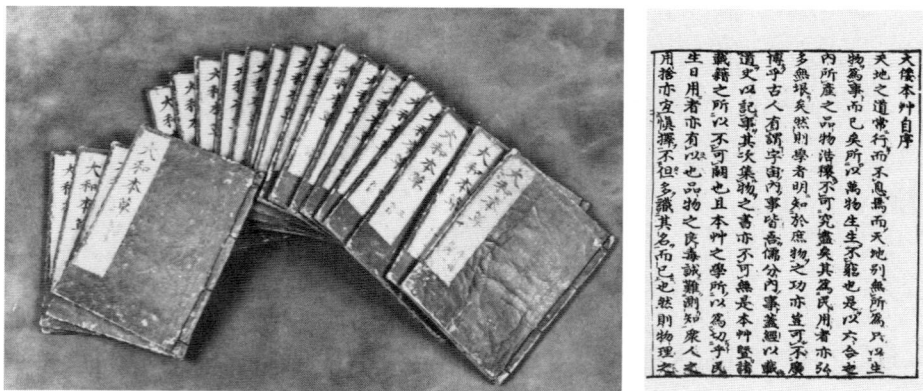

图 7—14　日本道观收藏《大和本草》

日本道观所藏的《大和本草》共有 16 册 16 卷，用中文日文竖排混写。全文前有一绪论"大和本草叙"，系贝原益轩的门人鹤原韬所写。落款是"宝永戊子四月廿七日"，"宝永"是日本的年号之一，在元禄之后、正德之前，指公元 1704—1710 年，"宝永戊子"即公元 1708 年。并有"鹤韬""君玉之印"两枚篆文印章。而后是贝原益轩本人所作的"大倭本草自序"，简介熟悉本草药性的重要性，落款是"宝永戊子芒种日，筑前州后学贝原笃信序"。

全书 16 卷，分别是："卷之一"包括序、凡例、论本草书、论物理，

"卷之二"包括论用药、节饮食、数目类，"卷之三"包括水类 12 种、火类
10 种、金玉土石 67 种，"卷之四"包括谷类 26 种、造酿类 29 种，"卷之
五·草之一"包括菜蔬类 67 种，"卷之六·草之二"包括药类 79 种、民用
类 7 种，"卷之七·草之三"包括花草 73 种、园草 18 种，"卷之八·草之
四"包括蓏类 9 种、蔓草 37 种、芳草 16 种、水草 36 种、海草 28 种，"卷
之九·草之五"包括杂草 137 种、菌类 25 种、竹类 22 种，"卷之十·木
之上"包括四木类 7 种、果木类 44 种，"卷之十一·木之中"包括药木
32 种、园木 36 种，"卷之十二·木之下"包括花木 40 种、杂木 92 种，"卷
之十三·鱼"包括河鱼 39 种、海鱼 83 种，"卷之十四·虫"包括水虫 20 种、
陆虫 64 种、介类 54 种，"卷之十五"包括水鸟 25 种、山鸟 13 种、小鸟
36 种、家禽 4 种、杂禽 10 种、异邦禽 10 种，"卷之十六"包括兽 46 种、
人类 10 种。

全书论述动植物等诸药的药性功效，言简意赅、详略得当，共计
1362 种，接近中国《本草纲目》所
载药物 1892 种，堪称日本古代本草
学的集大成者。第十六卷末落款是
"宝永六岁己丑，仲秋吉祥日"，表
明此书成书于公元 1709 年，干支历
是己丑年农历八月。

《大和本草》一书在《日本国
志》注中有载，《日本国志》一书
论到日本本草之学"因中国之名以
证日本之物，颇有参差，至向井元
升、贝原笃信始亲验物产，以考物
名，既而稻生宣义著《庶物汇纂》
1000 卷，其徒承而精之，又有阿部
昭任特以此学显，后之道本草者皆
祖稻生阿部二氏"，其注文曰贝原笃

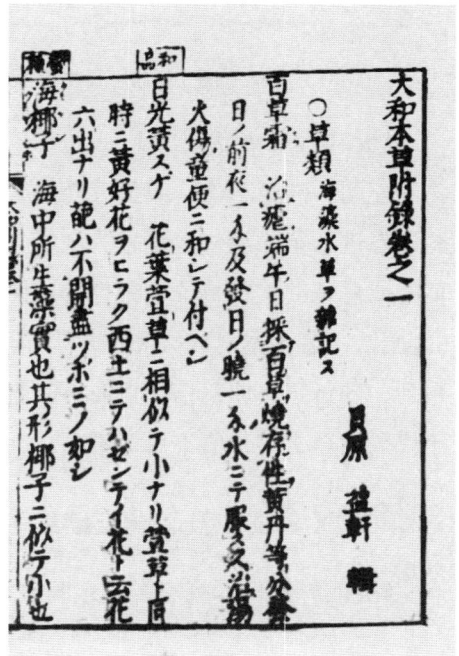

图 7—15　日本道观收藏《大和本草附录》

信"号益轩,世仕福井候,著《大和本草》"①。从这段文字可知日本本草的大概发生以及贝原笃信之《大和本草》在日本本草学史上的开创之功。

《大和本草附录》是继《大和本草》的后编,2卷,用中文日文相杂书写。其中,第一卷分草类、菜类、谷类、蕈类、木类、竹类6节;第二卷分禽类、兽类、鱼类、虫类、介类、水火类并土石类、药类8节,是贝原益轩对《大和本草》进行的补充。

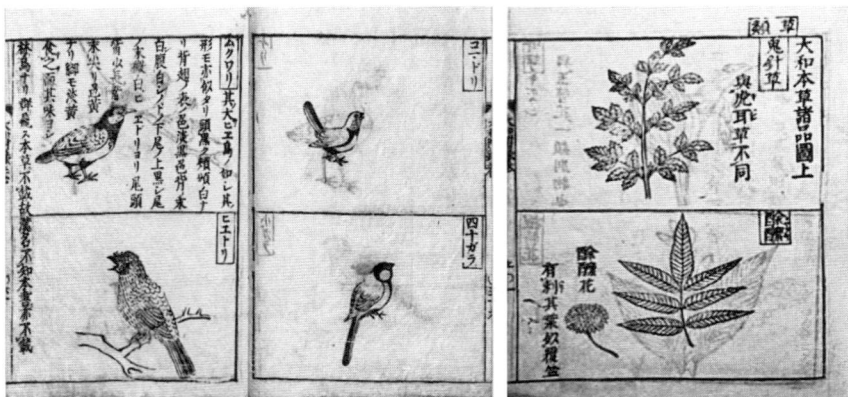

图7—16 日本道观收藏《大和本草诸品图》

《大和本草诸品图》上、中、下三卷是贝原益轩对《大和本草》部分植物的配图,涉及草类、菜类、药类、花类、木类、禽类、鱼类等,对动植物的形态进行了描绘,笔画较为细腻,旁边有少数中文或日文文字简单介绍该草类或禽鱼的生长特征、药性等,图文并茂,对于研读《大和本草》有较大的助益。《大和本草》《大和本草附录》《大和本草诸品图》构成了《大和本草》系列,刊行于贝原笃信在世时,是日本本草学奠基性的里程碑著作,且版本年代久远,文物价值不可谓不高。

（二）《药征》及《药征续编》

《药征》是日本医家吉益东洞撰写的一部方药专书。吉益东洞,名为则,

____

① （清）黄遵宪编撰:《日本国志·工艺志》卷四十,清光绪刻本。

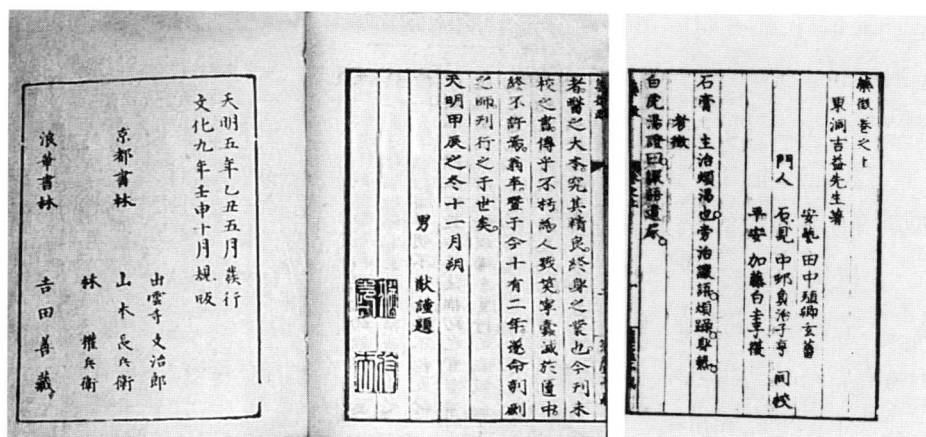

图 7—17　日本道观收藏《药征》

字公言，号"东庵"，移居京都东洞院后，始以"东洞"为号，生于公元
1702 年，卒于公元 1773 年，享年 71 岁。

吉益东洞推崇中国医圣张仲景学说，强调实证亲身试药，系日本汉方医
学"古方派"承前启后的中间力量，著有《类聚方》《药征》等书。今日本
道观所藏的《药征》共有上、中、下三册，东洞吉益先生著，门人安艺田中
殖卿玄蕃、石见中邨负治子、平安加藤白圭子复同校。全文用中文繁体竖排
书写，文中有句读，便于研读。

书名"药征"是药物征考之意。在上册扉页书名"药征"下有"正统"
二字。书前有"药征自序"一篇，交代该书的宗旨和撰写条例，其中提到
"视病所在，知其所旁治也。参互而考之，以知其征"，是为书名"药征"
之解释；自序末落款"明和八年中秋之月，大日本艺阳　吉益为则题"。"明
和"是日本的年号之一，即公元 1764—1771 年，明和八年即公元 1771 年，
此时吉益东洞先生 69 岁。自序之后是《东洞先生著述书目记》，前面一段
是对医家医德和医理的简论，而后分列了吉益东洞先生所著的书目：《方极》
1 卷、《类聚方》1 卷、《医事或问》2 卷、《药征》3 卷、《古书医言》4 卷、《东
洞先生遗稿》3 卷、《医方分量考》1 卷、《方选》1 卷、《丸散方》1 卷、《续
断》1 卷、《建殊录》1 卷。落款是"天明五年乙巳之春男辰谨记"。"天明"

是日本年号，"天明五年"是公元 1785 年，干支历乙巳年。而后是这本书上册目录：石膏、芒硝、黄芪等；中卷是黄连、柴胡、细辛等；下卷是香豉、薏苡仁、干姜等。

《药征》全书共载药物 53 种，首先标明每味药的功效；接着"考征"，即从《伤寒论》中选录方证对药物功效进行佐证；进而是"互考"和"辨误"，辨别方证的正伪，是吉益东洞先生医学观点的集中阐发；最后是"品考"，主要论述药物的产地、品种和质量的优劣，特别突出了日本所产药物的特点，每种药物基本上均遵循这一撰写体例。下册末有一篇"药征跋"是交代该书的意义和价值，落款是"天明甲辰之冬十一月朔，男猷谨题"。"天明甲辰"即公元 1784 年。该书语言精练、条分缕析，对研究中医药颇有助益。

中国学苑出版社曾于 2007 年由著名中医文献大家、北京中医药大学钱超尘教授和著名经方临床大家、南京中医药大学黄煌教授主编出版《皇汉医学丛书》，其中有一本是《类聚方、药征及药征续编》的精编合订点校本。经比对，与日本道观所藏该册《药征》内容基本相同，也是首味药"石膏"，末味药"牡蛎"，只是没有序言和跋，不过点校十分精细，便于研读。

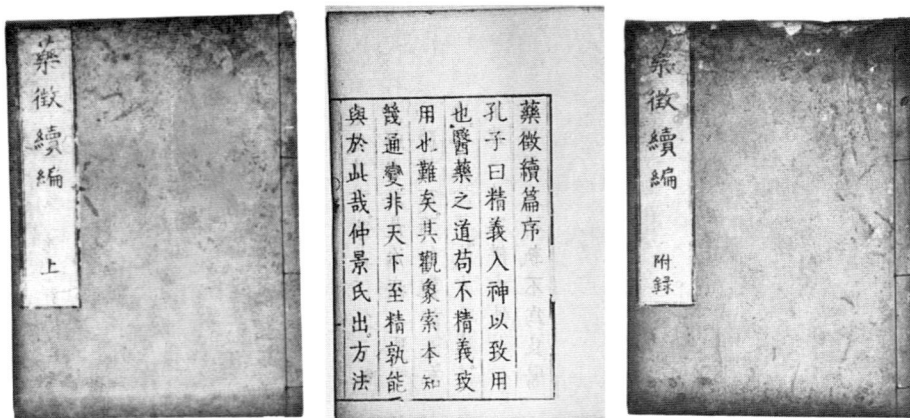

图 7—18　日本道观收藏《药征续编》上《药征续编附录》

《药征续编》又名《续药征》，是日本医家邨井杶撰写的一部方药专书。邨井杶（1733—1815），名杶，字大年，号琴山，系日益东洞先生的弟子，与其师一样，尊崇仲景学说。今日本道观所藏的《续药征》有上下册和附录一册，全文用中文繁体竖排书写，文中有句读。

上册前有"药征续编序"，系日益东洞先生后人吉益猷所撰，吉益猷（1752—1813）字修夫，初号谦斋，后号南涯。此篇介绍熟悉药性对诊断治病和吉益东洞先生撰《药征》的重要性，以及写《续药征》的必要性。上册考征赤石脂、括萎根等药品四种；下册考征桃仁、巴豆药品六种；附录一册考征粳米、小麦、大麦等 78 种食物药性，三册均遵循吉益东洞先生《药征》体例。第三册末附有"浪华书林吉田松根堂藏版书目"，落款是"浪华书林、京都书林，天明五年乙丑五月发行，文化九年壬申十月规版"。"天明五年"即公元 1785 年，干支历是乙巳年，今写"乙丑"当为误。"文化"是日本光格天皇年号，即 1804—1818 年，"文化九年"即公元 1812 年，干支历壬申年。

《药征续编》补充了《药征》没有考征的药物品种，二书体例一致，出版时间、出版社一致，风格相似，用语简练，是研究自然药物和食物药性的得力参考书。

（三）《日讲记闻药物学》

《日讲记闻药物学》共 6 册，是由日本大阪府病院的医学教师荷兰医生越儿茂连斯讲述而后整理成文、每月刊行的药物学讲义。书首有中文书写的"日讲记闻序"一篇，交代成立大阪府病院和开讲药物学讲座的由来，落款是"明治六岁次癸酉之五月，大阪府八等出仕三濑诸渊谨撰，梅谷润书"。"明治六岁"即公元 1873 年，干支历为癸酉年。全书末标有"官版制本所大阪本町四丁目，书籍会社"字样。

全书正文由日文竖排书写，共 6 卷，分别是卷一总论上、卷二总论下，卷三至卷六是对于收敛药、植物性保固药、金属保固药等药性的论述，既包括生姜、小茴香、桂皮、柠檬皮、蒲公英等传统植物药材，也包括硫酸、硝

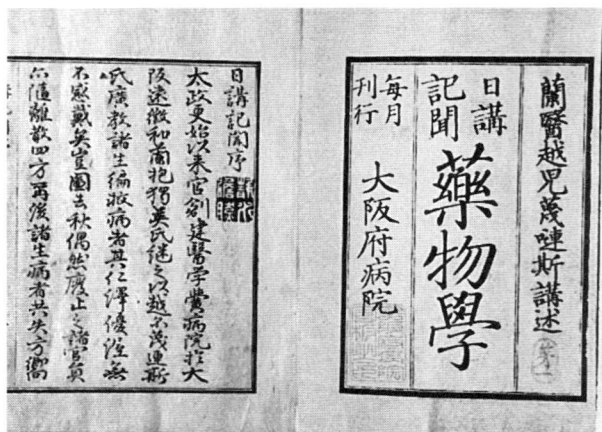

图7—19 日本道观收藏《日讲记闻药物学》

酸、碳酸、硝酸银、硫酸铜等化学药物。该书由荷兰医生讲座、日本医生翻译整理而来，是一本中西药物的药物学讲义，也是16世纪以来西医进入日本临床治疗经验的总结。该书版本较古旧，文物价值和文化价值都很高。

二、方剂类著作

这类著述为日本人所写，但其方剂来源大都为中国古代医书。多为日本国人结合中日医学理论和医学实践、荟萃古书的成果，其中也不乏折中中西医学的早期尝试。

（一）《重订古今方汇》

《重订古今方汇》是日本医家甲贺通元以书肆梅村出版的方书《古今方汇》为蓝本，于1733年编撰的药方专书。该书引用中国《万病回春》《寿世保元》《济世全书》等传统医书基本处方达1800余首。

今日本道观所藏的《重订古今方汇》，1册，破损较厉害，但里面内容保存基本完整。该书用繁体中文竖排刊印，前有"重订古今方汇序"，系甲贺通元的自序，介绍原来《古今方汇》几经流传多有错讹，故而重新校订。落款是"延享二年乙丑季冬谷日，健斋甲贺通元识"。"延享二年"即1742年，干支历是乙丑年。"谷日"有两种含义：第一种是指汉族传统节日的正月初八；第二种是吉日之意。这里当是第二种含义，故"季冬谷日"即农历十二月吉日。具体出版年代不详。

该书内容汇集了中风、伤寒、内伤、痰饮、呕吐、眩晕以及女科、哑科、疡科等病症药方，还附录有《药性歌》《诸病主药》《诸疾要方》《药味并分两之多少》《数之奇偶》等医理论述；此外还单列

图 7—20　日本道观收藏《重订古今方汇》

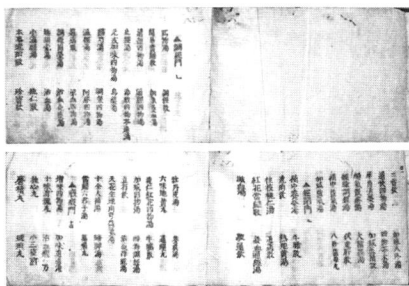

《引用书目》篇，逐一列举该书引用的《伤寒论》《千金方》《脾胃论》《医学正传》《外台秘要》《圣惠方》《奇效医术》《景岳全书》等书目；最后附有方药检索索引——《搜方捷径》。整体来看，该书方证相应、检索方便，是一本不可多得的医学实用类书籍。

（二）《妇人方汇》

《妇人方汇》，1 册。是关于妇科药方的汉方医学小册子，无撰著人；全书为中文繁体竖排，字迹清晰、保存完好、易于辨认，共 175 页。

全书按照妇科病的常见类型共分为调经门、经闭门、症瘕门、崩漏门、

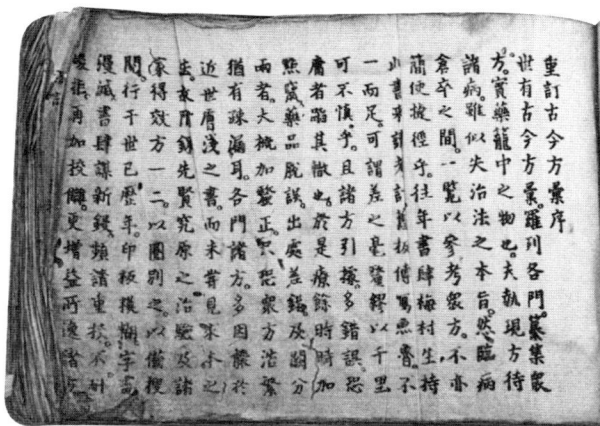

图 7—21　日本道观收藏《妇人方汇》

带下门、虚劳门、杂病门、求嗣、预防堕胎、恶阻、胎动、胎痛、胎漏、子淋、转胞、遗尿、大便闭、大小便闭、子肿、子气、子烦、子悬、子痫、子嗽、伤寒、癥疾、痢疾、泄泻、霍乱、腹内儿哭、子瘖、悲泣、腰痛、出痘、催生、胞衣不下、小产、血斑门、耳鸣、多梦、惊悸怔忡、虚汗不止、痉病、血运、颤振门、乍见鬼神、不语、身热不止、中风、四肢痉挛、瘈疭、脚气、遍身痛、腰痛、恶露不绝、儿枕痛、心腹痛、小腹痛、胁痛、肠痛、积块、血竭、乍寒乍热、癥疾、伤害、褥劳、虚赢、呕吐、霍乱、头痛、咳嗽、喘促、口鼻黑衄、咳噫、血崩、四肢浮肿、泄泻、痢疾、大便秘、小便不通、大小便闭、遗尿、小便频数、淋症、阴脱、脱肛、乳汁不出、乳自出、乳岩、牙齿、口舌、咽喉等数十种病症。每种病症下列若干个小药方，包括四物汤、温经汤、逍遥散、桂枝桃仁汤、收带六合丸、茯神散、消肿丸、徐氏佛手散、葛根汤、安胎饮、顺生旦等数百个小药方，每个药方下详列药方组成、制作之法、服法、主治等。该书以病为纲、以方为目，便于查阅，是一本妇产科临床实用手册。

（三）《校正金兰方》

《金兰方》是日本早期汉方医学的代表作之一，由日本营原岑嗣、物部

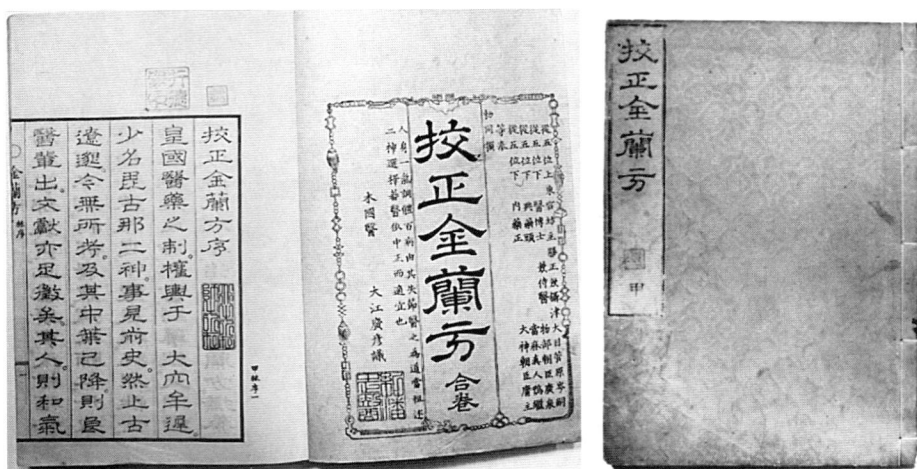

图7—22　日本道观收藏《校正金兰方》

广泉、当麻鸭继、大神庸主等人奉敕选编的一部方剂类著作，主要根据来自中国的《千金方》《外台秘要》等著作选编，成书于日本贞观十年（868）。在长期的流传过程中，该书有多次刊刻，版本各异、错漏亦多，后日本医生大江广彦在诊治之暇，搜集异本，就以考订，并以他书补正，形成了这本《校正金兰方》。

日本道观所藏的《校正金兰方》，包括"甲乙丙丁戊"5册，甲册有3个序言，第一个序言标题为"校正金兰方序"，落款是"文政八年乙酉夏五月，纪藩侍医尚药医学督事林谦撰"；第二个序言标题为"校刊金兰方序"，落款是"文政七年甲申夏六月日，二本松文学信浓源宜撰"；第三个序言标题为"金兰方序"，落款是"贞观戊子十年九月一日，臣岑嗣钦序"字样。另外，还有一个"附言"，落款是"文政七年甲申春正月，大江广彦识"，"文政七年"即公元1824年。接下来是有关作者的几个人物传记，分别是"菅原小传""物部小传""当麻小传""大神小传"，落款是"大江广彦录"，而后是全书正文。

根据目录记载，全书共50卷：第一卷为目录卷，其余为正文。日本道观所藏的《校正金兰方》5册共23卷，全书为中文繁体竖排，夹有日文注音。每卷卷首均标有"从五位下东宫坊主膳正兼摄津大目菅原岑嗣、从五位下医博士兼侍医物部朝臣广泉、从五位下典药头当麻真人鸭继、从五位下典药头正大神朝臣庸主等奉敕同撰，本国医江广彦谨校"字样。戊册封底有"文政九历丙戌秋九月"字样，可见日本道观收藏的这套书约成书于日文政七年（1824），刊行于日文政九年（1826）。

该书是一部药方专著，收集了包括正神汤、顺通圆（丸）、补气汤、三阳汤、潜龙丸、镇心玉真丸、大圣汤、融合汤等药方，病症涉及外科、内科、儿科、妇科等；且大都药方精简、配伍严谨、方证相应、论述精当，并且交代配方制药之法，堪称一部便于查阅的临床方书。同时，这本书封面设计颜色高雅、花纹精美、纸质良好，全书书法优美，使得在研读此书过程中，不仅学到了医学知识，并且无形中获得了美的艺术享受。同时，该书存世版本都不全，如日本宫内省图书寮所存版本仅有5卷，我国目前可见有日文政九年刻本，亦为残卷。因此，日本道观收藏的这本《校正金兰方》十分珍贵。2017年，北京科学技术出版社出版《校正金兰方　证脉方药合编》一书，其中的"校正金兰方"即大江广彦校订的该版本23卷。

（四）《泰西方鉴》

《泰西方鉴》共5册，系日本医家桃坞小森先生著，中文繁体刊印。正文前有一序言"泰西方鉴序"，落款是"文政丁亥中秋，大学音博士岩垣松苗撰，六十翁桂宜行书"，"文政丁亥"即文政十年（1827）。封底有"文政十二年己丑六月刻成　泰西方鉴次编　嗣出　贻安斋藏版"，即该书刊行于文政十二年，即公元1829年，由贻安斋发行。该书成书后很快就传入中国，清朝扬州医生叶霖，在其1890年著的《痧诊辑要》一书中，就引据该书，将麻疹接种法引入中国。目前，《泰西方鉴》文政十二年贻安斋本在中国官方和民间都有收藏。

图7—23　日本道观收藏《泰西方鉴》

全书分为5卷，对热病、肠胃病、感冒、痘疮、麻疹、水肿、黄疸、眩晕、癫狂、五官病、喉风、咳嗽、吐血、霍乱、疟疾、尿血、妊娠胎产、不孕不育、便秘、泄泻、痰喘、中毒、冻疮等病症的病理和治疗方案进行论述，涉及了内科、外科、儿科、妇科、男科乃至急救科。

全书论述精辟，方证相应，便于查阅。值得注意的是，该书除采用汉方医学的方法外，还吸收了部分西方医学的治疗方法，如在预防麻疹方面，采用西方医学的种疹法，即用患者血液涕沼蘸棉插鼻，或贴于皮肤，或以患者贴身衣物遍摩种者之身，谓可将命门伏毒由脏腑而引出肌肉从而达到预防目的。此法后来被中国清代医家叶霖所采纳写进《痧症辑要》。当然，这种疹法实际上脱胎于中国人痘术。整体上看，此书有折衷中西医学的倾向，对研究早期日本医家汇通中西医学及中日医学交流都有重要的参考价值。

（五）《和兰用药便览》

《和兰用药便览》是一本药物、方剂便查手册。全书由中、日文竖排刊印，共 3 册。封二题"六六先生著，千里秘究；和兰用药便览，三都书肆合梓"，六六先生即日高凉台。接下来为中文书写的"用药便览序"，落款是"天宝乙未之春三月上拜，谨识于浪义六六堂之荻窗下，艺国不肖侄日高信，琴桥香川徽书"字样。"天保"是日本仁孝天皇的年号，在文政之后、弘化之前，即公元 1830—1844 年，"天宝乙未年"即公元 1835 年。

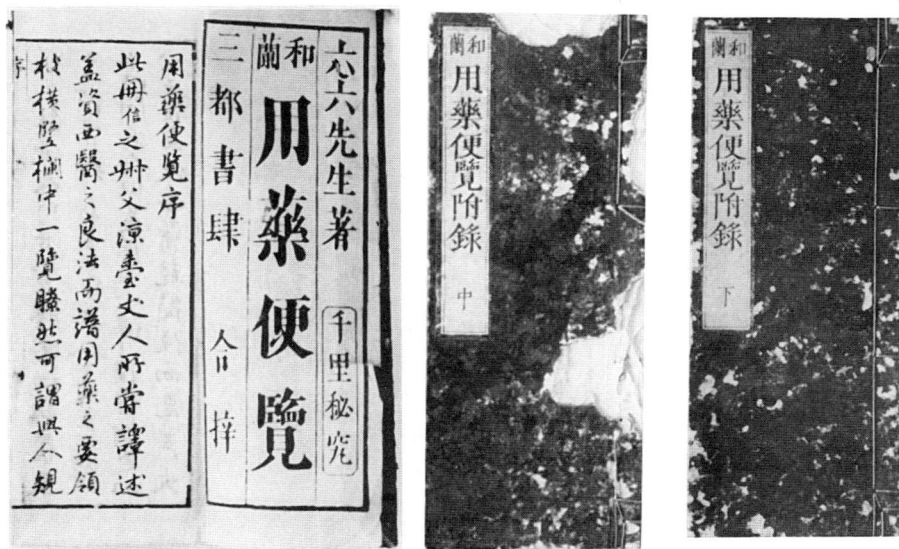

图 7—24　日本道观收藏《和兰用药便览》

第一册是《和兰用药便览》正文，按照发汗、湧吐、峻下、通下、软下、利尿、壮神镇痉、冲动镇静、麻神镇痉、缓和和胸、清凉、健胃、温胃祛风、制酸清洁、强心、强壮防腐、收敛、调经、驱虫、症毒、解凝分泄共21种药分类，每种药下按照药名、服法、主治、药性等列出表格，一目了然，查阅颇为便利。第二册、第三册是《和兰用药便览附录》，分别记为中、下册，是方剂手册，收集了健胃剂、利尿剂等药方制法和药性的阐释。全书上册和中下两册合集，堪称是一本查检便利的药物和方剂学手册。

（六）《济生宝》

《济生宝》，汉方医学专著，由江户中期医师寺岛良安撰写。全书由中文繁体竖排刊刻，共4册，分为乾、元、享（当为"亨"字——笔者注）、利4册。

全书卷首有"书济生宝"短序，落款是"享保壬寅春二月侍中大医令丹波赖庸书"；接下来是题为《济生宝序》，是寺岛良安所撰的自序，阐释"医者，意也"的内涵和撰写该书的心意，落款是"享

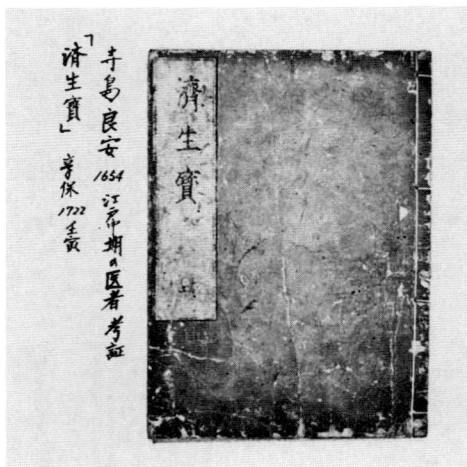

图7—25　日本道观收藏《济生宝》

保壬寅孟春日书于杏林斋，法桥寺岛良安尚顺"字样。享保壬寅即享保七年，可见此书成书于公元1722年。第四册书末有"摄川大阪法桥寺岛良安，享保七年熟稔壬寅年林钟日，书林敦贺屋九兵衙，雕刻嶝口太兵衙"字样，"林钟"原是古乐十二律六律六吕的六吕之一。《吕氏春秋·音律》曰："林钟之月，草木盛满，阴将始刑。"注曰："林钟，六月。"[①]《白虎通·五行》

---

① 许维遹撰，梁运华整理：《吕氏春秋集释》第1册，北京：中华书局2009年，第137—138页。

曰："六月谓之林钟何？林者，众也。万物成熟，种类众多也。"① 据此，则该书刊行于公元 1722 年六月。

该书第一册（乾册）的内容，主要对三部九候、候胃气宗气、奇经八脉、人迎气口等诊脉的要点和注意事项以及禁针、禁灸的穴位等进行阐释；第二册（元册）是对中风、中寒、中暑、痞满、水肿、瘟疫、伤寒、感冒、霍乱、伤寒、呕吐、泄泻、积聚、鼓胀等病症的病因、病理、诊断要点、治疗方案进行剖析；第三册（亨册）是关于汗症、头痛、腹痛、胁痛、肩臂痛、脚气、健忘、白浊、小便闭、眩晕、心痛、腰痛、腋气、痛风、疝气、癫狂、梦遗、淋病、小便失禁、大便闭、咳嗽、哮吼、眼病、鼻病、口疮、唇病、骨鲠诸症的病因、病理和治疗方案；第四册（利册）是妇科病和儿科病专书，是关于经侯、带下、临产、乳病、崩漏、怀妊、堕胎和截脐带法、夜啼、五疳、护养法、撮口、惊风、小儿杂病、痢疾、水痘、胎藓、痘疮、麻疹、白秃等病症的病理、病因和治疗方案的阐述。第二、第三和第四册治疗之法包括了方药、针刺、艾灸等手段。该书论述精辟，有的地方（特别是第一册）还画了不少示意图，有的配方或针灸穴位之法配伍精简、疗效可靠，颇具临床实用价值。

三、导引类著作

日本道观收藏的日本医家著述的导引养生类著作大都也继承自中华养生理念，并借鉴中华养生著作而成。其中道教的养生观念非常明显，最主要的收藏是《古今导引集》。

《古今导引集》一册，系大久保道古编辑、宫胁养阳子同校、谷田亭造译注。昭和十二年（1937）由京都针灸振兴会发行，为非卖品。该书用日文书写，全书共 97 页，分上下两卷。其中，上卷分四节，分别是"按

---

① （清）陈立撰，吴则虞点校：《白虎通疏证》上册，北京：中华书局 1994 年，第 185 页。

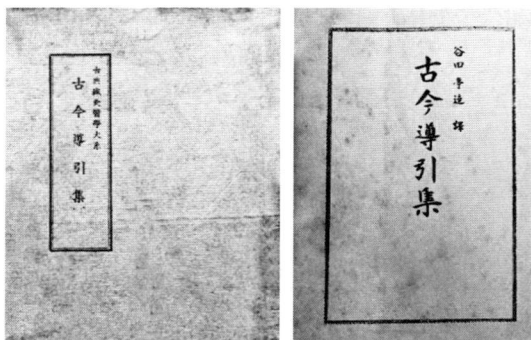

图 7—26　日本道观收藏《古今导引集》

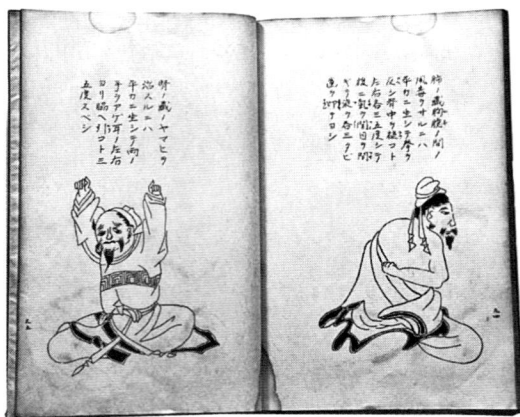

图 7—27　日本道观收藏《古今导引集·寿保按摩法》导引图

法原元主论""肠胃论""经络论""疗肉论";下卷分三节:"耕稼论""膏结论""换骨论"。正文前有大久保道古和宫胁养阳子两篇序言,正文后有宫胁养阳子后跋。该书对相关医学理论进行了阐释。

值得注意的是,在书末附有一篇图文版的"寿保按摩法",配有 9 幅导引图,笔功精湛、栩栩如生,形象地刻画了动作导引的形态,每幅画旁各有一小段文字以解说。从整本书来看,言简意赅、论述精辟、图文并茂,对研究日本的导引养生学具有较大的文献价值,中国目前未见到该书出版。

四、综合类医学著作

这类书籍有些是百科全书式的,如《和汉三才图会》,就讲述了动物、植物、地理甚至服饰等,既有对宇宙万物的智慧观察,也有具体的医学分析。有些是通讲医学理论的,如《医道日用纲目》《医断》《续医断》;也有对人体构造的早期解剖和认知;还有对日本古代医书著作的考辨。无论是从一书内容来看,还是从这几本书的整体来说,都很难将其局陷于某一个分类，因此勉强以"综合类"为目，对其进行介绍。

（一）《医道日用纲目》

《医道日用纲目》，1册，日本医家本乡介之允正豊著。全书用日文书写，前有序言"医道日用重宝记叙"，落款是"宝永己丑季秋吉日，浪华芳菊堂本乡正豊序"，"宝永己丑"是公元1709年，"季秋"即农历九月。全书涉及按摩导引、医家之训、脉诊、药性要诀、药方要解以及防风通圣散、藿香正气散、柴胡汤、生脉散、四物汤、五木汤、安神散、延命散等方和针灸治法等，还配有若干导引图、脏腑图等插图。书末附录有"藏版略目录"。

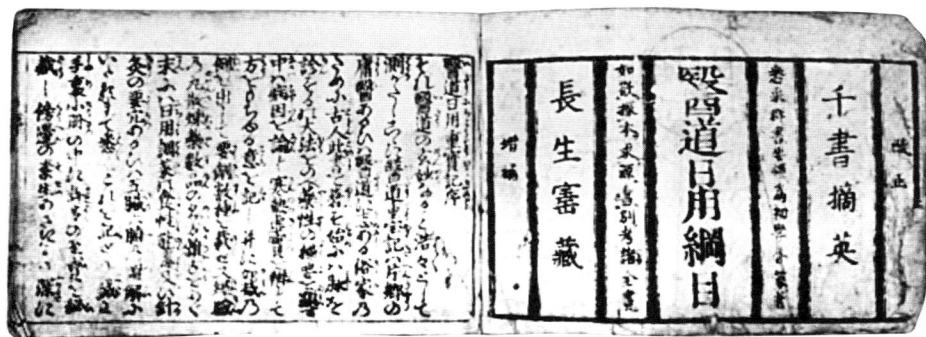

图 7—28　日本道观收藏《医道日用纲领》

（二）《和汉三才图会》

《和汉三才图会》系日本大阪医家寺岛良安模仿中国明朝著名文史学家王圻、王思义《三才图会》所撰写的一部百科全书。书名中的"三才"是天、地、人之意；书名《和汉三才图会》是指日本、中国的天、地、人三界的图册集。

《三才图会》是由中国明朝王圻及其儿子王思义撰写的百科式图录类书。王圻（1530—1615），字元翰，号洪洲，上海人，祖籍江桥，明代著名文献学家，嘉靖四十四年中进士进入仕途，晚年专于著书立说，著有《续文献通考》《稗史汇编》《两浙盐志》《古今考》《洗冤录》等。其子王思义，字允明，明代江苏华亭县人，得其父亲教诲颇有文采，与其父王圻合著《三才图会》一书传世而扬名。

《三才图会》成书于明万历年间，共 108 卷，包括了"天文"4 卷、"地理"16 卷、"时令"4 卷、"宫室"4 卷、"器用"12 卷、"身体"7 卷、"衣服"3 卷、"人事"10 卷、"仪制"8 卷、"珍宝"2 卷、"文史"4 卷、"鸟兽"6 卷、"草木"12 卷等。内容十分博杂，涉及天文、地理、人物、时令、宫室、器用、身体、衣服、人事、仪制、珍宝、文史、鸟兽、草木等 14 门类。其中，前 3 门类为王圻亲自撰写，剩下 10 门类乃其子王思义续写。每门类之下分卷，条记事物，先绘图，后配文字阐释，可谓图文并茂，相得益彰。其中《草木图会》6 卷、《身体图会》12 卷，对于研究中国传统医药学颇有价值。1988 年，上海古籍出版社分上、中、下三卷出版了此书。

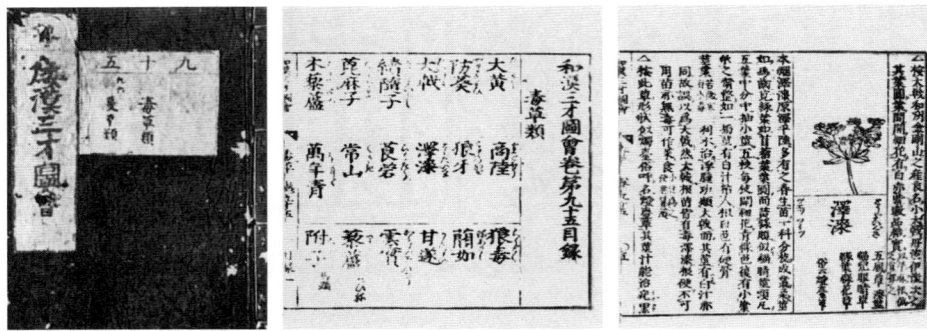

图 7—29　日本道观收藏《和汉三才图会》

日本医家寺岛良安有感于"医者有必要拥有了解宇宙万物的智慧"，遂模仿《三才图会》撰《和汉三才图会》，首次出版时间为 1712 年。[①] 全书用繁体中文书写，夹有日文注音，论述了植物、动物、地理、服饰等日常生活的方方面面。全书共 105 卷，分别是卷一"天部"、卷二"天文"、卷三"天象类"、卷四"时候类"、卷五"历占类"、卷六"历择日神"、卷七"人

---

① 裘沛然主编《中国医籍大辞典》以及陈荣等主编的《中医文献》都认为该书出版于1868 年，似有误。

伦类"、卷八"人伦亲族"、卷九"官位部"、卷十"人伦之用"、卷十一"经
络部"、卷十二"肢体部"、卷十三"异国人物"、卷十四"外夷人物"、卷
十五"芸器"、卷十六"芸能"、卷十七"嬉戏部"、卷十八"乐器类"、卷
十九"神祭"、卷二十"兵器防备具"、卷二十一"兵器征伐具"、卷二十二
"刑罚"、卷二十三"渔猎具"、卷二十四"百工具"、卷二十五"容饰具"、
卷二十六"服玩具"、卷二十七"绢布类"、卷二十八"衣服类"、卷二十九
"冠帽类"、卷三十"履袜类"、卷三十一"庖厨具"、卷三十二"家饰类"、
卷三十三"车驾类"、卷三十四"船桥类"、卷三十五"农具类"、卷三十六
"女工具"、卷三十七"畜类"、卷三十八"兽类"、卷三十九"鼠类"、卷
四十"寓类怪类"、卷四十一"水禽类"、卷四十二"原禽类"、卷四十三
"林禽类"、卷四十四"山禽类"、卷四十五"龙蛇部"、卷四十六"介甲部"、
卷四十七"介贝部"、卷四十八"鱼类河湖有鳞鱼"、卷四十九"鱼类红海
有鳞鱼"、卷五十"鱼类河湖中无鳞鱼"、卷五十一"鱼类红海中无鳞鱼"、
卷五十二"卵生类"、卷五十三"化生类"、卷五十四"湿生类"、卷五十五
"地部"、卷五十六"山类"、卷五十七"水类"、卷五十八"火类"、卷
五十九"金类"、卷六十"玉石类"、卷六十一"杂石类"、卷六十二"本中
华"、卷六十二"末河南"、卷六十三"河西"、卷六十四"地理大日本国"、
卷六十五"地部"、卷六十六"上野"、卷六十七"武藏"、卷六十八"越
后"、卷六十九"甲斐"、卷七十"能登"、卷七十一"若狭"、卷七十二"山
城"、卷七十三"大和"、卷七十四"摄津"、卷七十五"河内"、卷七十六
"和泉"、卷七十七"丹波"、卷七十八"美作"、卷七十九"阿波"、卷八十
"豊前"、卷八十一家"宅类"、卷八十二"香木类"、卷八十三"乔木类"、
卷八十四"灌木类"、卷八十五"寓木类"、卷八十六"五果类"、卷八十七
"山果类"、卷八十八"夷果类"、卷八十九"味果类"、卷九十"瓜果类"、
卷九十一"水果类"、卷九十二"本山草类上卷"、卷九十二"末山草类下
卷"、卷九十三"芳草类"、卷九十四"本湿草类"、卷九十四"末湿草类"、
卷九十五"毒草类"、卷九十六"蔓草类"、卷九十七"水草藻类苔类"、卷
九十八"石草类"、卷九十九"荤草类"、卷一百"瓜菜类"、卷一百零一

"茸类"、卷一百零二"柔滑菜"、卷一百零三"谷类"、卷一百零四"菽豆类"、卷一百零五"造酿类"。在各项目里罗列中国与日本的考证。《中国医籍大辞典》称该书仅存卷十一、卷十二，中国中医研究院图书馆收藏有该书的 1980 年日本盛文堂影印本。①《中医文献》也称该书仅存卷十一、卷十二②。然从市场考察来看，该书全套存世量虽稀少，但有存世，二书考证似有差。

案日本道观现所藏的该书一册，为第九十五卷"毒草类"。出版时间不详，封面为"倭汉三才图会"，有"九十五毒草类，九六蔓草类"字样，"九六蔓草类"疑为读者后来手写增加，实际该册内容并无"蔓草类"。内容题为"和汉三才图会"，该卷对大黄、商陆、防葵、狼芽、大戟、泽漆、蓖麻子、万年青、半夏、钩吻、莽草、芫花、山踯躅等数十种毒性强烈的植物从形态特征、习性、药性、毒性等方面进行了论述，对研究本草的药性、偏性有较大的参考与指导价值。

（三）《医断》及《续医断》

《医断》是日本医家鹤元逸撰写的一部医理专书，于 1759 年刊行。鹤元逸，名冲，字元逸，系吉益东洞门生。该书是其辑录吉益东洞先生的医学理论而成。

今日本道观所藏《医断》，共 1 册，全书用中文繁体竖排书写，夹有日文注音和句读。封面书名《医断》旁标有"东洞吉益先生门人鹤元逸著"和"浪花书肆，青藜馆、积玉圃、种玉堂"字样；而后是 4 篇序言：两篇"医断序"，以及"医断自序""医断后序"。第一篇"医断序"简述吉益东洞先生的理论观点和该书的由来，落款是"长门泷长恺弥八父序"。第二篇"医断序"用草书繁体书写，大致是论述古方派的重要性，落款是"原行子庄撰"。第三篇"医断自序"，是作者鹤元逸介绍自身学医及辑录吉益东洞先生医学

---

① 参见裘沛然主编：《中国医籍大辞典》，上海科学技术出版社 2002 年，下册第 1152 页。
② 参见陈荣、熊墨年、何晓晖主编：《中医文献》，北京：中医古籍出版社 2007 年，下册第 746 页。

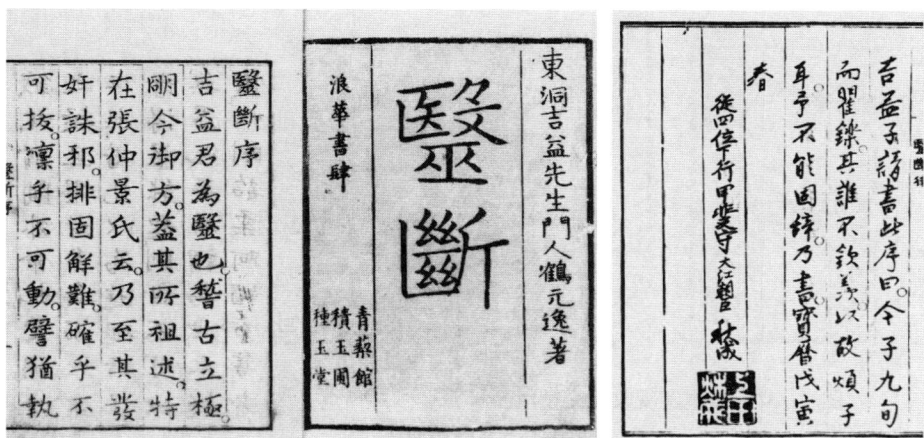

图7—30　日本道观收藏《医断》

观点成该书的过程，落款是"延享丁卯冬十月，西肥鹤冲元逸书于洛西侨居"。"延享"是日本的年号之一，即公元1744—1747年，在宽保之后、宽延之前，丁卯年是延享四年，即公元1747年。第四篇是"医断后序"，系吉益东洞先生为鹤元逸随其学医并编辑该书的简介，再次提到其医学观点奉"仲景学说"的宗旨，足见其古方派之风。

该序之末有几行短文："吉孟子请书此序，曰：今子九旬而矍铄，其谁不钦羡，以故烦子耳。予不能固辞，乃书。"落款是"大江朝臣秋成"。可见后序系吉益东洞先生请当时日本90岁高龄依然精神矍铄的官员秋成书写，之所以求此人书写，盖因其高寿而健康，与医书之追求一致故也。

《医断》正文分为"司命""死生""元气""脉候""复候""经络""引经报使""针灸""荣卫""阴阳""五行""运气""理""医意""痼疾""素难""本草""修治""相畏相反""毒药""药能""药产""人参（蓑）""古方""名方""仲景书""伤寒六经""病因""治法""禁宜""量数""产蓐""初诞""痘诊""攻补""虚实"共36节论述，涉及医理元气论、经络、针灸、用药、草药炮制和配伍宜忌、产地等。每一小节言简意赅、条分缕析，堪称医药上佳参考书。书末是一篇题为"题医断后"的跋文，系行书毛笔书写，主要简论鹤元逸辑录此书的意义，落款是"宝历己卯春二月，平安中西惟忠子文

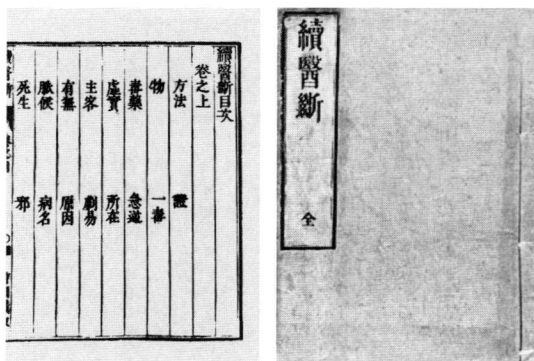

图 7—31　日本道观收藏《续医断》

影"，"宝历"是日本的年号之一，在宽延之后，明和之前，即公元 1751—1764 年。己卯年是公元 1759 年。"中西惟忠"系日本宝历年间的伤寒大家，推崇仲景学说，亦是日本汉方医学古方派的代表人物之一。

《续医断》，1 册，这是日本医家贺屋敬恭安模仿《医断》体例，于公元 1811 年撰成的医书。该书前文有两篇序言，第一篇是"续医断序"，用毛笔草书书写；第二篇是"续医断自序"，是作者贺屋敬恭安自序，介绍医家的重要性，因其崇尚仲景学说，故模仿《医断》题材撰写该书，落款是"文化八年辛未春三月荻府贺屋敬恭安撰"，"文化八年"即公元 1811 年，干支历为辛未年。落款后有"贺屋敬印"和"恭安氏"两枚篆文方印。

该书自序和正文均为中文印刷体，夹有日文注音，字迹清晰，便于研读。全书分为上下两卷：上卷包括"方法""证""物""一毒""毒药""急逆""虚实""所在""主客""剧易""有无""原因""脉候""病名""死生""邪""寒""脏腑"，共 18 小节；下卷包括"伤寒论""伤寒""中风""阴阳""太阳病""少阳病""阳明病""少阴病""太阴病""厥阴病""过经""转属""合病""坏病"，共 14 小节。书末有一篇"续医断跋"，系论述吉益东洞先生医学观点之于治病的指导价值，落款是"洛阳命处士泽谊拜识"，并有"泽谊平印"方篆文印一。

该书涉及诊断、药性、病邪、六经病候及转归等医理，对仲景"六经辨证"理论进行了发扬阐释，是中华医学在日本传播、发展的又一重要成果。

（四）《一天藤本流　柔术死活相传五脏六腑内系之卷》

《一天藤本流　柔术死活相传五脏六腑内系之卷》，1 卷，是一张描述刻画脏腑的彩色图文手绘画卷。
共有 23 幅彩色插图，分别是
"五脏六腑之图""肺管""大
肠图""脾图""胃图""心
图""小肠图""膀胱图""肾
脏图""心包络图""胆图""肺
叶图"，每幅图下后有文字
说明，后 11 幅均为经络穴位
图，用日文标注。卷末有中
文落款"嘉永六年正月"，"嘉
永"是日本的年号之一，在
弘化之后、安政之前，指公

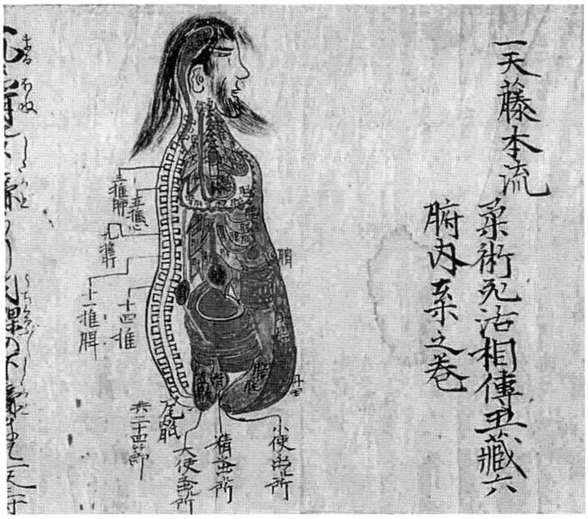

图 7—32　观收藏《一天藤本流　柔术死活相
传五脏六腑内系之卷》

元 1848—1853 年，"嘉永六年"即公元 1853 年。

这张图册距今已有 165 年了，保存完好，图像、字迹都非常清晰。

（五）《日本医家古籍考》

《日本医家古籍考》，1 册，日本医家壹山逸穴著。全书用日文书写。正
文前有一序言"医家古籍考附言"，交代考证医籍的重要性。全书对《大同
类聚方》《金兰芳》《集注大素注》《医心方》《养生抄》《掌中方》《医略抄》《医
心方略》《长生疗养抄》《传尸病二十五方》《奇疾草子》《名医传等五部》《遐
年要抄》《脏腑拾类抄》《医学千字文注》《吃茶养生记》《万安方》《顶医抄》《鸿
宝秘要钞》《续添鸿宝秘要钞》《延寿类要》《古今奇建连珠方》《暗目口传抄》
《玉林方》《和玉抄》《周监方》《新方》《脯范勺解》《福田方》《精选秘用方》《慈
济轩方书》《捧心方》《同新增》《本方》《和气家传秘方》《和剂方》《神遗方》
《明理心方》《治疮记等六部》《神中记秘方》《三喜书》《安部十全书》《神应
经》《樗杂集》《阴虚本病论》《妇人良方》《金奎玉函经》《鲁府方》《金疮疗
治抄》《保气论》《草全日月奇妙集》《健康口科书》《倭名本草》《精英本草》《节
用本草》《香要抄等四部》《现在书籍目录医家部》等数十部医书进行了考证，

书末还附有"附录医方杂记"和壹山逸穴"题医家古籍考后"中文跋文。此书对于全面了解日本医书的整体面貌有较大的助益，中国目前尚未见到此书公开出版。

从以上所述书籍可以发现，日本道观不仅藏有众多翻刻中国医学的著作，同时还有大量日本医家自己撰写的汉方医学著作。从这些典籍可以看出，中国传统医学以及道教思想在日本有巨大的影响，并结合日本国的自我文化特色得到了较好的发展与弘扬。这些珍贵的医籍为中日双方之间的医学交流、文化交流提供了具体的见证，大大促进了两国医学的互通互证、进步与发展。

第三节　日本道观收藏的养生长寿学典籍

日本道观一直以来致力于普及道家思想及导引术，因此，在大量专业性医药、导引书籍之外，还收藏了多种珍贵的养生长寿学古籍。据统计，日本道观目前搜集了二十余种养生长寿学古本，这些古籍的年代横跨镰仓至明治时代，形式多样、内容丰富，是难得的珍本。

一、道教养生长寿学在日本的发展概述

养生思想何时在日本兴起已很难追究，在上古时代，日本还尚未有养生的思想，当时人们认为身体之所以有疾病，是因为神在发怒、恶魔在作祟。之后，随着佛教传入日本，人们开始通过读经、祈祷、进行佛事等方式以求祛病息灾。随着来自中国和日本本土医学知识的进步，人们认识到一旦身体虚弱就会引起脏腑功能失衡，从而产生疾病。由此，人们才逐渐意识到要对自己的身体进行保养，可以说养生的概念是从预防身体疾病开始产生的。

奈良、平安时代，随着遣隋使、遣唐使往来于中日，很多中国当时的传

统医学和医书传入了日本。据《日本国见在书目录》①一书可知，源自中国的《诸病源候论》《神农本草经》《千金方》等重要医书已于当时传入日本。特别是《千金方》，其中记录有针灸、按摩、食疗法以及导引术等，可以将其视为最早的养生书籍了。此外，当时的日本人还将这些中国医书进行编撰，以便更多人理解和学习。最早经日本人之手编撰的医书是平城天皇大同三年（808）由医师出云广贞②、安倍真直③等人奉敕编撰的《大同类聚方》100卷，但遗憾的是此书已遗失。现今留存的由日本人编撰的医书中，年代最早的是天元五年（982）由医师丹波康赖（911—995）奉敕编撰的《医心方》30卷。这部《医心方》是以隋、唐时代的医书为本编撰的，此书的第二十七卷里记载了养生的内容，主要包括"大体""谷神""养形""用气""导引""行心""起卧""语言""服用""居处""杂忌"十一个方面。总体来讲，在奈良、平安时期，日本的养生书及养生理念都源自于当时由中国传入的医书。

镰仓时代，由日本人编撰的医书数量不多，但这些医书大都引用了佛典的内容，可知是受到了佛教传来的影响。如医师惟宗具俊④于弘安、正应年间编撰的《医谈抄》里就大量引用了佛典的内容。此外，随着佛教的传入，茶叶也被带到了日本，喝茶成为寺院里的一种风俗并流传开来。日本临济宗的始祖荣西禅师的《吃茶养生记》就是集喝茶、佛理和养生等内容于一体的代表性著作。《吃茶养生记》一书中讲述了五脏之说和阴阳五行之说，且将这些内容与佛理结合了起来。全书分为"五脏和合"和"遣除鬼魅"两篇，其中"五脏和合"部分讲到茶能够调和肝、心、脾、肺、肾五脏，尤其能够强化人的心脏，通过喝茶可以达到"五脏和合"之养生效果；此外，"遣除鬼魅"篇讲的是人所有的疾病都是末世的魑魅魍魉所致的业障，是以佛教之语谈论如何祛病养生。总之，镰仓时代的养生理念受佛教影响颇深。

---

① 《日本国见在书目录》成书于日本宽平三年（891），这部敕编目录的性质是一部记录日本平安前期为止的传世的汉籍总目录。

② 出云广贞：日本平安时代初期贵族、医师，生卒年不详。

③ 安倍真直：日本平安时代初期贵族、医师，生卒年不详。

④ 惟宗具俊：日本镰仓时代后期的宫廷医师，生卒年不详。

到了室町时代，养生学说的传播和发展主要靠僧侣们来维系。这一时期，明朝的医书、养生书籍大量传入日本，还有不少医师远渡大明朝去学习医术。这一时期流传下来的养生书籍只有医师竹田昭庆[①]在康正二年（1456）所著的《延寿类要》1卷，该书的主旨是"养生之法在于治未病之病"，但这一主旨并未贯彻全卷，书中还讲到如何正确食用生药，而生药的摄养之法主要来自于《素问》《神农本草经》等，兼采诸家之说。《延寿类要》一书共分为五大部分，为"养性调气篇""行壮修用篇""行壮制禁篇""服食用舍篇"和"房中损益篇"，但书中未就这五篇的内容展开详述，只将"服食用舍篇"分"米谷""菜果""鱼介"等几部分一一加以解说。需要说明的是，此书中提到的养生学说和养生方法等内容与平安、镰仓时代的养生书大致相同，并未见到有显著进步的、新的养生学说。

安土桃山时代，日本的医学和养生学也吸收了当时中国传来的新内容，较室町时代有其独特之处。这一时期的新的养生学说是以李东垣、朱丹溪[②]之学说为祖，以岐黄之法为体，其病理学认为疾病是由内外二伤引起的，外伤由风寒暑湿引起，内伤由饮食不调、起居不时等引发。日本医师曲直濑道三[③]是第一个讲述这种新养生学说的人，他以此出发，兼从《千金方》及其他典籍中采取相应的内容来解说。此外，道三还极力主张河上公注《老子》的学说，他以"甚爱色费精神"为内荒，以"甚爱财遇祸患"为外患，认为应该谨防内荒外患。道三讲述养生之说的著述甚多，流传至今的有《可有录·养生论·修养撮要》、毛利元就公注《进养生之趣·黄素妙论·道三翁养生物语》等。当时其门下学徒众多，且随着多部著述的刊行，使得这一新的养生学说在安土桃山时代逐渐兴起。

---

① 竹田昭庆：又名竹田定盛，日本室町时代的医师，应永二十八年（1421）生，永正五年（1508）卒。

② 李东垣（1180—1251），李杲，字明之，晚年自号东垣老人。他是中国医学史上"金元四大家"之一，是中医"脾胃学说"的创始人。朱丹溪（1281—1358），即朱震亨，字彦修。元代著名医学家，后被学者尊成为"丹溪先生"，是"金元四大家"之一。

③ 曲直濑道三：名正庆，字一溪，跟随田代三喜学习医术，曾受足利义辉赏识。于文禄四年（1594）卒，享年88岁，葬于京都十念寺。

至江户时代，由于当时的幕府鼓励发展文化和教育，使得医学、教育等都有了长足的进步。然而，江户时代文化的核心是儒学，倡导朱子学、阳明学等，之后又兴起了古学①。因此，江户时代养生学的一大特色是其深受儒学思想的影响。于安土桃山时代渐渐发展起来的李东垣、朱丹溪的养生学说逐渐衰退，所谓的古方医学学派开始兴起。当时，主修儒学而又以医为业的所谓的"儒医一本"的学者辈出，他们认为儒学之宗是侍奉君主、侍奉父母的"忠""孝"思想，这体现在养生学说里就是要"全天寿"以"尽孝道"。儒医的养生之说，以畑黄山②的《保寿编》为代表性著作。然而，儒医倡导的养生之说虽然绽放出陆离的光彩，但却很难付诸实践。众所周知，养生以躬行实践为贵，只有实践才能达到养生的目的。这一时期，贝原益轩③作为养生道的实践者，努力将实践派的养生之道发扬光大。《养生训》是贝原益轩的代表作，也是整个江户时代最负盛名的养生书。此书的核心是寡欲主义，提倡人们要在饮食和色欲方面加以节制。此书结合贝原益轩 84 岁高龄积累起来的实践经验，以通俗易懂的语言讲述人们在日夜起居、坐立行卧等日常生活中该如何养生，因此广为流传，世人深受其裨益。此外，江户时代的医学养生中还包括养老、育儿、妇科生产等内容，如香月午山④于正德六年（1716）所著的《老人养草》一书，是专门为老人而写的养生书；千直之于元禄元年（1688）著《小儿养生禄》、香月午山于元禄十六年（1703）著《小儿必要记》等，都是江户时代专门为幼儿所著的育幼书籍。江户时代还有诸多关于妇科生产、荨麻疹的治疗等相关的卫生养生书籍，这些书籍或多或少受到了兰医学（经荷兰传入日本的西洋医学）的影响。

---

① 古学派是日本江户时代儒学派别之一，古学者原多为朱子学追随者，后怀疑朱子学，认为其与孔子、孟子原意不同，而倡导古学。呼吁不依赖后人的注疏，而从孔孟的原著中直接探索儒学的真意。古学派以山鹿素行、伊藤仁斋、荻生徂徕等为代表。
② 畑黄山：名惟和，曾于近卫町开设学馆授徒。卒于文化元年（1804），享年 84 岁。
③ 贝原益轩：名笃信，通称久兵卫，又号损轩。生于宽永七年（1630），殁于正德四年（1714），享年 85 岁，葬于荒津金龙寺。
④ 香月午山：名则真、字启，筑前（今福冈县）人，曾跟随贝原益轩、鹤原玄益学习。殁于元文五年（1740），享年 85 岁。

明治维新以后，日本政府致力于医学的振兴，招募外国医师、创办医学院、开设医院等，努力推进卫生设施的普及。在这一时期，卫生事业主要由行政部门掌管，不再是江户时代以前以个人为主的卫生和养生方法了。明治政府致力于传染病的预防、开设牛痘种继所等，大力宣传西洋医学，逐渐走向了现代医学之路。

近代以来，关于养生长寿学的研究，不少日本学者也取得了可喜的成果。藤浪刚一在其名著《日本卫生史》中详述了日本的养生书及养生思想的沿革，并将养生书网罗殆尽，编成《乾乾斋架藏和书目录》。此外，关西大学教授坂出祥伸博士也取得了不少骄人的成绩，其在 1987 年 9 月第 12 届国际比较医学研讨会上发表了题为《中国古代养生术及其思想——隋唐时代的内观向内丹的转换》的论文，反响强烈；之后，其编著出版了《中国古代养生思想的综合性研究》①《道教与养生思想》②《"气"与养生——道教的养生术和咒术》③等著作。此外，九州国际大学教授石田秀实也先后撰写《流动的身体——道教与中国医学的身体论》《气功祛病养生术》等养生学书籍。1989 年 1 月，作为医师的吉元昭治博士出版了他的力作《道教与不老长寿医学》一书，将道教与不老长寿医学的研究推向了一个高潮，取得了许多可贵的新成果。

二、日本道观收藏的养生长寿学古籍介绍

（一）《吃茶养生记》

日本道观收藏有一部《吃茶养生记》，又称《吃茶记》，此书由镰仓时代名僧荣西（1141—1215）所著，根据全书卷末落款可知，此书写于承元五年辛未（1211）。

---

① 〔日〕坂出祥神：《中国古代养生思想の总合的研究》，东京：平河出版社 1988 年。
② 〔日〕坂出祥神：《道教と养生思想》，ぺりかん社 1992 年。
③ 〔日〕坂出祥神：《〈気〉と养生——道教の养生术と咒术》，京都：人文书院 1993 年。

　　《吃茶养生记》的作者荣西是日本禅宗临济宗的创立者，俗姓贺阳，字明庵，号千光、叶上房，备中（今日本冈山县）吉备津人，是吉备津社神官的儿子。14 岁落发为僧，在比睿山修天台密教，先后两次到中国宋朝留学，其最伟大的功绩之一是将临济宗和中国的饮茶文化传入日本。他于仁安三年（1168）和文治三年（1187）两次入宋，朝拜了天台山，拜万年寺的虚庵怀敞为师，得临济宗单传心印。后于 1191 年返回日本，开创了日本临济宗，并将茶种带回了日本。据镰仓时代史书《吾妻镜》记载，建保二年（1214）第三代将军源实朝为病所恼，更因酒醉不醒。荣西听闻此事，进呈茶一盏，将军服后霍然而愈。之后，荣西又写"誉荣德之书"呈进，此书即《吃茶养生记》。由此，荣西的《吃茶养生记》便为世人知晓，并大放异彩。

　　《吃茶养生记》全书分上、下两卷，正文共 4700 余字。上卷名为《五脏和合门》，下卷名为《遣除鬼魅门》。序论中，荣西禅师即开门见山点明主题："茶也，末代养生之仙药，人伦延龄之妙术也。山谷生之，其地神灵也。人伦采之，其人长命也，天竺、唐土通贵重之，我朝日本曾嗜爱也。"指出茶具有养生治病、延年益寿之功效，在天竺、中国和日本都很受重视。上卷首先从五脏调和的生理学角度展开，论述肝肺心脾肾五脏与酸辛甘苦碱五味的关系，而后引《尔雅》《广州记》《茶经》《本草拾遗》等书阐释茶名、茶树形态、茶功能、采茶时节等；下卷册侧重于从驱除外部入侵病因的病理学展开，涉及饮水病、中风病、疮病、不食病、脚气病等病，并详述桑粥法、桑煎法、服桑木法、含桑木法、桑木枕法、服桑叶法、服桑椹法、服高良姜法、吃茶法、服五香煎法等。此外，荣西还引用中国古典，将茶的作用归结为"明意""安神""解乏""防病"和"止咳"。荣西旨在向当时的日本民众普及茶的功效，提倡饮茶的养生法。

　　该书的特色是将中国的五行、印度的五大思想结合起来与五脏并论，叙述五脏与五方、五时、五行、五色、五官等配属关系，赞叹了茶的圣洁高贵与治病药用效能，此书虽然着重论述喝茶对人体健康的疗养功效，但其倡导的吃茶以养生的思想对于以后"和敬清寂"的日本茶道的形成起到了铺垫作用。荣西是第一个将中国宋代禅院茶风引入日本的人，被尊为"日本茶祖"。

《吃茶养生记》是荣西晚年最后的著作，也是继中国唐代陆羽《茶经》之后的世界上第二部茶经。

荣西生活的镰仓时代是日本历史上佛教色彩最为浓重的时期。在这一时期，僧侣阶层是社会的主流，佛教的影响渗透到社会生活的各个领域。在《吃茶养生记》中，荣西把佛教教义和世俗的养生理论融为一体，这是中世日本养生学的一大特点。日本道观所藏的《吃茶养生记》一册全文用中文繁体竖排书写，中间夹有日文注音，字迹有些潦草。该书在日本有两个版本：一为承元五年（1211）本，一为建保二年（1214）本，前者为初本，后者为前者的修订本，日本道观收藏的是承元五年本。

该书传入中国时代不详，现上海第二医科大学图书馆收藏有该书日本元禄七年（1694）刻本，民间亦有收藏。近年此书中国也有出版，如 2003 年贵州人民出版社出版了荣西等原著，由王建注译的《吃茶养生记》；2015 年作家出版社出版了荣西原著，施袁喜翻译、注释、评析的《吃茶记》。同时，围绕《吃茶养生记》还出现了专门性研究著述，如关建平主编的中国农业出版社 2019 年就出版《荣西〈吃茶养生记〉研究》等。《吃茶养生记》一书不仅体现了中日茶文化交流，也记载了中日佛教文化的交流痕迹，在研究茶的发展历史、养生功效等方面都具有重要的文献价值。同时，《吃茶养生记》一书还是荣西传世书法作品的代表作，笔墨率真、敦厚朴素，体现了荣西极高的文化素养，佛、书、医一体贯通。荣西是中国宋风书法传入日本的使者，对日本镰仓时期的书法发展有着极大的贡献，这本《吃茶养生记》为其亲自手书，在日本书法史上亦具有重要地位。

（二）《延寿撮要》

日本道观收藏有两部《延寿撮要》，内容基本相同，故笔者将其归为一种。这二部书都是一卷，著者为曲直濑玄朔①。第一部《延寿撮要》全文由

---

① 曲直濑玄朔（1549—1631），原名正绍，通称道三（第二代），号东井。与其父并称"日本医学中兴之祖"。毕生致力于李朱医学的日本化。

汉字片假名混合文书写，卷末落款庆长己亥（1599）；第二部《延寿撮要》全文由日文草书写成，根据卷末的批注可知此本于宽永庚午年（1630）由中野市右卫门刊行。

从内容上看，这二部书的卷末都有一篇由著者玄朔于庆长己亥年（1599）写的跋文，其中可见此书编撰的原委：

> 此书者右关左之曰偏州下邑之者，不知养生之道，不幸而致夭横。故爱怜之心最深，扔捡延寿之书，共聚枢要之语，名之以为《延寿撮要》。为便见闻以倭字书之，旋洛之后此一卷忝历。

全书正文主要摘录中国传统养生书籍，由"总论""言行篇""饮食篇"和"房事篇"四大部分构成。"言行篇"包括"四时昼夜之动静""导引按摩""行立坐卧""喜怒哀乐""视听笑语""二便""衣着""沐浴""拔白发去爪甲"等 8 个项目，从日常生活的每个细节来讲如何养生。"饮食篇"包括"饮食适中""五味""朝暮之食法""饮食之慎""合食禁""日禁""饮酒之慎""吃茶之慎"等 8 个项目，从饮食、饮酒、饮茶等方面讲如何养生。"房事篇"包括"阴阳和合""欲不可早""泄精有限""房事杂忌""欲有所避""交会可慎日""求子"等 7 个项目，主要讲了男女房事等有关的养生事宜。滝泽利行在其编著的《养生论的思想》一书中写道，《延寿撮要》一书主要向普通百姓传授养生法，书中还可以明显看到受了宋学的"性理说"及金、元医学的影响。①

（三）《古今养性录》

《古今养性录》由竹中通菴②撰，全书15卷，刊行于元禄五年（1692）。日本道观仅存有此书的第八、九卷，未见全套。全书以汉字刊印。

---

① 参见 ［日］滝沢利行：《养生论の思想》，东京：世织书房 2003 年，第 32 页。
② 竹中通菴：名敬，字子昌，号瑞伯，生卒年不详。江户时代前中期的医师，著有《古今养性录》等。

　　此书的第八卷主要讲"导引术"，在此卷开头写道："导引按摩始于中国，而无偏倚之害。虽独旅孤行，虽昼夕坐卧，不借他人之治，不弃药笼之匙，自手治其疾苦，岂非接济之珍宝乎。唯憾经天精诣之教授，书乏辩说之论议。圣人遗法，殆垂淹没，予窃患焉。故今采拓其文，挺出于兹，是余微意之所寓也。"由此可知著者对导引术的重视。正文引用《素问》《灵枢》《摄生要义》《太素经》《千金方》等书的内容来讲导引按摩术，介绍了天竺按摩法、婆罗门导引十二法、擦涌泉穴说、擦肾俞穴说、治万病坐功诀等多种导引术，并加以配图说明。

　　《古今养性录》卷九题为"修养诸术"，引用《抱朴子》《千金方》《保生要录》等书的内容来讲如何治各种疾病，如治白癜方、治恶露疮方、治男女阴养生疮方、治秃无发者方等，多引用《千金方》的内容。

　　竹中通庵的《古今养性录》属于日本早期的高水平养生书籍，虽然书中记载的多为自我保健的健康法，但在日本养生学史上具有重要的承上启下地位。

（四）《保寿淫事戒》（坤）

　　《保寿淫事戒》一书由东武高井伴宽思明[①] 著，书末落款"文化十二年乙亥年文月良辰"，"文化十二年"即公元 1815 年，干支历是乙亥；"文月"是农历七月之意。此书全书由日文草书刊印，正文共 28 页。从内容上看，此书从《中庸》《周易》《孟子》讲起，由男女人伦到房事、求子，主张清心寡欲、戒断纵欲才是健康长寿的重要保证。书中有十月胚胎发育图，与中国北齐徐之才"逐月养胎方"对胚胎发育情况的描述多有类似，可见该书对中国医学、道教、儒家文化的吸收和综合。该书对于提高胎孕质量和两性养生延年具有较大的指导价值。日本道观仅收藏有"坤本"，从目录与内容来看，似无缺失。该书作者高井伴宽是日本江户时期著名的文人，著有《须弥山图解》《三音四声字贯》《音训国字格》《平家物语图会》《农家调室记》《和汉

---

① 高井伴宽（1762—1838），字思明，号兰山，通称文左卫门，江户时代后期文人。

朗咏集国字钞》等书。《保寿淫事戒》一书鲜有著录，在日本似亦流传不广，目前中国也未见流传。日本道观收藏的这本《保寿淫事戒》不仅对有关高井伴宽的研究具有重要的史料价值，对于中日道教养生、伦理等方面的文化交流，亦有重要的文献价值。

（五）《养生主论》

《养生主论》，全 2 册，由松本游斋主人著、池田东篱亭主人校，于天保三年（1832）七月由皇都书林出版。全书由日文草书刊印，由小泽华岳子所画插图。日本道观收藏的这个版本，虽然在封二中注明为"全二册"，实际是分为卷上卷下，刊印为了 1 册。从内容上看，卷首有池田东篱亭及松本游斋所撰序言各一篇；正文上卷为"保养篇"，内容包括饮食、房事、小儿疾病等多方面的保养、治疗之方；下卷为"食性篇"，网罗了谷部、鱼部、鸟部、兽部、药部、叶部等日常所见各种饮食的温寒、滋补等养生之法。此书对于食疗养生具有较好的参考价值，中国目前尚未见此书。

中国元代医家王珪著有《泰定养生主论》，论述了导引、按摩、婚合、孕育、婴幼、童壮、衰老宜摄避忌，以及运气、标本、阴阳、虚实、脉病、证治等养生理论和祛病之法。日版《养生主训》与之不同，特别是卷下的内容，全为实际生活健康指导。案"养生主"之名，出自《庄子》，《庄子·养生主》阐释了庄子顺应自然、不为外物所滞的养生之道；中日两本以"养生主"为名的书虽然内容侧重点不同，但其随物性之自然而保养身心的道理确是一致的。同时，日本医家用"养生主"这类中文固有典籍语言作为书名，显见中国文化和道家道教思想对其的影响。

（六）《万民必用长命养生训》

《万民必用长命养生训》，共 4 册 5 卷，由牛山翁香月启益[1] 撰，于弘

---

[1]　香月牛山（1656—1740），名则真，字启益，通称贞庵。江户时代中期的医师，后世派代表医家，著《牛山方考》《药笼本草》等。

化三丙午年（1846）由浪华书林出版，日本道观只收藏了此书的三、四二册，包括四、五二卷。这二册书的正文都由日文刊印。该书流传不广，在我国目前未见收藏，目前亦未见全册。

从内容上看，第三册主要从"七情保养之说"来写如何养生，第四册主要从"老人疾病治愈之说"来写老人养生之法，卷末附录还列出了31种药方，包括"藿香正气散之方""五积散之方""六味地黄丸之方""六君子汤""升麻葛根汤""二陈汤"等传统中医养生方。可见，此书是一本以阐发养生理论兼附有方药的医籍。香月启益所处的江户时代中期，日本正值金元医学尤其是李东垣和朱丹溪学说的盛行期，香山启益是金元学说的信奉者，尤崇李东垣。他的这套《长命养生训》可以说是对金元学说尤其是李东垣学说的继承和发展。

（七）《养生辨》

日本道观收藏的这套《养生辨》共上、中、下三册，分卷上、中、下三卷，由豫州水野泽斋义尚编录，于天保辛丑年（1841）出版，大阪水野氏制。这三册书除序言以汉字刊印外，正文都由汉字日文混合刊印。《养生辨》上册卷首有一篇著者自撰的"养生辨序"，其中写到了撰写此书的缘由以及著者的养生观等。

> 有人问予养生之要。或谓勤苦劳动，宜如野夫力作。或谓常居安静，宜如富人贵客。或谓无食少饮，可以疏通肠胃矣。或谓高粱酒肉，可以补益身体矣。各皆似有理。子请断焉。予曰，皆是矣，皆非矣。养生之道广矣。其要在于自知其节而守之也已。譬之草木，若松柏在山野燥土，经霜雪而能繁茂。蒲柳则生溪谷湿地，避风岚而能生育矣。人何异乎此也。若富人贵客，则宜平居安静，拒风寒暑湿。若野夫力作，则宜勤苦劳动，不厌霜雪雾霭。虚无恬澹，若佛门道家者，淡味少食，亦无害矣。孜孜勤业，若士农工商者，非膏粱酒肉，不能健身体矣。凡体之壮实，而其职任繁重者，

宜养以膏粱酒肉，而行仿野夫力作。质之虚弱，而其身处幽闲者，
宜养以淡味少食，而行如富人贵客。若久有疾病者，勿论壮实虚
弱，不可不禁厚味断色欲也。是之谓能知其节而守之矣。苟反之，
则轻者酿病，重者促其寿矣。故养生之法，宜各随其天赋，不可胶
柱鼓瑟也。其人悦而退矣。时是编适成，乃次所对以代序。

由这篇"养生辨序"可知，著者的养生观是"其要在于自知其节而守之
也已"，养生法要"各随其天赋，不可胶柱鼓瑟也"，提倡因人而异、灵活
变通的养生法。此外，《养生辨》上册正文由"胎毒之辨""药毒之辨""食
毒之辨""酒毒之辨""河豚之辨""征毒之辨"和"肉菜能毒"的7节内容
构成，主要从药、酒、肉菜等饮食方面讲述养生之法。《养生辨》中册则包
括"积聚之辨""气病之辨""痰饮之辨""留饮之辨""疝气之辨""癫症之
辨""诸虫之辨""血道之辨""妊娠之辨""中风之辨""鼻食伤之辨""理发
之辨""疱疹之辨"等13节内容，讲述了各种病理的养生治愈之法。《养生辨》
下册包括"人相之辨""慎食之辨""福禄寿之辨""金银钱之辨""阴阳德之
辨""朝起运气之辨""人字之辨""妇人心得草""嫁入之辨""游女之辨""爱
之辨""灸治之辨""汤治之辨""梅之辨""荣之辨""烟草之辨""火难盗难
之辨""三惚之辨"等18节内容，从多方面来讲养生之道。该书内容涉及来
自中国的儒释道三教与医学理念，思想深刻，内容翔实，在我国目前未见流
传，研究者更是寥寥。

（八）《养生辨后编》

日本道观收藏的《养生辨后编》分上、中、下三册，与《养生辨》一
样，由豫州水野泽斋撰，于嘉永四年（1851）由三都书林出版。这三册除上
册的序言部分由汉字刊印外，其他正文内容都是以汉字假名混合中文字刊印
而成。《养生辨后编》上册卷首有著者自撰的序言一篇，其中写道：

邵尧夫曰，与其病后求药，不若病前自防。善哉言也。《内经》

论汤液者，百之一二，而养生之法居多。古人之用意皆然。后世之医，不言养术而专事治术，取征于仲景。仲景盖悯不信养术而病者，为之创制药剂，犹王者有时用兵除民害，实不得已也。予深有慨焉，讲养生法以示门生及病客，爰有年矣。盖养生者，常也。病者，变也。疗变者，其验速而得誉大，以救一时之急也。示常者，志在终身，故其效迟而得誉难。是讲养生者之所以稀，而疗病者所以多也。虽然疗病者不能无杀人之误，劝养生者无有伤人之患。所谓与其誉于前孰若无毁于其后。予有取乎韩子之言，尝著《养生辨》，已行于世。今又欲刻《后编》，故题数言于其首，不才浅学，不知文章，论说有不通者，诸君请斧正之。

由这一序言可知，《养生辨后编》是在前述《养生辨》的基础上撰写而成的，著者的立意在于"与其病后求药，不若病前自防"，比起《养生辨》记录的各种病理的治疗之法，此"后编"更注重防患于未然。

《养生辨后编》上册正文包括"头之辨""面之辨""发之辨""胡须之辨""眼之辨""睫眶之辨""眉之辨""鼻之辨""耳之辨""口之辨""唇之辨""齿之辨""舌之辨""额头之辨"等14节内容，分别从人体头部、面部、五官各部详述如何养生，并配各部位图片加以详述。中册包括"胸之辨""股之辨""肩背之辨""腰之辨""手之辨""指掌之辨""足之辨""外感病之辨""脚气之辨""痦鞭之辨""怪我之辨"等11节内容，分别从人体上、下半身各部位详述养生及治愈之法，并配身体各部位图片加以叙述。《养生辨后编》下册包括"身养生三难问之辨""心养生之辨""万病一气之辨""物我一体之辨""家养生之辨""治验"等6节内容，这6节内容不同于前两册对身体各部位养生法的介绍，而是从整体上来讲述养生之心得。该书与《养生辨》一样，融合和汉两国文化，汇通儒释道医，图文相配，且有日文训读，浅显易懂，是一部非常好的实用性养生著作。目前在我国流传很少，文献价值很高。具有很大的研究空间。

（九）《无病长寿养生手引草》

日本道观收藏的这套《无病长寿养生手引草》一书分上、下二册，由九十岁老人山东菴京山①编作，于安政五戊午年（1858）发行。全书由汉字假名混合中文刊行，书中配有相应的插画。上册卷首有"自序"一篇，正文包括"五脏六腑之事""妇女妊娠之事""双胞胎之事"等 10 节内容，多从运动、按摩、妇科、生产等方面来写养生；下册包括"养生长寿篇""顺应四季养生之法""饮食""小儿""养气"以及"断定胚胎男女""转女胎为男子方法"等 15 节内容，从顺应时节、育幼、饮食、导引等多方面来讲养生之法。

该书从老子《道德经》一生二，二生三，三生万物，万物之生乃为阴阳和合立论，对人体五官五脏进行区分叙述，分别讲解各个器官的蕴养之方。又对男女、长幼进行区分，针对不同年龄、不同性别的人提出不同的长寿之方，重在预防将养。书中有大量精美图片配合日本医学故事，通俗易懂，可读性强，所提出的长寿之方具有很强的操作性。该书的流布对于提高民众的身体健康有一定的作用。其背后的理论依据多来自中国道教和中国医学，并汲取儒家的思想内容，如谈到"肺"时就引用孔子所说的"食不言，寝不语"等，是儒道医结合，中日融合的文化结晶。该书在中国鲜见，研究者目前亦未见，具有重要的文献价值。

（十）《养寿学》

《养寿学》，全 1 卷，由矢野芳明著，于明治二十一年（1890）写成，此书为手抄本。前有作于明治二十一年的序，后有作于明治二十三年的跋文。全书正文共 56 页，正文内容由"恶魔退治""演之病根""丰之病根""合之病根""老之病根""堕之病根"和"实之病根"的七大部分来讲述如何病的来源以及养

---

① 山东京山（1769—1858），本名为岩濑百树，字铁梅，号览山，江户时代后期的通俗小说家。

生延寿的方法。该书兼有巫术和医术，这也是古代医学的一个共同特征。该书在中国鲜见流传。

（十一）《养生日程》

《养生日程》，全1卷，由88岁老人细川润次郎[①]编，于大正十年（1921）由东京筑地活版制造所印刷发行。卷首有一篇作者自己所写的序言，讲述了撰著此书的原委：因为作者曾著《养生新编》一书，后又著其拾遗之作并刊于世，这两本书对于作者平常日用之事并没有涉及，但是，这两本书发行以后，总是有人问作者关于起卧饮食等日常养生之事，作者因此自我反思，感觉自己之所以能够长寿，与日用浅近之事的养生习惯密不可分，所以就写了《养生日程》，专门记述日用养生的小事。

从内容上看，此书正文由"起床之事"起，包括"洗脸之事""祈祷之事""体操之事""早饭之事""早饭后的杂事""午饭之事""晚饭之事""就寝之事""衣服相关之事""居处相关之事""运动之事""嗜好物相关之事""澡浴之事""剪发之事""按摩之事""午睡之事""帮忙做家务之事""补养药之事""消闲之杂事"等20节内容，著者一一详述了从起床开始，到一日三餐、午睡、洗浴、理发、按摩等日常生活的每一个细节该如何保养。正如在序言中所说，此书是与日用浅近之事相关的养生法。

（十二）《养生论》

《养生论》，全1卷，著者不详，约著于明治时期（1868—1912），全卷由汉字片假名混合撰写。从内容上看，此书卷首有"养生论引"一篇，正文由"衣服衾褥之事""饮食之事""住所家室之事""烟草之事""浴汤之事""睡眠之事""运动之事"和"小儿养育之事"的8节内容构成，是从衣食住行各个方面谈养生之法的。值得注意的是，中国三国时期也有一本同名养生著

---

① 细川润次郎（1834—1923）：即细川吾园，号十洲、梧园、吾园，日本江户时代末期（幕末）的土佐藩士、明治时代至大正时代的华族、官僚、兰学家、法学家、教育家。细川吾园生在儒学之家，对中国文化有很深的领悟和了解，著有《十洲全集》。

作，为著名"竹林七贤"之一的嵇康所作。嵇康在此书中主张形神共养，并提出了一些具体养生方法。这两本书同名但内容不同、作者不同。

（十三）《胎息养生法》

日本道观现存 1 卷《胎息养生法》，著者及刊行年未记载。然而，据笔者考察，这一《胎息养生法》的内容源自中国的《胎息经》及其注疏本。《胎息经》在《道藏》中又作《高上玉皇胎息经》，其作者及成书年代已无考，但《抱朴子·遐览》中已有著录，可见其成书年代应早于东晋时期。《胎息经》全文共 83 字，主要讲述"胎息"这一养生法。全文如下：

> 胎从伏气中结，气从有胎中息。气入身来为之生，神去离形为之死。知神气可以长生，固守虚无以养神气。神行则气行，神住则气住。若欲长生，神气相注。心不动念，无去无来。不出不入，自然常住。勤而行之，是真道路。

《胎息经》里没有对"胎息"这一名称作解释，但后代道家、炼丹家、养生家们根据《胎息经》表述的内容和具体练功体征，认为所谓胎息，就是柔细深长、悠然自在的丹田呼吸，同婴儿在母胎中通过脐带呼吸的神态相似。此外，后人还对《胎息经》的 83 字内容，加诸了多种注释。比如，有《胎息经注》1 卷，原题幻真先生注，约成书于唐代，后辑入《云笈七籤》等，该书详解了每句《胎息经》中有关"胎息"之具体理法。此外，明代王文禄于嘉靖甲子年（1564）所撰的《胎息经疏略》也是对其进行的注疏本。在《胎息经疏略》卷末有王文禄所作一跋文，其中写道："右《胎息经》一卷，原有注，注反晦于经。经旨不足以发，于是去注，重疏之。亦发其略尔。并广成阴符参同契梓行，冀同登寿域云。"[1] 由此可知，《胎息经疏略》撰著的原委。《胎息经疏略》中多引用《老子道德经》的内容对胎息

---

[1] 《胎息经疏略》，载王云五主编：《丛书集成初编》本，上海：商务印书馆 1936 年，第 2 页。

法加以注疏。日本道观收藏的这一《胎息养生法》就是将幻真先生注《胎息经注》的内容同明代王文禄所撰《胎息经疏略》的内容合为一本而成的书籍。

三、日本道观收藏的养生典籍之特征

日本道观收藏的上述养生学典籍，从时间上横跨镰仓至明治时代。从撰著形式上，既有全汉字文本，也有汉字撰、旁加训读符号的训点本，还有为了便于普通民众理解的和文本以及图文结合讲解养生法的图文本。从内容上看，有以茶的功效为主，提倡饮茶的吃茶养生法，如荣西的《吃茶养生记》；有以静坐理论、方法为主的静坐养生法，如《朱子静坐说》；有从儒教思想、理念来谈养生的，如贝原益轩的《养生训》；有以男女房事、求子为主的保寿之戒养生法，如《保寿淫事戒》；有以佛理、佛法来谈养生的，如《日本佛法穴搜评注》；有专门的妇科相关的药方合集，如《妇人方汇》；有以胎息养生法为内容的，如《胎息养生法》；还有专门讲导引术的图文本《养生气功导引图》等；此外，还有内容包罗饮食、房事、日常起居、针灸、养老、育幼、妊娠生产等多种养生法为一体的综合性的养生书，如《延寿撮要》《养生训》《养生辨》等。

这些养生学古本的撰著年代跨度大，内容丰富多样、包罗万象。从这些古籍中，我们可以看到中国古代医学、养生学在日本各历史时期的受容情况，还可以窥见儒教思想、佛教思想等在不同的历史时期对日本养生长寿学发展的影响。总体来讲，日本奈良、平安时代的养生学及养生理念都源自中国传入的医书。到镰仓时代，养生学说受佛教影响颇深，从荣西的《吃茶养生记》就可知佛教思想及源自中国的茶文化在当时的日本产生过不小的动荡。茶文化自日本贵族、僧侣等上层阶级起，直至传播、融入到平民百姓的日常生活中，茶的功效被人们了解，喝茶的风俗更是延续至今，甚至以一种独特的茶文化席卷全球。到了室町时代，养生学说的传播与发展主要靠僧侣们来维系，这一时期虽然也有大量的医书从大明朝传入日本，但在现存的养生学古籍中并未见到有新的养生学说出现。安土桃山时代，李东垣、朱丹溪的养生学说传到日本并受到关注，以曲直濑道三为代表的医师们通过著书、授课等形式将这一新的养生学说传播开来。到了江户时代，整个社会文化的核心思想是儒学，这也体现在养生书籍中，贝原益轩的《养生训》是这一时期代表性的养生学著作。《养生训》一书首先提出养生的意义是要"全天寿"以"尽孝道"，也就是从儒家的"尽孝"思想出发去讲养生。益轩提出的养生法的核心是要寡欲，主要体现在"食欲"和"色欲"两个方面，"寡欲"的养生理念虽然不是益轩的独创，但其内容多与现代医学、防病、养生等多有相通之处。此外，益轩还认为日本人的体质与肠胃不如中国人和朝鲜人强，因此主张在服药时要减少药量，这是将中国传统医学进行本土化处理的体现。益轩著此书时已八十多岁高龄，对于老年人的长寿养生法，益轩不仅提出了防御疾病的对策，还提出老年人该有怎样的居处环境以及老年人该以怎样的心态来度过老年生活，这对现代社会中存在的老年问题也有一定的启示意义。明治维新以后，日本逐渐走上了近代西方医学的道路，然而其受中国传统医学、养生学的影响仍然深远。

此外，值得一提的是，日本道观收藏的《延寿撮要》《养生训》及《古今养性录》等多部古籍中有大量篇幅来讲导引术。众所周知，导引术是养生法中一个十分重要的分支。日本道观作为弘扬道家思想、传播道教文化的机构，不仅致力于搜集养生学的古籍，还一直在实践着道家的三气养生术，即导引术、洗心术和动功术。日本道观创始人早岛天来道长曾编《东洋医学通史》[①] 一书，其内容讲述了从上古时代到近世末期为止中国医书、养生书以及日本医书、养生书里所记载的导引术，此书可以说是近代日本养生学研究中对导引术进行系统化考察的先驱之作。在导引术、气功等养生法不受重视、鲜有人问津的今天，日本道观将这些以导引术内容为主的养生学古籍公

---

① ［日］石原保秀著，早岛正雄编：《东洋医学通史：汉方·针灸·导引医学の史的考察》，东京：自然社 1979 年。

诸于世，并一直躬行实践、传播着导引术的举动显得弥足珍贵。日本道观收藏的这些养生学古籍不仅是古代中国传统医学、日本各历史时期养生学的一个缩影，同时对现代社会的养老、育幼、日常保健等养生课题也有十分重要的启示意义。

第八章　日本道观收藏的儒、佛及汉诗文典籍述考

在中国历史上，道教与儒家及佛教向来有很密切的关系。魏晋至唐，三教既相互斗争，又相互融合。由于文化渊源和形成的社会背景的相通或相近，在唐代以前，儒、道相互汲取和联手的情况较多，在关键时刻甚至儒道并驾齐驱以应对佛教的传播。宋代以来，道教与儒、佛二家虽依旧有斗争，但总体上显示了以融合为主的趋势。金元以来的全真道与金丹派南宗都倡导三教合一，而正一道也非常注意对儒家与佛教思想精华的汲取。故而，道教人士研读儒、佛经典、诗文等书籍，这是在情理之中的事情。宋代以来道教与儒、佛关系的这种传统也在日本道观中得到延续。同时，由于佛道教界内人士经常入山修行，或临美景而赞之叹之，或修行至某一境界而歌之颂之，于是，便有诸多教界内人士之诗文流传，且为助修行与学习，教界内收藏流传诗文之习俗自来有之。在日本道观的收藏中，诗文类书籍正是这一传统的保持和表现。这些诗文有些是直接来自中国的典籍在日本的翻刻、注疏和解读，还有一些则是日本学者或道人用汉文字书写，以汉语的习惯、思维模式、审美模式结合日本文化自身的特点新创作的作品。这些作品既可见日本道观收藏的文物之丰，又可由其管窥日本道教、日本文化某些方面之略况。

第一节　日本道观收藏的儒家典籍

日本道观收藏的儒家文献，大体来说可以分为三类，即五经类、四书类和其他杂类的儒家著述。

一、日本道观收藏的五经类文献概述

在五经类著述中，数量以《易》类最多，这应该与日本道观的道教性质有关；《诗》类次之；《春秋》《礼》《尚书》再次；四书类书籍总量不多，有四书中某一本的单行本，也有四书集结本；其他杂类著述主要是蒙学类和宋理学类著述。因为《诗》类与蒙学类著述另有分章讨论，因此，本部分不涉及这两类著述。

（一）《易》学著述

日本道观所收录的五经类文献主要是《易》，有将近 30 种之多，涉及的年代从宽永四年丁卯（1627）到 2010 年，跨时将近 400 年。所收集的文献内容从《易》经本身到对《易》的研究都有，其中最多的是程朱理学对《易》的解读；其次是彭晓所作的《周易参同契》。这两类书籍日本道观所收录的数量和版本都较多。程朱《易》学在日本道观的收藏实际反映了程朱理学在日本一定历史时期的影响力，而《周易参同契》的情况则与日本道观的宗教信仰情况有关，同时也反映了日本道教与中国道教的密切关系。

1.《古易成文》

《古易成文》，汉文，1 卷，1 册，共 31 页，每页 7 行，行 16 字，字迹美观清晰，有假名注释、训点。封面蓝底白色书签，题名《古易成文》；全书由两部分组成，第一部分是"太皞古易传成文"，封一和题名页有两个骑缝印，分别是"道别出舍"和"林氏文库"。第一部分侧边栏题"太皋古易成文"，共 40 页，主要是糅合了作者自己的思想重新组合《系辞》《说卦》写成。第二部分是"古易大象经成文"，侧边栏题字相同，共 11 页，主要内容是六十四卦卦象和彖文。值得注意的是，"古易大象经成文"六十四卦虽然以《乾》卦为第一卦，但后面的顺序全部与《周易》六十四卦顺序不同，这应该与作者不赞同《周易》，而推崇更早的太皞《易》有关。封三部分为"伊吹廼屋先生及门人著述刻成书目"，该书刊行年代不详。

书中"皞"左侧"白"字为"日"；书，"皋"字写作"昊"下面加两"丨"。此处这些形似的字都是指的"太皞"或"太昊"氏。《史记》曰："余闻之先人曰：'太昊至纯厚，作《易》八卦'。"《帝王世纪》曰："太昊帝庖牺氏，风姓也。母曰华胥。遂人之世，有巨人迹出于雷泽，华胥之足履之，有娠，生伏羲于成纪，蛇身人首，有圣德。"《帝王世纪》又曰："取牺牲以充庖厨，以食天下，故号曰庖牺氏，是为牺皇，后世音谬，故谓之伏羲，或谓之虙牺，一号皇雄氏。""燧人氏没，庖牺氏代之，继天而王，首德于木，为百王先。帝出于震，未有所因，故位在东方。主春，象日之明，是称太昊。"太皋或太皞或太昊氏指的都是作八卦的伏羲，或庖牺，传说他开启了中华文明之始，德行高尚，如日中天，所以被称为"太昊"。因此，这本书名的意思类似中国的"伏羲易传"。

撰写这本书的是大壑平笃胤（ひらた　あつたね），初名大和田胤行，后随养父平田笃隐改名平田笃胤，又名大壑、大角、玄琢、气吹乃舍、真菅乃屋。安永五年八月二十四日（1776 年 10 月 6 日）出生于出羽久保田藩（今日本秋田市），于天保十四年闰九月十一日（1843 年 11 月 2 日）去世，神号真菅乃屋。是日本江户时代后期的国学者、神道家和思想家，同时也是一个医者。他与前辈荷田春满、贺茂真渊、本居宣长一起被称为日本"国学"的四大人，也有人称为国学四大金刚，或国学四大家。

大壑平笃胤有一系列的《易》学类著作，如《太昊古易传》《三易由来记》等。他推崇伏羲《连山》，以其为"真易""古易""神易"；批评《周易》，以其为"伪易"。在这种学术观点下，这本《古易成文》，以"古易""太昊"命名，不遵从《周易》六十四卦顺序，也是很正常了。在他的一系列著述中，大鹽平笃胤将伏羲神话为日本国的神灵，将《易》与日本国本土文化结合，是日本《易》学史上重要的将《易》文化本土化的学者。他的弟子治《易》的也很多，笃胤之后的日本《易》学受其影响很大。因此，这本《古易成文》具有非常重要的文化价值。

2.《周易经传》

《周易经传》，汉文，有假名注释，封面蓝色无题名，正文题名"周易经传程朱传义"，凡24卷，全8册，庆安三年（1650）版，每页9行，行17字。该书第一册为"程子易传序""易序""上下篇义""朱子易本义图""五赞""筮仪"及"周易经传目录"。后七册1—24卷为程朱对《周易》六十四卦经传文的义、传。书末附有署名"散人如竹"的跋，文曰："周易程传本义，未有和点，读者往往苦之。以故吾文之翁旁加和点，以示门弟子也，今也虽恐我家丑之显外，而欲幼学者之易晓，故寿之木以广其传云。宽永第四丁卯仲冬吉旦散人如竹书。"可知此书为如竹整理并于宽永四年（1627）付之刊印的。该书第八册封三有"庆安己丑岁道伴重梓行"，"庆安己丑岁"即庆安三年（1650），也就是说日本道观收藏的这一本是1650年重刊的。

该书日本道观收藏有两个版本，除庆安三年外，另一个为庆安元年（1648）八尾助左卫门版，1—24卷全，7册，缺第一册。最后一册封三有行书"庆安元年戊子仲秋上旬本能寺前八尾助左卫门重刊"，该版7册与庆安三年2—8册同。

此《周易经传》用《程氏易传》、朱熹《周易本义》合写而成。在中国，这个合刻本名为《周易传义》或《程朱二先生周易传义》。在日本，星文堂在1770年左右也刊印过该书，题名《周易传义》，副题程子传，朱子本义。日本国后来还据清嘉靖年间建宁府官刻旧本再次翻刻过该书，卷首1册有嘉靖十一年敕建宁府牒文一道，同样收录如竹跋文，24卷，8册，只是增加了题名《周易传义》。这个翻雕旧本的内容、字体与日本道观所收庆安本一致，可知，这两个庆安本的底本应该也是建宁府本，文字精当无误，尤其是庆安三年本，没有缺册，可以称得上是善本。

《程氏易传》又称《周易程传》《易程传》《伊川易传》《周易程氏传》，作者是北宋理学家程颐，《易》文用王弼本。朱熹写的《伊川先生年谱》曰："元符二年正月，《易传》成而序之……五年，复宜义郎，致仕。时《易传》成书已久，学者莫得传授，或以为请。先生曰：'自量精力未衰，尚觊有少进耳。'其后寝疾，始以授尹焞、张绎。"①此书成书于元符二年（1099），但程颐一直希望能做到最好，不轻易交付弟子，直到元符五年（1102）病重，才将此书传授给尹焞、张绎。后逢靖康战乱，尹焞死里逃生，所得《易传》遗失。他后来又辗转于程颐另一个门人吕稽中处得《易传》十卦，在自己的三女婿邢纯处得《易传》全本，尹氏对这个版本进行了整理校订。而程颐传给张绎的《程氏易传》被他的另一个弟子谢良佐所得，谢氏又传给杨时，杨时得到这本《易传》时，该书已经混乱不堪。因此，他对这本书也进行了整理校订。这两个版本都成为后世《程氏易传》的祖本。后吕祖谦在尹氏《程传》"标注"本和朱熹修订的《程传》"雠校"本基础上，互证修订为后来宋人刻于官学的《程传》6卷本，后几经编排刊刻，又出现了4卷本、10卷本。

朱熹的《周易本义》，大约订稿于淳熙四年（1177）。《易》用吕祖谦所定的古本，之所以用古本《易》，这与朱熹易学主张回归《周易》原旨有关。在《书临漳所刊四经后》中，朱熹清楚地表明了自己的这一看法：

右古文《周易》经传十二篇，亡友东莱吕祖谦伯恭父之所定……熹尝以谓《易经》本为卜筮而作，皆因吉凶以示训戒，故其言虽约，而所包甚广。夫子作传，亦略举其一端，以见凡例而已。然自诸儒分经合传之后，学者便文取义，往往未及玩心全经，而遽执传之一端，以为定说。于是一卦一爻，仅为一事，而《易》之为用，反有

① （宋）程颐、程颢著，王孝鱼点校：《二程集》，北京：中华书局1981年，第345页。

所局，而无以通乎天下之故。若是者，熹盖病之。是以三复伯恭父
之书而有发焉，非特为其章句之近古而已也。①

朱熹认为，《易》流传过程中，长期分经合传的情况使学者不能静心通
观全书，对《周易》的理解也容易以偏概全。用古本《周易》分列经传文，
可以免此流弊，敦促学者全面体悟《易》的内涵。

后来，因为程、朱易学的影响很大，学者学《易》，无不读此二书，为了
阅读和研习的方便，宋天台董楷于咸淳年（1265—1274）间作《周易传义》，
割裂朱熹《周易本义》卷次，将其散附于二程《易传》之后，这就是日本道
观所收藏的这本《周易经传》的起始文本。关于当时董楷对二书的合编情况，
《铁琴铜剑藏书目录》有记载："案《传》《义》合刻，盖始于天台董氏，董氏
以程传用王辅嗣本，朱子则用吕东莱所定古周易，既不敢离析程传，又不敢
尽失朱子之意，乃仿节斋蔡氏例，经文平书，十翼下一格，传义又下一格，
附录又下一格，以为识别……"② 从《铁琴铜剑藏书目录》的记载来看，合刊
后的《周易传义》为10卷，现中国国家图书馆所藏元至元二年（1336）碧湾
书堂刻本《周易传义》也是10卷。中国国家图书馆所藏的版本于2006年由
北京图书馆出版社影印出版，6册1函10卷，中国多所大学图书馆均有收藏。
北京大学图书馆另藏有元延祐元年（1314）翠严精舍刻本，4册1函24卷。
日本道观所收藏的24卷本与翠严精舍本分卷同，但分册不一样。有可能是
这个本先在中国流传，经过闽南（建宁府），进行了整理翻刻，册数增多，
应该是为了方便携带阅读，然后到日本，增加了假名解释，按照先写经文，
继之程氏传文，再继朱子本义的顺序编排，传文和本义前都有特别标注的大
字"传""本义"标出，区别鲜明，以方便日本读者学习。

1603年以后，朱子学被德川幕府封为"官学"，是江户时期占统治地位

---

① （宋）朱熹：《晦庵先生朱文公文集》卷八十二，载朱杰人等主编《朱子全书》第24册，
　　上海古籍出版社、安徽教育出版社2002年，第3889—3890页。
② （清）瞿镛：《铁琴铜剑楼藏书目录·程朱二先生周易传义十卷》，《续修四库全书》，第
　　926册，第56页。

的意识形态，庆安本是刊行于 16 世纪的版本，大概是我国的明天启年间，此时，正是日本朱子学勃兴的时期，日本道观收藏的这两本《周易经传》（《程朱传义》），既反映了中国当时学界和社会对程朱理学的热衷，也体现了日本国对外来文化的引入，特别是对中国程朱理学的关注。这两本书距今已有近 400 年的历史，底本精良、印刷良好、保存完善、字迹清晰、特别是庆安三年本，全书 8 册齐全，无缺损污染，更是难得。该书不仅具有相当的思想文化价值，也具有很重要的文物价值。

《程朱传义》刊印后，很快在坊间流传，中国和日本都出现了各种版式的刻本，内容大同小异，题名也多有变化。日本道观就收藏有多种这样的著作，其中印制精良，比较有代表性如刊行于明治九年（1876）的大阪书林汲书房本。该本全书 13 册，序并 24 卷，封面蓝底白色书签，题名《易经集注》，抬头有"再刻头书"四字，每册封面标注卷数和册数。程朱传义的内容及编排顺序与庆安本《周易经传》同，从第二册第一卷开始，题注"程朱传义"。该书封面抬头有"头书"者，因为这个版本的程朱传义在每页的正文上栏加了注，也就是有头注和眉批，所以称为"头书"。1876 年的大阪书林汲书房本是再刊本，所以叫"再刻头书"。原《程朱传义》的二十二、二十三、二十四卷是"系辞"上下篇和"说卦传"，只有"本义"，没有传文。这本书则在二十二、二十三、二十四卷中加入了"后传"，以区别程氏传，不标作者。第二十四卷末有一段署名"春秋馆教授昌易谨记"的短跋，文曰"右周易程传本义之引证翼考专以蔡虚斋《蒙引》，李仲容《句解》为要旨矣，且又以元明诸儒之说为谈柄矣。呜呼！由辞以得意，则在乎人焉。"交代了"头注"中"蒙引""句解"等内容的来源。案此处李仲容为宋真宗时人，为李唐后裔，有《冠凤集》12 卷传世；蔡虚斋即蔡清，字介夫，别号虚斋，为明孝宗、武宗时人，著名的理学家、易学家。他曾在泉州开元寺结社研究《易》学，该社有 28 人，号称"清源治《易》二十八宿"，是明代理学的代表人物，也是中国"清源学派"的核心成员，有《四书蒙引》《易经蒙引》等著述传世。"程朱传义""头书"类的出现，反映了程朱理学、程朱易学传入日本后广泛的传播和学习需求，而头注中对中国当时著名治易学者学说的实时跟进和总结，则反映了日本学者勤奋的治学精神和独到的治学眼光。

3.《古易断时言》

《古易断时言》，全 4 卷，汉文，有假名注解，新井白蛾著，浅野弥兵卫藏版，星文堂明和八年（1770）版。蓝底阴浮雕花封面，白色书签，题名"古易断时言"，4 册，分别以"元、亨、利、贞"标识。第一册即"元"册，封一页面中间为大字"古易断时言"，右刻"新井白蛾先生著"，左刻浪华书肆星文堂梓，天头"明和卯年新刻"。前有署名"葛坡高道昂伯起撰"的"古易断时言序"，序末有二篆书印，分别为"高道昂"和"伯起"。又有署名"新井祐登谦吉撰"，"铃井精书"的"自序"，序末有篆书三印，分别是"古易馆主人""白蛾"和"铃井精印"。接下为署名"新井白蛾识""门人武邨白羊书"的《古易断时言凡例》及"六十四卦目案"，然后为全书正文。《凡例》末有三篆书印，分别为"源祠堂印""字白谦吉"和"武德真秀"；第四册即"贞"册，末有跋，署名"明和辛卯春三月门人田中白贲谨识"，有二篆书印，分别是"源仲耕印"和"白贲"。书最后附有星文堂藏版目录，包括易书部、卜筮部、天文部、历学部、他书等共计八十一本。包括来自中国的汉文书，也包括日本人所撰写的书籍。时间上既有宋代的程朱《周易传义》，也有距当时较近的康熙御撰《周易折中》。该书目也部分反映了当时日本社会《易》类书籍流存情况之一斑。该书为汉文及假名写成，随文附有假名注解。每页以六行隔开，每行又刻字两行，盖为刻卦方便。

新井白蛾写作此书之前，曾著有《古易断内外篇》10 卷，早在宝历己卯年（1759）已经写成，但因为缺乏资金，一直没有刊行。11 年后，因为"吾党之小子，苦誊写。又幼学未熟汉字，老苦其解"，所以白蛾先生"迩日述其略而授初学，名曰时言"[1]。这本《古易断时言》就是在这两本著作基础上写就刊成的。写这本书的初衷，或者说目的有二：一是如他的朋友昂伯

---

[1] ［日］新井白蛾：《古易断时言·自序》，浅野弥兵卫藏版，星文堂，明和八年（1770）。

起在"序"中所说的，世俗那些轻才讽说之徒，不明易理而以糠秕之说解《易》，大害于世；白蛾先生则深得《易》道精髓，领略了孔子所说的"易者，象也；象也者，像也"这一《易》道第一理，因此，作此书以"决嫌疑，明性命；明开物成务之功，吉凶悔吝之兆"，清洁俗儒那些不入流的说法。这也是书名"断"的原因，"断"者，盖有分辨抉择之意。第二个原因，即白蛾先生"自序"中谈到"吾党之小子，苦誊写。又幼学未熟汉字，老苦其解，迩日述其略而授初学，名曰时言。童蒙读是编而不谬门路"。也就是说刊刻这本书的目的主要是给日本国初学《易》者提供一个正确的门径，所以此书又以"时言"命名。"时"在这里的意思是"合宜，及时，恰当"。"断时言"者，就是抉择辨明《易》的真旨，方便初学进学，同时广大真正的《易》道，利学人、利先圣。

这本《古易断时言》广泛收录了大量解易之说进行分析。每卦、每爻随文解读，并附有假名，方便日本国学者。其所收录的诸家学说，共有七十余家，均为中国历史上的解《易》名家，与白蛾先生早先写作的《古易断》一书收录基本相同，主要增加参合的是当时中国新出的《周易折中》。同时，因为作者主张"欲学易者，先可知象法，象法为入门先务也"①，所以，在书最后抄水村先生"十三卦十二象之正精明解"，附于书尾，希望学生能从"象法"入手参究易道。按水村即中国宋淳祐年间学者林光世，字逢圣，号水村，有《水村易镜》，为宋理宗赞赏，是宋代影响较大的易学著作。《古易断时言》收录有《易镜》的内容，可见其书的影响。

总的来说，这本书以孔子为宗，以邵雍、朱子为正；合义理像数，且以像数为基础和入门，综合了中国历史上清康熙朝以前最重要的《易》说，用日本国人熟悉的方式写就，发自己的见解和判断，无论是对《易》文献史，还是《易》学思想史，价值都很大；且日本道观所收藏的这本书就是新井白蛾付梓的第一版原版，全书保持完好，其文物价值更是不可忽视。

作者新井白蛾，名祐登，字谦吉，又名白蛾、黄州、古易馆。"古易断

---

① ［日］新井白蛾：《古易断时言·凡例》，浅野弥兵卫藏版，星文堂明和八年（1770）。

时言自序"后所盖的"古易馆主人"印就是白蛾先生的号之一。他是日本江户中期的儒学者，也是著名的易学家，曾追随三宅尚斋的学生菅野兼山学习朱子学。中国朱子学最初传入日本是在镰仓幕府（1192—1333）时，开始主要流行于五山禅僧和京都的公卿、博士中间，到了江户中期，日本因为连年混战的政治局面，公卿博士等朱子学人离开京都去往各地方大名，于是，朱子学逐渐普及于日本各地。同时，这一时期中国书院的影响在日本也越来越大，又因为朱熹曾主持白鹿洞书院并有《白鹿洞书院揭示》一文广泛传播于日本国，白鹿洞书院被当时的日本国人认为是宋以后、元明以来天下第一学校。新井白蛾与其师承三宅尚斋、菅野兼山诸人都是朱子学的追随者，也同样是开办书院的积极支持和力行者。这本《古易断时言》就是为门人小子学习而作。除该书外，新井白蛾先生还有《古周易经断》10 卷，《古易对问》《易学类编》《易学小筌》《广易学必读》《周易精蕴》《左国易说》《老子形气国名解》《论语汇解》10 卷，《古文孝经发》《小学疏义》《诗书通考国字笺》《蒙求发》《沧溟尺牍儿训》《唐诗儿训》等。这些著述中除《易》类著述非常突出外，童蒙教育用书也很多，可见白蛾先生的学术旨趣和入世情怀，这些著述在相当程度上反映了当时日本的书院文化。

4.《周易反正》

《周易反正》，太宰纯著，12 卷，全 4 册，线装，浅灰色封面，白色书签，题名"周易反正"。每册封面按"元亨利贞"标注顺序，封二有简要目录注明本册卷数。"元"册前有"周易反正序"，署名"延亨三年丙寅孟春既望日本信阳太宰纯自序"，延亨三年即公元 1746 年，案太宰纯卒于 1747 年，享年 67 岁，此书乃完成于其去世前一年。自序文前有三方篆印，一小圆钮式印，有二字，字迹不甚清晰，难以辨认。其他为二长方印，印文分别是"滨松小书巢内田旭图书"和"归本氏图书记"，记录了这本书曾经的收藏地。无跋，书末有"昭和十四年五月八日老松园文库"印，昭和十四年即1939 年。日本道观收藏的这本《周易反正》无发行年，最早为 1939 年出品，该书印制格调简洁明快，字体俊朗疏落，清雅美观，美丽的印制可能与作者太宰纯书法造诣甚高有关。

　　太宰纯（1680—1747），字德夫，小字弥右卫，号春台，又号紫芝园，日本江户时期著名学者，也是日本近世儒学界重要的思想家，古文辞学派（萱园学派）创始人荻生徂徕的门人，对传播发扬古文辞学派功劳甚大。荻生徂徕，笔名武津徂徕，是日本儒家哲学家，被认为是日本江户时期最具影响力的学者之一。徂徕早期信奉朱子学，50 岁后受明朝李攀龙和王世贞的影响，开始反思批判朱子学对"心性"的崇拜，倡导古文辞学，以孔子讲的"道"为"先王之道"，主张直接钻研六经来学习此"道"。徂徕死后，其学派分为二：诗文推服部南郭，经术则推服太宰纯。太宰纯在学术主张上延续其师荻生徂徕，尊信孔子，重视六经，批判程朱理学。他一生未仕，生活清贫而潜心经术，《易》《诗》《书》《语》《孝经》等皆有著述，他所校刻、音注的《古文孝经孔氏传》被收入《四库全书》，是《四库全书》仅收的两部外国人撰集的经学著作之一，另一部是太宰纯的好友山井鼎考文的《七经孟子考文补遗》，可见太宰纯在经学上的造诣。

　　太宰纯这本《周易反正》是他重要的《易》学著述，反映了古文辞学派尊道尊孔、反对理学心性论的主张。在序言中，太宰纯指出《易》道从孔子传到商瞿，后六传至汉田何，田氏之学后分为数家，到东汉，易学之专门废而易道失传，此后诸人，"唯王辅嗣较近之，而其病在好虚无；朱仲晦颇得之，而其病在言理气"，对王、朱之易学在肯定的同时也颇多批评，批评的焦点恰恰也可以说是二人易学的特点。王弼以老庄解易，其学近玄，其特点即虚无；朱熹以理学解《易》，结合象数，其特点正在理气之说。但主张以一说解《易》，未免有偏而不到之处，或脱离易之用，或曲解易之体，或离析易之体用，这些都被太宰纯认为是对易道的背叛。太宰纯以孔子论《易》为易之正道，并且认为通过对老师荻生徂徕理论的学习，和自己长期的体悟已经了解了这一大道，因此，他先后写了两本书来回归孔子易道，其一为《周易拨乱》，其二为《周易反正》，也就是本书。

　　虽然太宰纯广泛批判了此前的易学观点，但《周易反正》并没有完全摒弃这些学说。恰恰相反，他选择了许多自己认为优秀的看法。这其中最主要的文献来源就是王弼和朱熹。首先《周易反正》本文从朱熹《周易本义》，用的吕祖谦本，但剔除了朱熹《周易本义》中的"先后天诸图""卦变图"。对朱氏解六十四卦之说，甚多肯定，但认为朱氏六十四卦必以象占为说的做法不可取。同时个别观点从王说，或自己另立新说，如对"乾健坤顺"的解释，从王说以之谓"性"，不从朱说以之为"德"。在王、朱之说外，《周易反正》还择用了唐郭京《周易举正》中"有裨益"者附于注本文下。《周易举正》一书三卷、《四库全书总目》曰："旧本题唐郭京撰。京不知何许人。《崇文总目》称其官为苏州司户参军。据'自序'言'御注《孝经》，删定《月令》'，则当为开元后人。'序'称曾得王辅嗣、韩康伯手写真本，比校今世流行本及国学乡贡人等本，举正其谬。凡所改定，以朱墨书别之。其书《崇文书目》始著录"①。该书被许多学者认为是宋人伪托的，郭京之名亦在似有似无之间。此书即便是在中国易学界也难说是主流之书，太宰纯《周易反正》举引之，可见其对中国经学的了解深度和广度。《周易反正》与《周易举正》二书趣旨相类，都在返本归真于自己认为的《易》道，太宰纯于易说大家之外，关注该书也颇体现了《易》形象相感的易道之用。《周易反正》书中的音释一从陆德明，间接参考《玉篇》《广韵》等字书。

总体来说，太宰纯这本《周易反正》是其晚年成熟的著作，非常典型而鲜明地反映了古文辞学派的学术主张，体现了朱子学在日本从传入、接受到反思、批判并与日本文化融合中批判和反思的这一重要节点，在文化传承中具有重要意义。同时，这本书的文字书法造诣甚高，具有相当的艺术价值和文物价值。

5.《周易经翼通解》

《周易经翼通解》，共 18 卷，全 10 册。汉文，有日文训点。伊藤东涯著，古义堂藏版，安永三年（1774）刊。蓝色压暗花封面，无题名。前有"周易经翼通解序"，文尾署"明和八年辛卯冬十一月朔伊藤善韶谨叙"，有

---

① （清）永瑢等撰：《四库全书总目》卷一，北京：中华书局 1965 年，第 4 页。

二篆文印，分别是"善韶"和"东涯"。案"善韶"为东涯子，明和八年即1771 年。封三有"古义堂藏板"篆文方印一，下有"每部有图章记号无是者皆属赝本"14 字，页最左印"安永甲午夏全刻京兆文泉堂发行"14 字。安永甲午即安永三年（1774）。

案伊藤东涯（1670—1736）为伊藤仁斋（1627—1705）长子，仁斋在1662 年于京都堀川设私塾"古义堂"，开创"古义学派"，又称"堀川学派"。东涯是古义学派的重要传人，仁斋的学说主张主要通过东涯得以发扬光大，其中也包括易学。《周易经翼通解》就是在仁斋学说的影响下继承了仁斋易学的基本精神，全面注解《周易》经传的一部著作。东涯的儿子善韶在"周易经翼通解序"中讲到该书的写作时说：

> 吾祖考晚年将注《易》，已解乾坤及大象，名以古义。先考自凤岁深好易，考传义之异同，题之上帧，苦心尽力，剖析甚精。祖考尝称曰：殆不让古人好易者。祖考见背，古义亦未成。故本过庭之大意，考索传义，以为注述，名曰经翼通解。其解直随易书之本旨，以戒人事之进退时宜。至《十翼》中有诡圣人之道者，亦直辩其旨，不牵强而是非自明，经翼各还其本旨，亦不混同矣。卦变及正策、余策，宋儒有说，先考特发明原旨，各详本书，经翼之次第，姑从程氏之本云。①

从这段序文中可知，仁斋晚年曾作《周易古义》，但全书未成而离世。东涯即继仁斋后作此《通解》，全注《周易》经传。该书经文次第从程伊川，注文以回归、剖析圣人之道为宗旨，也就是以回到孔子为标的。

东涯此书，虽是继仁斋之后所作，以仁斋易学为基础，但并非与仁斋完全一致，毫无发挥。该书一改仁斋易学以义理、象数为对立两端的看法，从义理和象数两个方面注解《周易》，既继承了仁斋以古易有儒家之易和卜筮之

---

① ［日］伊藤东涯：《周易经翼通解·序》，古义堂藏版，安永三年（1774）。

易的主张，又改变了仁斋力主儒家之易，轻视卜筮之易的说法。同时，该书提出了"十翼非孔子作"的看法，这是仁斋易学的代表性观点，东涯在《周易经翼通解》书中对这一观点进行了充实和发挥，从易学史、孔门后学言论、十翼内容、儒家教义四个方面进行论证，力主"十翼"形成非一时、非一人，更非孔子所作。东涯此说，虽然宋儒如欧阳修在《易童子问》中皆已有论，但在当时的日本儒学界，仍是惊人之说。东涯之所以继承父志，力主此说，除了他确实以此说为真实史实外，还有一个原因就是要维护圣人孔子，不让垢弊之说污蒙圣人之旨。所以，该书解读十翼，时时注意分辨与圣道有违的地方。《周易经翼通解》的写作同当时大部分易学著述一样，以与程朱对话为展开语境。仁斋早期服膺朱子学，但后来受到中国明朝著名学者吴廷翰的影响，中年以后逐渐怀疑朱子学背离了孔孟之道，他开创的"古义学派"就是以回归孔孟为主旨。虽然与宋儒一样，二者都以恢复孔孟为目的，但二者主张的孔孟之道不同。东涯继承父志，这本《周易经翼通解》初看似与朱子学无大的相左，但实际上却是从经学的根源处对朱子学的反思和批判。

案该书凡例写成于享保十七年，即1732年，则全书当成于1732年前后，是伊藤东涯晚年著述，也是其易学著作的代表作，影响直到近现代日本易学。日本富山房曾于1913年出版《汉文大系》时于第十六卷重刊过该书。中国著名的目录学家孙殿起在其编著的《贩书偶记》中载有该书，他当时所见，即安永甲午古义堂刊本，也就是日本道观所珍藏的这个版本，但该书目前中国未见公开藏有。日本目前流通的，也以1913年为常。日本道观所藏的这本为初刻古本，全书完备，字迹清晰无污染，又是东涯晚年代表作，其价值自在不言之中。

（二）《礼》与《春秋》经传

儒家"五经"传授在不同时期不同的学者中有不同的侧重点。流传到日本时也展示了不同的风貌。于日本道观而言，虽然主要收藏的是《易》学类的文献，但关于《书》与三《礼》以及《春秋》三传方面也可见多种藏本，其中，又以《礼》与《春秋》类为多。

1.《左氏会笺》

《左氏会笺》，又称《左传会笺》，30 卷，上下册全，铅印本，竹添光鸿著，明治四十四年（1911）再刊本，富山房编辑局出版。封二印"汉文大系"，右上有"渡边秀方收藏图书记"方印一枚。书前有竹添光鸿自序，书末有竹添光鸿所作短跋。封底有"明治四十四年十一月一日再版""会社富山房"等字。

《左氏会笺》选用日本御府旧钞卷子"金泽文库本"为底本，这个本子是唐代流传到日本的隋唐旧钞卷子本，流入日本后，为音博士清原氏世世相传，后由清原氏传于北条氏，得以完备保存于金泽文库，后收入红叶山文库，又升为御库物，是目前存世最古、最完整的本子。同时，竹添光鸿还参照了四种宋刻本《左传》（一为阙民字本、一为正中覆北宋本、一为江公亮本、一为嘉定九年刻于兴国军学的兴国军学本）、唐石经、《经典释文》等文献对卷子本进行校勘。有异同者，加小圈于右旁，一一疏明。笺文涉及众多中日学者著述。日本的主要有中井积德、增岛固、太田元贞、古贺煜、龟井昱、安井衡、海保元备 7 家左右。中国的主要有顾炎武、魏禧、万斯同、万斯大、王夫之、毛奇龄、惠栋、马宗琏、赵佑、焦循、江永、顾栋高、雷学淇、方苞、洪亮吉、梁履绳、崔述、朱元英、段玉裁、王念孙……俞樾等共 29 家。还有其他诸家不记姓名者。竹添光鸿普搜博采这些学说后，对其融会贯通，断以己意，全书体例仿杜预《春秋经传集解》和朱熹《集注》。30 多万字，可谓皇皇巨著。

该书作者竹添光鸿（1842—1917），通称进一郎，名光鸿，字渐卿，号井井，晚年号独抱楼，世人多称其竹添井井，是日本近代史上的外交官和著名汉学家。他曾任驻华官员，在这期间，不仅游览了中国许多山川，还与中国很多学人交往，其中特别典型的就是与俞樾的关系。光鸿这本《左氏会笺》完成后，还曾信知俞樾，而俞樾也为其书作序。竹添光鸿出身汉学之家，其父光强，号笋园，是日本江户后期儒学家广濑淡窗的学生，宜园十八才子之一。竹添光鸿禀赋聪颖好学，幼承庭训，后入木下犀潭门下学习，成年后在中国为官且游学的经历更增加了他的汉学根基。归日本后，遭罢官，退出政界，避居相州小田原，数十年专攻经籍，成《左氏会笺》《论语会笺》《毛诗会笺》等著作，合称"三笺"。

《左氏会笺》成书于明治三十五年（1902）前后，明治三十六年（1903）由明治讲学会刊印，原书 30 卷，15 册。这本著作是作者数易其稿，代表毕生成就的作品，面世后，不仅为研究《左传》提供了一个丰富的资料库，同时，也提供了一个十分精良的文本。该书出版后，几乎成为日本所有研究《左传》的人必须研读的重要著述，对中国学界影响也颇大，在清末民国时期流入中国，现中国国家图书馆收藏有明治三十六年讲学会版《左氏会笺》。该书在日本以及中国的台湾和香港等地屡屡重刊、影印。日本明治四十八年，昭和五十三年都有再版。台湾凤凰出版社、新文丰出版社、慧丰学会、天工书局都对该书进行过影印和重刊。中国大陆此前虽有国家图书馆收藏，但普通学者一直难见该书。2008 年，巴蜀书社根据明治三十六年影印大字本《左氏会笺》，全书 30 卷，5 册，受到了许多《左传》研究学人的欢迎。目前中国国内一些重要的大学图书馆和研究机构收藏的多是巴蜀书社影印的这个本子。日本道观收藏的这本富山房本，是缩印翻刻的一种，也是后来各出版社翻刻、影印的重要版本，比如台湾的天工书局、慧丰学会都是影印的该本，因此，这本《左氏会笺》的文物价值很高。

2.《春秋》与《礼记》

之所以把这两本书列在一起，是因为这二书属于同一出版社同一年同一系列的出版物。

《春秋》，汉文，线装，有假名随文注解。封面为橘色，白色书签，题名"春秋"，下有小字"全"。每页 7 行，行 17 字，全 1 册，共 144 页。这本书全是《春秋》经文，前有胡安国的"春秋胡氏传序"，全书经文结束后，附有"时宽永五历岁次著雍执除之正月洛阳乌丸通大炊町安田安昌新刊于容滕亭"32 字。说明该书刊于宽永五年（1628），由安田安昌刊行。

《礼记》，与该本《春秋》为同系列，装订规格一应相同，同为安田安昌在 1628 年出版，4 卷 4 册。前有署名"至治壬戌良月既望后学东汇泽陈

第八章　日本道观收藏的儒、佛及汉诗文典籍述考

滪序"的"礼记集说序",后有林罗山的跋文,交代该系列书籍的出版原委。全书末附有"时宽永五历岁次著雍执除之正月洛阳乌丸通大炊町安田安昌新刊于容滕亭"32字。林罗山跋文不长,今择要录于下,可以帮助读者对这个系列的书有一个清晰的了解。

　　本朝词人博士振古讲五经者,唯读汉唐诸儒之注疏,未能知宋儒之道学,故世人皆拘于训诂,不能穷物理。殆数百千岁。然今世往岁,妙寿院惺窝藤先生讲学格物之暇,新加训点于五经,《易》则从程传兼朱义,《诗》则主朱传,《书》则原蔡传,《礼记》则依陈说,《春秋》则据胡传。至若倭训之古而不可易者,参之旧点而不尽削之也。其可笔可削者,亦窃取其意而已。顷有人自京师来,于武州曰:今洛人安田安昌萨摩正重等镂五经白文于梓,其训点则藤先生所尝为之也。愿请余一言置诸卷尾。余谓先生虽尝为之训点,而其元本藏之不出,盖其副流落人间而然乎?点书偏旁,虽未必无三豕渡河之讹,教授参校,岂是非贻千金满簏之谋耶,于是乎书。戊辰春正月日罗山子道春把笔于东武寓所夕颜巷。

藤原惺窝(1561—1619),名肃,字敛夫,号惺窝。日本德川幕府初期的著名学者,日本近世儒学的开创人,被称为"日本朱子学的鼻祖"。林罗山(1583—1657)是惺窝最重要的弟子和传人,本名信胜,号罗山,字子信,出家后法号道春。林罗山继藤原惺窝之后,对日本儒学特别是朱子学的发展推动力巨大,在日本哲学史上具有举足轻重的地位。在这篇跋文中,林罗山指出了刊印纯经文五经的重要性,安昌安田出版的这一套五经书的文本依据以及与藤原惺窝的关系。可以说这套书的来龙去脉都交代得非常清楚。跟日本道观收藏有关的就是这套《春秋》和《礼记》。《春秋》据胡安国传,所以,在全书经文前,我们看到收录了"春秋胡氏传序"。《礼记》用的陈澔《礼记集说》本,因此书前也收录了陈澔的序文。案陈澔是朱熹的四传弟子,《礼记集说》是他影响最大、成就最高的作品,明清两代学校、书院、

377

私塾都用该书，被吴澄称为"无可疵"之作，明永乐年间颁行《四书五经大全》，《礼记》用的就是陈澔的《礼记集说》。

日本道观收藏的这两套书的价值，一在于版本古老，出版年代相当于中国的明代末年，保存完好，字迹清晰，文字审慎，著录准确，所依据的文本都是权威性著述。因此，这两部书都是记载《春秋》《礼记》经文的好本子。二在于此二书虽然不是藤原惺窝训点原本，但作为副本，应与原本所差不多，且原本按林罗山的说法，并未面世，则这一套根据副本所刊行的作品，就具有很高的价值了。且《礼记》书又后有藤原惺窝高弟林罗山的跋，交代此套书的出版原委，更增加了这两本书的价值。

二、日本道观收藏的四书类文献概述

日本道观收藏的四书类著述主要有《孟子》训点两种以及《汉文大系》第一册收录的《四书》《孟子》训点一种，系道春于宽正四年（1792）训点，7卷本4册。一种是后藤嘉幸训点的《孟子》，2卷本1册。后藤嘉幸训点本《孟子》用朱熹《孟子集注》，书前附有朱熹的"孟子集注序说"，全书缺失较多，且书有墨迹污损，出版时间等信息皆缺失。因此，本文不再论后藤嘉幸训点的这本《孟子》，仅介绍道春训点的《孟子》和《汉文大系》第一册所收的《四书》。

（一）《孟子》

《孟子》，共7卷，全4册，线装，蓝底白色书签，抬头有"改正再刻"4字，题名"孟子"，下署"道春点"。第四册封三有"天明丙午孟春之月平安书坊竹林堂梓""宽政四壬子秋九月""大坂心斋桥北久太郎町北江柳原河内屋喜兵卫"等字。每页正文以大字书写，注文以小字书写，对比鲜明，利于阅读。

这套书实际就是朱熹《四书章句集注》中的《孟子集注》，为方便日本人学习，由著名的儒学者道春进行了训点。因此，这本书在版本学上价值一般，但作为宽政四年（1792）的一本线装书，距今已有 200 多年，保存完好，又有著名学者道春即林罗山的训点，其文物价值还是很大的。

（二）《汉文大系·四书》

日本东京富山房于明治四十三年（1910）刊行《汉文大系》，第一卷是四书类著述，也就是日本道观所收藏的这本书。该书为铅印本，头书，扉页印有"汉文大系"四字，右上有"渡边秀方收藏图书记"印文。全书包括《大学说》《大学章句》《中庸说》《中庸章句》《论语集说》《孟子定本》共 6 本著述，共 987 页。《大学说》《中庸说》《论语集说》署"日南安井衡著"，《孟子定本》署"日南安井衡订"。封三有"校订者服部宇之吉""明治四十二年十二月十七日发行，明治四十三年一月十八日再版发行""富山房"等字样。

该书所收的《大学说》《中庸说》《论语集说》《孟子定本》4 种，为日本学者安井息轩（1799—1876），即安井衡著述。其中《论语集说》根据饫肥藩主伊东子爵家藏版复刻，《大学说》《中庸说》《孟子定本》为未刊刻稿本，由安井息轩的孙子安井小太郎根据家藏本整理。该书的眉注部分，由安井小太郎、岛田均一、川野健作、若本广良等协助服部宇之吉作。该书所收的《大学章句》《中庸章句》为朱熹《四书章句集注》本的内容，分别附于《大学说》《中庸说》后，目的是方便读者参考。《论语集说》《孟子定本》因为本身就有朱熹《章句集注》的内容，所以没有附朱熹《章句集注》中的《论语集注》和《孟子集注》。全书前有服部宇之吉作的《四书例言》《四书解题》；《论语集说》前有伊东祐相作于明治壬申年（1872）八月的"论语集说序"，安井衡作于明治壬申五月的"论语集说自序"，以及魏何晏撰的"论语集解序"。

该书作者安井息轩，名衡，字仲平，号息轩，是日本江户后期至明治初期著名的儒学者，属于"古学派"，或者"考证学派"，江户儒学的集大成者，日本近代汉学的奠基人。安井息轩据说有门人两千，前文谈到的竹添光鸿就是他的高弟之一。安井息轩的经学思想影响很大，当时的日本儒学界，他可以说是一言九鼎式的人物。在伊东祐相所作的"论语集说序"中谈道："息轩安井翁与人谈论，群议满座，是非未决。翁一二言辨析之，众辄屈服，不敢复哗。"又说安井息轩有《左传辑释》："传到于清国，浙江应宝时序之，谓考据精核，能发前人所未言。"① 中国的黄遵宪初到日本时写信给梁启超，也说："仆初抵日本，所与游者多旧学，多安井息轩之门……"② 安井息轩的这部四书著述在生前没有广泛传播，但其思想此后却影响了中日众多学人。在日本近代学术史上影响深远的《汉文大系》第一册即收录安井的著述，也从侧面反映了他汉学思想的精深。

安井做学问的特点是博学众家而断以己意，其考证功夫更是绝伦，这四部著述都是他一生学术思想的结晶，目前已经越来越引起当代研究儒学的中日学者关注。他的《论语集说》另有明治壬申（1872）季秋刻版、嘤嘤舍藏版，收藏于中国国家图书馆。中国国家图书馆还收藏有台湾慧丰学会1978年影印的《汉文大系》第一卷。

三、日本道观收藏的其他类儒家文献

儒家学派在经典传授过程中，积极进行"格物致知"的学术活动。所谓"格物"就是对事物的存在情况、本质特征等进行探索，而"致知"就是通过这种探索而获得知识。"格物"既"格"宇宙天地间之万物，也"格"经典文献之"物"。这种经典学习与对天地万物的探索，造就了许多命题。儒门学者注重将其经典学习与探索宇宙天地过程中的感想、认知记录下来，形成了新的著述。这些著述在儒学发展史上也具有重要价值，日本道观充分意识到这一点，故其收录文献也包括了这方面的范围，其中，最具代表性的是

---

① 《汉文大系》，东京：富山房明治四十三年（1910），第 1 页。
② 《黄遵宪集》，天津人民出版社 2003 年，下册第 491 页。

《太极图说》《朱子静坐说》及《传习录》。

（一）《太极图说》

《太极图说》，1册，封面蓝底无题名，封二有"太极图说"4字。汉文，有假名句读，线装，共32页，孙兵卫开板，延宝六年（1678）版，朱熹注，熊谷立闲头注，封三有"延宝六戊午岁三月谷旦高过通雁金町孙兵卫开板"等字。

该书正文内容包括周敦颐的"太极图"、朱熹的《图解》、周敦颐的《太极图说》、朱熹对《太极图说》所作的注、"朱熹辩"及"注后记"。除朱熹注《太极图说》内容用小字外，其余皆为大字。头注部分与正文注释字体相同，为小字。文末附有熊谷立闲作的跋。头注部分为熊谷氏作，广泛引用了多种汉典及中国学人观点来解证正文，其中也不乏熊谷氏对朱注的质疑。这些引用的典籍除了《易》《尚书》《礼》外，还包括《老子》《庄子》，后人著述主要有《性理大全》《读书录》《蒙引》《朱子语类》《近思录》等，涉及的学者有"蓝田吕氏"（即吕祖谦）、"张横渠"（即张载）、真西山（即真德秀）、胡敬斋（即胡居仁）、黄勉斋（即黄幹）以及叶采等。全书内容丰富，但也未免过于驳杂，头注内容已经远远超出了正文的部分。一方面反映了日本学者当时对汉学典籍的熟悉程度；另一方面也可以看出朱子学在日本的巨大影响。同时，从熊谷氏头注部分对朱子"理气说"小心的质疑来看，朱子学在传播的过程中，日本学者对他的崇信和怀疑态度一直是兼而有之的。

熊谷立闲，即熊谷了斋，是活跃于17世纪的日本重要学者。在诗学和经学方面均多有造诣，中国目前对其研究不多，《太极图说》一书在这方面应该是重要的资料。该书刊印于1678年，距今已有300多年，全书字迹清晰，保存完好，为日本著名出版商刊印，文物价值很高。

该书末所附的熊谷氏所作的跋文，简明扼要地介绍了该书的刊印过程，今附于此，以方便读者进一步了解该书的来龙去脉。

太极一图者，濂溪周先生之所作，一生精力尽具此中，朱夫子虽解其义，圣学之秘蕴不易蠡测，愚且纂便其说者，赘出以为吾门徒子。剞劂氏屡来请锓梓，因以附，然不免疎昧之讥，广博之士重正焉，洛阳后学了庵熊谷立闲跋。①

文后附有二印，一为"熊谷氏"，一为"宜斋之印"。

（二）《朱子静坐说》

《朱子静坐说》，线装，蓝底封面，白底蓝字题名"朱子静坐说"，下有"全"字。每页 8 行，行 16 字，共 46 页，柳川刚义编，1915 年印成。书末附有署名佐藤直方作于享保丁酉的"静坐集说序"，以及柳川刚义作的"跋静坐集说"，并有署名"大正乙卯季秋圣华房主人寿延年识"写的一段尾注，交代该书的来龙去脉。《静坐集说序》前有"正德第四甲午历九月吉祥日尾州两替町风月孙助开板"。享保丁酉年为公元 1717 年，正德第四甲午年即公元 1714 年，大正乙卯即公元 1915 年。日本道观收藏的这本是圣华房山田茂于 1915 年用 1714 的开板重印的。

据圣华房主人跋："静坐说者，盖静坐集说之原本也。对照二书，前者所载九十七项，而后者采录其三十项，别加四项，且有序跋。今朱圈所采录三十项，更增刊所加四项及序跋附之卷末，于是二书可并见也。"② 可知该书是把刊行于较早的 1714 年的《朱子静坐说》，以及刊行于 1717 年的《静坐集说》进行比照，合二为一的结果。

案朱熹的静坐问题，或者说宋理学的静坐问题，宋明儒者讨论的很多，但是专门将其相关内容集解成书的却没有。因此，在这方面，柳川刚义可以说是开了先河。他把朱熹在《文集》和《语录》中有关静坐的言论搜集整理成了该书。在序言中提出了自己对"动静"问题的思考和基本观点，无论是在资料搜集方面，还是对学人的影响来看，该书地位都非常重要。到 20 世

---

① （宋）朱熹传，[日]熊谷立闲头注：《太极图说》，孙兵卫，延宝六年（1678）。
② [日]柳川刚义编：《朱子静坐说》，圣华房 1915 年。

纪八九十年代，对朱熹静坐问题的集中讨论，才开始在中国台湾和大陆学人中展开。从这一点来说，柳川刚义可以说是慧眼独具。

这本书刊行于 1915 年，距今一百多年，它不仅是最早对朱熹静坐思想进行搜集整理的书籍，反映了 17 世纪日本朱子学之一斑，同时，也是研究柳川刚义和佐藤直方思想的材料之一。

（三）《传习录》

日本道观收藏的这本《传习录》为大正二年（1913）富山房出版的《汉文大系》第十六卷，铅印本。这一册《汉文大系》是《传习录》与《周易经翼通解》的合刻本，前半部分是《周易经翼通解》，从第 465 页开始到第 900 页是《传习录》。《周易经翼通解》前文已有述，今仅介绍《传习录》。

该书前有署名安井小太郎作的"传习录解题"，后有三轮希贤作的"新刻传习录成告王先生文"。三轮希贤标注整理的《传习录》在中国有出版，2014 年光明日报出版社根据日本正德二年（1712）冈田群玉堂本重新刊印，题名为《标注传习录》，但排版和内容有较大的变化。

这本《传习录》是三轮希贤在京都为篠山源讲学时，受其嘱托而作的。三轮希贤参考了当时日本的通行本《传习录》和佐藤一斋栏外本《王阳明传习录》，标注本文、添加注释，于正德元年（1711）八月开始着手，至正德二年（1712）壬辰九月三十日完成校勘。全书分上、中、下、附录四部分。上卷与通行本相比，去掉了杨荆山的小引，焦琅邪的序，张可大、许有声的跋。包括徐爱所录 14 条、序二篇并跋一篇，陆原静所录 80 条，薛尚谦所录 35 条，共 129 条。中卷包括 8 封阳明先生写的信，也就是南元善本录的《传习录》卷下。另根据佐藤一斋本，增添了《训蒙大意》附《教约》2 篇。但是这个编排似乎三轮希贤疑惑颇多，并不甚满意，在《传习录》目录中他先是说"俟异日得原本"，又说"或曰：二篇当移之附卷。予亦以为然，而以印刻既成，不及改之。"[1] 下卷为陈九川所辑录的 115 条，即常说的《传习

---

[1]　《汉文大系·传习录目录》第 16 卷，富山房大正二年（1913），第 1—5 页。

续录》，另根据佐藤一斋本，增加曾才汉所录"补遗"28条以及《晚年定论》一文，并王阳明序和袁庆麟跋；并将通本的绪山序文，根据一斋本，移到篇首。附卷包括《大学问》《示徐曰仁应试》《论俗四条》《客坐私祝》《略年谱》5篇。《大学问》本绪山本，其他三篇为荆山所增刻，其中"咏学诗"1卷，三轮希贤认为"不得抄出之旨"，因而不取。

三轮希贤标注整理的这本《传习录》，不仅广泛采用了当时日本各种《传习录》版本，参考互校，形成了一个精良的《传习录》文本，而且，作为日本最著名的阳明学者，三轮希贤为《传习录》作的注释还为研究日本阳明学提供了非常重要的资料。

该书注者三轮希贤（1669—1744），名希贤，号执斋、躬耕庐，通称善藏，日本京都人，起初追随朱子学山崎暗斋学派的佐藤直方。30岁时读到王阳明的书，遂弃朱子学而改信王学。执斋在《传习录目录》中说："先生之德之业，表著于天下，显明于万世，而与日月同悬……予每恨我邦未有梓行之者，不及人见而遍知之矣……使凡读此录者，皆先观先生之德业与日月同悬者，而知其教诲论说，为孔孟之正宗，以无异于格物致知之功，知行合一之实云尔。"[1] 可见其对阳明学的崇信。

第二节　日本道观收藏的佛教著述

日本道观在收藏大量道教著述与道教文物的同时，也收藏了一些佛教文物与佛教著述，这既与日本本土佛教道教关系十分密切有关，同时也反映出日本道观对佛教思想兼容并收的气度。总体看来，日本道观收藏的佛教著述数量不多，主要有如下9种。

---

[1]　《汉文大系·传习录目录》第16卷，富山房大正二年（1913），第1—5页。

一、日本道观收藏佛教著述概览

日本道观藏佛教著述一览表（共9种）

	著述	作者	成书·刊本	说明
1	《大方广佛华严经疏第五十三·十地品第二十六》，1卷1册	题记：清凉山沙门澄观述，晋水沙门净源录疏注经	刊行年代地点不详。对折方册本，半页12行，每行20字格式	
2	《妙法莲华经》卷第一，1卷1册	题记：姚秦三藏法师鸠摩罗什奉诏译	刊行年代地点不详。对折方册本，半页8行，每行13字格式	
3	《阿弥陀经和训图会》，3卷3册	山田野亭著，松川半山画	日本天保十五年（1844）刊	卷末刊记：天保十五年甲辰正月新刻。板元、大阪心斋桥通安堂寺町秋田屋太右卫门
4	《三教平心论》，3卷3册	元代刘谧著	日本江户时代刊本，附训读点，刊年不详	卷下末页有"歙西环山刊生方志得"所作《三教平心论后跋序》
5	《冠注一咸味》，1册，内含《坐禅仪》、《十牛图》、《永嘉真觉大师证道歌》	木宫惠满编辑	日本明治十九年（1886）三月十九日出版	底页标记：明治十九年三月十九日出版版权御愿
6	《日本佛法穴搜评注》，一名《长寿养生论》	故松元鹿々著，宫崎辰麿评注	日本明治二十二年（1889）四月	封底标记：明治二十二年四月二十日印刷，同年同月二十二日出版。故松元鹿々著述，评注者兼发行者东京府平民宫崎辰麿

	著述	作者	成书·刊本	说明
7	《敦煌出土神会录》，1卷1册	唐神会著	石井光雄存唐宪宗元和八年（813）敦煌抄本影印本。石井光雄印，日本昭和七年（1932）12月	卷末标记：奉刊神会语录二百部。愿以复印件印施功，考妣二亲成正觉。昭和七年腊月考妣忌日。石井光雄敬志
8	《敦煌出土神会录解说》，1卷1册	铃木大拙著	日本昭和七年（1932）秋铅印本	卷末标记：题签の字は，西田几多郎君の笔に成る。其厚意を谢す。昭和七年秋，洛北也风流庵にて，铃木大拙记す
9	《寒山诗阐提记闻》，2卷2册	白隐慧鹤禅师著	日本宽保元年辛酉（1741）十一月自序。延享三年丙寅（1746）八月刻本	卷末刊记：延享三年丙寅八月，京师书林松柏堂，出云寺文治郎

总的来说，日本道观收藏的佛教类书籍不是很多，这其中有来自中国的，如《妙法莲华经》《三教平心论》《敦煌出土神会录》，有日本佛教学者或僧徒自著的，如《日本佛法穴搜评注》《长寿养生论》《冠注一咸味》《敦煌出土神会录解说》等，书籍大都年代久远，具有重要的文献价值，虽然收藏内容比较随机，这和日本道观本身是一个道教道场有关，但对这些书籍，日本道观非常珍视，保存很好，这种对待古代文献的敬畏态度和作风，是令人尊敬的。

二、白隐的《寒山诗阐提记闻》

在日本道观收藏的佛教著述中，白隐慧鹤禅师（1686—1768）著述的

《寒山诗阐提记闻》可以说是反映了道教思想与佛教思想的相互融入。①《寒山诗阐提记闻》是白隐关于唐代寒山子所作诗偈的阅读笔记，包含批注与评论。该书出版于日本延享年间，共3卷。今日本道观收藏仅两卷两册，为延享残缺本，但从古旧程度来说，非常有文物价值。

案《寒山诗阐提记闻》之"阐提"是佛教用语，意为无善根无信不得成佛的众生，白隐用来自我谦称。据传世的《寒山子诗集序》所示，寒山子是隐居于浙江天台山的修行者，与国清寺的拾得禅师、丰干禅师友善来往。"寒山诗是由北宋神宗熙宁五年（1072）五月来中国天台山巡礼参拜的日僧成寻从国清寺僧禹珪处得到《寒山子诗一帖》后，于翌年命其弟子赖缘等五人带回日本流传开来"②。寒山诗在日本有众多版本，大量的日本学者对其进行了校注、翻译和研究，可以说寒山对于日本来说是一个极其著名的外国人，他的诗和传奇式的个人形象也在日本产生了重要的影响，对日本的文学、美学、宗教都有波及。

在寒山的身上，既有着佛教修行者愿望出、世超越三界轮回的浓厚色彩，也有着道教修行者独居避世、自乐其志的鲜明特点。在《寒山诗阐提记闻》的卷头序言中，就被称为三隐的寒山子、拾得禅师、丰干禅师的隐居真意，白隐这样展开评论："三隐。评曰：谚有之曰：小隐隐于山，大隐隐于市。予熟思之，是肤浅皮薄之言，而非论之精密者也。呜呼。隐乎隐乎，是难得是难辨者隐也。夫隐也者，所以韬德晦光者也。纵被荷杖藜，负瓢携卷，枯立石上，鼻吟世间，内无道德可贵，外无才器可取。是徒衒隐欺诳流辈的痴奴。纵担锄握蕨，妄自称隐者于市于山，总是困寒饿夫。是可笑，何足称隐者。吾闻南方有真隐，非市非山。靠非相山，潜无声谷，入不朽林，结无住室。频走无所有市，常鬻不思议薪。大利如化含识，高唱无生薪歌。巢许不能俦，夷齐不见迹。依何如此。彼常不于三界现心意故

---

① 《寒山诗阐提记闻》，2卷2册，白隐慧鹤禅师著，日本宽保元年辛酉（1741）十一月自序。延享三年丙寅（1746）八月刻本。卷末刊记：延享三年丙寅八月，京师书林松柏堂，出云寺文治郎。
② 张石：《寒山与日本文化》，上海交通大学出版社2011年，第53页。

也。不起灭定,现诸威仪。其斯是云大隐矣。今寒公蓬头垢面,断衫破衣,是非佗寂灭定中威仪哉。将其人乎。将又非其人乎。"① 在白隐看来,寒山子"不于三界现心意"的出世品格,正是隐藏于"蓬头垢面,断衫破衣"的道士风貌之下的。又如,在《寒山诗阐提记闻》卷上,关于"庄子说送终,天地为棺椁。吾归此有时,唯须一番箔。死将喂青蝇,吊不劳白鹤。饿着首阳山,生廉死亦乐"一诗,白隐这样评说:"此诗见世间葬仪之烦闹,卒然赋乎,毕竟呵非,菩提数据策励者也。首阳即谓洁白廉耻胸宇也,毕竟谓自家本有家山乎。"

作为江户时代中期的临济宗高僧,白隐是临济宗京都妙心寺派高僧愚堂东寔的第四代法孙。愚堂东寔传至道无难,至道无难传道镜慧端,道镜慧端传白隐慧鹤。白隐出生在骏河国原宿(今静冈县沼津市)。元禄十三年(1700)在原宿松荫寺随单岭祖传和尚出家。元禄十六年(1703)阅读云栖祩宏《禅关策进》,得开心眼,开始精进禅修。宝永五年(1708)在越后国高田英岩寺(今新潟县)性彻和尚处,参"赵州无字"公案而开悟。随后而到信州饭山(今长野县),向道镜慧端继续求证,得到认可,最终嗣法于道镜慧端。享保元年(1716)回到故乡的松荫寺,此后主要驻锡于此,弘法于日本关东及中部地区,达40多年。宝历十三年(1763)兴建了三岛龙泽寺(今静冈县内)。明和五年(1768)于松荫寺示寂。

在布教活动上,白隐淡泊名利,远离都市,安住于乡村,以通俗说法、写作、禅画来教化普通庶民。其生平说法语录,门人收集有百多卷,著作

---

① 闾丘胤"寒山子诗集序"谓:"详夫寒山子者,不知何许人也,自古老见之,皆谓贫人风狂之士。隐居天台唐兴县西七十里,号为寒岩,每于兹地,时还国清寺。寺有拾得,知食堂,寻常收贮余残菜滓于竹筒内。寒山若来,即负而去。或长廊徐行,叫唤快活,独言独笑。时僧遂捉骂打趂,乃驻立抚掌,呵呵大笑,良久而去。且状如贫子,形貌枯悴,一言一气,理合其意,沉而思之,隐况道情。凡所启言,洞该玄默。乃桦皮为冠,布裘破弊,木屐履地。是故至人遁迹,同类化物。或长廊唱咏,唯言咄哉咄哉,三界轮回。或于村墅,与牧牛子而歌笑。或逆或顺,自乐其性,非哲者安可识之矣。"《寒山子诗集》,附丰干拾得诗,唐代闾丘胤编。清代乾隆皇帝存底本,浙江天台山国清寺影印,2012年10月。

有《槐安国语》《远罗手釜》《夜般闲话》《坐禅和赞》以及自传《壁生草》等。[1] 而白隐创作的大量禅画，流传至今，因其独特的意境，近年来备受瞩目。[2]

在禅修实践上，白隐非常强调悟后起修的重要性，自称生平开悟 36 次。白隐重视禅宗公案，对前人的公案加以整理，使之更加洗练、更加体系化。尤其强调"赵州无字"与"只手音声"两则公案，规定修行者必须参究。而他所作的《坐禅和赞》至今为日本禅宗僧人所喜爱，脍炙人口。[3]

白隐培育了众多弟子，其中如东岭圆慈、峨山慈棹等，个个才智出众。继承白隐法脉的禅僧，后来逐渐占据了日本临济宗内 14 个派别的席位，蔚然成为临济宗的主流，至于今日。因此，白隐被尊为日本临济宗中兴之祖，而他开出的法脉，被称为临济宗白隐派。另外，在白隐的生平事迹中，值得注意的一点是，据白隐自传，宝永七年（1710），在京都北部的白河山中，他从道教修行者白幽仙人那里学习了内观法，治好了困扰多年的身心病苦。这个道教仙人的内观法，极大地帮助了白隐此后的修行与开悟。[4] 白隐禅师

---

[1] 关于以上问题，参看《白隐和尚全集》（全 8 卷），京都龙吟社，1935 年。芳泽胜弘译注《白隐禅师法语全集》（全 14 卷＋别册《总索引》），京都禅文化研究所，2003 年。

[2] 近年来，相关研究成果有：第一，《白隐禅师生诞 320 年—白隐禅与书画》，京都文化博物馆展览会图录，2004 年。第二，芳泽胜弘《白隐—禅画的世界》，中公新书，2005 年。第三，芳泽胜弘《白隐禅师的不思议世界》，ウェッジ选书，2008 年。第四，《白隐禅画墨迹》，京都花园大学国际禅学研究所编，京都二玄社 2008 年。

[3] 第一，常盘义伸译《白隐》，中央公论社，1988 年。第二，镰田茂雄译著《白隐　夜船闲话·远罗天釜·薮柑子》，讲谈社，1994 年。第三，上村贞嘉《白隐禅师物语》，淡交社 2009 年。

[4] 《序章：白隠という人》：美浓の灵松院にいた时、ある人がその症状を见て、京都の白河山中に白幽仙人という方が居られるが、その方ならば治疗法を教えてくれるであろう、と教えてくれた。かくして、白隠は京都に向かい、白河山中で白幽仙人から内观の法を授かる。それ以后は、坐禅と内观とをあわせ修める日々を送ることになる。白幽仙人に逢って内观の法を授かる経纬を书き表したものが、《夜船闲话》"である。白隠の著作でもっともよく知られたものであり、すでに江戸时代からよく読まれていた书で、后世の良宽和尚も爱読した。白幽仙人との邂逅は年谱のみならず、禅师が自ら书いた自伝にはかならず出てくる话である。芳泽胜弘《白隐—禅画の世界》，第 10 页，中公新书，2005 年 5 月。

与白幽仙人这个交往，在考察道教流传日本的历史状况上，是很值得探究的一个事例。

第三节　日本道观的汉诗文收藏

汉字和汉诗文从中国传入日本，应该是从公元前 3 世纪的秦朝就开始了。据记载，那时的方士徐福率领众人东渡到达日本，安居乐业，传入大陆文化，开创崭新社会。[①] 隋唐时代，伴随着遣隋使、遣唐使的往来，大量的日本留学生来到中国学习，使得汉字和汉诗文普遍流入日本社会，并促成日本文字亦即汉字、由汉字衍生的平假名与片假名这三者合一的文字系统确立。由于日本学者从一开始就接受了汉字作为文字来使用，读写大陆传来的汉诗文，因此，他们自身创作汉诗文，成为了很自然的事。这样的传统一直保持到了现在。

一、日本道观收藏的汉诗文著作

日本道观收藏的汉诗文著作代表性的有 8 种，涉及的中国朝代有西周、东周、唐代、宋代、明代、清代，正好反映了中国历代汉诗文在日本流传的大致脉络。这其中有原出于中国的汉诗文典籍，也有汉诗文典籍传到日本

---

① 1. 司马迁《史记》卷一百一十八《淮南衡山列传》："又使徐福入海求神异物，还为伪辞曰：臣见海中大神，言曰：汝西皇之使邪？臣答曰：然。汝何求？曰：愿请延年益寿药。神曰：汝秦王之礼薄，得观而不得取。即从臣东南至蓬莱山，见芝成宫阙，有使者铜色而龙形，光上照天。于是臣再拜问曰：宜何资以献？海神曰：以令名男子若振女与百工之事，即得之矣。秦皇帝大说，遣振男女三千人，资之五谷种种百工而行。徐福得平原广泽，止王不来。"2. 鸟居贞仪·徐福友好塾"徐福さん传承地に见る徐福像と徐福传说"、ネスト企画，2005 年 12 月。

后，日本人对其进行新的注疏后的著作。

日本道观收藏的汉诗文注疏一览表（共八种）

	著述	作者	成书·刊本	说明
1	《毛诗考》，26卷10册	龟井昭阳著	抄本，线状折本	年代不明
2	《楚辞》，8卷	战国屈原著，冈田正之解题。	汉文大系第廿二卷	东京富山房出版，日本大正三年十一月
3	《唐诗选国字解》，7卷4册	明朝李攀龙编选，日本服部南郭辨注	江户书肆嵩山房梓行，日本宽政三年（1791）4月嵩山房小林高英作"唐诗选国字解序"	服部南郭（1683—1759），江户时代中期儒者、汉诗人、画家。号南郭、芙蕖馆。又名服元乔、服南郭、服子迁
4	《唐诗选画本》，1卷1册	高田圆乘画作	江户书肆嵩山房，日本宽政三年（1791）五月	底页刊记：宽政三年（1791）辛亥五月雕工杉田金助。江都日本桥书肆嵩山房小林新兵卫藏
5	《唐诗选画本续编》，1卷1册	高田圆乘画作	江户书肆嵩山房，日本宽政五年（1793）正月	底页刊记：宽政五年癸丑正月发行。东都书林，日本桥通二丁目，小林新兵卫藏
6	《近思录》，14卷有	南宋朱熹吕东莱编辑，井上哲次郎解题	汉文大系第廿二卷所收	东京富山房出版，日本大正三年十一月
7	《文章轨范补注》，7卷	南宋谢枋得原编，源元备补注	汉文大系第十八卷所收	东京富山房出版，日本大正三年三月
8	《古诗赏析》，22卷	清朝张玉穀选解，冈田正之序说	汉文大系第十八卷所收	东京富山房出版，日本大正三年三月

以上著作中，《毛诗考》的作者龟井昭阳（1773—1836），名昱，字元凤，是江户时代后期古文辞学系的儒学者。福冈藩儒医龟井南冥的长男，出

生于筑前国唐人町。著述《周易僭考》《毛诗考》《论语语由述志》等，门下弟子中有广濑淡窗、广濑旭庄等。

龟井昭阳的这本《毛诗考》是对宽正时期"异学禁令"的一个反动，该书与当时其他《诗经》学著作一起，从不同的角度批判朱子学的不足，是当时日本国内汉儒学者的学术表达，也是日本江户时代诗经学的代表作之一。

龟井昭阳的《毛诗考》在中国国内有少量传世，同样为 10 册，26 卷。

《楚辞》《近思录》《文章轨范补注》《古诗赏析》都属于东京富山房出版的汉文大系之一部分，属于利用近现代印刷技术印刷的书籍。字体清晰，保存完好。这几本书原作者均为中国古代著名学者，在日本重新出版后，在内容上，基本保持了在中国的原貌，但是大都增加了日本人做的注解，以方便日本学者学习。

《唐诗选国字解》《唐诗选画本》《唐诗选画本续编》则为年代比较久远的雕版书籍。原作者也是中国人，但书籍传入日本后，为方便日本人学习，对其进行了选读、选画。

整体来说，日本道观对汉诗文原典的收藏不是特别丰富，收藏书籍也具有一定的随机性，但他们对这些书籍的珍视程度却一点不亚于其他典籍，反映了日本道观对不同文化的尊重和包容。

二、日本道观收藏的日本文人汉诗文著作

汉文诗歌著作在日本的流传和影响很大，日本传统文人都学习汉诗文，同时也模仿汉诗文写作，这就在日本造就了一批研究和书写汉诗文的学者。日本道观收藏的汉诗文文献中，除了中国人原作的、或者中国人原作，日本人注疏、解读的外，还有一些是日本人用汉字书写，以汉语的习惯、思维模式、审美模式结合日本文化自身的特点新创作的作品。

（一）日本文人的汉诗文著作概况

在日本道观收藏的日本文人所作汉诗文中，以下 6 种令人瞩目。

日本道观所收日本文人汉诗文著作六种一览表

	著述	作者	成书·刊本	说明
1	《镇西彦山缘起》，1 卷	觉定重抄	卷末题记：此缘起者本山之秘本也。写之毕，可秘不可在他见者	日本正德元年（1710）本主觉定（画押）。正德元年。福冈县英彦山日本道观存
2	《彦山胜景诗集》，七卷八册	藤原韶光、小笠原忠雄等撰，相有编	日本正德四年甲午（1714）刻本，京都奎文馆藏板	卷头标记：正德甲午新刻，奎文馆藏板。福冈县英彦山日本道观存。第七卷"补遗附录"欠遗。日本国会图书馆存有全本，为七卷三册
3	《游灵洞观记》，1 卷	法云明洞著	墨迹，日本元禄三年（1690）作	卷首题目：游灵洞观记，洞法云书。卷末款记：岢元禄三年九月初五日
4	《良宽道人遗稿》，1 卷 1 册	良宽禅师著	江户时代刊本，日本庆应三年（1867）三月秋丛庵主寒华子序	扉页《良宽道人遗稿叙》款记："庆应三年龙集丁卯春三月廿三日，秋丛庵主寒华子敬题，小栖思顺书"
5	《佛山堂诗抄》，3 卷 3 册	村上刚大有著	日本嘉永五年（1852）九月刊	各卷内题：丰前村上刚大有著，门人友石邻子德校。卷末刊记：嘉永五年壬子秋九月刻成
6	《东湖遗喭》，1 卷 1 册	作者名彪，其余不详	江户时代刊本	方册本，1 页 8 行，1 行 20 字。卷末标记：濯缨舍

以上著作中，《镇西彦山缘起》是散文，记载作为宗教文化名山的英彦

山的历史变迁，叙述了神道教、佛教、修验道在这里展开的互相交融的发展过程。其开篇写道："夫大日本丰秋津洲也者。二神适生之州，八鸟先导之国。而无方之佛陀处处垂迹，妙扬神明在在降灵。犹水之在地中，无所往而不在也。此彦山者，在于丰前州田川军，而镇于筑石洲。"①

《良宽道人遗稿》是江户时代良宽禅师（1758—1831）的汉诗集，是在良宽往生三十多年后的庆应三年（1867），由珠山老人搜寻其遗稿编辑而成的。卷首有珠山老人所撰"良宽道人略传"，其中写道："师讳良宽，号大愚。北越出云崎橘氏子……天保辛卯岁正月六日，示寂其舍。寿七十有八。阇维得舍利无数。葬邑之隆宗寺。余尝得其遗稿，后访国上五合庵故址，咨询山下古老，又屡就其参徒贞心尼者，详师履践风彩，盖三隐布袋之流也。而至其实诣深造之地，虽平居亲炙者不能测度矣。抑与彼空诗浮丈，贪利鬻名者，岂得同升而论之也哉。庆应三年丁卯春三月。上毛珠山老人云谨撰。碧山星嶂书。"

在珠山老人看来，良宽是继承了中国佛教史上的三隐，亦即唐代的寒山子、拾得禅师、丰干禅师以及布袋和尚亦即五代时期的契此和尚的流风的。这些人物都具有鲜明的道教色彩，逍遥世外，不为物役，高标自由生命，融入无尽法界，而又影响后世深远绵长。

良宽禅师出生于江户时代后期的越后国出云崎（现新潟县三岛郡出云崎町），俗名山本荣藏，18 岁时出家为僧，刻苦修行、清贫自处、隐居一生。良宽是曹洞宗的僧侣，也是歌人、汉诗人、书家，其人格思想在日本社会影响深远，至今魅力不减。

以下引用《良宽道人遗稿》中的三首诗偈，由此可以想见其隐士风范。

布 袋

十字街头一布袋，放去拈来凡几年。

无限风流无人买，归去来兮兜率天。

---

① 觉定重抄：《镇西彦山缘起》，正德元年（1710），福冈县英彦山日本道观存。

五合庵

索索五合庵，实如悬磬然。

户外杉千株，壁上偈数篇。

釜中时有尘，甑里更无烟。

唯有东村叟，频叩月下门。

杂诗

回首七十有余年，

人间是非饱看破。

往来迹幽深夜雪，

一炷线香古物下。

《佛山堂诗抄》是江户晚期丰前州儒士村上刚的诗集，刊刻于日本嘉永五年（1852）九月。当时村上刚还在世，诗集中附有当时文人的简洁评论。根据诗集内容，可知村上刚是一位品格高洁的隐士。例如，在《佛山堂诗抄》卷上有村上刚寓意自况的一诗《鲤鱼图》："不化为龙何足嗟，江湖毕竟是吾家。驱雷行雨徒辛苦，宁若晴潭吹落花。"关于此诗，草场佩川评论说"知命之言"。池内陶所评论说"此夫子自道也"。

在《佛山堂诗抄》卷上又有一诗《登彦山》："法螺吹起一声长，道士导我攀羊肠。上宫俨在最高顶，危栏纵眸睨八方。是山是水都不辨，四国九州岛青茫茫。斯时神气自轩举，欲把我诗问彼苍。高声唱出两三句，惊杀天狗天际翔。万壑松杉忽震动，怪风卷雨奔云忙。须臾雨晴云亦散，秋爽三千八百房。"从诗中对英彦山自然奇观的描写表现中，可看出村上刚对修行道士们的赞赏。

《东湖遗唉》是诗歌集，其作者名彪，生卒等情况不详，可能是江户时代的人物。根据内容，可以推定作者是个具有浓烈尊皇忠君思想的儒士，同时排斥佛教。其人品格高洁，对中国元代的文天祥极其崇敬。在动乱的社会时局中，作者遭受牢狱灾难，却能效法文天祥善养正气，超越常人难忍的辛楚

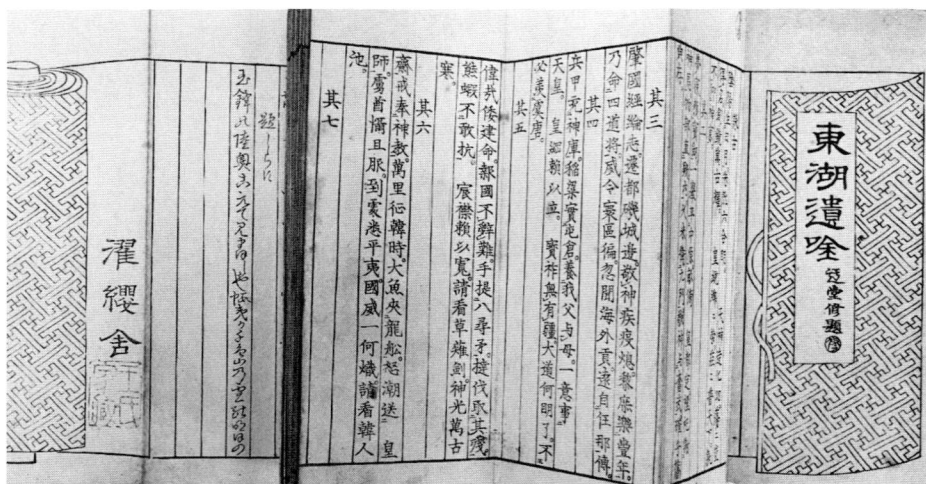

图 8—1　日本道观收藏《东湖遗啽》书影

艰苦。例如，在《和文天祥正气歌》中，作者自叙说："彪年八九岁，受文天祥正气歌于先君子。先君子每诵之，引杯击节，慷慨奋发，谈说正气之所以塞乎天地，必推本之于忠孝大节然后止。距今三十余年。凡古诗杂文，少时所诵，十忘七八，至于天祥歌，则历历暗记，不遗一字。而先君子言容宛然犹在心目。彪性善病，去岁从公驾而来也。方患感冒，力疾上途。及公获罪。彪亦就禁锢。风窗雨室，湿邪交侵，菲衣饮食，饥寒并至。其辛楚艰苦，常人所难堪。而宿疴顿愈，体气颇佳。睥睨宇宙，叼与古人相期者。盖资于天祥歌为多。"

作者又有以下诸诗，都反映其儒士品格。

读文天祥正气歌

赵氏衣冠沦海波，崖山遗恨何时磨。

纲常与胡氛不灭，发作一篇正气歌。

偶作

排佛自嘲身似佛，寝无妻妾食无鱼。

平生执念依然在，屏迹犹翻韩愈书。

失题

环海千万国，吞噬互作君。
谁图尧舜域，忽为犬羊群。
警戒须及时，天未丧斯文。
苟使正气奋，匹夫敌万军。

其二

空门三宝教，久为斯民忧。
腐儒六经说，非复轲与邱。
道义苟湮晦，何以护皇州。
永怀不可寐，冬夜独悠悠。

其三

顾瞻又伫立，伤心匪风飘。
大道无人问，皇风何寥寥。
金革库中朽，鲸鲵海外骄。
宁知壮士气，夜夜摩九霄。

其四

瘦梅凌积雪，孤松傲严冬。
男儿尚气节，讵作桃李容。
怀抱三千载，忧愤几万重。
又引杯中物，淋漓浇心胸。

（二）《彦山胜景诗集》

日本九州岛英彦山位于福冈县与大分县交界处，是筑紫山地的最高峰

（1199 米），自古以来是山岳信仰的圣地。据载，英彦山古名日子山，弘仁十年（819），嵯峨天皇赐名彦山；享保十四年（1729），灵元上皇赐名英彦山。这是一座融合了中国神仙传说与日本神仙信仰，融合了佛教与道教、修验道与神道的综合性道场，展开着佛教信仰、权现信仰、修验道信仰的多侧面传承。①

在南北朝时期的 1333 年（北朝元弘三年，南朝正庆二年），后伏见天皇的第六皇子长助法亲王被迎接为彦山座主，法名助有，统领一山宗教。到了江户时代，彦山的第三代座主是僧正亮有（1629—1674），第四代座主是僧正广有（1652—1679），他是亮有的长男。第五代座主是僧正相有（1654—1714），他是亮有的二男。②

相有座主德才兼备，重视文教，为了宣传彦山的佳景与神圣，他选择彦山二十景，广泛邀请朝廷官员、幕府大名、各宗僧人、当时儒士等各界人士题诗纪胜，并在正德四年（1714）汇编刻成《彦山胜景诗集》。③

彦山 20 景包括近景 12 个，即牛玉灵庙、中宫呦鹿、圆通瀑布、讲堂明月、挂笈红梅、花月坐石、雪舟假山、报恩晚钟、云母晴岚、断桥杜鹃、竹台洞天、含玉神泉；远景八个，即长谷红叶、佐贺城楼、芦屋平沙、筑阳大溪、苏山烟雾、汤岳积雪、防海风帆、双峰夕照。

阅读《彦山胜景诗集》，从参与作者和诗作内容看，可以发现这是反映

---

① 1.长野觉《英彦山修道と道教の接点》。《第一回国际タオイズム文化交流シンポジウム论文集》15 页，日本タオイズム协会英彦山研修所，2015 年 6 月。2.长野觉「日本の灵山に不老长生を求めた民众」。《第二回国际タオイズム文化交流シンポジウム论文集》15 页，日本タオイズム协会英彦山研修所，2015 年 7 月。3.《彦山流记》、日本建保元年（1213）前后，著者不详，英彦山神宫文书。4.《镇西彦山缘起》，1 卷，日本正德元年（1710）觉定重抄。福冈县英彦山日本道观存。卷末题记：此缘起者本山之秘本也。写之毕，可秘不可在他见者。本主觉定（画押），正德元年。
② 1.长野觉《英彦山修验道の历史地理学的研究》，名著出版 1987 年。2.广渡正利《英彦山信仰史の研究》，长崎文献出版社，1994 年。
③ 《彦山胜景诗集》，七卷八册。藤原韶光、小笠原忠雄等撰，相有编。日本正德四年甲午（1714）刻本，京都奎文馆藏。卷头标记：正德甲午新刻，奎文馆藏。

了儒、道、佛三教交融的珍贵文献。这个特点表现在以下几个方面。

其一，《彦山胜景诗集》的编者相有座主既是佛教僧人，同时又尊崇神道，具有道教思想。例如，他在《彦山胜景诗集后序》中说明胜景诗作征集缘起，并表达对彦山三神的崇拜时，写道："称名山灵区者几多矣。然有福地有寒地，亦有幸有不幸。盖歌人骚客登临游历，而有诗什歌咏脍炙人口，则神威益曜山声愈振。此所谓福地而幸者也。夫我敝山者，跨于二丰筑三州，峙于海西偏僻。距帝京二千里，隔城邑一百里。险路逶迤，巉岩崎岖，故歌人骚客登临者稀矣。此所谓寒地而不幸者也。然崇神帝时，三神降临，于今已垂二千余岁。扶桑镇护之灵区也。其名胜佳区，更仆而不可尽也。山有十二景及八景，不知何人所选。谅如荆山之璞，晦于石中，丰城之剑，晦于地中。难哉得时。予羡他之福地而幸者，索诗什歌咏，此所谓临渊羡鱼，退而结网之计也。于此订正旧题，乞一时名贤之诗歌。上自亲王公卿，下至士庶人，积以为数卷。嗟乎。自非一篑为山，一滴为海之勋绩，奚以成焉。但欲使天下之人知海西偏僻有灵神、有胜景而已。岂非一时之风雅，万世之珍玩乎。正德三岁次癸巳秋九月四日，前大僧正相有书于彦麓就正堂。"[1]　又如，他所作《牛玉灵庙》："示现水晶石，国民见祯祥。峥嵘登宝阁，萧索入云廊。灵瑞由诚直，严威最开张。大哉我神德，万古仰和光。"表达了对诚直严威的彦山神灵的崇拜。又如，他所作的《竹台洞天》："竹台元不俗，不俗故存神。丰崛千年树，洞天万古春。共祈兵术士，更仰统军人。含蓄智仁勇，仙灵自利民。"既表达对儒家智仁勇思想的尊重，也表达对利益人民的仙灵的崇拜。

其二，为《彦山胜景诗集》作序的，有当时代表性的儒家学者。例如，林凤冈（1645—1732）是当时著名的儒学者，德川幕府信赖的儒官。他应相有座主恳请，作《彦山景境诗序》，概述彦山历史文化，写道："彦山者，西州之镇也。传称崇神天皇御宇，水精石上，放瑞光，示灵威，是以尊崇

---

[1]　《彦山胜景诗集》卷七，福冈县英彦山日本道观存。第七卷《补遗附录》欠遗，今依日本国会图书馆所存七卷三册本补入。

三社。其后魏善正上人开基址，造法窟。至役行者，修入峰修行之法。尝闻修验之道，窈窈冥冥，昏昏默默，蠲去邪累，澡雪心神。乘云气，御飞龙，其术所传尚矣。延历年中，澄上人飞锡彦山以来，兼台教学显法。嵯峨天皇赐神领，加敬畏，以为敕愿所。武家亦然。后伏见帝第六皇子助有薙髪入山，而称座主，为妻带系胤连绵。僧房三千，社领若干，为暴吏被掠，为兵革所损。庆长年中，东照神君定条目。元禄年中，今大君赐印章，而渐复旧规。细川家、锅岛家、黑田家、小笠原氏，世世眷遇不谕，寄附寺领也。严王院僧正相有东来之日，与余修方外之交，粗闻彦山灵踪之初，顷间拟定彦山景境之诗为一册，请序于余。山之灵，世所知也。事之异，人所说也。奇奇怪怪，可骇可愕之理，自古史籍每每书之。见之者以为未必然，而亦未必不然也。子不语怪，特不语怪耳，岂遂无怪哉？因以书焉。宝永五年戊子五月上旬，国子祭酒宪宇林戆直民识。"[1] 在文中，林凤冈虽不离"子不语怪"的儒家立场，却也表达了对宣扬"山之灵事之异"的修验道的同情及默认态度。

又如，当时另一儒学者北可昌也应请作"彦山胜景诗集序"，说明诗集缘起，点评三教思想，他写道："赤壁断岸也，苏子再赋而光生江山。岘首瘴岭也，羊公一登而名垂千岁。非山以贤称，境缘人胜乎。和靖处士也，隐居西湖，而誉满宇宙。种放仙隐也，卜居南山，而名驰海内。非人以山显，誉倚境盛乎。盖山壑之好，古今不乏其人。有依岩筑室者，有恒欲就之者。有旬日忘归者，有图之于室者。典籍所载，不暇枚举矣。丰之前州彦山，雄深盘礴，天下之奇秀。实所谓天地发育万物挚成于西，故名山大川多西者欤。然自古图谱未尝遍行，希咏吟登赋者，其地僻远，而不直驿路故也。所以虽实盛而弗名也。山之座主，前大僧正相有，自幼好学，最嗜诗歌。故乞一时操觚藻缋之徒，使赋咏山胜。上而缙绅侯伯，下而儒释隐逸，无所遗逸漏脱者。辑集以为数卷，名彦山胜景诗集。斯山之高秀，峦峰之雄拔，草木之期妍，仙踪灵迹之奇异，初待歌人骚客之题咏，然后

---

① [日] 藤原韶光、小笠原忠雄等撰，相有编：《彦山胜景诗集》，京都奎文馆藏版 1715 年。

当能昭赫宇宙，万世不朽者也。盖神仙释氏，有白日飞升长生久视，及历亿万劫而不坏灭之说。先儒多论不皆合于理。然是岂以为庄语实事哉？亦是寓旨而已矣。若夫明聪达德之人，忠孝伟节之士，其人虽没，英声义烈，万世不磨，口碑永传者，乃所谓长生不死历劫不灭者欤。然则此数卷方册，与彦之山岳同传万斯年而不漫灭，则乃为神仙不死之徒耶。其非耶。正德初元，北可昌谨撰。"① 在文中，北村可昌认为，具有明聪、达德、忠孝、伟节的儒家品格的人士，虽身亡而其英烈声名永传万世，这相当于神仙道教所谓的长生不死，释氏佛教所谓的历劫不灭。在北村可昌看来，作为无情山岳的彦山之所以能够声名传播万斯年而不漫灭，正是因为儒、道、佛三教思想在这里浸染熏陶的结果。

其三，众多的儒士参与《彦山胜景诗集》的写作。根据《彦山胜景诗集》卷一、卷二、卷三、卷四所载，参与《彦山胜景诗集》写作的儒士共有 82 人，其中，长崎的唐通事 22 人还不包括在内。从诗作中可以看出，这些儒士多数饱读儒家诗书、思想丰富、品格高洁。例如，儒士松下如清的诗作，用典充实、清雅脱俗，今引如下。

十二景并叙　松下如清 ②

彦山之灵胜佳境，其尤者远近二十区，走属者阅俏笔之所记，而恍乎向来之所历矣。只恨游旧草草，不悉其胜概。虽欲重寻，迟暮渴无日。因每胜漫系一诗以续先曾之不具。若有传者幸入烟霞，则或几使吟魂再游乎，奚敢辞为诤痴符耶。

牛玉灵庙

踏破云岚气一豪，万层岩礘孰辞劳。

---

① [日] 藤原韶光、小笠原忠雄等撰，相有编：《彦山胜景诗集》，京都奎文馆藏版 1715 年，卷首。

② [日] 藤原韶光、小笠原忠雄等撰，相有编：《彦山胜景诗集》卷三，京都奎文馆藏版 1715 年。

脚跟下瞰众山顶，今日更知神德高。

中宫呦鹿

苔厚地灵无点尘，崇松巨柏好成邻。

和光忽识记禽兽，麌麌夜鸣蹄迹频。

圆通瀑布

五丁神将挽江水，泻下苍崖石壁间。

白沫纷纷花满目，即今礼得洛伽山。

袁中郎语，五丁神将枕钱塘江水云云。

讲堂明月

云幢双立百围树，螺髻高昂万仞岑。

好是面轮讲堂月，一霄照破垢缠心。

挂笈红梅

梵钟阁下雨肥梅，芳脸含霞顿逊杯。

莫怪山僧挂经笈，应知持咒护花来。

唐殷文圭诗"顿逊杯前共好春"注：《南州异物志》云，顿逊国有酒似安石榴，取花汁停瓮中，数日乃成酒。

花月坐石

青衿曾被魔钩引，历块过都瞬息间。

万口碑残花月曲，任他顽石藓纹斑。

魔钩出《华严经》《汉书·王褒传》：驾啮䣅骖乘，且过都越国，蹶如历块。

雪舟假山

苇航尝问四明禅，舐笔宸闱水墨仙。

料识僧房嫌疥壁，覆将一簣画庭前。

《本朝画史》云：舟入明奉敕画礼部院之壁，僧元览住荆州陟屺寺，张操画石松于斋壁，览悉加垩焉。人问其故，览曰：无事疥吾壁。

报恩晚钟

梵吟梵呗藤萝里，云去云来紫翠堆。

山上昏钟千界响，人间醉梦一时回。

云母晴岚

老涯倍厌世纠缠，每蹈青岚喜欲颠。

云母阪头忆彭祖，飘然进步傲顽仙。

彭祖庙在云母山，云彭祖所采服也。

断桥杜鹃

脱洒埃氛度翠微，断桥晚色雨霏霏。

催归一叫杉云里，不是游人似湿衣。

竹台洞天

老鸦古桧晚沉沉，中有鬼雄栖涧阴。

此境曾遭导僧吝，山溪漫发欲重寻。

远境八景
长谷红叶

清霜昏晓染初成，迎目新丹最有情。

万朵珊瑚研露丽，千端绮绣带霞明。

裹山恍忆钱王宴，乘画误夸翁子荣。

景色凄凉胜春事，莫言花重锦官城。

骆清旷诗：丹枫十里研朝露。吴越王钱镠宴故老也，山林皆蒙以锦绣。东坡诗：尽将锦绣裹山川。又越俗徒夸翁子贤。买臣字翁子。

佐贺城楼

峰顶澄时背日暹，放眸千里竞浓纤。

跳峦众皱晴如画，长水浮纹远似缣。

侯国区区分畛域，人烟处处报间阎。

奇哉海裔逼西竺，乾闼婆城在指尖。

芦屋平沙

樵水渔山百自由，览躔十步九回头。

北溟极目化鲲浪，中国遗踪维鹄洲。

松拥应神千古庙，风鏖阿剌万艘舟。

长吟欲悉写将去，浩渺云沙怯语逎。

宋景濂《竹溪逸民传》：渔于山樵于水。《武备志》：花旭塔津为中津。中国海商无不聚此地。有松林方长十里。松土名法哥煞机，乃厢先也。有一街名大唐街。《五杂俎》云：日本倔强不臣，阿剌罕等率师十万往征，得返者三人耳。山谷诗：西风鏖残暑。后山诗：疏雨微云怯语逎。注：逎，尽也。

筑阳大溪

抱邨绕郭碧晖晖，一道巨川雄九围。

津逆潮声通海舶，湍成雷怒动坤机。

入秋赏得乡鲈美，积潦增来水虎威。

闻说彦峰乘夜望，渔缸点点有星飞。

晋鲍昭登大雷岸与妹书云：有江鹅海鸭鱼鲛水虎云云。我筑后川有俗称河太郎者，本草所谓水虎略相肖，仍及于此。

苏山烟雾

遥对火山思素闻，怀灵抱异气氤氲。

将军布浣三池浪，仙媛带横中岭云。

湫里神龙应炼玉，雾间玄豹或焚文。

升烟一朵长空外，只看香炉晓势分。

《文选》鲍照苦热行：火山赫南威。注：东方朔神异经曰南荒外有火山，昼夜火燃。东坡温泉诗：疑浣将军布。注：梁翼衣布有垢则浣之于火。《庐山记》：将雨中岭有白云，曰山带。

汤岳积雪

白嶒峻势屹凭虚，盎画神工描不如。

一一媚生遥瞩里，层层磨出霁华初。

练笼高髻姿将动，粉抹屏颜艳有余。

孤洁年年谁友善，云霄唯得老蟾蜍。

汉马廖上疏：城中好高髻，四方高一尺。

防海风帆

彦岳一登临海门，沧溟万里抹乾坤。

云低屿岬鳌晴暝，风蹴浪华鲸鬣掀。

寿永年中犹在眼，零丁洋里几销魂。

杳然带霭孤帆影，恰似营丘破墨痕。

宋亡后，宋相文天祥过零丁洋诗云：零丁洋里叹零丁。注：零丁犹言零落也。出通鉴元纪。李营丘善水墨画。放翁雨晴诗：卷藏破墨营丘笔，排得将军着色山。

双峰夕照

半天一岫势呀然，新霁翻空景转鲜。

马耳射风犹卓朔，犬牙敛雾更连娟。

归鸟入处溅蓝淀，残日映时凝紫烟。

游人难得鲁阳辈，暂憩岩阿待月还。

清一生呰窳，不胜世故，五十有四而致仕，今年已迫六十五岁。以夙归佛乘，就律师受五戒十禁等之戒，持月六之斋。退休已来，断酒肉淫，受具梵纲之轻戒，舍心西境，日课阿弥三万口，不省家事，不漫与人交，寥然竢临化之日。然而余习于吟事，每兴来未能忘情。今此作也，便尔矣。即欲结缘于名岳，若以绍介之助污山英之一粲，何等幸加之耶。

根据松下如清的这段跋语，可知他在壮年时，以儒家思想为指导，应该是刚直不阿，不随世故，到了晚年致仕退休之后，虔诚皈依佛教，奋力修行求生阿弥陀佛极乐世界的净土法门。

其四，有的儒士在题诗写作中，明确表达了神佛两部习合归一之意，亦即神道思想与佛教思想的融合。如上文所印松下如清的诗作中，就频频出现道教意向，如彭祖、渔樵、仙姑等。可见其儒、释、道三教合流的思想主旨。

又如松下见林在"彦山二十景序"中写道："彦山者，在丰前国田川郡，《玉叶集》所谓彦高峰是也。跨于丰前、丰后、筑前三国之间，积翠重迭，三岳挺出云表，乃三神之所镇坐也。峰回路转，有十谷四十九洞。涌泉清池，激水推移，山之灵神之妙，实为九国二岛之所瞻依。昔役小角攀跻以来，修验者络绎朝诣社头，至诚祈国家。暮居兰若，一心观佛心。山中称三神，谓牛玉者。《涅盘经》曰：如来名大沙门，人中牛王，人中丈夫。据此，则牛王者佛也。以佛号加神，盖两部习合，说神佛归一之意。与登兹山以四望观物之情，岂有涯乎。山座主，余之方外交也。近见示二十景题。余不堪羡慕之心，与同侪竭鄙怀，绝句为体，咏其美景云尔。元禄九年十一月二十七日平安城松下见林序。"①

其五，多位佛教僧人参与《彦山胜景诗集》的创作，赋诗数量众多。考察《彦山胜景诗集》卷四、卷五、卷七可以发现，为彦山二十景题诗的佛教僧人共有三十八位，共赋诗 230 首。首先，黄檗宗僧人共有 18 人参与，赋诗 210 首，其中唐僧 8 人，赋诗 40 首；和僧 10 人，共赋诗 170 首。其次，为彦山二十景题诗的其他宗派的僧人共有 20 人，1 人各题诗 1 首，共 20 首。这 20 位僧人都是和僧，分别来自京都南禅寺、相国寺、建仁寺、天龙寺、东福寺。两相比较，可以明显地看出，黄檗宗僧人对九州岛的彦山怀着特别的关注和热情，因而为彦山二十景写下了数量众多的题诗。

黄檗宗指的是以隐元隆琦（1592—1673）为开祖的禅宗流派，是临济宗的一个分支，隐元禅师为临济宗第三十二代传人。1654 年 7 月 6 日，时任福建福清黄檗山万福禅寺住持的隐元禅师，率领僧俗徒众 30 多人，应请东渡到达长崎，住持兴福寺，开始了在日本的弘法。1661 年 5 月，得德川幕府支持，隐元禅师在京都宇治创建与福清祖庭同名的黄檗山万福禅寺。这个新寺创建，标志着黄檗宗在日本的成立。此后，以京都黄檗山万福禅寺为中心，黄檗宗逐渐发展壮大，成为日本禅宗的一大流派，极大地影响了江户时代的佛教与社会文化。九州岛是黄檗宗在日本的发祥地，对彦山这样的关注和热情，从黄檗宗僧人身上流露出来，应该是自然的。

---

① ［日］藤原韶光、小笠原忠雄等撰，相有编：《彦山胜景诗集》卷二，京都奎文馆藏版 1715 年。

在参与《彦山胜景诗集》创作的黄檗宗僧人中，法云明洞（1638—1706）是出身九州岛的日本僧人。他出生于丰前小仓藩（今福冈县北九州岛市小仓区），是藩士山路正次的第三子，法号（外名）法云，法名（内字）明洞。正保三年（1646）四月八日，在京都紫野龙宝山大德寺的塔头天瑞寺的随伦宗宜和尚座下出家。后来跟随隐元禅师法子，来自福建福清的即非如一禅师（1616—1671）参学，宽文五年（1665）五月，在小仓藩广寿山福聚禅寺嗣法于即非。宽文八年（1668）八月，即非隐退，法云受命继任，为福聚禅寺第二代住持。①

今引法云诗作如下，以观其思想指归。

彦山二十景诗并序　法云②

彦山在仓城南一百二十里，峰峦竞秀，林泉回环，有铜华表向西，是为当门。缘华表东行二里许，摄级而上，得高敞之地，中构讲堂，规模宏丽。左右僧坊，森列于重崖叠嶂间。堂之东南，有第二华表。过此复东行五六里，攀危蹑险，委蛇盘折而抵绝顶，有庙巍然耸出霄汉，榜曰：牛玉之庙。祠典肃如也。俯视则肥筑二丰周回山麓，远而眺之，江海山川一亘千里，历历在眼。其际千奇万胜，不可殚状。而今座主相有僧正择其尤者二十景，求之题咏。顾寡昧不足以发扬其美，但以观览有素，姑纪目之亲接与耳之所注，以塞其请云。

---

① 第一，高泉性潡著，《法云禅师语录》，5卷2册，日本延宝七年（1679）刊本。京都黄檗山万福禅寺文华殿存。卷末刊记："洛下奉佛弟子阿形但常敬刻广寿法云和尚语录，伏愿在出普沾法化，生生同结道缘者。岂延宝七年九月吉日谨识。京城元春寂栖敬书。"第二，法云明洞著，《法云禅师寿山续外集》，3卷3册，日本享保十二年（1727）木刻本。京都黄檗山万福寺文华殿存。卷末刊记："享保十二岁丁未孟秋吉祥日，皇都书林田原勘兵卫寿梓。富小路丑条上町。"第三，"法云明洞"《黄檗文化人名辞典》330页所揭。大槻干郎、加藤正俊、林雪光编著：《黄檗文化人名辞典》，京都思文阁1988年。

② ［日］藤原韶光、小笠原忠雄等撰，相有编：《彦山胜景诗集》卷五，京都奎文馆藏版1715年。

十二景

牛玉灵庙

三神宫现彦山巅，玉树万年凝翠烟。

鳌背乾坤长不老，昭然正气照皇天。

中宫呦鹿

宫在山程将半头，傍林屡听鹿呦呦。

烟霞不与人间宴，缥缈唯看羽客游。

圆通瀑布

眼闻千丈涛翻地，耳观广长舌震空。

一洗众生烦恼海，普教法界证圆通。

讲堂明月

放下灵山标月指，当轩吐露广寒乡。

莫言教我如何说，夜夜光明藏满堂。

挂笈红梅

一树红梅映瑞篱，彩霞染雪转新奇。

炼师挂笈从头看，宛似仙丹换骨时。

花月坐石

童子久传花月名，遗踪有石在林庭。

掷弓自警杀生戒，一语堪为千古铭。

雪舟假山

雪舟曾爱此幽间，来住山中筑假山。

龟石虬松经妙手，别排仙境在云间。

报恩晚钟

寺楼一百八声钟，正好资恩与启蒙。

时送夕阳沉远海，又呼明月上前峰。

云母晴岚

云母登登坂路悬，林光散绮亦披绵。

寻常惯见翠岚胜，卷入新晴一段鲜。

断桥杜鹃

自古和歌赏子规，雅音不比七条丝。

断桥何处惊骚客，天外一声云破时。

竹台洞天

孤台秀出白云端，竹树森森风物寒。

魔佛两头俱拶透，洞天高处八窗宽。

含玉神泉

岩窟精修十二年，一朝和玉迸灵泉。

紫烟无处掩光彩，为感神人结净缘。

八景

长谷红叶

秋深长谷兴偏丰，锦绮妆成烟树中。

眼界仍随夜霜转，朝朝辟得远林红。

佐贺城楼

地隔西南三两州，云擎佐贺一城楼。

只缘世代倾城重，为翰为屏护彦丘。

芦屋平沙

木末俯临芦屋湖，平沙杳杳接蓬壶。

天风剪破断云片，恰好裁成落雁图。

筑阳大溪

一溪流水横南北，两岸翠杨分筑肥。

应是渔翁时得意，片帆远逐夕阳归。

苏山烟雾

阿苏山上出重渊，郁勃风沙涌乱烟。

此去东南三百里，犹看翠霭点长天。

汤岳积雪

何年造化运神工，先向海西开士峰。

雪后山堂眼将眩，银盘托出玉芙蓉。

防海风帆

海上云从栏上卷，镜中天在坐中开。

极望凫雁惊潮处，忽有风帆破浪来。

双峰夕照

高羽开成双秀峰，大张叉口耸层穹。

谁知虞剑鲁戈外，箭筈驻辉残日红。

（三）法云明洞的《游灵洞观记》

在日本道观收藏的日本文人的汉诗文中，法云明洞的《游灵洞观记》记录了日本又一道观"灵洞观"的存在。

中国道教传入日本，应该是在公元前 3 世纪的秦朝就开始了。据记载，那时的方士徐福率领众人东渡到达日本，传入先进的大陆文化。[1] 在这其中，自然包含着道教。在思想文化上，在天皇信仰、神道思想，到修验道、医学、民众生活等方面，与同中国传入的佛教一样，道教也给日本文化带来重要的影响，留下深刻的轨迹。[2]

作为道教传播日本并影响其社会文化的一个象征，在历史上日本也曾出现过多个道观。例如，有京都的栖霞观（遗迹在今京都五台山清凉寺阿弥陀堂所在地），这是在平安时代（794—1192）由嵯峨天皇的皇子源融建立的。[3] 又如，有长崎的崇玄观（遗迹在今长崎丸尾神社附近），这是在江户时代，由大江宏隆于享保十一年（1726）建立的，其中供奉真武大帝。[4] 又如，现在的日本道观，这是 1980 年 12 月 1 日，在福岛县盘市泉町下川，由

---

① 第一，司马迁《史记》卷一百一十八《淮南衡山列传》："又使徐福入海求神异物，还为伪辞曰：臣见海中大神，言曰：汝西皇之使邪？臣答曰：然。汝何求？曰：愿请延年益寿药。神曰：汝秦王之礼薄，得观而不得取。即从臣东南至蓬莱山，见芝成宫阙，有使者铜色而龙形，光上照天。于是臣再拜问曰：宜何资以献？海神曰：以令名男子若振女与百工之事，即得之矣。秦皇帝大说，遣振男女三千人，资之五谷种种百工而行。徐福得平原广泽，止王不来。"第二，鸟居贞仪·徐福友好塾《徐福さん传承地に见る徐福像と徐福传说》、ネスト企画 2005 年。

② 第一，福永光司《道教と日本文化》，京都：人文书院，1982 年。第二，窪德忠《道教百话》，第 280 页《日本への伝来と影响》，东京：讲谈社 1989 年。

③ 第一，早岛妙听《源融がつくった栖霞观の历史—栖霞观は现在、清凉寺として亲しまれている》。《道 TAO》第 34 卷 3 号、21 页。日本道观发行，2014 年 4 月。第二，村田明久《栖霞观の研究》、《日本道观の文物から读み解くⅡ》第 42 页，日本タオイズム协会英彦山研修所 2016 年。

④ 第一，《先民传》卷上《学术·大江宏隆》："晚年自ら道观を田上に构え（镇正の南に在り），真武庙を建て修炼を以って事と为す。——镇台日下部博贞亲ら崇玄观的三字を书して以って赐う。后三年己酉に病卒し，时に年的六十一なり"，卢千里。《先民传》2 卷 2 册，东都书林庆元堂，日本文政二年（1819）五月刊刻。扉页题记：先民传。全二册。崎阳卢千里著，东都原念斋校，东都书林庆元堂梓，文政二己卯五月刻成。第二，原田博二《川原庆贺笔"長崎港眺望图"に描かれた崇玄观とその场所について》《道》第 34 卷 3 号第 11 页，日本道观发行，2014。第三，原田博二《崇玄观とその场所》、《第一回国际タオイズム文化交流シンポジウム论文集》第 15 页，日本タオイズム协会英彦山研修所 2015 年。

第一代道长早岛天来创立的。现今，日本道观是日本唯一的道家思想普及团体，是日本唯一的道教修学中心。

早岛天来道长在台湾嗣法于道教龙门派第十二代传人江家锦先生，是道教龙门派第十三代传人。他在日本坚持传播道家道教思想，经历了漫长而艰难的历程。日本道观自创立之后，积极开展活动，至 2010 年创立三十周年之际，以盘市总部为中心，从札幌到冲绳，已在日本全国各地设立了 11 个支部（道学院）。总部派出具有道教思想指导资格的工作人员常驻各个支部，为各年龄层的人们指导练气养生法，包括洗心术、气的导引术、道家动功术等，以帮助人们快乐健康地生活。

2013 年 7 月 25 日，日本道观在早岛妙瑞道长与早岛妙听道长的主持下，在福冈县朝仓郡东峰村创建了英彦山道场，并于此设立日本道教协会。日本道教协会由早岛妙听道长担任理事长，积极展开着道教研究和学术交流。

在江户时代，除了长崎崇玄观之外，遗迹在今福冈县早良郡胁山村附近，由福冈藩重臣立花重種建立的灵洞观，可以说是在日本存在的又一道观。法云明洞的《游灵洞观记》记录了它的存在。

上文提到，法云明洞出身于丰前小仓藩（今福冈县北九州岛市小仓区），嗣法于即非禅师，为黄檗宗开祖隐元禅师的法孙。宽文八年（1668）八月，担任小仓藩广寿山福聚禅寺第二代住持。

元禄三年（1690）八月，法云应立花重种邀请，游览了立花重种建立的冠名灵洞观的别墅，写下《游灵洞观记》。当时墨迹流传至今，现保存于日本道观内。

这份墨迹的内容可判读如下：

游灵洞观记
洞法云书

紫阳仙道在福城西南三十里，为立花重种居士之食邑。但不知何以名仙道。其阳六七里所，有飞泉曰化鸾之瀑。相传古有真人在此修道，一旦跨白鸾而去，故名。虽无志可考，而以真人遗迹，则仙道之名，亦似不偶然也。重种爱其地之幽邃，营别墅于中，曰灵洞观。

余耳仙道者旧矣，欲一览而不果。是岁庚午秋八月，适过宰府观世音寺，兼浴武藏之汤泉。重种特遣男增武请，偿其旧约。九月初，早发武藏，路经牛首，度山田，约可四十里。到笠木，沿涧西下五里余，抵仙道。古杉老柏，参差交荫，中开一路，平直而阔。增武相引，自南而东。转行百步许，筑射埘，乃知为骑射之场。埘之北，蹑级而上。重种出迎。西折而北，竹梢拥翠，柿叶翻红。且行且语，及登门，有堂数楹，是为灵洞观。当檐揭榜，乃西湖天闲道人所书。

观中胜景，堂上设榻，香几肃庄，叙谢礼毕，领午斋。茶罢而起，视壁间有洞观八咏之诗，详悉景趣幽雅可观也。堂后越阶度廊，达于寝室，取子舆氏养气之义，名养浩。盖取子舆氏善养吾浩然之气义也。室座隅书周邵程朱之格言，足见其志之所养焉。

室之东南，有阁曰清暑。灏气回合，爽人襟袖，闻筑主往往临此避暑也。阁之傍旁午，列庖湢，通连笕，以引泉脉，昏晓涓涓，铿若杂佩。堂左支屋为内门，家曹环坐，弩戟严如。堂之外，见群峦重迭，联绀攒绿，曰迭翠岭。其西南一峰，壁立千寻，悬木下注，直泻山麓，曰通天瀑。

李青莲所谓飞流直下三千尺疑是银河落九天者，非此也耶。内则堂除白砂明洁，树以梅桂樱桃，枫柟橘柚。北偏有泉，出自苍崖中，色如瑠璃，曰碧玉泉。泉溢成池，倒映霄汉，锦鳞红鬐，游泳其中。虽往昔濠上之乐，亦不过此。池上编竹为篱，结小扉斜通微径。临崖多怪石，苔髻藓毛，叱之可起者，曰白羊石。从石北上西折步，树杪幽禽颉颃，嘤嘤于后先。益进数十步，抵平坦处。老松夭矫，若游龙扬于云间者，曰万岁松。其上结亭曰清旷。不靳而净，不华而雅。入亭而坐，四顾廓落无际。

东控胁山，西亘饭森，前俯溪流，后拥洞壑。远岫献奇，近峰竞秀，如拱如卫，如屏如帏，如骏马之奔，如翔凤之翥。其下伏为阴阜，衍为阳坡，为平原，为沃壤。眺而审之，某山某丘，虽向之所见，而至此望之，而愈增胜矣。

既而夕阳在野，光射遥村，老牛将犊，寒鸦接翅，樵牧两三，如行如止。其间湿烟杳荡，隐映桑柘，凝浮水色，蒸曳练素。问之，则曰暮烟村。时隔岩坞闻鹿鸣，其声呦呦，若呼友者，知其为鹿鸣冈也。

俄而鲜飚自后岳起，直过前溪，林木皆震。须臾阒然如故。于是兴逸座中，心融物表，令人怡然忘倦。但以空翠沉沉，薄寒袭人，从者相促不能留焉。遂出亭下，循别径，行若干步，有圆亭在崖侧，曰湘石。崖树四环，重阴如幄。中陈木榻，曲直成样。置一茶灶，下铺绿砖，古鼎茶熟，雪乳泛香，宛有青云白石之趣也。

又出亭而下，路入树间，排叶挤枝，伛偻屈曲，出平除，傍玉泉，旋而归于堂。凡榜之所题者八，而室与亭阁重其四。此则仙观之大概也。

若夫林花披烟，荷风拂箪，千峰月朗，积雪朝晴，至于采山蕨而摘园瓜，松芝毓秀，蔬甲出畦，则四时均是良辰，而百物无不珍产也。噫！斯观之胜，以清以静，有俭且泰，其乐悠长而可与造物者游，复何寻玄境于阆苑，觅仙厨于瀛洲者哉。

人或疑之曰：重种身居城府，道契筑主，廪职兼重，今虽谢事，尚被优遇，至咨询故实。则不可一日忘其谊也。而以仙观为名，山林为乐，一若离世绝俗，而欲独洁其身者，无乃有负于所望耶？予谓：不然。昔右军之于兰亭，尉迟之于草堂，此皆在仕途而不忘山林也。明道之爱花柳，晦翁之好山水，无非借物形道，触景发机也。

重种之以仙观也，因地立名，因境会心，适然有得昔贤之遗意，而所取于林壑者亦多矣。盖士之处朝市也，冠冕眩目，丝竹聒

耳，性与习移，情随境变。内才移变，则外见纷杂，杂则烦，烦则
躁，既烦且躁，则虽有才智，不至于扰乱者鲜矣。重种每乘闲暇来
休于此，望云树之冲淡，俯泉石之清冷，可以洗性，可以涤情。其
养气也安，其治心也正，正则不私，安则不暴。不暴不私，乃为政
之要术。以此接物，物无不周，以此应事，事无不明。入则能养其
仁寿，出则能导其州民，使其咸遂于长生。夫仙观淑灵之资于政
事，有如此者。或以离世绝俗疑之，则过矣。

重种闻予之说，大喜曰：是固所志，而闻其道则未也。兹或一
辱光贲，而亲奉妙论，实非斯观之至幸哉。请为记之，庶自顾谛而
箴，传家为训，以俾子若孙，世世守之，有所矜式焉。于是乎书。

时元禄三年九月初五日，广寿山僧洞法云书。

法云的这篇灵洞观游记，后来也被收入其语录《法云禅师寿山续外
集》① 中，题为《遊仙道灵洞观记》。仅在词句上，稍微有几处不同而已。
这两份数据，即法云墨迹《游灵洞观记》与其语录《游仙道灵洞观记》，足
以成为灵洞观存在的确实依据。阅读这两份数据，可以举出灵洞观堪称道观
的以下六条理由。

其一，建立灵洞观的立花重种，是道教的修行者。《游灵洞观记》写道：
"人或疑之曰：重种身居城府，道契筑主，廪职兼重，今虽谢事，尚被优遇，
至咨询故实。则不可一日忘其谊也。而以仙观为名，山林为乐，一若离世绝
俗，而欲独洁其身者，无乃有负于所望耶。予谓：不然。昔右军之于兰亭，
尉迟之于草堂，此皆在仕途而不忘山林也。明道之爱花柳，晦翁之好山水，
无非借物形道，触景发机也。"据此可知，立花重种已经谢事退休，能够以
仙观为名、山林为乐，用心修行。立花重种曾是福冈藩的重臣。其次男立花
实山（1655—1708）是福冈藩的家老，也是江户时代著名的茶人，是茶道立

① 　法云明洞：《法云禅师寿山续外集》3 卷 3 册，卷中第 18 页。日本享保十二年（1727）木
刻本。京都黄檗山万福寺文华殿存。卷末刊记："享保十二岁丁未孟秋吉祥日，皇都书林
田原勘兵卫寿梓。富小路丑条上町。"

花流的开祖。

其二，立花重种的修行志向，是道教提倡的长生不老，其修行方法是养气治心。例如，《游灵洞观记》写道："堂后越阶度廊，达于寝室，取子舆氏养气之义，名养浩。室座隅书周邵程朱之格言，足见其志之所养焉。"又写道："重种之以仙观也，因地立名，因境会心，适然有得昔贤之遗意，而所取于林壑者亦多矣。盖士之处朝市也，冠冕眩目，丝竹聒耳，性与习移，情随境变。内才移变，则外见纷杂，杂则烦，烦则躁，既烦且躁，则虽有才智，不至于扰乱者鲜矣。重种每乘闲暇来休于此，望云树之冲淡，俯泉石之清冷，可以洗性，可以涤情。其养气也安，其治心也正，正则不私，安则不暴。不暴不私，乃为政之要术。以此接物，物无不周，以此应事，事无不明。入则能养其仁寿，出则能导其州民，使其咸遂于长生。夫仙观淑灵之资于政事，有如此者。或以离世绝俗疑之，则过矣。"

其三，灵洞观所在的紫阳仙道，在历史上有着道教修行的传统，传说古代有修行者在此修道成真。例如，法云在《游灵洞观记》中写道："紫阳仙道在福城西南三十里，为立花重种居士之食邑。但不知何以名仙道。其阳六七里所，有飞泉曰化鸾之瀑。相传古有真人在此修道，一旦跨白鸾而去，故名。虽无志可考，而以真人遗迹，则仙道之名，亦似不偶然也。重种爱其地之幽邃，营别墅于中，曰灵洞观。"

其四，灵洞观的堂室亭阁与景色配置，仿效仙人所居的玄境，乃至传说中西王母所居的昆仑山的阆苑。例如，《游灵洞观记》写道："凡榜之所题者八，而室与亭阁重其四。此则仙观之大概也。"又写道："噫！斯观之胜，以清以静，有俭且泰，其乐悠长而可与造物者游，复何寻玄境于阆苑，觅仙厨于瀛洲者哉。"

其五，灵洞观因其所居人物的修道实践与环境布局，在法云看来即是道观，因此他多处直呼灵洞观为仙观。例如，《游灵洞观记》写道："凡榜之所题者八，而室与亭阁重其四。此则仙观之大概也"，"而以仙观为名，山林为乐"，"重种之以仙观也，因地立名，因境会心"，"夫仙观淑灵之资于政事，有如此者"。

其六，灵洞观的遗迹所在地，今日还可判明。《游灵洞观记》提到灵洞观周边环境，写道："东控胁山，西亘饭森，前俯溪流，后拥洞壑。远岫献奇，近峰竞秀，如拱如卫，如屏如帏，如骏马之奔，如翔凤之翥。"据此可知，灵洞观东边与胁山相接。胁山即现在的胁山村，属于福冈市早良区的一部分。

综上所述，可以推定灵洞观应该是一座具有道教性格的道观。

第九章　日本道观收藏的蒙学典籍

日本传统蒙学教科书被称为往来物，大约出现在平安时代后期到明治时代初期，这一时期教导儿童的教科书常常以贵族往复书简即"往来"编成，最初是为提高贵族以及武士等高等阶层家庭子弟教养而出现的，所以叫作"往来物"。后来，随着儿童教育的发展和私学的兴盛，往来物逐渐发展成为具有多种体例，包含各种学科内容的著述。同时，在不断的中日文化交流中，日本的往来物受到中国蒙学教材的巨大影响，在糅和日本本土文化特色的同时，还借鉴中国蒙学教材的编写体例、编写内容、编写思想，形成日本独有的往来物教科书体系。日本道观收藏的日本蒙学教材就是如此。从这些史料中，我们既可以明显看到中国蒙学文化的影响，同时，又可见其鲜明的日本文化特色。

第一节　中国古代蒙学略论

日本道观收藏的蒙学书籍有一部分为中国的蒙学典籍传入日本后翻刻的，还有一部分为根据或模仿中国蒙学典籍新创作的。要了解日本道观收藏的蒙学类书籍，就必须了解其来自中国的文化渊源，因此，我们先对中国的蒙学传统及教材做一简单介绍。

　　"蒙学"，广义上讲指古时对儿童进行的启蒙教育制度、教育理念，教学材料等，狭义上仅指对儿童启蒙教育时所需的教材。中国人自来就非常重视对儿童的教育。河南安阳小屯村出土的甲骨文中就有了"庠""学""大学"的名称，《礼记·学记》载："古之教者，家有塾，党有庠，术有序，国有学。"① "庠""学""大学""塾""序"等，都是古代学校的名称。《龟甲兽骨文字》一书也讲道："丙子卜，多子其延学版不遘大雨。"② 意思是说，丙子时占卜，许多孩子放学回来时，会不会遇到大雨？《殷契粹编》一一六二片载："丁酉卜，其呼以多方小子小臣其教戒。"③ 说的是丁酉时占卜，以邻国子弟来殷商学习文字。

　　在《周易》中，有《蒙》卦，它置于《屯》卦之后。《序卦传》曰："屯者，物之始生也。物生必蒙，故受之以蒙。蒙者蒙也，物之稚也。"④ "屯"为事物初生，则必处于幼小状态，此时童蒙未发，所以紧跟一卦为《蒙》，"蒙"的意思是不明，《蒙》卦强调如何启蒙和教育儿童。童蒙赤子，一片天真，保之则可至圣；毁之则能至贼。所以，不可不慎之。所谓君子慎始也，也正因为此，《蒙》卦曰："蒙以养正，圣功也"。王廷相在《雅述》上篇中说："童蒙无先入之难，以正导之而无不顺受。故《易》可以养其正性，此作圣之功。壮大者已成驳僻之习，虽以正导，彼以先入之见为然，将固结而不可解矣，夫安能变之正。故养正当于蒙。"⑤ 解释的正是何为"蒙以养正"。从以上这些史料可以看出，中国对儿童教育的重视从极早的时候就开始了，系统的学校教育早在殷商时期就出现了，到了周朝，儿童教育理念已经达到了很高的水平。

　　虽然"蒙"这个字很早就有了，关于儿童教育的制度和系统思想也很早就有了，但"蒙学"这个词语却是在宋之后被普遍使用的。金国僧人万松野

① 杨天宇撰：《礼记译注》，上海古籍出版社 2004 年，下册第 457 页。
② [日] 林泰辅撰：《龟甲兽骨文字》卷二，日本商周遗文会大正十年（1921），第 25 页。
③ 郭沫若：《殷契粹编》，北京：科学出版社 1965 年，第 639 页。
④ 金景芳等：《周易全解》，上海古籍出版社 2006 年，第 71 页。
⑤ （明）王廷相：《雅述》上篇，明嘉靖十七年谢锸刻本。

老在《湛然居士文集》的序中说"正如检指蒙学对句之牧竖"[1]，"牧竖"即牧童，泛指小儿；"对句"为儿童教育的一种入门方式。因此，此处的"蒙学"，指的就是对儿童的启蒙教育。在"蒙学"一词被使用之前，"幼学""训蒙"等词语都表示对儿童的启蒙教育。"蒙学"一词出现后，"幼学""训蒙"等同类词语并没有消失，同时指代儿童教育。本书讲的"蒙学"，包括"幼学""训蒙"等同类词语的指向，泛指古代儿童教育的制度和教材。

一、中国古代蒙学制度

《汉书·艺文志》曰"古者八岁入小学"[2]；《汉书·食货志》中记载"八岁入小学，学六甲五方书计之事，始知室家长幼之节。十五入大学，学先圣礼乐，而知朝廷君臣之礼。其有秀异者，移乡学于庠序；庠序之异者，移国学于少学"[3]；《史记》中曾经记载项羽"悉令男子年十五已上诣城东，欲坑之"[4]。从这些史籍大体可以看出，古人以 15 岁为成年的界限，15 岁也是学子所学的内容从"小学"转变为"大学"的分界限。因此，小学教育是从 8 岁开始，到 15 岁截止，共 7 年时间。这一从秦汉延续而来的制度或者说是习俗，发展到后来也并没有消失。如唐代韦嗣立曾上疏曰："八岁入小学，十五入太学，春秋教以《礼》《乐》，冬夏教以《诗》《书》。"[5] 宋代朱熹在"大学章句序"中也说："人生八岁，则自王公以下，至于庶人之子弟，皆入小学，而教之以扫洒、应对、进退之节，礼乐、射御、书数之文；及其十有五年，则自天子之元子、众子，以至公、卿、大夫、元士之适子，与凡民之

---

① （金）耶律楚材：《湛然居士文集》，北京：中华书局 1985 年，序三第 2 页。
② （汉）班固撰，（唐）颜师古注：《汉书》卷三十，北京：中华书局 1962 年，第 6 册第 1720 页。
③ （汉）班固撰，（唐）颜师古注：《汉书》卷二十四上，北京：中华书局 1962 年，第 4 册第 1122 页。
④ （汉）司马迁撰：《史记》卷七，北京：中华书局 1959 年，第 1 册第 329 页。
⑤ （后晋）刘昫：《旧唐书》卷八十八，北京：中华书局 1975 年，第 9 册第 2866 页。

俊秀，皆入大学，而教之以穷理、正心、修己、治人之道。"① 从这些人物的言语可以推测得知，就整体上来看，中国历史上不同朝代小学的年龄段大致在 8 岁以后，15 岁以前，基本相当于现代教育的中小学阶段，这个时间段的划分与大部分人的生理和心理成长特点应该说是一致的，符合现代教育科学的理论和实践。

《文献统考》中说："盖公卿以下之子弟，年方童幼，未应便入天子之学，所以十年出就外傅，且学于家塾，直至十五方令入师氏所掌虎门小学。而天子则别无私学，所以世子八岁便入小学欤。"②《礼记·内则》曰："子能食食，教以右手。能言，男'唯'，女'俞'，男鞶革，女鞶丝。六年，教之数与方名。七年，男女不同席，不共食。八年，出入门户，及即席饮食，必后长者，始教之让。九年，教之数日，十年，出就外傅，居宿于外，学书计……"③《大戴记·保傅》："古者八岁而出就外舍，学小艺焉，履小节焉；束发而就大学，学大艺焉，履大节焉。"④ 从这些记载可知，儿童正式到外边上学大概是在八到十五岁，在此之前，则是在私家进行学习。《礼记·学记》中的"塾"就是私家教育，基本与国家官方的学校教育同时出现。在私家的学习其实从四五岁就开始了，这时候许多孩子就已经开始接受童蒙教育了，这个阶段基本相当于现在的幼儿园和学前班。所以，古代蒙学教育实际上包含的年龄段比较宽泛，大概从四五岁到十四五岁的 10 年时间，都可以包括在内。

对于这一时期的儿童教育方式，古代的官方教育制度主要是针对贵族子弟进行规范，对于大量的平民儿童，众多的私家教育机构也有着丰富的经验和规章，对其进行引导。比如我们前面所引用的甲骨卜辞《汉书》《礼记》等文献，主要就是官方规范的蒙学教育。东汉崔寔有《四民月令辑释》一书，记载了汉代幼童教育制度的大概轮廓："砚冰释，命幼童入小学，学

① （宋）朱熹：《四书章句集注》，北京：中华书局 1983 年，第 1 页。
② （宋）马端临：《文献通考》卷四十，北京：中华书局 1986 年，上册第 381 页。
③ 杨天宇撰：《礼记译注》，上海古籍出版社 2004 年，上册第 358 页。
④ （清）王聘珍撰：《大戴礼记解诂》，北京：中华书局 1983 年，第 60 页。

书篇章……八月……暑小退，名幼童入小学，如正月焉……十一月……砚冰冻，命幼童读《孝经》《论语》篇章、小学。"① 这里的幼童指9岁到14岁左右的儿童。篇章指的是《六甲》《九九》《急就》《三苍》等蒙学书籍。正月开春天气转暖，砚台上的冰化了，这时候小学就要开学了，八九岁的儿童在这个季节学习书写文字。八月暑退，幼童再次入学学习，说明夏天暑气烦热的时候，应该有放假休息一段时间。学习到十一月，天气转冷，砚台都结冰了，这时候就不再学习书写了，而仅仅是阅读早前学过的东西。汉代就有比较成熟的这种按年龄、节气入学并分时段学习不同内容的教学方式，在此后被很好地继承了下来，虽然具体学习的内容，随着时代的不同有所变化，但基本的入学受教时间和学期分配，却大体没有什么变化。

二、中国古代蒙学教材

因为古人对蒙学教育一向非常重视，许多大家名流都十分热衷蒙学教育，所以我国古代蒙学教材数量非常之多。

童蒙读物，最重要的就是习字之书。我国最初的习字之书为《史籀篇》，被称为字书之祖。据《汉书》记载，秦国宰相李斯、车府令赵高、太史令胡毋敬三人，以《史籀篇》为根本，分别作《仓颉》《爰历》《博学》三篇，同时将字体改为秦篆。汉以后，闾里书师又将以上三篇合为一篇，取名《仓颉篇》，亦名《三仓》。

除了《史籀篇》和《三仓》，对后世影响较大的还有元帝时（前48—前33年）黄门令史游所作的《急就篇》，该书共两千多字，内容却非常丰富，在汉魏时期得到广泛的流传，影响颇大。《文献通考》解释"急就章"时说："晁氏曰汉史游撰，唐颜师古注。游，元帝时为黄门令。凡书三十二章，杂

---

① （汉）崔寔著，缪启愉辑释，万国鼎审订：《四民月令》，北京：农业出版社1981年，第2、84、104页。

记姓名诸物五官等字，以教童蒙。急就者，谓字之难知者，缓急可就而求焉。"①"急就"即是"快速"的意思。顾炎武在《日知录》中说：

> 汉、魏以后，童子皆读史游《急就篇》。晋夏侯湛："抵疑乡曲之徒，一介之士，曾讽《急就》，习甲子。"《魏书》崔浩表言："太宗即位元年，敕臣解《急就章》。"刘芳撰《急就篇续注音义证》三卷，陆暐拟《急就篇》为《悟蒙章》，又书家亦多写《急就篇》。《魏书·崔浩传》："浩既工书，人多托写《急就章》。从少至老，初不惮劳，所书盖以百数。"《儒林传》："刘兰始入小学，书《急就篇》，家人觉其聪敏。"《北齐书》："李绘六岁未入学，伺伯姊笔牍之间，辄窃用，未几，遂通《急就章》。""李铉九岁入学，书《急就篇》，月余便通。"自唐以下，其学渐微。②

从顾炎武的记载可以看出，《急就篇》在教儿童认字方面确实非常有用，聪明的小孩子甚至一个多月就能全部掌握。当时诸多书法家写《急就章》的情况也从侧面反映该书的流传何其之广。

早期的蒙学教材除了上述以外，还有如司马相如的《凡将篇》、李长的《元尚篇》、扬雄的《仓颉训纂》等。《急就篇》《元尚篇》"皆仓颉中正字也，《凡将》则颇有出矣"③，扬雄的《仓颉训纂》则可以视为《仓颉篇》的续编。这些著作主要都是教儿童习字的，当然，在习字的同时，也教导儿童了解一些基本的社会生活常识。

到了魏晋南北朝，《仓颉篇》《急就篇》等汉代作品仍有延用，同时也产生了一些新的蒙学教材，其中比较著名的有《劝学》《开蒙要训》以及在后

---

① （宋）马端临撰：《文献通考》卷一百八十九，中华书局 1986 年，下册第 1609 页。
② （清）顾炎武著，黄汝成集释，栾保群、吕宗力校点：《日知录》卷二十一，上海古籍出版社 2006 年，中册第 1217 页。
③ （宋）王钦若等编纂，周勋初等校订：《册府元龟·学校部》卷六百零八，南京：凤凰出版社 2006 年，第 7 册第 7005 页。

世影响非常巨大的《千字文》。就其内容而言，作为当时的儿童启蒙教育作品，除了习字外，其所包含的知识和德教内容越来越多，比如大家最熟悉的《千字文》，就在教导儿童认字的同时，也包含了诸多历史典故和生活常识。

六朝时期蒙学教材更加侧重知识性和德教的意味。如这一时期出现的《兔园册府》，又名《兔园册》或《兔园策》《兔园集》，王应麟《困学纪闻》载该书共 30 卷，是唐李恽命僚佐杜嗣先仿应科目策，自设问对，引大量经史训注编成。晁公武在《郡斋读书志》中说该书是唐虞世南"奉主命纂古今事为四十八门，皆偶丽之语，至五代时行于民间，村塾以授学童，故有遗下兔园册之诮"。① 因为该书是纂古今事分类而成的，所以，晁公武在《郡斋读书志》中把它归入"类书"，而不是"小学"。目前该书不存，仅敦煌石窟有唐代贞观年间手抄本《兔园策府》残卷及杜嗣先序。从一些史料的记载来看，该书在五代时曾经风靡民间，这大概和它的文字是偶丽之语，朗朗上口，浅显易懂且多载古今事，可以简单快速地帮助孩童掌握大量典故常识有关。五代孙光宪在《北梦琐言》中讲了一个诙谐故事：

> 宰相冯道，形神庸陋，一旦为丞相，士人多窃笑之。刘岳与任赞偶语，见道行而复顾。赞曰："新相回顾何也？"岳曰："定是忘持《兔园策》来。"道之乡人在朝者，闻之告道，道因授岳秘书监，任赞授散骑常侍。北中村墅多以《兔园册》教童蒙，以是讥之。然《兔园册》乃徐庾文体，非鄙朴之谈，但家藏一本，人多贱之也。②

这个以《兔园策》讽刺他人形容鄙陋的故事，说明《兔园策》一书虽然写得不错，但因为流传太广，特别是在山野匹夫这一阶层流传太广，甚至到了家藏一本的地步，反而被人轻视，最后，只留下了代表"浅显""粗

---

① （宋）晁公武：《郡斋读书志》，《委宛别藏》衢本，南京：江苏古籍出版社 1988 年，第 422 页。

② （五代）孙光宪撰，贾二强点校：《北梦琐言》卷十九，北京：中华书局 2002 年，第 349—350 页。

鄙"之意的"兔园"典故，而本书竟然失传，这也算是书籍流传史上的一桩奇事。

还有一部重要的蒙学书籍《太公家教》，从中唐开始到北宋时期都普遍流行，该书语言同样取以前的古书编写而成，以流行的格言、谚语形式编成，琅琅上口，令儿童容易理解与记忆。其书侧重点同样在于对道德伦理以及行为准则的教育，识字似乎倒在其次了。该书近代失传，敦煌文献中数量非常多的抄本证明了它曾经多么普及。

这一时期另一本蒙学代表作当属唐人李瀚所作的《蒙求》[①] 了。该书内容涉及天文、地理、历史、占卜、战争、动植物、神话等，李良在《荐蒙求表》中说：

> 窃见臣境内寄住客前信州司仓参军李瀚，学艺淹通，理识精究，撰古人状迹，编成音韵，属对类事，无非典实，名曰《蒙求》，约三千言，注下转相敷演，向万余事，瀚家儿童三数岁者，皆善讽诵，谈古策事，无减鸿儒。不素谙知，谓疑神遇。司封员外郎李华，当代文宗，名望夙著，与作序云：不出卷而知天下，岂其蒙求哉。[②]

以"不出卷而知天下"赞该书，可见其内容丰富，且易于学习，三四岁的儿童都能够熟读而通，且教学效果良好，学习之后，这些小儿童能谈古策事，不亚于学识渊博的大学者，让不清楚情况的人误以为遇到了神童。该书如此神奇，所以，一经刊行，就风靡大江南北。陈振孙《直斋书录解题》说该书："举世诵之，以为小学发蒙之首。"[③] 金人元好问在《十七史蒙求序》中说该书："安平李瀚撰《蒙求》二千余言，李华作序，李良荐于朝，盖在当时已甚重之，迄今数百年之间，孩幼入学，人挟此册，少长则遂讲

---

① 《蒙求》的作者及成书年代讨论颇多，但大体是在唐代无疑。作者或曰李瀚、李翰、李瀚、李幹等。

② 周绍良主编：《全唐文新编》，长春：吉林文史出版社 2000 年，第 2 册第 3758 页。

③ （宋）陈振孙：《直斋书录解题》，上海古籍出版社 1987 年，第 424 页。

授之。"① 至晚唐五代时，此书已经流传至相距数千里的西北边陲，更远播日本，影响至今，现在日本中小学毕业歌中唱的"萤之光，窗之雪"，就源自《蒙求》一书。

　　宋元明以后，由于社会平民化的趋势愈发明显，私塾大量兴起，加上印刷术的日益成熟，蒙学教材越来越多。同时，由于理学的影响，蒙学教育中理学教化性质也变得凸显起来。理学宗师朱熹非常重视小学教育，他说"人生八岁，则自王公以下，至于庶人之子弟，皆入小学，而教之以洒扫应对进退之节，礼乐射御书数之文"，又说："小学是直理会那事"②。将洒扫应对、进退之节以及射御等"礼"的内容更加强调出来。朱熹自己还亲自编撰《小学》6卷，强化理学伦理道德对于儿童的影响。朱熹的蒙学教育思想深刻影响了后世的蒙学教育，到了清代，著名学者段玉裁就说："小学宜兴全体，文字仅其一端。扫洒应对进退，未尝不可谓之小学。"③ 儿童启蒙教育不仅承继了以前对于"知"的重视，更开始强调"行"的合礼合节，凸显了理学伦理的重要影响。如这一时期出现的《三字经》，便在千余字的篇幅中容纳了大量的道德伦理知识。

　　到了明朝，理学蒙学中过于强调礼仪伦理，方法僵化，内容枯燥，引不起儿童学习兴趣的弊端凸显出来，蒙学教材开始出现反思性著述。如心学代表人物王阳明《传习录·社学教条》中就说：

　　　　大抵童子之情，乐嬉游而惮拘检，如草木之始萌芽，舒畅之则条达，摧残之则衰痿……今教童子，必使其趋向鼓舞，中心喜悦，则其进自不能已……若近世之训蒙稚者，日惟督以句读课仿，责其检束而不知导之以礼，求其聪明而不知养之以善，鞭挞绳缚，若待拘囚。彼视学舍如囹狱而不肯入，视师长如寇仇而不欲见，窥避掩

---

① （金）元好问：《遗山先生文集》卷三十六，上海：商务印书馆1937年，第4册第488—489页。

② （宋）朱熹：《朱子全书》，上海古籍出版社、安徽古籍出版社2002年，第14册第269页。

③ （清）章太炎：《章太炎国学讲义》，北京：海潮出版社2007年，第64页。

覆以遂其嬉游，设诈饰诡以肆其顽鄙，偷薄庸劣，日趋下流。是盖
驱之于恶而求其为善也，何可得乎？[①]

认为蒙学应该顺应儿童喜爱自由、活泼好动的天性，在重视礼、德等品
性教育的同时，注意童蒙教育方式的灵动自由。

除了这些蒙学教材外，唐宋以来出色的蒙学作品还有《昔时贤文》《幼
学丛林》《龙文鞭影》《蒙训》《小儿语》等，数量之多，影响之大，都是前
代所不可及的。总的来说，我国的蒙学教育教材形成经历了周秦两汉起步阶
段、隋唐五代大发展阶段以及宋明以后的相对成熟阶段，无论是蒙学教材、
蒙学教育理念还是蒙学教育的普及程度，经过几千年的磨练和试验，都达到
了一个非常高的层次。不仅从根本上塑造了中国人的知识结构，道德倾向，
甚至对整个东亚地区的蒙学教育都产生了深刻的影响。

三、中国古代蒙学的气质变化

宋之前，虽然私学已经兴起，但文化教育主要还是上层士人的活动。这
一时期的文化活动，保存着原有的官学化、贵族化气质，保留着秦汉士阶层
文化的"雅"特征。这个时期的蒙学作品相应地彰显出华丽端庄，古奥辉煌
的气质。例如创作于汉赋鼎盛时期的《急就篇》，运用汉赋铺陈的文学方法，
将自然与社会的许多名物词汇加以罗列，并赋予其优美的文采，彰显了汉朝
的辉煌气象。《四库全书总目提要》评价其"文辞杂奥，亦非《蒙求》诸书
所可及"。而在骈体文大兴时期产生的《千字文》，其言辞华丽也可谓是盛
极一时。开篇即是"天地玄黄，宇宙洪荒。日月盈昃，辰宿列张。寒来暑
往，秋收冬藏"[②]，视野极度开阔，文气极度轩昂，全文风流靡丽，带着上层

---

① 于民雄注，顾久译：《传习录全译》，贵阳：贵州人民出版社 1997 年，第 235—236 页。
② （宋）王应麟等著，吴蒙标点：《三字经百家姓千字文》，上海古籍出版社 2017 年，第
91—92 页。

阶级的优越华丽气质。

隋唐时期，随着科举考试的出现，文化教育愈加向下层转移，教育的目的与功利性十足的求名、求禄直接连接，蒙学也随着整体文化活动的气质发生了重大改变，烟火气也越来越浓，而科举考试制度的成熟和普及，在推动整个教育普及、教育下移的同时，也推动了教育内容的"俗"化。这一时期出现的"蒙求"，就是在尽力契合科举考试的要求，在保持文学雅致气质的同时，逐利目的开始显现，"举世诵之"，亦便无"雅"可言；另一部唐代广泛传播的《太公家教》，也与此类似，曾被视为粗鄙的市井之语，相比于北朝时期颜之推所作的中国第一部系统的家训著作，其文学色彩已然逊色。盖"雅"文化的载体必须小众，其目的必须为"无用"。一旦文化广泛传播于乡村野塾，偏僻山垂，标的于满带着功利气息的"科举"，即便是再"雅"的文本，最后也会被人视为"粗鄙"。

随着宋明社会平民化的趋势，文化知识在由雅转俗的同时，还伴随着简化的态势，在这一个大的文化气质由繁转简过程中，蒙学作品也毫不例外地体现了这一气质转换。如产生于南宋的《三字经》，文字直白，语言平实，重义理阐发，少生动灵韵。"人之初，性本善。性相近，习相远。苟不教，性乃迁。教之道，贵以专。"[1] 与早期华丽磅礴的蒙学作品相比，真是大相径庭。其他诸如北宋的《百家姓》、明代的《昔时贤文》、清代的《弟子规》等，都是在言语上追求一种简单明了，却又道德义理明达的效果，以应世俗之需。

总的来说，中国蒙学教育在不断地发展与完善中呈现出多面化、综合化的趋势。蒙学教材的内容越是往后面演化，则越是丰富，无论是历史事件、道德伦理、名物知识等，都逐渐在蒙学作品里面占据一席之地。这种变化，让儿童在识字的同时，得以以广阔的视野来认识自然与社会，达到很好的启蒙教育的功效。与蒙学教材内容的日趋丰富相反，其气质则由雅转俗、由繁

---

[1]　（宋）王应麟等著，吴蒙标点：《三字经百家姓千字文》，上海古籍出版社 2017 年，第 4—5 页。

至简，最终，中国的蒙学教育以更接地气的面貌与世俗阶层接触，满足他们对于知识启蒙的渴求。

四、中国古代蒙学与道教

蒙学教育从一开始就担负着两个特别重要的任务：一个是基本文化知识的传授，另一个是伦理规范的传授和养成。作为我国传统伦理文化的集大成者，儒家伦理思想经过孔孟等的发展，成为我国古代社会伦理教育和伦理实践的范本，同时，也贯穿于中国的蒙学教育中，是中国古代蒙学教育传授伦理思想最重要的根据。虽然，中国蒙学教育主要贯穿的是儒家思想，但道教文化的痕迹却是随处可见，且随着历史的发展，道教文化的内容越来越多，甚至在以儒家思想为主的蒙学教材之外，出现了独立的道教蒙学教材。明清时期，道教劝善书等作品更是有与部分蒙学著述合二为一的倾向。

以儒家思想为主的蒙学教材中体现道教文化内容的表现，大致来说，主要有：出自道教，且具有道教意味的关键性概念；来自道教的典章故事；道教典籍名目等，如《千字文》就有"守真志满，逐物意移"① 之说。"守真"出自道教经典《庄子·渔父》，其文曰："谨修而身，慎守其真，还以物与人，则无所累矣。"这句话是文章虚构一个有道者与孔子对话时说的，接下来是孔子的疑问，"请问何为真"，这个有道者回答说"真者，精诚之至也。不精不诚，不能动人……真在内者，神动于外，是所以贵真也……真者，所以受于天也，自然不可易也。故圣人法天贵真，不拘于俗"② 。"真"在此的意思比较类似人受之于天的本来特性。在庄子这篇文章中，显然，人受之于天的种种天性是善的、美的，人只要能保守自己的这份"天真"，则悠悠自在而无所累。人与物各归其所，人不扰物，物不累人，这样也就达到了修身

---

① （宋）王应麟等著，吴蒙标点：《三字经百家姓千字文》，上海古籍出版社 2017 年，第104 页。
② （清）郭庆藩撰，王孝鱼点校：《庄子集释》，北京：中华书局 1961 年，第 1031—1032 页。

的目的。案《庄子·渔父》中这个故事，实际是批评儒家通过世俗的外在约束——"克己复礼以为仁"这一修身路径而发的，其核心主旨与老子的"复归于婴儿"一致，归于"真"就是归于"婴儿"。后世道教对"守真"一词做了大量的阐释发挥，与"抱朴"一起，成为道教最重要的核心词汇之一，同时，也是道教最基本的教义。《千字文》虽然是一篇主要贯彻儒家思想的蒙学教材，但此处说的"守真志满，逐物意移"，却的确是基于《庄子·渔父》的意思讲的，即"守住人的本性天真，自然精神十足，志满意定。而追逐外物，则意念摇荡，对人无益"。

再如形成于宋的蒙学著作《名贤集》，有一段这样写道："人间私语，天闻若雷。暗室亏心，神目如电。肚里踌躇，神道先知。"[1] 这几句话讲的意思是：人间的事，天上有神灵在监督着，你以为自己只是悄悄说了句不好的话，或者在背地里神不知鬼不觉地做了点亏心事，其实神仙在天上看得是清清楚楚。这个天上有神仙监督人间的思想就是道教经常谈及的。如至迟形成于宋代、在民间特别著名、影响非常广的道教劝善书《太上感应篇》就说"是以天地有司过之神，依人所犯轻重，以夺人算……又有三台北斗神君，在人头上，录人罪恶，夺其纪算。又有三尸神，在人身中，每到庚申日，辄上诣天曹，言人罪过。月晦之日，灶神亦然"[2]，认为人身周围甚至人身之内都有各种神灵在时时监督着人间。道教这种神灵监督人间的思想，在许多蒙学读物中都有体现，如《杂言》中说"万事劝人休瞒昧，举首三尺有神明"[3]。而集中讲解这种思想的《太上感应篇》后来也成为蒙学教育中的教材之一。

除了道教最重要的"归真"教义以及"神明"思想出现在一般的蒙学教材中，道教常谈到的祸福相依、少私寡欲思想也多在蒙学教材中体现。如

---

[1] 通辽县大林公社保安大队、通辽师范学院中文系《名贤集》批判组：《〈名贤集〉批注》，长春：吉林人民出版社1975年，第15页。
[2] （宋）李昌龄著，（清）黄正元注：《太上感应篇图说》，上海：学林出版社2004年，上册第1页。
[3] 冯克诚编：《古代训蒙教育与训蒙要籍选读》（中），北京：人民武警出版社2010年，第43页。

《训蒙增广改本》中的"祸兮福所倚，福兮祸所储。庭前生瑞草，好事不如无"①，前两句直接出自《道德经》五十八章，"祸兮福之所倚，福兮祸所伏"，仅辅助文字略有改动。"庭前"二句，说的是瑞草虽好，但祸福相依，看似美事，结果未必是福，倒不如没有的好，也就是常言所说的"好事不如无事"，"常态"虽乏惊喜，但最能长久，因此，少私寡欲、守常知足才是最好的生存之道。类似的说法如《朱子家训》"凡事当留余地，得意不宜再往"②，《增广贤文》"知足常足，终身不辱。知止常止，终身不耻"③ 等，都是类似的意思表达。

　　许是因为蒙学主要的教育对象是儿童的原因，如果说蒙学教材中有关道教思想的内容十分丰富，那么，关于道教典故、人物等的记载就更是数不胜数。如《千字文》中谈到的"嵇琴阮啸"。"阮啸"说的是魏晋时期非常善于"啸"功的著名人物，也就是被称为"竹林七贤"之一的阮籍。《晋书·阮籍传》说他"傲然独得，任性不羁，而喜怒不形于色。或闭户视书，累月不出；或登临山水，经日忘归。博览群籍，尤好《庄》《老》。嗜酒能啸，善弹琴。当其得意，忽忘形骸……籍尝于苏门山遇孙登，与商略终古及栖神导气之术，登皆不应，籍因长啸而退。"④"啸"是道教修炼的一种特别方式，阮氏不仅善"啸"，而且曾经遇到过道教神仙孙登，虽然与他商讨栖神导气等道教修炼方术而不得，但却充分说明阮籍的思想行动与道教关系密切。

　　再如明代司守谦写的《训蒙骈句》，更是处处可见道教典故。如"吹牧笛，泛渔舟，严陵真隐"⑤。这里的严陵即东汉时的严光，字子陵。据说他

---

① 朱雪梅、陶金华译：《中国古典名著译注丛书——中国蒙学精粹》，广州出版社 2001 年，第 43 页。
② 朱雪梅、陶金华译：《中国古典名著译注丛书——中国蒙学精粹》，广州出版社 2001 年，第 276 页。
③ 朱雪梅、陶金华译：《中国古典名著译注丛书——中国蒙学精粹》，广州出版社 2001 年，第 7 页。
④ （唐）房玄龄等撰：《晋书》卷四十九，北京：中华书局 1974 年，第 1359 页，第 5 册第 1362 页。
⑤ （明）司守谦：《训蒙骈句·三江》，民国刻蓉城仙馆丛书本。

年少时曾与光武帝刘秀一同游学，刘秀称帝后，他隐姓埋名，后被征召到京，授其官不受，隐居于富春山。他是著名的隐者，也是道教中的神仙。再如"班超投笔，王质观棋"①，"王质观棋"讲的是晋朝王质遇神仙的事，南朝梁任昉《述异记》中载："信安郡有石室山，晋时王质伐木至，见童子数人棋而歌，质因听之。童子以一物与质，如枣核，质含之不觉饥。俄童子谓曰：何不去？质起视，斧柯尽烂，既归，无复时人。"②含枣核，求长生，遇神仙等等意向，都是典型的道教符号。再如"涸鲋喜得庄周活，良马欣逢伯乐嘶"③，两句典故全出自《庄子》，前一句出自《庄子·外物》，后一句出自《庄子·马蹄》，《列子·说符》也有类似的记载。再如"朱陈联戚党，刘阮到天台。"④后一句所讲也是遇神仙的事。相传东汉时，刘晨阮肇到天台山采药迷路，遇到两个仙女，被邀至家中，半年后回家，子孙已过七代。再如"初平术妙，山中白石变成羊"，⑤初平是汉代的黄初平，这个典故讲的是他放羊时，被一道士引入金华山学道，后来他的哥哥找到他，问羊在什么地方，他喝叱周围的白石，这些石头立刻都变成了羊。再如"宣紫诏，拜黄庭。凫飞北阙，鸿抟南溟。蟠桃千岁熟"，⑥"紫诏"即紫书，又指道经；"黄庭"即《黄庭经》，著名的道教经典；"北阙"，古代宫殿北面的门楼，即大臣等候朝见或上书奏事的地方。"凫飞北阙"说的是《后汉书·方术传》中王乔的典故：王乔者，河东人也。显宗世，为叶令。乔有神术，每月朔望，常自县诣台朝。帝怪其来数，而不见车骑，密令太史伺望之。言其临至，辄有双凫自东南飞来……⑦"鸿抟南溟"则出自《庄子·逍遥游》。

同样写于明代的蒙学书籍《龙文鞭影》，其情况跟《训蒙骈句》非常类

① （明）司守谦：《训蒙骈句·四支》，民国刻蓉城仙馆丛书本。
② （梁）任昉撰，（明）程荣校：《述异记》卷上，明刻汉魏丛书本。
③ （明）司守谦：《训蒙骈句·八齐》，民国刻蓉城仙馆丛书本。
④ （明）司守谦：《训蒙骈句·十灰》，民国刻蓉城仙馆丛书本。
⑤ （明）司守谦：《训蒙骈句·七阳》，民国刻蓉城仙馆丛书本。
⑥ （明）司守谦：《训蒙骈句·九青》，民国刻蓉城仙馆丛书本。
⑦ 参见（宋）范晔撰，（唐）李贤等注：《后汉书》卷八十二上，北京：中华书局1965年，第10册第2712页。

似，也载有不少道教典故。如"邺仙秋水，宣圣春风"，"占风令尹，辩日儿童"① 等，都是大家熟知的道教故事。"邺仙秋水"说的邺仙，即唐朝李泌，少聪慧，后官至宰相，封为邺侯。李泌好辟谷导引等仙术，故称为邺仙，这句话是说李泌的眼睛就像秋水一般明净。"占风令尹"说的则是周朝守函谷关的官吏尹喜，他望见有紫气浮关，断定有神人将至，不久，老子果然乘青牛而过，老子传尹喜吐纳练气之功，并授《道德经》后，飘然西去。令尹望见紫气便知老子将来，故称占风。"辩日儿童"即《列子·汤问》所说的"两小儿辩日"等，诸如此类的情况，在蒙学书籍特别是宋明以后的蒙学书籍中，简直是不胜枚举，此处就不一一赘述了。

除了前面这些在文中参差杂入道教内容的编写方式外，明代还出现了一些蒙学书籍专门分章介绍道教知识。如明代程允升作的《幼学琼林》，该书本名《幼学须知》，又称《成语考》《故事寻源》，清人邹圣脉作了增补，改名为《幼学琼林》，也叫《幼学故事琼林》。该书就专有一卷介绍佛道鬼神，即卷四《释道鬼神》。这其中介绍道教的内容有：

> "老聃""李耳"，即是道君，乃是道教之宗……"交梨""火枣"，尽是仙丹……篯铿即是彭祖，八百高年；许逊原宰旌阳，一家超举……"紫府"即是仙宫……曰"真宇"、曰"蕊珠"，皆称仙境……玉麟脯，仙子所餐……葛仙翁作戏术，吐饭成蜂……吴猛画江成路，麻姑掷米成珠……"导引"、"胎息"，谓道士之修持……道士礼拜曰"稽首"……曰"羽化"、曰"尸解"，悉言道士之亡……女道曰"巫"，男道曰"觋"，自古攸分……"羽客"、"黄冠"，皆称道士……烧丹炼汞，道士学神仙……道士诵经，谓之"步虚声"……王乔朝君，舄化双凫下降……辟谷、绝粒，神仙能服气炼形……张虚靖炼丹既成，能令龙虎并伏，鸡犬俱升……贮乾坤于一壶，道法何其玄。②

---

① （明）萧良友撰：《龙纹鞭影》，长沙：岳麓书社1986年，第4、8页。
② （明）程登吉著，贾龙梅译注：《幼学琼林译注》，兰州：甘肃文化出版社2011年，第402、403页。

这些介绍涵盖了道教始祖、著名人物、一般称谓、重要法术等与道教有关的基本知识，看起来似乎文字不多，但对于一般的小儿童甚至是民间普通人士来说，学会这段文字，道教相关的知识可以说已经有一个大概的了解了。

宋明以后之所以在蒙学书籍中出现越来越明显的宗教痕迹，一方面与宗教自身的发展有关，另一方面则与当时的三教合流思想有关。在蒙学书籍的编写上，表现出对佛、道教更加宽容的态度。而随着道教的发展以及道教中人发展自身宗教势力的意识觉醒，社会上逐渐开始出现了道教蒙学书籍。当然，这其中的许多书籍，其初衷并非为了进入蒙学课堂，但在流传的过程中，因为这些著作内容浅显易懂，且有利世风良俗，逐渐被作为儿童读物，或者文化水平较浅的妇孺读物，或者被作为口头文化传播。如被称为道教三圣经的《觉世经》《阴骘文》《太上感应篇》，在清朝的一些义塾、家塾中就直接充当蒙学教材。如同治七年荆州满城静观堂刊本《觉世经图说》中刘华勋《重镌觉世经图说序》曰：塾师史慎庵先生以儿辈初授读，暂辍夜课……（借得《觉世经图说》一书）于灯前月下为儿辈按图讲解。光绪年间的《华亭顾氏族谱》中记载私塾课程"饭后师先讲《感应篇》《阴骘文》《觉世经图说》数页"[1]。除了私塾抽空以劝善书教导小儿外，明清时期流行于民间的善书宣讲活动，也不知不觉地在传播传统伦理、神异故事、文化知识的同时，推广了道教劝善书在底层人民中的传播，潜移默化地使之实质上承担了知识贫乏的一般妇孺之文化启蒙任务。

五、中国古代蒙学与儒家伦理

《大戴礼记·保傅》曰："于是比选天下端士、孝悌闲博有道术者，以辅

---

[1] 中华文化通志编委会编，常建华撰：《中华文化通志宗族志》，上海人民出版社 1998 年，第 417 页。

翼之，使之与太子居处出入……夫习与正人居，不能不正也……故择其所嗜，必先受业，乃得当之；择其所乐，必先有习，乃得为之。孔子曰：'少成若天性，习惯之为常'……夫开于道术，知义理之指，则教之功也。若夫服习积贯，则左右已……故曰选左右早谕教最急。夫教得而左右正，左右正则天子正矣。"① 这段话讲的是对太子的启蒙教育。以孔子之言为据，论述从小以正确的行为举止、高尚品德对太子进行教导的重要性。因为太子是未来的天子，如果天子的道德品性有失，则天下的安危都将受到影响。

　　"太子"在今天看来只是古代蒙学教育中的一个特例，但是，在传统蒙学教育中，太子的教育却带有决定性的意义，也是所有儿童蒙学教育的风向标。对太子教育重视道德培养的思想，同样贯彻于几乎所有的儿童教育中。《礼记·内则》曰："子能食食，教以右手。能言，男'唯'，女'俞'，男鞶革，女鞶丝。六年，教之数与方名。七年，男女不同席，不共食。八年，出入门户，及即席饮食，必后长者，始教之让。九年，教之数日，十年，出就外傅，居宿于外，学书记，衣不帛襦裤，礼帅初，朝夕学幼仪，请肄简、谅。"② 这是对一般贵族男女的蒙学教育。自小儿会自己吃饭开始，从日常吃饭用右手，回答长者呼喊的不同回答，到七八岁时，男女长幼的一些基本社交规范习得，再到 10 岁以后，正式学习小儿行为规范。在整个蒙学教育阶段，特别是 10 岁正式到学校学习之前，小儿所学，基本都是融入当时社会生活所必须的行为规范，也就是古代的伦理规则。

　　早期比较正式的蒙学教育基本上范围很小，主要就是皇家和贵族群体，从言谈举止的外在风度到内心的道德品性，其礼仪规范的养成决定了一个人长大后是否能够成为真正的贵族，这些是保证皇家和贵族群体保持自己面对庶人在文化上优越性的重要条件之一。而随着后世社会私学的发展以及文化教育向庶民下移的变化，早期这些主要面对皇家和贵族的伦理规范教育虽然同样被保持下来，但是具体的伦理行为规则已经发生了变化。因为，早期的

---

① （清）王聘珍：《大戴礼记解诂》，北京：中华书局 1983 年，第 51、56 页。

② 杨天宇撰：《礼记译注》，上海古籍出版社 2004 年，上册第 358 页。

规则其规范的对象是贵族，其目的是确定贵族之间的整体秩序以及贵族对庶民的引导和牧养。而庶民教育中的伦理教育，其主要目的则在于为国家培养行为适宜的民众、政权的支持者，以保持庶民对皇权的支持以及社会整体的稳定发展。而古代社会的整体秩序构建，主要就根基于儒家的"忠孝伦理"，因此，我们在大量的蒙学教育读物中，便一再看到这类内容，特别是汉代以后产生的蒙学读物中，儒家伦理的意向越来越多。

譬如形成于魏晋时期的《千字文》，在讲述了天地宇宙变迁之后，从第37句开始，到第102句结束，主要都是讲解有关品德修养、社会秩序的。如"乐殊贵贱，礼别尊卑。上下和睦，夫唱妇随。外受傅训，入奉母仪。诸姑伯叔，犹子比儿。孔怀兄弟，同气连枝。交友投分，切磨箴规"①，从大的礼乐之道到小的兄弟、友朋之情，都以适合我国古代家族社会的规则进行教导。传统社会等级分明，尊卑有别，身处其中的人必须遵守这些贵贱尊卑的秩序，才能在这样的社会举止适当、行为合宜地生存。所以，从小就明确这种贵贱尊卑的差异是非常重要的。同时，传统社会又是一个以大家族为基本单元的社会，亲朋众多，理顺其中的各种关系，以慈让宽容之心处理各方关系，就显得尤为重要，这不仅是保证家庭秩序的必然要求，也是保证社会秩序的重要要求。儒家伦理正是看到了我国古代社会运转保持良性延续的节点所在，才一再强调、丰富相关的伦理要求，从孔子的"正名"开始，都是从规范秩序的有效性上进行伦理教育。《千字文》的这一部分，也遵从了相同的理路和秩序规范。只是更多考虑了儿童的特点，以具象的言语，强化这些社会和生活规范，从小的诵读对人的影响极其重大，习惯成自然，在成长的过程中，这些外在的规范便会逐渐内化为自我的约束，从而达到有效的教育目的。除了这一部分外，其他如"资父事君，曰严与敬。孝当竭力，忠则尽命。临深履薄，夙兴温清"②"女慕贞洁，男效才良""孟某敦素，史鱼秉直。

① （宋）王应麟等著，吴蒙标点：《三字经百家姓千字文》，上海古籍出版社2017年，第101—103页。
② （宋）王应麟等著，吴蒙标点：《三字经百家姓千字文》，上海古籍出版社2017年，第99—100页。

庶几中庸，劳谦谨敕""嫡后嗣续，祭祀蒸尝。稽颡再拜，悚惧恐惶"① 等，讲的都是儒家主张的伦理规范。

在儒家伦理中，个人修养从外在来说要遵守相应的礼乐规则，也就是《论语》中孔子说的"克己复礼"。从内在来说，则主要是能够"克念作圣"，一个完美的人必是一个通过刻苦修养自我，最后具有"仁义礼智信"五德之人，这可以说是儒家伦理的"君子"范式。这一点，同样在《千字文》中得到了重要体现。如文中讲"景行维贤，克念作圣；德建名立，形端表正。"②"景行维贤"出自《诗经·小雅·车舝》篇："高山仰止，景行行止。"③ 本意是说"抬头仰望山高高，快快奔行道宽宽"，"景行"即宽阔平坦的大路。这句话是对男子娶妻路上的一种欢乐场景描述。后来司马迁在《史记·孔子世家》中引该诗曰："《诗》有之：'高山仰止，景行行止。'虽不能至，然心向往之。"④ 如此，这句诗的意思就转变为赞美孔子的德行就如高山一样，让人止不住要仰视；就如宽阔的大路一样，让人禁不住要跟随。后世便以"高山景行"来称赞人的美德。《千字文》对此稍作改造，曰"景行维贤"，意思就是说人要自小以贤人的美德作自己行动的榜样。"克念作圣"则是出自《尚书》，《尚书·多方》曰："惟圣罔念作狂，惟狂克念作圣。"⑤圣人和狂人其实就在能不能"克念"也就是静心于善上，如果放纵心念，则走向狂徒昏昧之路；反之，如果能时时砥砺自己，收束身心，静观于善念，则走向通明贤达之路。"景行维贤，克念作圣"合起来，就是教导小儿，要从小以品行高尚者为榜样，并且能够通过克制自我不合适的"念"，走向善途，也就是儒家所说的"君子""圣人"之路。

除了《千字文》外，几乎所有的蒙学作品都主要以儒家伦理为儿童基本

① （宋）王应麟等著，吴蒙标点：《三字经百家姓千字文》，上海古籍出版社 2017 年，第 97、113、118 页。

② （宋）王应麟等著，吴蒙标点：《三字经百家姓千字文》，上海古籍出版社 2017 年，第 98 页。

③ （清）方玉润撰：《诗经原始》，北京：中华书局 1986 年，下册第 448 页。

④ （汉）司马迁：《史记》卷四十七，北京：中华书局 1963 年，第 6 册第 1947 页。

⑤ 王世舜：《尚书译注》，成都：四川人民出版社 1982 年，第 237 页。

修养内容。其中影响非常大的，如编写于清代的《三字经》和《弟子规》。《三字经》说"人不学，不知义"，这里的"义"指的就是儒家"仁义礼智信"之"义"。而这个被定性为"五常"的"义"从人伦的角度讲，主要包含了 10 个方面的内容，《三字经》用非常通俗好懂，简洁明快的语言对其进行了形象的阐释，即"高、曾、祖，父而身，身而子，子而孙，自子、孙，至玄、曾，乃九族，人之伦。父子恩，夫妇从，兄则友，弟则恭，长幼序，友与朋，君则敬，臣则忠。此十义，人所同。"其他像"首孝悌，次见闻""三纲者，君臣义，父子亲，夫妇顺""曰仁、义，礼、智、信，此五常，不容紊"① 等内容，反复强调古代社会的基本秩序，从家族本身的"九族""夫妇""兄弟"，到社会关系中最重要的"友朋""君臣"，所遵循的基本规范就是"孝、敬、忠"，而这个秩序背后理所当然的依据，即天地本有的大道纲常。

而同样编写于清代、影响同样广泛的《弟子规》，则通篇以《论语》"弟子入则孝，出则悌，谨而信，泛爱众，而亲仁。行有余力，则以学文"② 的思想为指导写作。开篇就是"弟子规，圣人训"，这个圣人，指的就是孔子。接下来是"首孝弟，次谨信。泛爱众，而亲仁。有余力，则学文"，把《论语》这句话以适合儿童记诵的三字句写出。在讲完总纲后，又列举了大量的生活场景，形象具体地告诉小儿"孝悌"行为的表现有哪些。其后又由近到远、由生活细节到道德修养，通俗地教导小儿遇到各种人际交往，生活常情时应该怎么做。以"弟子规"三字来统贯全文，真是非常得当。

虽然蒙学教材在面对小儿进行教育时，主要以简单具体的社会关系进行基本道理的灌输，但其背后的儒家思想却一点也不简单。随着年龄的增长，儿童如果进一步学习儒家典籍，便会与蒙学教育中得到的最初印象互相贯通，更好更深刻地理解整个儒家体系。中国古代蒙学教材并不是孤

---

① （宋）王应麟等著，吴蒙标点：《三字经百家姓千字文》，上海古籍出版社 2017 年，第 10、21、25 页。

② （宋）朱熹：《论语集注》，《四书章句集注》，北京：中华书局 1983 年，第 49 页。

立的，而是与整个儒家教育连为一体的。在帮助儿童养成最基本的品德和掌握最基本的社会生活常识外，同时，也为长大后进一步学习儒学奠定基础。

除了儒家伦理思想外，中国古代蒙学教材中关于知识性问题的传授，基本人生哲理的思考等也带着浓重的儒家气息。如《三字经》建议小儿以后逐渐阅读的古代基本文化典籍："小学终，至四书……自修齐，至平治。孝经通，四书熟，如六经，始可读。"[①] 这里说的《四书》《六经》《孝经》，都是儒家教育最重要的典籍。又如《三字经》对中国历史发展基本概况，名人典故介绍，像"昔孟母，择邻处""窦燕山，有义方""香九龄，能温席""融四岁，能让梨"[②] 等，看起来是史料介绍，但编选的根据却是以儒家的道德评价标准进行的。再如开篇的"人之初，性本善；性相近，习相远。苟不教，性乃迁"，这几句话朗朗上口，几乎达到人人能诵的地步，传达的就是儒家的"性善论"思想。虽然这几句话没有十分明确地提出"人性本善"的主张，但却是儒家主张"人性本善"论者最重要的理论依据。大部分诵读《三字经》的人也是这么理解的。人性本善，但习气相异，如果不认真教导，人性就会发生变化，向不好的方向发展，所以，蒙学就显得非常重要了。

从上面简单的分析，我们可以得出这样的结论，即除了蒙学读物本身直接把儒家思想化入其中来对儿童进行教导外，甚至蒙学读物本身的写作指导思想就贯穿着儒家的人性论和教育理念。所以，也无怪乎许多人将蒙学读物直接说成是儒家蒙学教材了。而之所以形成这样的教育状况，除了儒家伦理思想本身就是对中国古代伦理思想的总结和发展，特别适合当时的社会实践外，儒家思想本身自汉代以后成为中国最重要的主流意识，儒家典籍在隋唐以后，成为科举考试中最基本和几乎唯一的考试内容，学习儒家学说几乎是

---

① （宋）王应麟等著，吴蒙标点：《三字经百家姓千字文》，上海古籍出版社 2017 年，第 29—30 页。

② （宋）王应麟等著，吴蒙标点：《三字经百家姓千字文》，上海古籍出版社 2017 年，第 6—9 页。

所有读书人求取功名也好，获得切实的治世机会也罢，唯一的、最好的出路等这些历史客观现实都一起决定了儒家思想必然成为蒙学教育最重要的内容。

第二节　日本道观收藏的蒙学类书籍略考

日本道观收藏的蒙学教育书籍品种多样。就内容来看，既有儒家经学著作通俗化的书系，也有兵家、法家、道家著述的选编纂疏书系；就形式来看，既有三字经、千字文书系，也有"童观"书系，既有直接翻印中国的蒙学书籍，也有根据中国蒙学书籍新创作的日本蒙学书籍。文字清新，内容活泼，常有图画相配。

一、"三字经"与"千字文"书系

从第一节的介绍可知，《三字经》与《千字文》是中国蒙学教育的基本教材。在日本，除了翻刻中国流传已久的此类书系外，也编纂了同类型的新书。日本道观收藏的此类书籍有《皇朝三字经》与《医学千字文》。

（一）《皇朝三字经》

《三字经》传入日本的确切年代已不可考，日本南北朝时代永和三年（1377）出版的《童子教》中就有了借用《三字经》典故的写作。进入江户时代以后，大庭修著《江户时代中国文化受容研究》，其中"唐船持渡书籍目录"有唐船携带《三字经》多达 296 部的记录，日本元禄五年（1692）出版的《广益书籍目录》中明确记载了《三字经》及其注解等。同时，日本自江户时代开始，大量史料都表明，无论是官方还是民间都有用《三字经》做儿童教材的记录，① 可以说，《三字经》进入日本后，迅速在社会各界流行，成为著名的儿童教材。在这样的文化背景下，日本也创作了一些模仿《三字经》的本土"三字经"，《皇朝三字经》就是在这种情况下产生的。

《皇朝三字经》，田中俊文库藏书，头书，封面蓝底白色题笺，双黑线纹。题名"皇朝三字经"，题名下有字"全"，上有字"绘入"，共 1 册。正文每页 5 行，行 6 字，汉字书写，随文注、头注日文写。封二题"鹪鹩富春水撰，葛饰为刻画，东都书林青云堂发兑"。正文前有题名"东都教训亭谨志"的序。正文篇名下题"东都百梅斋撰，鹪鹩斋订"，全书 48 页。正文末刻"嘉永六年癸丑三月，撰者鹪鹩斋春水，画工葛饰为斋"等字，嘉永六年即公元 1853 年。封三有"登龙丸"广告一则。该书虽为全本，但书册左上角有数页残缺，封底也有残破。

该书随文有众多图画，以帮助儿童理解文字内容。从书名来看，明显是受了中国蒙学教材《三字经》的影响，该书的序中也是这样说的。在序文和正文之间有"覆而无外天之德也，明君体之保国家；载而无弃地之道也，良臣则之守社稷"一句，可谓写作全书的主旨，其中国儒道文化的意味极其明白。全书正文在写作形式上也全模仿中国的《三字经》，由三字句构成。而在关乎道德修养内容的写作中，更大量使用中国儒家经书。如开篇的"德润身，学致道。玉非珍，善为宝。稚幼子，师至仁。习典籍，知人伦"几句，就取自儒家的《论语》《中庸》等典籍。随后的写作，中国的《三字经》举了一些儿童学习模范，都是中国文化中大家熟悉的历史人物。《皇朝三字经》接下来也同样举了儿童学习的模范，如"吉备公，性卓荦。入大唐，讲经学。菅丞相，师良香。性虽敏，学而彰"，这里的吉备公是吉备真备，原姓下道朝臣，灵龟二年（716），他 24 岁时，为遣唐留学生，在唐交流近 19 年，就学于长安鸿胪寺四门助教赵玄默，对大唐的天文、历法、音乐、法律、兵法、建筑等均有较深造诣。天平七年（735），他携众多典籍回到日本。传说中吉备真备当时还带回一个擅长音韵学的少年袁晋卿，后改名净

① 参见谭建川：《〈三字经〉在日本的流播与衍变》，《西南大学学报》2010 年第 1 期。

村宿祢，这位净村宿祢，将日本汉字的读音由吴音改为汉音，并创造了片假名。菅丞相就是被日本人称为学问之神的"菅原道真"，后来也被日本人视为"雷神"。这两个"神"一样的人物，天资聪慧，但仍然是通过努力学习才崭露头角的，这对启发一般儿童好好学习自然有极大的激励作用。随后，该书又讲述了一些基本伦理规则，然后集中介绍日本国的大体发展历史和基本典故，最后又以道德教化结束。

该书正文大概 1200 字左右，与中国《三字经》篇幅基本相当，刊印于 1853 年，距今已有一百多年。在日本众多模仿《三字经》的著作中，是比较突出的一本，在日本启蒙教育史上有重要价值，对于研究中日文化交流以及日本蒙学有一定的文物和文化价值。

（二）《医学千字文》

据日本史书《古事纪》载，应神十六年（285）百济人王仁带着《论语》10 卷、《千字文》1 卷来到日本，汉字始传入日本。但是，目前我们看到南朝人周兴嗣所作的《千字文》大约成于公元 500 年到 521 年间。如果《古事纪》属实，则当时带去的《千字文》应该是另外一种版本。无论如何，南朝人周兴嗣作的《千字文》后来还是随着遣唐使的流转也传到了日本，并且留下了极大的影响。除了直接学习来自中国的《千字文》外，日本国人还写了各种类型的"千字文"，均以四字成句，这本《医学千字文》就是其中之一。

《医学千字文》，汉字书写，线装本，封面白底，双黑线框褐色底题名"医学千字文"，全 1 册，正文每页 4 行，每行 8 字，全书共 42 页。正文前有序 4 篇，分别是：题名"富春山人"于"享宝开元丙申九月"作的《医学千文序》，题名"仙台游佐好生"于"享宝正元之岁阳月五月"作的《医学千文序》，题名"铃木重善"于"享宝岁次丙申初冬"作的《医学千文序》以及该书作者石井彰信于"正德乙未十月朔旦"作的《医学千文序》。另有《医学千文凡例》1 篇。

作者序曰："古有千文、蒙求，实诱童蒙之捷径也。于是，余窃不自揣，辑医家可记者，名曰医学千文。每句下集诸家说，聊知其所据焉"（见图9—3），可见该书仿来自中国的童蒙书籍《千字文》《蒙求》而作，为医家入门读物，也可做一般人了解医书的普通著述。全书为四字句，大多合韵而作。所采医书主要是来自中国的医典，从神农本草、黄帝内经到张仲景的《伤寒杂病论》、李东垣的灸法、李时珍的《本草》、张介宾的《类经》等，当时可见的重要医书基本全部包括在内了，加上其朗朗上口的写作形式，这本书确实是了解中医学很好的一本著述。无怪乎富春山人在序言中评价此书"千文包括群籍，折中诸说。次第整齐，本末周备"。

该书作者石井意伯，又名石井彰信，号回阳子，东奥仙台人，出身医学世家，自小学医，但自己身体常患病，《医学千字文》为其病中所作。从作者序言来看，作于正德乙未年，即公元1716年。其他三人的序分别写于"享宝开元丙申九月""享宝正元之岁阳月五月""享宝岁次丙申初冬"，即公元1715年，则该书最后成书应该是1716年，距今300多年。该书的封面略有虫噬，总体品相较好，抄录清晰。该书在中国亦有少量流传，多为学医者手抄。另日本有《医家千字文》，为惟宗时俊撰，收入《皇汉医学丛书》第二册，亦为模仿中国《千字文》的模式创作。中国亦有《医学千字文》，署有"世医严守文钞"字样，具体作者不详，流传亦不广。从中日医学交流史、日本医学发展史以及中日文化交流等角度看，对石井彰信所著的这本书研究不多，尚有较大的研究空间。

二、"童观"书系

"童观"一词出自《易·观》："初六，童观。小人无咎，君子吝。"孔颖达对此解释曰："无所鉴见，唯如童稚之子而观之。"① 后人据此而命名适合于孩童学习的书册。日本道观收藏的此类蒙学教材有以下两种。

---

① （魏）王弼注，（唐）孔颖达疏：《周易正义》，北京大学出版社1999年，第97页。

（一）《童观抄》

《童观抄》，林道春编，上下卷，全书共 44 页。蓝色封面，线装本。汉字书写正文，日文书写注释。正文末有简短跋文数行，题名"题小册露抄后"，文曰"缥缃日日开，看去复看来。掌上一书册，胸中万卷堆。右小册应小出和列太守之求而表里共写出焉。罗山子道春书之"，末有"义村"方印一枚。由此可知，此书为采集众书而成，一册而包含万卷。书名"童观抄"者，既有作者自谦之意，也表示其内容如小儿童般浅显简单，可为初学者学习。

从实际内容来看，这本书粹集甚广，从《诗经》《尚书》到《四书》《太极图说》《史记》、前后《汉书》、扬子《法言》、《文选》《过秦论》，魏文帝《典论》、嵇康《养生论》、李康《运命论》、《列女传》《庄子》《列子》《韩非子》《文中子》《抱朴子》《郁离子》等，儒道之书，经史子集，可圈可点者几乎尽包。作者所说的"掌上一书册，胸中万卷堆"并非虚言。从摘抄的内容来看，主要是一些典型的历史故事或有助风化，开人智慧的言论。如抄录《吕氏春秋》中"刻舟求剑"的故事，采编《淮南子》中"善游者溺，善骑者堕，各以其所好及自为祸"，"林中不卖薪，湖上不鬻鱼"，《新论》中"翠以羽自残，龟以智自害，册以含色磨肌，石以抱能碎质"等俗言，不一而足。这些内容不仅有趣，而且语言本身就十分上口，利于诵记，加上随文的日语注解，对于初学者来说，真是读一本而知万卷的捷径。

该书编撰者林道春（1583—1657）是著名学者藤原惺窝最重要的弟子和传人，本名信胜，号罗山，字子信，出家后法号道春。他有训点《孟子》一书，前文已有介绍，此处不再赘述。该书保持完好，刊行年代不明。从学术史的角度来看，对研究林道春思想及当时日本、中国学术的基本流传情况都有很重要的意义。

（二）《绘本孙子童观抄》

《绘本孙子童观抄》中的"孙子"即中国著名兵家孙武所作的《孙子兵

法》。《孙子兵法》一共 13 篇，是中国也是世界上最早的兵书，作者孙武是春秋末期齐国人。一般认为公元 8 世纪上叶遣唐使吉备真备从中国把《孙子兵法》带回日本，也有人（如日本学者佐藤坚司）认为是百济专家把《孙子兵法》与其他兵书一起传播到日本的。《孙子兵法》传到日本以后，在室町时代（1336—1573）以前，朝廷将其作为“秘书”，仅限于少数特定家族流传。进入江户时代（1603—1867）以后，《孙子兵法》不再是“秘书”，社会上对该书的研究一下子多起来，各种注释解读的书可以说是相当齐全，但这里面却没有适合幼童学习的读本，而要真正学好兵法却必须从童蒙开始。这本书的写作就是应童蒙学习兵法的要求而作的。就如该书的序言所说的那样，“夫习能迁性者，人之常也，故蛮丁善没，野獦善射，是岂一朝而至哉。乃知兵之大体，亦在幼时学之而已矣。松亭中村先生者……病幼学之无渐，以为孙子注解虽不下数十家，其便蒙士者，盖鲜矣，于是，专以国字解释，加以古将英士之事迹，虽未至集众说之大成，然使人一见则兵家之大体涣然冰释，其有功于幼童果几何也”。

该书为加藤鐎次藏版，伊丹屋善兵卫他庆应一年（1865）出版。编者中村经年，又称松亭中村。线装本，浅蓝压花封面，白底双黑线框，题名“绘本孙子童观抄”，按顺序从“一”到“十三”标注每册。正文汉字书写，注释日文书写。正文每页 6 行，行 18 字，注释每页 12 行，字数不等。全书共 14 卷，13 册，日本道观所藏为全书。全书采用图文混编方式，正文内容为中国的《孙子兵法》，带有日文讲解，讲解故事主要为日本的战争故事；插图内容主要是日本历史上重要的战役或战争典故，如以“神武帝东征八咫乌引路”讲解《孙子兵法·军争篇》：不知山林险阻沮泽之形者不能行军，不用乡道者不能得地利；以“八幡公飞雁见伏兵”讲解《孙子兵法·行军篇》：众树动者，来也；众草多障者，疑也；鸟起者，伏也；兽骇者，覆也。以形象生动的图画，加上详细的注释来解读《孙子兵法》中的战争理论，活泼易懂，非常符合童蒙学习的特点。

《绘本孙子童观抄》正文前有署“时元治纪元甲子阳月眠山书屋主人加藤道撰”，“石斋高豊珪书”的《孙子童观抄序》一篇。序文后有“孙武子肖像"一幅,"孙武以兵法见吴王阖闾,教宫中美人战"图一副,及石斋高丰珪赞孙子诗一首:举扬正正旗,孙子计尤奇。惊破吴王胆,令严斩爱妃。《绘本孙子童观抄》在我国有少量流传,流入时间不详。日本道观收藏的该书,全套共13册,全,保存良好,印制精美。无论是插图还是文字,都绘制精良。距今已有近200年历史,文物和文化价值都很高。

三、历史启蒙教育书系

"读史"可以使人明智,开阔视野,对于儿童而言,了解历史不仅可以增加社会知识,而且对于人格培育也相当重要。所以,我们看到了中日两国传统的蒙学教育特别重视历史题材。日本道观收藏的这方面文本主要有两种:《十八史略》与《训蒙日本外史》。

(一)单行本《十八史略》

这部单行本《十八史略》,标记增补本,大夫岩垣龙溪标记,孙音博士东园再校增补。皇都松柏堂五车楼梓,元治元年(1864)甲子再刻。正文每页11行,行23字,随文双行小字注释,并有头注,全书7卷,每卷1册,共7册,每册50到70页不等。封面蓝底压菱形暗纹,白底题笺,题名"标记增补十八史略",7册依次于封面标注"一"到"七"以区分。封二中间大字"十八史略",右侧题名"大夫岩垣龙溪先生标记,孙音博士东园先生再校增补",左侧有"皇都松柏堂五车楼梓"9字,分两行排列。页面抬头有"元治元年甲子再刻"8字。

该书正文前有署名"音博士源朝臣松苗撰于平安东洞遵古堂"序文一篇,并篆文方印两枚,印文分别是"源朝臣松苗印"及"岩垣东园"。松苗序文后有署名"宽保壬戌(1742)之冬南郭服元乔题"序文一篇,并篆文方印二枚,印文分别是"服元乔印"和"子迁"。松苗与服元乔序文后是陈殷作于明洪武壬子年(1372)秋七月的序文"史略叙",文后同样有篆文方印二枚，印文分别为"湖海遗民""九江陈殷"。该书正文题名为"立斋先生标题解注音释十八史略"，依次署名为"前进士庐陵曾先之编次，后学临川陈殷音释，番易松坞王逢点校，建阳县丞南康何景春捐奉刊"。正文头注曰"日本从五位下岩垣彦明校订标记，孙大学音博士松苗再校增补"。全书末有藤原正臣作于天明改元年（1781）夏日的"再刻补正十八史略跋"文一篇。

《十八史略》为元朝曾先之所作，曾先之字从野，庐陵人（今中国江西）。《吉安府志》卷二十七曰："曾先之，字孟参，吉水人。少师事王介，登咸淳进士……宋亡，隐居不出，所著有《十八史略》。"① 该书命名为"十八史略"是因为这本书是对 18 种史书的节略。明代人陈殷的《史略叙》中说该书"采取司马迁《史记》，班固《西汉书》，范晔《东汉书》，陈寿《三国志》，唐太宗《晋书》，沈约《宋书》，萧子显《南齐书》，姚思廉《梁书》《陈书》，魏收《后魏书》，李百药《北齐书》，崔仁师《后周书》，魏徵《隋书》，李延寿《南史》《北史》，欧阳修、宋祁《唐书》，欧阳修《五代史》，李焘、刘时举《宋鉴》诸篇关乎风教之语，定为一编，故名某篇曰《十八史略》，开卷一览，古今之迹粲然"② 。《十八史略》最早刊行于元成宗大德元年（1297），内容以时间为顺序，以帝王为中心，记述了从太古三皇五帝到南宋末年的史事。起初只有两卷，作为历史启蒙读本，流传于书塾之中。后来此书被多人修订，出现了 7 卷本、10 卷本等多个版本。日本道观收藏的这一套是明代陈殷修订后的 7 卷本。

在"史略叙"中，陈殷说："愚因音而释之，厘为七卷。"③ 陈殷，字九江，江西临川人，后自号湖海遗民。陈殷修订后的 7 卷本《十八史略》后又经王逢点校，王逢弟子刘剡修改编辑，即为今天我们看到的这本七卷本《立斋先生标题解注音释十八史略》。关于"立斋"所指，有人认为陈殷号"立

---

① 《吉安府志》卷二十七，清光绪元年刊本。

② ［日］岩垣龙溪标记，孙音博士东园再校增补：《十八史略》，皇都松柏堂五车楼梓 1864 年。

③ ［日］岩垣龙溪标记，孙音博士东园再校增补：《十八史略》，皇都松柏堂五车楼梓 1864 年。

斋",但并无确切的史料记载。也有人认为是刘剡号"仁斋"的误写,如重野安绎在《汉文大系》卷五《十八史略·解题》中即持此观点。10 卷本有王元恭作于至正二年（1342）序文一篇,曰:"是用厘为十卷,刻之郡痒,庶几家传人诵,其于当世治道未必无小补云。"从两个版本的序文来看,7 卷本晚于 10 卷本,应是陈殷在修订时去除了前面的附加内容,从"太古"始进行音释编修而成。在中国大陆多地保存的有 2 卷本和 10 卷本。日本东京大学综合图书馆也保存有 2 卷本《古今历代十八史略》。这些书虽然卷次不同,但主题内容都是根据曾先之的《十八史略》进行各种修订或补充,或音释、注解。日本道观收藏的这套七卷本与《四库存目》的《历代十八史略》相比,主要是少了前面的"历代国号歌""历代世年歌""历代甲子歌"和"历代国都"。

案《十八史略》传入日本的确切时间无法考证,但至迟应该在足利时代（1378—1565）后期已经流入,此书一经传入日本,即迅速普及开来,成为日本儿童学习中国历史的主要入门书,同时,也为许多著名学者所重视。如为该书作序的南郭服元乔（1683—1759）,即服部元乔,字子迁,称小右卫门,又号芙蕖馆、同雪、观翁。16 岁开始跟随日本著名学者荻生徂生（1666—1782）学习汉诗,后以诗文著称于日本文坛,名震一时。他在该序文中讲述了他跟《十八史略》的一些渊源,他说:"昔初读书,父老教以览《十八史略》,时童子何知,不解者半,唯其言是敬从而朝夕目之,既而至于三复,约之鲜失,心已若仿佛乎具一宇宙……近偶旁观小子读是编,顾念童习,殆将四纪,心目恍然,忽复有悟……"可见当时的日本以《十八史略》教育儿童已经是一种风尚,像服元乔这样的著名学者也都曾多遍诵读此书。

日本道观所藏的这套《十八史略》的标记者岩垣龙溪（1741—1808）,即岩垣彦明,字孟厚,号龙溪,通称长门介,京都人,著名的汉学者,他撰写的《标记十八史略》成书于宽保二年（1742）。该书再校增补者音博士东园,即岩垣龙溪之孙岩垣松苗（1774—1849）,松苗字东园,江户末期的著名儒者。《标记十八史略》经过东园的增补后,即以《标记增补十八史略》之名,于天保九年（1838）刊行。这个版本因为校订精良,刊行后影响非常大。日本道观收藏的就是这个版本的再刊本。

日本道观收藏的这套书距今已有150多年了，保存完好，从内容到品相，都具有很高的价值。《十八史略》源于中国，发扬于日本，各种版本又反过来回流中国，个中经历，颇为曲折。同时，该书的各种版本虽然在中国各地的研究机构或者私人家中都有收藏，但并不普及，数量不多，常人难见，如果考虑到此书在日本的巨大影响，则该套蒙学书籍的文化和文物价值就更高了，对于研究日本中国史、中日史学史、中日史学交流史等，都是非常重要的文献。

（二）汉文大系中的《十八史略》

日本道观尚收藏有另一版本的《十八史略》，该书见于"汉文大系"，凡7卷本，共730页。正文前仍收录服元乔的序，称为《题言》。服元乔序后同样是陈殷所作的《史略叙》，服元乔序文前，增加了文学博士重野安绎写的《解题》一篇，梳理了该书的成书、版本，流传到日本，在日本的影响等概况，认为该书是重要的童蒙教育书籍，是初学者了解中国史大纲的重要史料。富山房汉文大系所收的这一本虽然与前文谈到的"立斋先生标题解注音释十八史略"为同一版本，但在再版的过程中，由文学博士重野安绎（1827—1910）进行了修订，在二十四史之外，更参考了司马光的《资治通鉴》、朱熹的《资治通鉴纲目》、清乾隆《御批通鉴辑览》、毕沅的《续资治通鉴》以及《历史纲鉴补》等书进行校订，对栏外注释部分也做了更便于初学者的一些改动。同时，该书在正文末还增加了《十八史略年表》。整体来看，汉文大系再刊的这本《十八史略》，印制精良清晰，内容更加准确，从阅读的角度看，与早期线装本相比，更加方便学习。

（三）《训蒙日本外史》

该书封面黄底白色题笺，双线黑框，题名"训蒙日本外史"，线装本，日文书写。日本道观所收该书不全，仅2卷，2册，封面以"一""二"区分，第一册即第一卷40页，第二册即第二卷27页，每页13行，行约23字。第一册封二橘红色底，黑字书"东阳大槻诚之解，简斋长田德邻校，训蒙日本外史，挹风馆藏"等字。正文前有署名磐溪大槻作的《训蒙外史影词》《训蒙日本外史序》。

《日本外史》是江户时代后期史学家、汉诗人赖山阳（1782—1832）的代表作。全书共22卷，30多万字，汉字书写，仿《史记》世家体例，记载了从源平二氏到德川氏的历史，这本书文笔出众，可以说是日本人最爱读的史书，而且本身就是当时学塾的蒙学教材。《训蒙日本外史》是东阳大槻应好友简斋的要求而作，鉴于《日本外史》本身的威望和成就，东阳大槻起初并不愿意狗尾续貂，但最后还是在简斋的劝说下，对该书进行了注解，与简斋长田德邻一起完成了《训蒙日本外史》，更加便利儿童学习《日本外史》一书，为《日本外史》的流传和日本人学习了解本国历史作出了很大的贡献。

该书著者大槻磐溪（1801—1878），字士广，名清崇，号磐溪，是日本江户时代后期汉学者家，文学家。除该书外，他还写有《养正日记故事》等著作，中国大陆有私家收藏。在"影词"和"序文"末，大槻磐溪题的时间是"纪元二千五百三十三年四月"，也就是公元1873年，则该书的写成应在1873年或之前。但是，因日本道观所收该书仅有2卷2册，许多信息，如是否有跋文、刊行年代等，无从详定，因此，其具体出版年代无法确定。

四、《小学》《孝经》与《弟子职》书系

日本道观收藏有富山房编辑局出版的"汉文大系"，明治四十四年（1911）再刊本，封二页中印"汉文大系"，右上有"渡边秀方收藏图书记"方印一枚。铅印本。其第五卷依次收录了《十八史略》①《小学纂注》《御注孝经》《弟子职》4书。这类蒙学书籍是直接对中国蒙学书籍的翻印或整理。

---

① 《十八史略》，前已介绍，此处从略。

（一）《小学纂注》

"汉文大系"第五卷收录的第二本蒙学书是《小学纂注》，从第 731 页到第 946 页，共 215 页。该书正文前有文学博士星野恒（1839—1917）作于明治四十三年（1912）十一月的《小学解题》，康熙丁丑年（1697）华泉（1644—1719）题于读易庐的"小学纂注原序"，并有《小学总论》1 卷及朱子《小学解题》1 篇。星野恒是日本明治时期著名的历史学家；华泉即华学泉，字天沐，号霞峰，无锡人，是震沧学派创始人顾栋高的舅父及老师。

《小学》一书原为朱熹与刘子澄编撰。按《朱子年谱》的记载，约成书于淳熙十四年丁未（1187）。其写作目的是给刚入学的儿童一个做人的"范本"。全书博采传记，选择其礼之可通行古今，切近儿童教育的内容而成。全书 6 卷，分内外篇，内篇分立教、明伦、敬身、稽古四门；外篇分嘉言、善行二门。以立教、明伦、敬身为纲，以父子、君臣、夫妇、长幼、朋友、心术、威仪、衣服、饮食为纪，既有古今故事，也有周、程、张子教人大略，更包括了乡约杂仪之类等等，不一而足。儿童从小学习，长大后又可以将这些规范作为一生奉行的行为准则。朱子《小学》成书刊行后，注释句读者颇多，其中明朝人陈选作于成化癸巳（1473）的《小学句读》影响颇大。《小学纂注》就是在陈选旧注的基础上正其得失，删节其繁冗，次第章法，脉络贯通，参伍众说，发挥尽义而成。陈选（1429—1486），字士贤，浙江临海人，谥恭愍，明朝学者，《明史》有传。纂注者高愈，字紫超，无锡人，明高攀龙之兄孙，有学名，他也是震沧学派创始人顾栋高的老师，曾注《仪礼》《周礼》。

日本《汉文大系》第五卷收的这本《小学纂注》是参考了以清心远堂为底本的歙西丰芭堂校刊本和福山藩翻刻本而成。参考了贝原益轩、竹田定直、增岛固、佐藤一斋等的研究成果，在文学士山口察（1882—1948）的辅助下，由文学博士星野恒标注校订而成，疏释详细完备。

（二）《御注孝经》

"汉文大系"第五卷收录的第三本蒙学书是《御注孝经》，从第947页到第979页，共32页。正文前依次为文学博士星野恒写于明治四十三年（1910）的《解题》，唐朝元行冲作的《御注孝经序》，以及唐玄宗亲自作的《孝经序》。

关于《孝经》的作者自来聚讼不已，有孔子说、曾子说、孔门七十子说以及曾子门人说等。要之，《孝经》一书为中国儒家最古老的经书之一，其思想主旨是儒家的伦理思想，同时，《孝经》也是古代中国最重要的蒙学书籍。《孝经》在流传的过程中，经秦火之难而失。汉初挟书令除后，河间人颜芝之子颜贞出《孝经》今文本，于汉文帝时立于学官，置博士。到了汉武帝时，鲁恭王坏孔子故宅，于壁中得《孝经》古文本。

今古文《孝经》面世后，注解者甚多。如汉代就有长孙氏、少府后仓、谏大夫翼奉、安昌侯张禹、郑玄等传今文，孔安国传古文；梁代，孔安国所传古文与郑氏所传今文并立。梁末战乱，安国本亡。其后，唯郑氏今文有传；到隋代，秘书监王劭于京师访得孔传，送至河间刘炫处，刘炫作义疏，古文《孝经》遂逐渐又与郑注并行。然而，对于刘炫本《古文孝经》，疑者颇多；到唐玄宗的时候，围绕今古文《孝经》的注释非常之多，争论也很大，形同水火。

开元七年三月（719），唐玄宗下诏令诸儒质定今古文《孝经》《尚书》，"《孝经》《尚书》，有古文本，孔郑注。其中指趣，颇多踳驳。精义妙理，若无所归……宜令诸儒并访后进达解者，质定奏闻"①。五月，又下"行何郑所注书敕"，"敦孔学者，冀郑门之息灭；尚今文者，指孔传为诬伪……其何郑二家，可令仍旧行用；王孔所注，传习者稀，宜存继绝之典，颇加奖饰"②。从唐玄宗的两道诏文来看，他是希望能调和《孝经》今古文，扶持当时流传

---

① （北宋）宋敏求：《唐大诏令集》，北京：商务印书馆1959年，第467页。

② （北宋）宋敏求：《唐大诏令集》，北京：商务印书馆1959年，第468页。

较少的孔传，保留郑注，达到二者并行的目的。

然而，事态并没有朝唐玄宗希望的方向发展，第一道诏令刚下不久，同年四月，学者刘知几就作《孝经注议》，列举十二条论据，证明今文《孝经》郑注非郑康成注，而古文孔传因为出自孔氏壁中，所以既详细又正确，因此，他提议行古文、废郑注。而与此同时，当时的国子监祭酒司马贞却认为刘说过于偏颇，虽然郑注真伪难辨，但与孔传比较而言，还是郑注更好些。就这样吵吵闹闹过去三年，到了开元十年（722），唐玄宗决定自己亲自注解《孝经》，以刘向校对过的《孝经》十八章为底本，而刘向这个底本本身就是用颜贞的今文比对古文而成的，是一个《孝经》今古文的合体。《孝经》此前有分章，无标题，玄宗注释时加上了标题，以方便传习。天宝二年（743），玄宗对《御注孝经》进行了修订，并亲自作序。汉文大系收录的这本《御注孝经》就是天宝重订本。

《孝经》传入日本的历史非常悠久，影响也特别大。继体天皇七年（513），百济王派遣五经博士段扬尔东渡日本，所带书籍中就有《孝经》。文武天皇大宝元年（701），日本第一部律令法典《大宝律令》设"学令"专章，规定日本国中央设太学，地方设国学，招收贵族子弟学习，《孝经》为入学的贵族儿童必修科目。天平宝字元年（757），孝谦天皇下诏，令每家必备一本《孝经》，并要求国人精勤诵习。到淳和天皇天长十年（833），皇太子入学仍然要先读《孝经》。这时，在日本国流传的《孝经》既有郑注今文，也有孔传古文。到清和天皇贞观二年（860），在贵族教育中开始使用《御注孝经》，同时，停止使用孔、郑古今文《孝经》。在镰仓武家政权时代，将军们读书仍首先要读《孝经》。此后，直到德川幕府时期，因为对儒学的推崇，《孝经》的地位也一直备受尊崇。《御注孝经》自清和天皇贞观二年（860）在贵族童蒙教育中正式使用后，在日本流行近千年，对日本国的文化具有极大的影响。

《汉文大系》收录的这本《御注孝经》，不仅很好地保存了从中国传入的天宝重订本面貌，注释也非常详细清楚，序言和解题部分，更详细追溯了《孝经》的版本、流传及其在日本的情况。铅印本印刷清晰，对于今天的读者来说，无疑是非常好的资料。

（三）《弟子职》

《汉文大系》第五卷收入的第四本蒙学书是《弟子职》，从第 980 页到第 987 页，共 7 页。《弟子职》为《管子》第五十九篇，讲的是弟子所应遵守的基本守则。《管子》是战国（前 475，或前 403—前 221）时齐国稷下学派的著作，《弟子职》被认为是中国最古老的蒙学书籍之一。《汉书·艺文志》将《弟子职》单列，附于"孝经类"，但这个版本后世无传。东汉时，《弟子职》随《管子》传世，据说一共有三篇，今亡遗不存。唐编《群书治要》曾选取《管子》，涉及《牧民》《形势》《权修》等二十多篇，但该书于宋朝初年于中国本土失传。该书随遣唐使传入日本，日本镰仓时代根据《群书治要》有写本《管子》。日本元治元年（1864）安井衡作《管子纂诂》，选录有关诂训置于白文之后，兼比勘版本，考辨异文，为《管子》类著述翘楚。

《汉文大系》收录的这本《弟子职》是唐房玄龄注（实际为唐尹知章注），明刘绩增注，明朱长春通，参考安井衡《管子纂诂》，由服部宇之吉修订而成。虽然是一本极短小的著述，但考订精良，比堪详审，是关于《弟子职》的很好版本。

第三节　日本道观蒙学类书籍的文化内涵

日本道观收藏的蒙学类书籍与其他典籍相比，内容略显单薄，但种类颇多，大都为当时名家所为，所谓一叶知秋，这些资料还是可以反映日本蒙学类书籍文化内涵之一斑的，如蒙学与修身涵养教育与知识文化教育以及蒙学教育中的道教元素，等等。

一、修身涵养教育

幼儿修身涵养教育对所有的民族和国家都具有非常重要的意义，因此，修身涵养教育在人类幼儿教育中具有普遍意义，是所有民族和国家进行蒙学教育的重要内容。当然，不同的民族和国家，对修身涵养教育的具体理解，除了一些具有普遍意义的内容外，还有许多独特的地方，作为受中国文化影响非常巨大的日本来说，在幼儿修身涵养教育方面，表现出与中国文化极大的相似性，同时，作为一种独立的文化形态，又与中国文化具有相当的差异。从日本道观收藏的这些蒙学书籍来看，日本蒙学在修身涵养方面，主要有四方面的内容：仁德、忠孝、尚武、勤学。下面我们主要以《皇朝三字经》为例来进行分析。

第一，仁德。

古代蒙学书籍的教育对象主要是贵族子弟，即使在后来教育越来越向平民开放，也十分有限。这些贵族子弟或者是未来天皇的辅佐，或者自己就要成为天皇，因此，对他们进行"仁德"教育就显得十分必要。即便受教育者是一介平民子弟，了解古代诸神或天皇们的丰功伟绩也是有助于培养对现世统治者的崇敬之情的。因此，在日本古代蒙学书籍中，有许多前人，主要是古代天皇的"仁德"事迹，用来作为儿童学习或者膜拜的榜样。这些故事直观、生动且有趣，非常符合儿童的心理，是很好的教育材料。

比如，在《皇朝三字经》中开头有这样几句："仁德避，稚郎禅。空宝位，已三年。稚幼薨，仁德祚。望炊烟，救民苦。"① 介绍的就是大鹪鹩天皇，即仁德天皇即位前后的两个"仁德"事迹。据《日本书纪》记载："大鹪鹩天皇，誉田天皇之第四子也……四十一年春二月，誉田天皇崩。时太子菟道稚郎子，让位与大鹪鹩尊，未即帝位……大鹪鹩尊……固辞不承，

---

① ［日］富春水撰：《皇朝三字经》，东都书林，嘉永六年（1853）。

各相让之……以久不即皇位，爰皇位空之既经三载……"① 誉田天皇驾崩后，因为当时的太子菟道稚郎子坚决让位给大鹪鹩尊，但大鹪鹩尊不愿意违背先皇遗命而拒绝了，这期间皇位一直空悬三年，最后太子决定自杀，书上说："太子曰：我知不可夺兄之志，岂久生之烦天下乎！乃自死焉。"其后，大鹪鹩尊者又经历了种种情感的痛苦，最后不得已才"即天皇位"②。这就是"仁德避，稚郎禅。空宝位，已三年。稚幼薨，仁德祚"所讲的历史典故。

大鹪鹩天皇即位以后，非常爱护他的子民："四年春二月己未朔甲子，诏群臣曰：朕登高台以远望之，烟气不起于域中。以为百姓既贫，而家无炊者。朕闻古圣王之世，人人诵咏德之音，家家有康哉歌。今朕临亿兆，于兹三年。颂音不聆，炊烟转疏。即知五谷不登，百姓穷乏也。封畿之内，尚有不给者，况乎畿外诸国耶。"于是，到了"三月己丑朔己酉，诏曰：自今之后，至于三载，悉除课役，息百姓之苦，是日始之。黼衣鞋履，不弊尽不更为也；温饭暖羹，不酸馁不易也。削心约志，以从事乎无为。是以宫垣崩而不造，茅茨坏以不葺。风雨入隙而沾衣被，星辰漏坏而露床褥。是后风雨顺时，五谷丰穰，三稔之间，百姓富宽，颂德既满，炊烟亦繁"③。这个故事就是"望炊烟，救民苦"背后的典故。作为一本童蒙书籍，除了把这些德育故事以简单的语句写出方便孩童记忆外，《皇朝三字经》还随文配了绘制精美的图画，生动再现了"望炊烟，救民苦"的情形。

大鹪鹩兄弟互让皇位，以及"望炊烟，救民苦"的故事，特别是前者，在今天看来其情节真是有点奇怪，其真实性以及背后的曲折，常会令人不自觉地作卑鄙的遐想，但对于一个生活在古代的单纯天真的小儿童来讲，天皇高尚的身份和神一般的地位，让这些神奇的历史事件轻易成为了最具有"仁

---

① 《国史大系》第一卷《日本书纪》，东京市京桥区弥左卫门町七香地经济杂志社明治三十年（1897），第 190 页。
② 《国史大系》第一卷《日本书纪》，东京市京桥区弥左卫门町七香地经济杂志社明治三十年（1897），第 190—194 页。
③ 《国史大系》第一卷《日本书纪》，东京市京桥区弥左卫门町七香地经济杂志社明治三十年（1897），第 195 页。

德"说服力的好故事，在培养他们对天皇的敬畏遵奉之心的同时，也会无形地将"谦让""爱民""素朴"等美德暗暗种植在他们内心。

第二，忠孝。

在吸收来自中国的"仁德"文化之同时，日本教育也吸收了中国文化，主要是儒教文化中人伦体系之根本的"忠孝"思想。还拿《皇朝三字经》来说，开篇即是"习典籍，知人伦"的教导，而具体的遵守人伦的楷模有哪些呢？

> 丈部子，赎其亲。村义光，冒君讳。纪夏井，丧母叹。忠光眇，报君仇。阿新孤，杀父仇。此数者，全忠孝，尔小生，当自戮。广信者，谏去之。清秀者，陈以尸。直纯者，上书诤。此三人，臣道镜。重盛谏，敬父愠。正行衰，当父训。此儿子，子道全。尔小生，当学焉。①

这段不算短的说辞中，提到了丈部子、义光、纪夏井、忠光、阿新、广信、清秀、直纯等数位忠臣孝子。他们的故事在日本的史书和民间都有流传。如"丈部子，赎其亲"的故事，就记载于《大日本史·孝子传》卷中。其文曰：

> 丈部路祖父麻吕，漆部司令史纵八位上石胜之子也。养老四年，石胜坐与直丁秦犬 麻吕盗司漆，并处流刑。时祖父麻吕年十二，弟安头麻吕年九，乙麻吕年七。同诣官，冒死伏请，父石胜为养诸子盗司漆，缘是配役远方，冀兄弟三人为官奴，赎父罪。
> 诏曰：
> 人禀五常，仁义斯重；士有百行，孝敬为先。今祖父麻吕等没身为奴，赎父之罪。欲存骨肉，理当矜愍，宜依所请为官奴。乃免

---

① [日] 富春水撰：《皇朝三字经》，东都书林嘉永六年（1853）。

石胜罪，独令犬麻吕赴配所。无几，免祖父麻吕、安头麻吕等从
良焉。①

　　《大日本史》中的这段记载取自《续日本纪》，是一个特别典型的子代
父罪，最后父子骨肉皆得以全的欢喜故事。情节感人，且故事的主人公——
丈部诸子都是儿童，大的不过 12 岁，小的才 7 岁。与童蒙教育的对象属于
同龄人，更能产生情感共鸣，达到良好的教育目的。

　　《皇朝三字经》这段话中提到的孝子还有纪夏井，这个人在中国也非常
有名，是著名的书法家，非常有才华。在《大日本史·列传》中，他以仁孝
智被载入史册。史书说他于"承和初，以善隶书待诏授文堂，就参议小野篁
受笔法，篁叹曰：纪三郎可谓真书之圣……"②，任官一方期间，总是能安民
化政，受到百姓的拥护，后来他因为异母弟事受到牵连而被贬土佐，在土佐
他赡养母亲至孝，"数年母亡，居丧过礼，建草堂，藏骸骨，晨昏无异生时。
雅崇佛教，日读大般若经五十卷，以终三年之丧"③。从《大日本史》的记载
来看，纪夏井很有几分类似孔子的学生颜回，具有一般人没有的美德，他不
仅善书、善围棋，才华过人，而且能够做到衣履疎弊而气度温雅，眉目舒
朗，性聪敏，秉志忠直。可以说，不仅孝，而且忠。不仅内有才华，而且外
表气度不凡。这样一个人，无论从哪方面讲，都是小孩子学习的榜样，也无
怪乎《皇朝三字经》中将其选为贤者之一。

　　上面我们谈到的丈部子和纪夏井是著名的孝子，《皇朝三字经》中还谈
到了一些忠臣，这其中非常值得一提的是村上义光。村上义光即《皇朝三字
经》中的村义光，为了押韵简写为村义光，他是信浓人，陆奥守源赖清的后
裔。后醍醐天皇镰仓时代，爆发了元弘之乱，村上义光与其子义隆等人与当

---

① 〔日〕德川光圀编：《大日本史》卷二百二十二，东京市本所区新小梅町蕃地明治四十年
　（1907）。
② 〔日〕德川光圀编：《大日本史》卷一百一十五，东京市本所区新小梅町蕃地明治四十年
　（1907）。
③ 〔日〕德川光圀编：《大日本史》卷一百一十五，东京市本所区新小梅町蕃地明治四十年
　（1907）。

时天皇的第三子护良出逃至十津川，后又入吉野山，为追兵所围，无计可出，村上义光对护良说："请赐大王铠装，诡为大王死，大王乘间遁去。"亲王开始不肯，但最后还是被义光强行换了铠甲离去。"义光乃被铠甲，登谯楼……义光遥望护良去远，大呼敌军曰：今上第三子护良引决，汝等行受天诛，见我自刃以为法。乃划腹抽肠，掷壁而毙。贼四集，就斩其首解去。既而吉野执行岩菊丸将兵数百追及护良，义隆单身留斗，斩数人，身被二十余创，溃腹死。护良终获免。义隆年十八矣。"① 村上义光的故事中实际上是两个人，还有一个是他的儿子义隆，义隆当时为保护护良亲王而死时才 18 岁。跟丈部子的例子一样，都是用年龄相仿的人来唤起受教育者更多的认同感。而义光父子腹破而死得惨烈场景，特别是义光，他不仅是自刃剖腹，而且抽肠掷壁……这个场景在其他文化看来相当血腥，但在日本武士道崛起以后，却是一个非常之壮烈、昭示了武士勇敢忠义的标志性行为。在研究日本剖腹文化的一些书籍中，把村上义光的剖腹视为日本武士道勇猛精神崛起的一个标志，他不仅忠于天皇并且极其勇敢，是日本武士道精神的代表。

关于日本吸收中国"忠孝"思想的问题，内藤湖南在《日本文化史》中有一段简单明了的描述。他说："忠孝这一名称自然是从中国输入的……像忠孝这类话，在汉语传入以前日本民族究竟怎样表达，始终没有发现。作为人名的孝字，训读为'よし''たか'，它的意思是'善'和'高'，不是对父母的特别用语。'忠'字训读为'ただ'，它的意思是'正'，训读为'まめやか'时，是'亲切'的意思，都不是对国君的特别用语。"② 可见日本蒙学教育中的"忠孝"思想，不仅其名称来自中国，而且其作为专门针对父母国君的内涵也是来自中国的。但是，现在可见的资料表明，日本对孝道的提倡，大概是进入奈良时代以后的事了，文武天皇大宝元年（701），日本第一部律令法典《大宝律令》设"学令"专章，规定日本国中央设太学，地方设国学，招收贵族子弟学习，《孝经》为入学的贵族儿童必修科目。此后，

---

① ［日］德川光圀编：《大日本史》卷二百二十三，东京市本所区新小梅町蕃明治四十年（1907）。

② ［日］内藤湖南：《日本文化史研究·何为日本文化》，北京：商务印书馆 1997 年，第 5 页。

"忠孝"教育在日本全面推行。

值得注意的是，日本上层在推行取自中国儒家的"忠孝"思想时将其进一步极端化了。本来，在孔子为代表的原始儒家那里，"忠""孝"的对象国君和父母都有与之对应的义务要求，是一种双向的社会关系。比如，"忠"的对象国君，必须是有道之君，否则，便如孟子所说的那样，"贼仁者谓之贼，贼义者谓之残，残贼之人谓之一夫。闻诛一夫纣矣，未闻弑君也"①，对于无道昏君无所谓"忠"。同时，君主还要能敬重臣子，否则臣子也无所谓"忠"于君主，所谓"君之视臣如手足，则臣视君如腹心；君之视臣如犬马，则臣视君如国人；君之视臣如土芥，则臣视君如寇雠"②。而对"孝"道的规定，在原始儒家那里同样也是有一个对应要求的，即"父慈子孝"。总之，"忠孝"的最高标准是"道"，而不是仅仅因为对方的身份，正如《荀子·子道》说的"从道不从君，从义不从父，人之大行也"③。

但是，随着社会的发展，中国古代的统治阶级有意强调忠孝中臣子的单方面义务，而使忠孝思想发生了极大的偏离，但作为原始儒家的"忠孝"中对国君和父母的要求总在文化的某个方面存在着，那些话语在《论语》《孝经》《孟子》《荀子》这些典籍中写着，总是被大量的读书人了解着。因此，在中国的历史上，一直以来都在"一臣不事二主"和"弃暗投明"以及"良禽择木而栖"中间摇摆，保持着一种微妙的平衡。但作为一种外来文化，被褊狭解读后的"忠孝"思想进入日本，被进一步向有利于强势的一方解读，在"忠"的层面，几乎没有对"君"的德性的讨论，同样，在"孝"的方面也几乎没有对"父母"的要求。虽然，原始儒家的经典也在日本社会流传，但是无论其覆盖面还是对其理解的深度，都与中国人不能相比，所以，我们在《皇朝三字经》中看到的"忠"显得无比惨烈，"孝"显得不近人情。从表面看，与中国古代的"二十四孝"极其类似，但因为没有一个暗暗存在

① （宋）朱熹撰：《四书章句集注》，北京：中华书局1983年，第221页。

② （宋）朱熹撰：《四书章句集注》，北京：中华书局1983年，第290页。

③ （清）王先谦撰，沈啸宸、王星贤点校：《荀子集解》，北京：中华书局1988年，下册第529页。

的那种对父母君上"道义"的要求作为平衡，实际的情况与中国有极大的
不同。

第三，尚武。

日本民族是一个尚武的民族，在关于忠孝的教育中，我们就可以很明显
地看到对"尚武"或者说是"勇武"的重视。除了在"忠孝"的案例中同
时体现了"尚武"之外，《皇朝三字经》中还专门讲了一些尚武的故事，如
《皇朝三字经》中提到"源赖政，起甲兵"之事。

源赖政是日本平安时代末期的武士，他一生富于传奇色彩。他在平氏专
权时期，是位阶最高的源氏朝臣，因为官至三位，后来又出了家，因此被称
为源三位入道赖政。在治承四年（1180）起兵反对平氏的战役中，战败于宇
治川，遂切腹而死。《皇朝三字经》中所说的"起甲兵"事，当指此。其时
源赖政已经 77 岁高龄，而之所以要与当时的以仁王联合起兵，除了政治上
的原因外，还因为平氏曾经抢夺过源赖政之子的爱马，并侮辱了赖源政之
子。这在热衷和提倡复仇的日本武士文化中，源赖政对平氏的讨伐是一种高
尚的行为。

赖源政之死在《平氏物语》的描述中显得特别悲美。他是作和歌的高
手，据说在兵败后刺腹自杀这样一个非常不适宜作歌的时候，赖源政仍然口
诵了一首极其美丽而哀伤的绝命歌："叹我如草木，终年土中埋；今生长已
矣，花苞尚未开。"这样的离世场景无疑为赖源政的人生抹上了更加迷人的
色彩，他死得那样美丽，不仅仅是一个勇敢的人，而且还是一位能人，是一
位忠臣，不仅仅是日本武士道精神的代表，甚至还是日本精神的某种代表。

这样的一个人，他死得如此壮烈而凄美，促使他生前的故事更加广泛
流传。赖源政善射，时至今日，"赖三位赖政之弓"在日本游戏和诸多漫画
中，还常作为极厉害的法宝出现。《皇朝三字经》中没有直接提及他善射之
事，但书中绘制的插图里描画了一个他善射的传说，就是著名的"赖政灭鵺
之事"，其目的应该是帮助儿童更多了解源赖政的英勇神武。关于这个事情
发生的年代，众多的书中记载各不相同。大概的经过是说某年在皇宫的上空
总是出现怪异的乌云，天皇非常惧怕，并因此生了病。虽然加以祈祷，但天

皇的病并没有好转，大家猜一定是这乌云中藏了什么妖怪。于是，天皇命令源赖政射杀这个妖怪。源赖政就让他的侍从猪早太夜以继日地看守这片乌云，在一个适当的时候，源赖政朝着乌云射了一箭，就听到一声悲鸣，然后一个东西从黑云中落了下来，猪早太马上跑过去用刀刺杀，只见射下来的这个怪物：脸就像猿猴，身体却像狐狸，手脚又如老虎，尾巴就像蛇，叫的声音是怪鸟，真是可怕极了。有人看了这个怪物的样子，推测这可能就是传说中的鵺。据说鵺是一种凶鸟，叫的声音悲鸣咻咻，样子十分恐怖。这个事情就是"赖政灭鵺之事"。在射杀怪鸟时，据说源赖政同样作了和歌"月下飞矢任飘飘"，整个事件在这句歌中被渲染得可怕又美丽，充满了诱人的色彩。这大概也是故事广泛流传的原因之一吧。

从源赖政的两件事中，我们看到日本人对勇武的追求，对悲情事件之美的迷恋，在蒙学的教育中，从孩童时期就开始潜移默化地种在每一个受教育者的心中了。

第四，勤学。

日本民族是一个非常勤奋的民族，其勤学精神令人印象深刻，这与日本重视勤学教育是分不开的。在蒙学典籍中，处处可见"勤学"者的身影。我们还拿日本道观收藏的这本《皇朝三字经》来说，其中就记载了不少勤学者的故事。这其中特别典型的应该数吉备真备、菅原道真、都良香以及小野道风了。

关于吉备真备、菅原道真、都良香三人，《皇朝三字经》中说："吉备公，性卓荦。入大唐，讲经学。菅丞相，师良香；性虽敏，学而彰。儿为人，贵学问，其言行，效古训。"[1]

吉备真备本姓下道朝臣，灵龟二年（716）为遣唐留学生，当时吉备真备24岁，他在唐交流近19年，就学于长安鸿胪寺四门助教赵玄默。对大唐的天文、历法、音乐、法律、兵法、建筑等均有较深造诣。《大日本史》记载"（真备）在唐研覃经史，该涉众艺。当时学生播名于唐者，唯真备、

---

① ［日］富春水撰：《皇朝三字经》，东都书林嘉永六年（1853）。

阿倍仲麻吕二人而已"①。他在天平七年（735）回到日本时，"献《唐礼》
一百三十卷，《大衍历经》一卷，《大衍历立成》十二卷，测影铁尺一枚，铜
律管一部，《乐书要录》十卷……"②后又作为遣唐使入唐，唐玄宗授其银青
光禄大夫，从三品。虽然银青光禄大夫是一个虚衔，但体现了唐朝对吉备真
备的重视。

在大唐时，吉备真备还与张旭交流过书法，回到日本后，弘扬了大唐的
书法之道。传说吉备真备回日本时带回一个擅长音韵学的少年袁晋卿，后改
名净村宿祢，这位净村宿祢，将日本汉字的读音由吴音改为汉音，并创造了
片假名。也有人说片假名是吉备真备根据汉字偏旁创造的。无论如何，日本
的片假名与吉备真备之间应该有一定的关联，因此，日本也有不少人将吉备
真备尊为"国语之父"。除此之外，他还把中国的围棋首次带到了日本，开
拓出后来的日本围棋文化。吉备真备为中日文化交流作出了非常大的贡献，
也推动了日本本土文化的发展，同时，真备在日本政坛也相当活跃，为一代
重臣。在日本民众的心中，吉备真备有非常高的地位，他晚年辞官还乡，常
在一巨岩上弹琴低吟，后来这块岩石就被称为"弹琴岩"，至今，冈山县真
备町的町民每到仲秋之夜还要举行"弹琴祭"来纪念吉备真备。同时，在夏
天，他们还要进行"遣唐使行列祭"，也是为了纪念他。可以说，吉备真备
在日本人的心中拥有神一样的地位。然而就是这样一个具有如此学识的人，
如果追问他的能力从哪里来的话，却非常简单，就是勤奋。将这样一个曾经
在那个神一般的国度——大唐，生活学习了19年，熟练掌握了外来文化，
并将之在本土推广，远渡重洋，经历丰富的人作为榜样教育儿童，真是非常
好的题材。

"良香"即都良香（834—879），是日本平安前期著名的文人，他有许
多逸闻趣事在日本广泛流传。《大日本史》说都良香"博闻强记，善属文，

---

① ［日］德川光圀编：《大日本史》卷一百二十三，东京市本所区新小梅町蕃地明治四十年
（1907）。

② ［日］德川光圀编：《大日本史》卷一百二十三，东京市本所区新小梅町蕃地明治四十年
（1907）。

弱冠入学"，又说"世言良香月夜过罗城门，吟所作诗曰：气霁风梳新柳发，冰消浪洗旧苔须。楼上有叹赏声，时人异之。又游竹生岛，得'三千世界眼前尽'之句，对未成。岛神赓曰：'十二因缘心里空'。"① 其诗文能感动鬼神，并得到神仙的指点，可见其超拔之才华。

"菅丞相"就是被日本人称为学问之神的"菅原道真"，是主管文化和考试的神灵。因为他被贬而死，死后不止一次雷劈日本皇宫，所以也被日本人视为"雷神"。同时，他还是日本历史上最强怨灵之一。菅原道真少年早慧，《大日本史》说他幼而颖悟，刚满 11 岁，他的父亲"使岛田忠臣试诗，道真即赋曰：月耀如晴雪，梅花似照星。可怜金镜转，庭上玉房馨。是善叹曰：兰茁而芳，信哉！"② 870 年，应方略试，由大学少内记都良香（834—879）主试，二人有师徒之谊。关于二人的交往，《大日本史》载有一件趣事，"道真一日访都良香，会良香讲射。良香以为彼儒生，未尝操弓，试授弓矢，道真一发即中，观者惊服"③。这个故事主要是为了突出道真不仅文才高，而且有武勇。不过，我们同时也可以发现，都良香既然能教众人射箭之术，其本人也必然善于此道。可见，二人都是文武双全的人。道真是都良香的学生，但才华过人，后来的官职也在都良香之上。后有传说都良香因此心中郁闷，隐居而去，最后也变成了神仙。在日本的神仙谱上，二人都占有一席之地，在日本民众中赫赫有名。这样的两个人，其成就的取得，除了有天生的慧资以外，《皇朝三字经》说他们更多的是来自勤奋好学，以神仙事迹激励学童，在绘声绘色的故事之后讲到勤学刻苦，对儿童自然具有极大的说服力。

《皇朝三字经》的插图里有一副关于书法家小野道风的，画中描绘他正在观察往柳树上蹦跳的青蛙。小野道风（894—966）是日本平安中期的书法

---

① ［日］德川光圀编：《大日本史》卷二百一十五，东京市本所区新小梅町蕃地明治四十年（1907）。

② ［日］德川光圀编：《大日本史》卷一百三十三，东京市本所区新小梅町蕃地明治四十年（1907）。

③ ［日］德川光圀编：《大日本史》卷一百三十三，东京市本所区新小梅町蕃地明治四十年（1907）。

家，为"和样"书法的创始人，《大日本史》说他"善书，遒劲神逸，冠绝今古……凡其书一行只字，人竞求之，不得者以为耻。其为世所贵如此。后世称道风及藤原佐理、藤原行成曰'三迹'"①。据说小野道风年轻时，有一次在雨天散步，路上看到一只青蛙正努力往柳树上跳而屡屡跌落，小野道风开始也认为这只青蛙不过是白费力气罢了，忽然，一阵风吹来，柳枝摇摆，青蛙一个纵身，竟然跳上了柳枝。从这件事中，小野道风认识到了坚持努力的重要性，因此，学习更加刻苦，他的书法造诣也日益精深。日本爱知县于2000 年以小野道风和柳蛙为题发行过一张邮票，背景用的是小野道风的《玉泉帖》，图案设计也是小野道风和柳蛙，可见，小野道风这一事迹流传之广、影响之大，无怪乎《皇朝三字经》以此图辅助儿童理解勤学的重要性。

这四个"神"一样的人物，或者可以直接说在日本人的心中就是真正的"神"人，天资聪慧，但仍然是通过努力学习才崭露头角，最终功成名就的。在儿童启蒙时期对其进行这样的榜样教育，无疑对启发一般儿童好好学习有极大的激励作用，对整个童蒙教育的展开，甚至以后一般教育的进行，以及最终国民素质的普遍提高，都具有非常重要的意义。

二、知识文化教育

除了对儿童进行品德教育外，蒙学教育还有一个非常重要的任务，就是知识文化教育。除了识字外，从日本道观收藏的这些蒙学书籍来看，知识性教育还包括基本社会生活常识教育，基本医药卫生知识教育、军事以及历史文化知识教育。基本社会生活常识教育在日本道观收藏的蒙学书籍中主要体现为生活伦理教育，这一点与前文所说的修身涵养教育有相当多的重合，在此不再赘述。

---

① [日] 德川光圀编：《大日本史》卷二百一十四，东京市本所区新小梅町蓄地明治四十年（1907）。

　　历史文化教育方面，日本道观收藏的《十八史略》实际为中国历史，可见在早期的日本蒙学教育中，对中国历史的关注非常深切。另外一本涉及日本历史的蒙学书籍就是《皇朝三字经》。这本书主要由两方面内容构成：一是对儿童进行生活伦理教育，另一个就是进行历史常识教育。该书以三字句的形式，按时间顺序，以历代天皇为核心，讲述了日本立国直到元和元年的大事以及重要人物。因为《皇朝三字经》的历史教育内容，有很多是与伦理教育相合而成的，也就是说，对儿童的伦理教育实际是结合历史史实来进行的，这一点我们在介绍《皇朝三字经》的伦理教育内容时，已多有提及，所以，这一部分我们也不再赘述。虽然在本部分未专门论述日本蒙学教育中的史学特点，但是，千万不能据此以为日本人对本国历史的教育不重视。恰恰相反，日本有众多本国史书，也有写作精良的蒙学本国史学教育教材。

　　医药卫生方面的蒙学书，主要是《医学千字文》。这本书是学医者的入门捷径，同时，也可以作为一般民众了解医药卫生知识的普及性读物。全书短小的篇幅囊括了众多医药卫生知识，主要包括这样几个方面：人体基本生理知识；著名医家及医学流派；著名医学典籍；医学基本理论；常见病症及医治原理；妇科、皮肤科、针灸一般原理；日常生活养生常识等。

　　关于人类的产生和个体结构，该书继承了中国医学的理论，认为氤氲媾和于太虚，气化而成万物，女性有月经，然后可孕育胚胎，从而生出人来。人的头是圆的，如天；人的脚是方的，如地。从根本上讲，人乃天地气化的结果。人有五脏六腑，九窍四肢，皮毛筋骨，关节荃垂。这是有形可见的。在此之中，气血流行，有营有卫，有阴有阳。

　　关于人类医学的发展及著名医家和流派，该书同样在中医学理论的基础上指出，医学起源于人体的疾病，医学的展开主要包括四个方面，药草、疾病理论、诊治、药方。这四个方面各有始祖，讲论药草的始祖是《神农本草》；讨论疾病理论最早的是《黄帝内经》；探求诊治之方的始祖是扁鹊《难经》；而最早记载药方的则是张仲景的《金匮要略》。此后医学都是在此基础上发展起来的，所谓"四家播手，五经垂言"。著名的医家主要涉及的有中国东汉的张仲景，唐代的孙思邈、王冰次，魏晋的王叔和，金元时期的刘完素、李东垣，元代的朱丹溪，宋代的许叔微，明代的李时珍、张介宾、孙一奎、李挺、刘纯、徐春甫等以及日本著名的医道世家和气、丹波二氏等。著名的医书涉及的有《神农本草》《黄帝内经》《难经》《金匮要略》《类经》《素问》《素问王水次注》《素问玄机原病式》《针灸甲乙经》《脉经》《本草纲目》《普济本事方》《玉机微义》《古今医统》等，中国古代著名的医书几乎全都提到了。关于常见病症及医治原理主要涉及的是中医学的阴阳、虚实、辨证、血气之说；妇科、皮肤科、针灸等具体疾病一般原理也都从气血阴阳等方面论证，用补、泄之法，按虚实而定针灸之当不当。

除了上面说到的这些相对比较专业的医药卫生知识外，《医学千字文》还论及一些日常生活的卫生问题，比如"饮食自倍，肠胃乃伤"，指出吃饭时不能过分多吃，多食则伤肠胃。又如"以酒以欲，戕元耗真……精神内守，恬澹虚无，饮食色欲，忍在须臾"①，强调节欲内敛的重要性。

总之，《医学千字文》一书言简意赅，包括群籍，折中诸说，次第整齐，本末周备，十分有助于童蒙卫生知识养成。

日本道观收藏的蒙学书籍中涉及军事知识教育的是《绘本孙子童观抄》。这本书发行于日本江户晚期，与《皇朝三字经》的编写方式类似，书中有多幅插图，内容是日本历史上重要的战役或战争典故，以图画加注释的方式帮助儿童理解《孙子兵法》中的战争理论。

对于日本人来说，《孙子兵法》是一本纯粹的外来书籍，但他们却投入了极大的学习热情，该书在日本普及程度非常广泛。从某种意义上说，《绘本孙子童观抄》既推动了《孙子兵法》在日本的传播，同时，该书的出现本身也反映了日本人对学习《孙子兵法》的热情和客观需要。日本历史上有许多成功运用《孙子兵法》的战争案例，这些案例被绘制在《孙子童观抄》中，教导学习兵法的儿童。如日本特别经典的战争故事——"八幡公飞雁见伏兵"就是运用《孙子兵法》的一个例子，被绘制在《孙子童观抄》的《行军篇》部分。八幡公指的就是源义家，他是日本平安时代后期的著名武将，

---

① ［日］石井彰信：《医学千字文》，序作于 1716 年，出版社不明，日本道观藏书。

河内源氏嫡流出身，小字源太。据说他父亲赖义做了一个八幡神赐剑的梦，随后义家的母亲怀孕，诞下义家。义家 7 岁时加元服于石清水八幡宫，因此号"八幡太郎"，或者"八幡太郎义家"①。他曾向太江匡房学习《孙子兵法》。永保三年（1083），八幡太郎为陆奥守，兼镇守府将军，当时藤原清衡、清源家衡，与清源真衡兵戎相见。义家知道后，急忙奔赴陆奥，帮助真衡攻击家衡，在出羽这个地方，兵败而退。家衡的叔父武衡听说义家兵败，起兵响应家衡，合谋占据金泽栅。宽治元年（1087）九月，义家带领数万兵士进攻金泽栅，敌方设了埋伏，只等义家进攻。正在行军途中，忽然，义家"遥见雁行乱，觉其有伏，使兵士侦之，果得伏兵，击歼之。乃谓众曰：兵书有之，伏兵在野，飞雁乱行，我若不学，则今日殆堕贼计中矣……"② 这里的"兵书"指的正是《孙子兵法》。

在《绘本孙子童观抄》中，记载了许多类似八幡太郎运用《孙子兵法》取得胜利的战争案例。如宇治川合战，曾学习过《孙子兵法》的源义经，运用《孙子兵法·行军篇》中"绝水必远水……视生处高，无迎水流……"③的水战策略，大败源义仲，最后在近江国粟津将其杀死。又如原本默默无闻的浪人北条早云，他智慧果断，抓住机遇，先是由战功成为兴国寺城的城主，礼贤下士，万众一心。又密切关注居住于伊豆半岛的足利政知家之纠纷，先知而早备。足利政知立茶茶丸异母弟为后嗣，其子茶茶丸密谋杀死足利政知及异母弟母子，伊豆政局遂陷入分裂。早有准备的北条早云获得伊豆内乱的消息后，借兵三百，连夜袭击，逼迫茶茶丸自裁，在不到一个月的时间内完全控制伊豆半岛，由一个不为人知的小城之主，瞬间成为大片领土的统治者。他的传奇经历，生动地演示了《孙子兵法·用间篇》中所讲的利用"间谍"获取信息的重要性："故明君贤将，所以动而胜人，成功出于众者，

---

① ［日］德川光圀编：《大日本史》卷一百四十三，东京市本所区新小梅町蕃地明治四十年（1907）。

② ［日］德川光圀编：《大日本史》卷一百四十三，东京市本所区新小梅町蕃地明治四十年（1907）。

③ 中国人民解放军军事科学院战争理论研究部《孙子》注释小组：《孙子兵法新注》，北京：中华书局 1977 年，第 84 页。

先知也。先知者，不可取于鬼神，不可象于事，不可验于度，必取于人，知敌之情者也。"①

总之，通过"绘本"这一形式，《孙子童观抄》一书不仅教给了儿童军事理论，而且培育了儿童的勇武精神，同时，还在讲解战争理论的时候，一并把日本历史教给了儿童，可谓是一举多得。《孙子兵法》一书在第二次世界大战后曾短暂沉寂于日本社会，但 20 世纪 50 年代以后，随着日本经济的飞速发展，《孙子兵法》再次在日本受到广泛关注，被成功引入企业管理中，在日本经济领域形成巨大推动力。可见日本人对《孙子兵法》了解运用之深刻，这很难说与《绘本孙子童观抄》没有任何关系。在这个问题上，中国确实有许多值得深思和向日本学习的地方。

三、日本蒙学教育的道家、道教元素

日本文化与中国道家、道教有非常密切的联系，关于这一点，众多的中日学者都有研究。比如，黑川真道的《日本皇朝年号中的长生之神的意义》，清原贞雄的《日本的北辰、北斗的研究》，黑板胜美的论文《我国古代的道家思想及道教》，小柳司气太的《神道和道教》，和岛芳男的《平安朝神道和阴阳道的关系》，清原贞雄的《奈良时代的神仙思想及虚无思想》，下出积的《天皇称号和神仙思想的问题》《道教和日本人》，田萃的《镜和神仙思想》等，都从各个角度论证或阐明了道家、道教文化在日本的传播和影响。正因为这种道家、道教在日本人生活中的实际影响，所以，在日本的蒙学教育中，我们同样可以看到许多道家、道教思想的痕迹。

我们还拿《皇朝三字经》来说，这本书的扉页有两句话："覆而无外天之德也，明君体之保国家；载而无弃地之道也，良臣则之守社稷。"这两句

---

① 中国人民解放军军事科学院战争理论研究部《孙子》注释小组：《孙子兵法新注》，北京：中华书局 1977 年，第 134 页。

话出自《太平记·序》，"蒙窃采古今之变化，察安危之来由。覆而无外天之德也，明君体之保国家；载而无弃地之道也，良臣则之守社稷。若夫其德却则虽有位不持……其道违则虽有威不久"①。

粗粗来看，这句话是带有儒家色彩的，君臣要恪守各自的本分，以保国家社稷；然而仔细研读的话，会发现其背后的思想蕴含却是来自道教。《太平记》中的这句话，化用自《管子》。《管子·版法解》曰："天覆而无外也，其德无所不在；地载而无弃也，安固而不动，故莫不生殖。圣人法之，以覆载万民，故莫不得其职姓。得其职姓，则莫不为用。故曰：法天合德，象地无亲。"②案《管子》为稷下学派的著作，黄老、法家思想兼有，其所推崇的天地道德源自老庄。法天地，贵人性，倡导无为而顺天地自然。《版法解》主旨在其文开头讲得非常清楚，"版法者，法天地之位，象四时之行，以治天下"③，正是顺自然无为的意思，即"法天合德，象地无亲"，也就是《道德经》中所讲的"天地不仁，以万物为刍狗"，"天道无亲，常与善人"。

再如《皇朝三字经》在讲述日本神道教历史时，说："荡荡乎，神教兴。与尧舜，道又同。神凭三，镜剑灵。"④这话粗看，也是讲尧舜，与儒家关系颇近。然而说到"神凭三，镜剑灵"，就与道教关系相当密切了。《道德经》说"道生一，一生二，二生三"。"三"在道教中具有特别的意义。《道教三洞宗元》曰：

> 原夫道家由肇，起自无先。垂迹应感，生乎妙一。从乎妙一，分为三元。又从三元，变成三气。又从三气，变生三才。三才既滋，万物斯备……其三气者，玄、元、始三气也……又从玄、元、始变生阴、阳、和，又从阴、阳、和变生天、地、人。故《道德经》

---

① ［日］后藤丹治、釜田喜三郎校注：《日本古典文学大系·34 太平记一》，东京：岩波书店1977 年，第 34 页。
② 黎翔凤撰，梁运华整理：《管子校注》，北京：中华书局 2004 年，下册第 1203 页。
③ 黎翔凤撰，梁运华整理：《管子校注》，北京：中华书局 2004 年，下册第 1196 页。
④ ［日］富春水撰：《皇朝三字经》，东都书林，嘉永六年（1853）。

云：道生一，一生二，二生三，三生万物。[1]

因此，道教又有"一气化三清之说"，其整个神仙体系都建立在这个基础之上。而在道教内丹修炼中，最讲究的就是精、气、神三者，所谓炼精化炁，炼炁化神，炼神还虚。其思维理路依然是道生一，一生二，二生三。一而三，生万物；三而一，成长生。《皇朝三字经》中所讲论的"神炁三"不能说就是与道教讲的"神炁"以及"道生一，一生二，二生三"直接等同，但无论从字面还是内涵，都无法完全撇清与道教的关系。

再说"镜剑灵"。在日文中"玉"与灵魂的"灵"发音一样，"镜剑灵"即"镜剑玉"，也叫"镜剑玺"，是日本天皇权力的象征。具体来说，指的就是日本传说中的三大神器：八尺镜、草薙剑以及八坂琼曲玉。草薙剑其实是日本刀的一种，所以镜剑灵又可认为是镜刀玉，或者镜刀玺。

据《三国志》卷三十《魏书·倭》记载，公元 2 世纪时，当时的倭国，即日本大乱，邪马台国是统治二十八个倭国的大国，"其国本亦以男子为王。住七八十年，倭国乱，相攻伐历年，乃共立一女子为王，名曰卑弥呼，事鬼道，能惑众。年已长大，无夫婿，有男弟佐治国……"[2] 卑弥呼王曾多次遣使来华。"景初二年六月，倭女王遣大夫难升米等诣都，求诣天子朝献……"，当时的魏明帝认为这是卑弥呼王"忠孝"的表现，于是，以卑弥呼为"亲魏倭王"，假金印紫绶，并特赐绀地句文锦、细班华罽、白绢、金、五尺刀、铜镜、真珠、铅丹等好物[3]。在魏明帝赐给卑弥呼的这些"好物"中，就包括金印，即玺（灵或玉）、五尺刀（剑），以及铜镜（镜）。这些东西对于当时的日本来说，是非常高级的物品。日本女王卑弥呼据说就是日本传说中的天照大神，"镜剑玺"之所以成为日本后世天皇权力的象征，就因为这三样

---

① （宋）张君房纂辑，李永晟点校：《云笈七籤》，北京：中华书局 2003 年，第 34—36 页。

② （晋）陈寿撰，（宋）裴松之注：《三国志·魏书·倭》，北京：中华书局 1959 年，第 3 册第 856 页。

③ （晋）陈寿撰，（宋）裴松之注：《三国志·魏书·倭》，北京：中华书局 1959 年，第 3 册第 857 页。

宝物是天照大神所留下的。而从历史的记载来看，当时的日本生产力还相当落后，处于母系、父系交替阶段，"镜剑玺"这样的宝物只能是外来文明输送得到的，具体来说，也就是曹魏当时所赐的"金印、铜镜和刀"。即便后世日本根据自己的文化习俗重新对这三样东西进行改造生产，但其最早的起源是中华文化应该无疑。

然而，这与道教有什么关系呢？曹魏时期，中国的道教成立并没有太长时间，也不可能那么迅疾地传入遥远且交通不便的日本。但是，"镜剑玺"却是与道教密切相关的三件神物。在道教活动中，镜被看成具有辟邪、分形等神奇力量的东西，道士用镜帮助自己进行修炼，属于道教修仙方法之一。再说"剑"和"玉"。"剑"本来是一种兵器，关于治剑的传说，可以直追到远古的夏商周时期。道教创立以后，剑成为道教的法器，被称为"法剑"。道士根据修道品位的不同，佩戴各种不同的剑。在道教的斋醮仪式中，高功也需要仗剑配合咒语实施仪式。道教故事中，高道仗剑斩妖除魔的传说更是数不胜数，像许逊、吕洞宾等人的剑就为大家所熟知。而"玉"，也就是"印"，在道教中被称为"法印""神印"，在道教宗教活动中，可以调鬼驱魔，具有神力，各道派有不同的法印。汉代张陵天师道的法印为"阳平治都功印"，传为张陵所遗。正一派上章、书符都需要用此印。同时，剑和印还是早期正一道嗣教传箓的重要信物。杜光庭在《道教灵验记·刘迁都功箓验》中说："昔天师升天于云台山，告示天地万神曰：吾升天之后，留太上所赐宝剑、都功印箓以付子孙，救护亿兆。"[①]杜光庭这段文字中所讲的正一道法剑、印箓的来历，以及天师告神之事也许有可以商榷的地方，但正一道从一开始嗣教传箓都需有祖天师所传宝剑、玉印确实不争的史事，直到今天正一道仍有此传统。从这些记载来看，在曹魏时期，"镜剑印"或"镜剑玉""镜剑印"这三种东西，在中国人的心中除了一般用途之外，还带有非常特殊的道教宗教色彩，作为曹魏的统治者，对不远万里而来的朝拜者赐予好物，绝不是随随便便选两样稀罕玩意就行了，一定有他的意图在里面。那么，为什

---

① 《道藏》第 10 册，第 838 页。

么当时的曹魏会把这三件带有特别道教色彩的宝物赐予日本使者呢？

原因非常明显，就是在当时的曹魏人看来，卑弥呼女王所代表的日本信仰与当时中国的道教类似。关于这一点，《三国志》等史书可以证实，即对当时以卑弥呼女王所代表的日本信仰，中国统统将其称为"鬼道"。而"鬼道"也正是曹魏当时人对道教的称呼。《三国志·魏书·张鲁传》曰："鲁遂据汉中，以鬼道教民，自号'师君'，其来学道者，初皆名'鬼卒'……"① 《华阳国志·汉中志》曰："鲁字公祺，以鬼道见信于益州牧刘焉……初平中，以鲁为督义司马，住汉中，断谷道。鲁既至，行宽惠，以鬼道教。"② 《弘明集·辨惑论》曰："次有子鲁，复称鬼道……"③ 正是基于对以卑弥呼女王所代表的日本信仰的这种认识，即将其认为是与道教类似的一种活动，曹魏才在称呼上也与道教一起，称之为"鬼道"，同时，在所赐的宝物中，也将道教的三种重要法器，也是三种重要的信物一并赠与来使，带回日本。在这个赐予宝物的过程中，中国的道教文化一并进入了日本，与日本本有的信仰、习俗相结合，到了《皇朝三字经》的时代，写在书中的这句话，在其历史意涵之中，既包含了日本历史的自我特色，也深深地打上了中国道教的宗教色彩。

后世随着中日交流的增加，中华文化对日本的影响也日益强大，特别是到了唐朝，大量遣唐使成为文化交流的桥梁。中国文人道骨仙风的做派也深深影响了日本文人。比如《皇朝三字经》中讲到的都良香："夫文章，贯道器。行有余，须潜心。感鬼神，良香诗。"④ 都良香诗词感鬼神，甚至都良香本人的一系列仙人般的举止，都与唐朝诗人李白极其类似。而都良香最终隐居而成仙的故事，更是将这一人物的道教色彩推到了巅峰。

除了《皇朝三字经》中这些特别典型的道教文化元素外，日本道观收藏

---

① （晋）陈寿撰，（宋）裴松之注：《三国志》卷八《魏书》，北京：中华书局1959年，第1册，第263页。

② （晋）常璩撰，刘琳校注：《华阳国志校注》，成都：巴蜀书社1984年，第114页。

③ （梁）僧祐编撰：《弘明集》卷八，宽永本。

④ ［日］富春水撰：《皇朝三字经》，东都书林嘉永六年（1853）。

的其他蒙学书籍中也多少可以窥见一些道教文化的色彩。如《医学千字文》，其本身的文化来源主要是汉医学，所采集的医学典籍大都是与道教密切相关的，如《黄帝内经》《素问》，所讨论到的医学大家也有许多本身就是道士，或者与道教有密切的关系。如药王孙思邈就是道士，现在很多道教宫观里的药王殿，供奉的就是孙思邈。再如葛洪，也是道士兼著名医生。在养生理论的讨论中，也有不少是与道家道教思想一致的，如提倡简单朴素的生活，主张"精神内守，恬澹虚无"等，都极明显地是来自道教养生理论。再如《孙子兵法童观抄》，与《医学千字文》情况类似。该书原本即《孙子兵法》，本身就多有《道德经》的内涵，如老子的阴阳、贵柔、相辅相成等思想，都在《孙子兵法》中有具体的体现。《孙子兵法童观抄》其源如此，其流自然也不可能不带有道家道教意味。

总之，日本道观所藏蒙学书籍带有道教文化元素是很普遍的现象，这一现象的发生是与整体中日文化交流中来自中国的道家道教典籍、器物、人物的影响分不开的。而日本在外来文化的影响下，吸纳融合形成自己独特文化的过程，表明一种文化离开自己的本土来到另一个环境，只有与其相结合才能长存，对于本土文化来讲，只有开放大胆吸收外来文化才能保持永久的活力；对于人类文明发展来说，交流、融合是永远的主题，而抗争和敌对必然是暂时的。《易经》曰："和实生物，同则不继"，"和"者，以他平他之谓也。诚哉斯言！

主要参考文献

一、道教古籍

《庄林续道藏》，台北：成文出版社 1975 年。

《道藏》，文物出版社、上海书店、天津古籍出版社 1988 年。

《道藏要籍选刊》，上海古籍出版社 1989 年。

《藏外道书》，成都：巴蜀书社 1992—1994 年。

《道藏辑要》，成都：巴蜀书社 1995 年。

《敦煌道藏》，北京：中华全国图书馆文献缩微复制中心 1999 年。

《道藏精华》，台北：自由出版社 2000 年。

《珍藏道书十种》，台北：新文丰出版有限公司 2001 年。

（战国）列御寇撰，张湛注：《列子》，北京：中华书局 1985 年。

（战国）庄周著，（晋）郭象注：《庄子》，上海古籍出版社 1989 年。

（汉）高诱注：《淮南子》，北京：中华书局 1954 年。

（汉）高诱注：《吕氏春秋》，上海书店出版社 1986 年。

（汉）严遵著，王德有点校：《老子指归》，北京：中华书局 1994 年。

（汉）河上公注：《老子》，《四部要籍注疏丛刊》影印宋建安虞氏刊本，北京：中华书局 1998 年。

（晋）葛洪：《神仙传》，上海古籍出版社 1990 年。

（晋）干宝撰，汪绍楹校注：《搜神记》，北京：中华书局 1979 年。

（晋）陶潜撰，汪绍楹校注：《搜神后记》，北京：中华书局 1981 年。

（魏）王弼注：《老子道德经注》，北京：中华书局 2011 年。

（唐）房玄龄注，（明）刘绩补注，刘晓艺校点：《管子》，上海古籍出版社 2015 年。

（唐）吕岩释义，韩起编校：《吕祖秘注道德经心传》，桂林：广西师范大学出版社 2014 年。

（五代）谭峭撰，丁祯彦、贾似珍点校：《化书》，北京：中华书局 1996 年。

（宋）张君房编，李永晟点校：《云笈七籖》，北京：中华书局 2003 年。

（宋）李昌龄著，（清）黄正元注：《太上感应篇图说》，上海：学林出版社 2004 年。

（明）陈元赟：《老子经通考》，延宝八年（1680）刊行，日本道观藏本。

（清）郭庆藩辑，王孝鱼点校：《庄子集释》，北京：中华书局 1961 年。

王明：《太平经合校》，北京：中华书局 1960 年。

袁珂：《山海经校注》，上海古籍出版社 1980 年。

王明：《抱朴子内篇校释》，北京：中华书局 1985 年。

王叔岷：《庄子校诠》，台北："中央研究院"历史语言研究所专刊之八十八，1988 年。

方春阳点校：《张三丰全集》，杭州：浙江古籍出版社 1990 年。

饶宗颐：《老子想尔注校证》，上海古籍出版社 1991 年。

洪丕谟编：《道藏气功要集》，上海书店 1991 年。

吴毓江：《墨子校注》，北京：中华书局 1993 年。

王卡点校：《老子道德经河上公章句》：北京：中华书局 1993 年。

张雙棣撰：《淮南子校释》，北京大学出版社 1997 年。

何宁：《淮南子集释》，北京：中华书局 1998 年。

黎翔凤撰，梁运华整理：《管子校注》，北京：中华书局出版社 2004 年。

二、其他古籍

《诸子集成》，北京：中华书局 1954 年。

《十三经注疏》，北京：中华书局 1980 年。

《百子全书》，杭州：浙江人民出版社 1984 年。

《丛书集成初编》，北京：中华书局 1985 年。

《文渊阁四库全书》，台北：商务印书馆 1986 年。

《全宋诗》，北京大学出版社 1991 年。

《全唐诗》，北京：中华书局 1999 年。

《北京图书馆古籍珍本丛刊》，北京：书目文献出版社 2000 年。

《丛书集成新编》，台北：新文丰出版社 2008 年。

（春秋）孙武撰，（三国）曹操注：《孙子兵法》，上海古籍出版社 2006 年。

（汉）司马迁撰：《史记》，北京：中华书局 1959 年。

（汉）班固，（唐）颜师古注：《汉书》，北京：中华书局 1962 年。

（汉）许慎撰：《说文解字》，北京：中华书局 1963 年。

（汉）桓谭：《新论》，上海人民出版社 1977 年。

（汉）崔寔著，缪启愉辑释，万国鼎审订：《四民月令》，北京：农业出版社 1981 年。

（汉）陆贾撰，庄大钧校点：《新语》，沈阳：辽宁教育出版社 1998 年。

（汉）王充著，张宗祥校注，郑绍昌标点：《论衡校注》，上海古籍出版社 2010 年。

（魏）王弼、韩康伯注，（唐）孔颖达等正义，黄侃经文句读：《周易正义》，上海古籍出版社 1990 年。

（魏）王弼、孔颖达等：《周易正义》，北京：中国致公出版社 2009 年。

（晋）陈寿撰，（宋）裴松之注：《三国志》，北京：中华书局 1971 年。

（晋）常璩撰，刘琳校注：《华阳国志校注》，成都：巴蜀书社 1984 年。

（南朝·宋）范晔撰，（唐）李贤等注：《后汉书》，北京：中华书局 1965 年。

（南朝·宋）刘敬叔撰，范宁校点：《异苑》，北京：中华书局 1996 年。

（梁）萧统选，（唐）李善注：《文选》，上海古籍出版社 1986 年。

（梁）沈约：《宋书》，北京：中华书局 1974 年。

（唐）魏征、令狐德棻：《隋书》，北京：中华书局 1973 年。

（唐）房玄龄等撰：《晋书》，北京：中华书局 1974 年。

（唐）欧阳询撰，汪绍楹校：《艺文类聚》，上海古籍出版社 1982 年。

（唐）刘肃撰，许德楠、李鼎霞点校：《大唐新语》，北京：中华书局 1984 年。

（唐）释道世撰集：《法苑珠林》，上海古籍出版社 1991 年。

（唐）李商隐著，冯浩笺注：《玉溪生诗笺注》，《四部备要》本。

（唐）郑处海、裴庭裕撰，田廷柱点校：《明皇杂录》，北京：中华书局 1994 年。

（唐）李德裕等撰，丁如明等校点：《次柳氏旧闻》，上海古籍出版社 2012 年。

（唐）闾丘胤：《寒山子诗集序》，清代乾隆皇帝存底本，浙江天台山国清寺影印 2012 年。

（后晋）刘昫：《旧唐书》，北京：中华书局 1975 年。

（五代）释义楚撰：《释氏六帖》，杭州：浙江古籍出版社 1990 年。

（五代）何光远撰、刘石校点：《五代史书汇编》，杭州：杭州出版社 2004 年。

（五代）孙光宪撰，贾二强点校：《北梦琐言》，北京：中华书局 2002 年。

（宋）宋敏求编著：《唐大诏令集》，北京：商务印书馆 1959 年。

（宋）李昉等撰：《太平御览》，北京：中华书局 1960 年。

（宋）张孝祥著：《于湖居士文集》，上海古籍出版社 1980 年。

（宋）程颐、程颢：《程氏遗书》，北京：中华书局 1981 年。

（宋）朱熹：《四书章句集注》，北京：中华书局 1983 年。

（宋）马端临：《文献通考》，北京：中华书局 1986 年。

（宋）陈振孙：《直斋书录解题》，上海古籍出版社 1987 年。

（宋）晁公武：《郡斋读书志》卷，《委宛别藏》衢本，南京：江苏古籍出版社 1988 年。

（宋）朱熹撰，蒋立甫校点：《楚辞集注》，上海古籍出版社 2001 年。

（宋）王钦若等编纂，周勋初等校订：《册府元龟》，南京：凤凰出版社 2006 年。

（宋）王应麟等著，吴蒙标点：《三字经百家姓千字文》，上海古籍出版社 2017 年。

（金）元好问：《遗山先生文集》，上海：商务印书馆 1937 年。

（金）耶律楚材：《湛然居士文集》，北京：商务印书馆 1949 年。

（明）司守谦著：《训蒙骈句》，民国刻蓉城仙馆从书本。

（明）萧良有撰：《龙文鞭影》，长沙：岳麓书社1986年。

（明）王士性著，周振鹤校编：《王士性地理书三种》，上海古籍出版社1993年。

（明）程登吉原著，贾龙梅译注：《幼学琼林译注》，兰州：甘肃文化出版社2011年。

《重修保定志》，明弘治七年刻本。

《邢台县志》，清乾隆六年刻本。

《蒲州府志》，清乾隆十九年刻本。

《祁县志》，清光绪八年刻本。

（清）董天工：《武夷山志》，清乾隆刻本。

（清）杜濬：《变雅堂遗集》，清光绪二十年黄冈沈氏刻本。

（清）瞿镛：《铁琴铜剑楼藏书目录》，《续修四库全书》版。

（清）永瑢等撰：《四库全书总目》，北京：中华书局1965年。

（清）王聘珍：《大戴礼记解诂》，北京：中华书局1983年。

（清）王先谦撰：《释名疏证补》，上海古籍出版社1984年。

（清）孙星衍撰，陈抗、盛冬铃点校：《尚书今古文注疏》，北京：中华书局1986年。

（清）王先谦撰，沈啸宸、王星贤点校：《荀子集解》，北京：中华书局1988年。

（清）严可均校辑，陈延嘉主编：《全上古三代秦汉三国六朝文》，石家庄：河北教育出版社1997年。

（清）严可均辑：《全齐文全陈文》，北京：商务印书馆1999年。

（清）顾炎武著，黄汝成集释，栾保群、吕宗力校点：《日知录》，上海古籍出版社2006年。

中国人民解放军军事科学院战争理论研究部《孙子》注释小组：《孙子兵法新注》，北京：中华书局1977年。

逯钦立辑校：《先秦汉魏晋南北朝诗》，北京：中华书局1983年。

徐震堮：《世说新语校笺》，北京：中华书局1984年。

董楚平译注：《楚辞译注》，上海古籍出版社1986年。

杨伯峻：《春秋左传注》，北京：中华书局 1990 年。

于民雄注，顾久译：《传习录全译》，贵阳：贵州人民出版社 1997 年。

朱杰人等主编：《朱子全书》，上海古籍出版社 2002 年。

徐元诰撰，王树民、沈长云点校：《国语集解》，北京：中华书局 2002 年。

金景芳等：《周易全解》，上海古籍出版社 2006 年。

李逸安译注：《三字经、百家姓、千字文、弟子规》，北京：中华书局 2009 年。

冯克诚编：《古代训蒙教育与训蒙要籍选读》，北京：人民武警出版社 2010 年。

三、道家与道教编著

王明：《道家和道教思想研究》，北京：中国社会科学出版社 1984 年。

卿希泰：《中国道教思想史纲》，成都：四川人民出版社 1985 年。

王家祐：《道教论稿》，成都：巴蜀书社 1987 年。

李养正：《道教概说》，北京：中华书局 1989 年。

陈撄宁：《道教与养生》，北京：华文出版社 1989 年。

王沐：《内丹养生功法指要》，北京：东方出版社 1990 年。

汤国华：《道教知识教学会参》，香港道教联合会学务部 1990 年。

许地山：《道教史》，上海书店 1991 年。

孟乃昌：《道教与中国医药学》，北京燕山出版社 1993 年。

朱越利主编：《今日中国宗教》，北京：今日中国出版社 1994 年。

卿希泰：《续·中国道教思想史纲》，成都：四川人民出版社 1999 年。

盖建民：《道教医学》，北京：宗教文化出版社 2001 年。

陈耀庭：《道教在海外》，福州：福建人民出版社 2000 年。

王金林：《日本神道研究》，上海辞书出版社 2007 年。

王叔岷：《列仙传校笺》，北京：中华书局 2007 年。

陈鼓应：《老子注译及评介》，北京：中华书局 2009 年。

葛兆光：《中国宗教、学术与思想散论》，上海：复旦大学出版社 2010 年。

陈莲笙：《道教常识答问》，上海辞书出版社 2012 年。

詹石窗：《道教文化十五讲》，北京大学出版社 2012 年。

盖建民：《道教金丹派南宗考论》，北京：社会科学文献出版社 2013 年。

盛雄：《武夷山止止庵的历史与现状》，《武夷山道教文化》，厦门大学出版社 2014 年。

孙亦平：《东亚道教研究》，北京：人民出版社 2014 年。

陈丽桂：《汉代道家思想》，北京：中华书局 2015 年。

詹石窗：《金丹派南宗诗词论要》，詹石窗主编《老子学刊》第六辑，武汉：长江出版社 2015 年。

孙亦平：《道教在日本》，南京大学出版社 2016 年。

詹石窗主编：《中国道教通史》，北京：人民出版社 2019 年。

于国庆等：《新编中国道学简史》，上海科学技术文献出版社、上海书店 2020 年。

四、其他编著

（清）黄遵宪编撰：《日本国志》，清光绪刻本。

（清）黄遵宪：《黄遵宪集》，天津人民出版社 2003 年。

（清）章太炎：《章太炎国学讲义》，北京：海潮出版社 2007 年。

严灵峰：《周秦汉魏诸子知见书目》，台北：正中书局 1957 年。

郭沫若：《殷契粹编》，北京：科学出版社 1965 年。

湖南省艺术研究所编：《沅湘傩文化之谜》，长沙：湖南师范大学出版社 1991 年。

中华文化通志编委会编，常建华撰：《中华文化通志宗族志》，上海人民出版社 1998 年。

王根林等校点：《汉魏六朝笔记小说大观》，上海古籍出版社 1999 年。

詹石窗主编，《新编中国哲学史》，北京：中国书店 2002 年。

裘沛然主编：《中国医籍大辞典》，上海科学技术出版社 2002 年。

曹道衡选注：《乐府诗选》，北京：人民文学出版社 2007 年。

陈荣、熊墨年、何晓晖主编：《中医文献》北京：中医古籍出版社 2007 年。

曹峰主编：《日本学者论中国哲学史》，上海：华东师范大学出版社 2010 年。

张石：《寒山与日本文化》，上海交通大学出版社 2011 年。

林观潮：《临济宗黄檗派与日本黄檗宗》，北京：中国财富出版社 2013 年。

孙猛：《日本国见在书目录详考》，上海古籍出版社 2015 版。

刘岳兵：《日本思想文化史研究·日本的宗教与历史思想：以神道为中心》，天津人民出版社 2015 年。

五、译著

［日］安万侣著，周启明译：《古事记》，北京：人民文学出版社 1963 版。

［日］漥德忠著，萧坤华译：《道教史》，上海译文出版社 1987 年。

［日］福井康顺等监修，朱越利等译：《道教》，上海古籍出版社 1992 年。

［日］内藤湖南著，储元熹、卞铁坚译：《日本文化史研究》，北京：商务印书馆 1997 年。

［日］白川静：《汉字》，朱家骏译，厦门大学出版社 2005 年。

［日］吉川忠夫、麦谷邦夫编，朱越利译：《真诰校注》，北京：中国社会科学出版社 2006 年。

［日］内藤湖南著，刘克申译：《日本历史与日本文化》，北京：商务印书馆 2012 年。

六、外文著作

［日］松浦史料博物馆藏：《匡房和略兵法一卷》，年代不明。

［日］《黄石公三略直解》（出版年号不详、前辛亥科进士大原刘寅解）

［日］《大江维时御军法书》，年代不明。

［日］《彦山流记》，日本建保元年（1213）前后，英彦山神宫文书。

［日］内山永久寺旭莲编：《修验秘奥抄》，建长六年（1254）。

［日］《彦山诸神役次第》，文安二年（1445），《英彦山神宫文书》。

［日］张商英注解：《黄石公素书》，庆长二十年（1615）。

［日］《军林张子房秘传》全 5 卷，明历四年（1657）3 月，洛阳松永伊右卫门开版。

［日］紫阳闲室元佶书写，唐太宗李卫公问封卷上，宽文四年（1664），清水重

石卫门版。

［日］高泉性潡著：《法云禅师语录》，日本延宝七年（1679），京都黄檗山万福禅寺文华殿存。

［日］觉定重抄：《镇西彦山缘起》，日本正德元年（1710），福冈县英彦山日本道观存。

［日］藤原韶光、小笠原忠雄等撰，相有编：《彦山胜景诗集》，日本正德四年甲午（1714）刻本，京都奎文馆藏板。

［日］神田胜久编辑：《武经七书合解大成俚谚钞》，正德四年（1714）。

［日］法云明洞著：《法云禅师寿山续外集》，日本享保十二年（1727）木刻本，京都黄檗山萬福寺文华殿存。

［日］白隐慧鹤禅师著：《寒山诗阐提记闻》，日本延亨三年丙寅（1746）八月刻本。

［日］伊藤东涯：《周易经翼通解》，古义堂藏版，安永三年（1774）。

［日］《彦山大权现松会祭礼绘卷》，宽政四年（1792），长崎县平户市松浦资料博物馆藏。

［日］盧千里著：《长崎先民传》，东都书林庆元堂、日本文政二年（1819）。

［日］富春水撰：《皇朝三字经》，东都书林嘉永六年（1853）。

［日］《国史大系》，东京：《经济》杂志社明治三十一年（1898）。

［日］北村泽吉著：《大高坂芝山》，土阳报纸，原稿，明治三十四年（1901）。

［日］德川光圀编：《大日本史》，东京市本所区新小梅町番地，明治四十年（1907）。

［日］早川纯三郎编辑：《信仰丛书》，东京：友文社大正四年（1915）。

［日］林泰辅撰：《龟甲兽骨文字》，日本商周遗文会，大正十年（1921）。

［日］《大高坂松王丸事迹　武市建山演讲》，高知市役所发行，大正十二年（1923）。

［日］《大正新修大藏经》，大正一切经刊行会，1924—1934年。

［日］武内义雄：《老子原始》，东京：弘文堂1926年。

［日］宫本袈裟雄：《道教事典》，东京：平河出版1933年。

〔日〕寺石正路著：《南学史》，东京：富山房昭和九年（1934）。

〔日〕丝贺国次郎著：《海南朱子学兴盛之研究》，东京：成美堂书店，昭和10年（1935年）。

〔日〕白隐慧鹤禅师著：《白隐和尚全集》，京都龙吟社1935年。

〔日〕松泽卓郎著：《南学与南学弟子》，东京演讲会出版部昭和十七年（1942）。

〔日〕小柳司气太著：《东洋思想の研究》，东京：森北书店1942年。

〔日〕武内义雄：《老子の研究》，东京：改造社昭和二十二年（1945）。

〔日〕小长谷惠吉：《日本国见在书目录解说稿》，东京：小宫山书店1956年。

〔日〕福井康顺著：《道教の基础的研究》，东京：书籍文物流通会1958年。

〔日〕山田次朗吉著：《日本剑道史》，东京：再建社1960年。

〔日〕《平安镰仓时代汉籍训读的国语史研究》，东京大学出版会1967年。

〔日〕庆应义塾大学附属研究所斯道文库编：《江户时代书林出版书籍目录集成》，东京：井上书房1962—1964年。

〔日〕吉村贞司：《名城合战物语（9）高知城》，东京：盛光社昭和四十一年（1966）版。

〔日〕重松敏美编著：《豊刕求菩提山修验文化》，丰前：丰前市教育委员会1969年。

〔日〕阿部隆一著：《三略源流考附三略校勘记、拟定黄石公记佚文集》，庆应义塾大学附属研究所善斯道文库，斯道文库论集，1969年。

〔日〕川濑一马著：《五山版研究》，东京：日本古书籍协会1970年。

〔日〕高知县人名辞典编纂委员会编：《高知县人名事典》，高知市民图书馆，昭和四十六年（1971）。

〔日〕石冈久夫著：《日本兵法史》，东京：雄山阁1972年。

〔日〕津田左右吉著：《津田左右吉全集》第二十卷，东京：岩波书店1973年。

〔日〕《老子河上公注抄本集成·上下》，高松工业高等专门学校纪要第8—9号，1973—1974年。

〔日〕《老子河上公注抄本集成校勘记·上下》，高松工业高等专门学校纪要第

10—11 号，1975—1976 年。

　　［日］景戒：《日本灵异记》，东京：小学馆 1975 年。

　　［日］樱井德太郎校注：《诸山缘起》、《寺社缘起》，东京：岩波书店 1975 年。

　　［日］高知县历史事典编集委员会编：《高知县百科事典》，高知报社昭和五十一年（1976）。

　　［日］《增补日本大藏经》，东京：铃木学术财团 1977 年。

　　［日］同氏编：《英彦山与九州修验道》，东京：名著出版 1977 年。

　　［日］后藤丹治、釜田喜三郎校注：《日本古典文学大系·34·太平记一》，东京：岩波书店 1977 年。

　　［日］佐佐木哲哉：《彦山的祭祀仪式与信仰》《增补英彦山》田川乡土研究会编，福冈：苇书房 1978 年。

　　［日］大隅和雄编：《日本思想大系》，东京：岩波书店 1977 年。

　　［日］武内义雄著：《武内义雄全集》，东京：角川书店 1978 年。

　　［日］楠山春树著：《老子传说の研究》，东京：创文社 1979 年。

　　［日］石原保秀著，早岛正雄编：《东洋医学通史：汉方·针灸·导引医学の史的考察》，东京：自然社 1979 年。

　　［日］平久保章编：《新纂校订隐元全集》，据江户时代诸刊本而重辑影印。东京：开明书院 1979 年。

　　［日］高知县历史事典编集委员会编：《高知县历史事典》，高知市民图书馆，昭和五十五年（1980）。

　　［日］早岛正雄著：《图片版导引术入门》，东京：sankei 出版，昭和五十五年（1980）。

　　［日］小川吉弘：《七郎神社物语》，《松浦党研究》第 1 号，长崎：芸文堂 1980 年。

　　［日］福永光司著：《道教の天神降临授诫》，京都大学人文科学研究所 1982 年。

　　［日］福永光司著：《中国中世纪の宗教と文化》，京都大学人文科学研究所 1982 年。

　　［日］世阿弥元清作，观世左近校订：《西王母》，东京：桧书店 1987 年。

〔日〕长野觉：《英彦山修验道の历史地理学と研究》，东京：名著出版1987年。

〔日〕福永光司：《道教と古代日本》，京都：人文书院1987年。

〔日〕松田智弘：《古代日本的道教影响与仙人》，东京：岩田书院1988年。

〔日〕《老子道德经古点的国语学研究·译文篇》，东京：大和出版印刷株式会社1988年。

〔日〕坂出详神：《中国古代養生思想の総合的研究》，东京：平河出版社1988年。

〔日〕常盤义伸译：《白隐》，东京：中央公论社1988年。

〔日〕大槻干郎、加藤正俊、林雪光编著：《黄檗文化人名辞典》，京都：思文阁1988年。

〔日〕池田利夫：《蒙求古注集成》：影印台北故宫博物院藏上卷古钞本，东京：汲古书院1988年。

〔日〕长野觉：《修验道の历史と现状》《神佛习合与修验》，东京：新潮社1989年。

〔日〕窪德忠：《道教百話》，东京：讲谈社1989年。

〔日〕川村晃：《不死鸟　大高坂家的祖先》，东京：日本道观出版局，平成元年（1989）。

〔日〕蜂屋邦夫：《中国道教の现状—道士道协道观》东京：汲古书院1991年。

〔日〕坂出详神：《道教と养生思想》，ぺりかん社1992年。

〔日〕坂出详神：《〈气〉と养生——道教の养生术と咒术》，京都：人文书院1993年。

〔日〕朝仓治彦、大和博幸：《享保以后江户出版书目新订版》，京都：临川书店1993年。

〔日〕坂本太郎、井上光贞、家永三郎、大野晋校注：《日本书纪》，东京：岩波文库1994年。

〔日〕鎌田茂雄译著：《白隐·夜船闲话·远罗天釜·薮柑子》，东京：讲谈社1994年。

〔日〕山田利明、其他人编：《道教事典》，东京：平河出版社1994年。

［日］広渡正利著：《英彦山信仰史の研究》，长崎：长崎文献出版社 1994 年。

［日］宇治谷孟著：《续日本纪》，东京：讲谈社学术文库 1995 年。

［日］村上龙生：《英彦山修验道绘卷》，KAMOGAWA 株式会社 1995 年。

［日］野口铁朗编：《道教の传播と古代国家》，东京：雄山阁 1996 年。

［日］山田利明、田中文雄编：《道教の历史と文化》，东京：雄山阁 1998 年。

［日］柳田圣山译注：《良宽道人遗稿》，东京：中央公论新社 2002 年。

［日］滝沢利行：《养生论の思想》，东京：世织书房 2003 年。

［日］芳泽胜弘译注：《白隐禅师法语全集》，京都：京都禅文化研究所 2003 年。

［日］《白隐禅师生诞 320 年—白隐禅与书画》，京都文化博物馆展览会图录 2004 年。

［日］近藤胜文：《大高坂松王丸　高知市开发之祖》，大高坂松王丸研究会，平成十六年（2004）。

［日］深泽徹责任编集：《兵法秘术一卷书；簠簋内传金乌玉兔集；职人由来书》，《日本古典伪书丛刊》第三卷，东京：现代思潮新社 2004 年。

［日］芳泽胜弘：《白隐—禅画の世界》，中公新书 2005 年。

［日］山城喜宪：《河上公章句〈老子道德经〉の研究》，东京：汲古书院 2006 年。

［日］谷川敏朗、内山知也、松元市寿编：《定本良宽全集》；东京中央公论新社 2006 年。

［日］芳澤胜弘：《白隐禅师の不思议世界》，ウェッジ选书 2008 年。

［日］京都花园大学国际禅学研究所编：《白隐禅画墨迹》，京都二玄社 2008 年。

［日］上村贞嘉著：《白隐禅师物语》，京都：淡交社 2009 年。

［日］长泽规矩也著，长泽孝三编：《和刻本汉籍分类目录》，东京：汲古书院 2006 年。

［日］坂出祥伸：《日本と道教文化》，东京：角川学芸社 2010 年。

［日］松田智弘：《日本と中国の仙人》，东京：岩田书院 2010 年。

［日］《〈老子道德经〉三种》，东京：日本道观出版局 2012 年。

［日］山口正博：《松会的宗教史·民俗史—近世的神佛融合祭礼的史实与近代修验灵山的表象—》（2014 年），未出版。

［日］谷川敏朗编：《良宽全句集》，东京：春秋社 2014 年。

［日］长野觉：《英彦山综合调查报告书》，福冈：福冈县添田町教育委员会 2016 年。

［日］冈村秀典著：《镜语古代史》，东京：岩波书店 2017 年。

七、中文论文

聂长振、齐未了：《道教传入日本及其对神道的影响》，《世界宗教研究》1985 年第 2 期。

杨宇：《道教与传统医学的关系及其研究——兼论日本学者的新成果》，《四川大学学报》1992 年第 3 期。

何乃英：《道教在日本的流传和影响》，《亚太研究》1994 年第 1 期。

［日］福永光司：《道教生命哲学及其在日本的影响》，《哲学研究》1994 年第 4 期。

王兴平：《文昌文化在日本的传播和影响》，《中国道教》2000 年第 2 期。

王静波：《试论中国道教对日本七福神信仰的影响》，《中国道教》2009 年第 4 期。

潭建川：《〈三字经〉在日本的流播与衍变》，《西南大学学报》2010 年第 1 期。

张谷：《论道家道教思想在日本近世的传播和影响》，《广西社会科学》2011 年第 5 期。

洪修平、孙亦平：《空海与中国唐密向日本东密的转化——兼论道教在日本的传播》，《世界宗教研究》2012 年第 5 期。

詹石窗：《重新认识道教的起源与历史发展》，《中国道教》2013 年第 2 期。

赵蕤：《浅析中国道教对日本神话传说的影响》，《中华文化论坛》2013 年第 5 期。

孙亦平：《从日本佛教文化视域看道教与修验道》，《世界宗教研究》2014 年第 6 期。

孙亦平：《以道书为线索看道教在日本的传播》，《南京大学学报》2015 年第 1 期。

孙亦平：《论中国道教对日本阴阳道的影响——以阴阳道的泰山府君信仰为例》，《湖南大学学报》2015 年第 1 期。

孙亦平：《"日本的道教"抑或"道教在日本"》，《世界宗教研究》2016 年第 6 期。

管宁：《日本天皇"四方拜"与中国古代北斗信仰、道教科仪》，《日本研究》

2016 年第 3 期。

梁桂熟、杨乔君：《论道教在日本的传播与影响——以日本道教遗迹为线索》，《江南大学学报》2017 年第 7 期。

王静：《泰山府君祭：中国道教对古日本信仰之影响》，中国社会科学报，2018 年第 7 期。

孙亦平：《论"记纪神话"中的道教元素——兼论古代日本对中国道教的解读》，《世界宗教研究》2019 年第 12 期。

詹石窗、何欣：《关于生命道教的几点思考》，《湖南大学学报》2018 年第 6 期。

八、外文论文

［日］小柳司气太著：《道教の本质と其の本邦に及ぼせる影响》，东方文化学院东京研究所编，《东方文化》第 2 号，1973 年。

［日］野口武彦：《徂徕学派に〈老子〉受容》，《文学》1974 年。

［日］尾藤正英：《荻生徂徕の"老子"观》，日本历史学会编《日本历史》第 300 号，吉川弘文馆 1973 年。

［日］高山繁：《日本古代と道教》，《古代史研究の最前线》第三卷，东京：雄山阁 1987 年。

［日］长野觉：《修验者与皿山陶器艺人守护行者杉》，《驹泽大学文学研究纪要》第 50 期，1992 年。

［日］新川登龟男：《道教とは何か——日本古代の场合》，《历史と地理》第 535 号，2000 年。

［日］二阶堂善弘：《海神伽蓝神圣宝七郎大权修利》，《白山中国学》，2007 年。

［日］早岛妙听《源融がつくった栖霞观の历史・栖霞观は现在、清凉寺として亲しまれている》，《月刊 TAO》第 34 卷第 3 号，日本道观发行，2014 年 4 月。

［日］原田博二《川原庆贺笔"长崎港眺望图"に描かれた崇玄观とその场所について》，《月刊 TAO》第 34 卷第 3 号，日本道观发行，2014 年 4 月。

［日］原田博二《崇玄观とその场所》，《第一回国际タオイズム文化交流シンポジウム论文集》15 页，日本タオイズム协会英彦山研修所，2015 年 6 月。

〔日〕长野觉《英彦山修道と道教の接点》,《第一回国际タオイズム文化交流シンポジウム论文集》,日本タオイズム協会英彦山研修所,2015年6月。

〔日〕长野觉《日本の灵山に不老长生を求めた民众》,《第二回国际タオイズム文化交流シンポジウム论文集》,日本タオイズム協会英彦山研修所,2015年7月。

〔日〕《日本に传わるタオイズム》,一般财团法人日本タオイズム協会设立二周年记念祭典·2015.7.24—7.26,日本タオイズム協会英彦山研修所,2015年7月。

〔日〕〔日〕村田明久:《栖霞观研究》,《道》第3卷第2号,日本道观总部,2016年。

〔日〕长野觉:《山岳与宗教》,《地图情报》139期,地图情报中心2016年。

附录　日本道观收藏部分书籍目录

一、《老子》类著作

书名	卷、册数	著者	出版社	发行时间
《老子翼》	合本全2册	竑弱偯辑，王元贞孟起校	江户版本	1588年
《老子献斋口义》	全2册（鳌头本）	上村次郎	右卫门板	1657年
《老子道德经》	上中下3册	三宅元珉纂注	不详	1667年
《老子道德经》	上下全2册	河上公章句	板木屋	1680年
《老子经谚解大成》	5册	山本洞云释	道德书堂·丈台屋治郎兵卫他板	1681年
《老子道德经》	3册	魏·王弼著冈田权兵卫和训		1732年
《老子是正》	全1册	日东　张静、平安　伊藤长坚撰	东都书林	1751年
《老子形气》	全1册	新井白蛾著	不详	1753年
《老子道德经》	2册	王弼注，陆德明音义，宇惠考订	东都书林：须原屋茂兵卫他	1770年

书名	卷、册数	著者	出版社	发行时间
《老子经古义》	4 卷 1 册	三野元密伯慎著	菱屋孙兵卫	1804 年
《老子经国字解》	上中下 3 册	金兰斋著	大坂·敦贺屋九兵卫（文海堂）版	1809 年
《老子经古义》	4 卷	三野元密伯慎著	菱屋孙兵卫等	1809 年
《老子道引》	全 1 册	不详	唐本	1826 年
《苏注老子道德经》	上下 2 册	宋·苏辙	日本木山槐所编书堂藏	1883 年
《注评老子道德经》	上下 2 册	苏辙解、木山鸿吉编	松山堂藏版	1890 年
《老子新释》	全 1 册	久保天随著	博文馆藏版	1910 年
《老子神髓》	全 1 册	长岛万里著	汉文教会	1921 年
《老子国字解全书》	全 1 册	关仪一郎	东洋图书刊行会	1923 年
《老子の研究（下）》	1 册	武内义雄著	改造社	1940 年
《老子解义》	全 1 册	简野道明	明治书院	1959 年
《老子原义の研究》	全 1 册	加藤常贤	明德出版社	1966 年
《老子道德经》	2 册	米山寅太朗解说，河上公注，古典籍覆制丛刊行会编集	梅泽记念馆所藏（株式会社雄松堂书店）	1978 年
《河上公章句〈老子道德经〉の研究》	全 1 册	山城喜宪	汲古书院刊	2006 年
《老子の人と思想》	全 1 册	楠山春树	汲古书院	不详
《老子道德经本义》	2 册（二、三）	魏源著	唐本	清朝末（不详）
《老子道德经幢》	整本　24 枚	不详	不详	不详

书名	卷、册数	著者	出版社	发行时间
《老子摘解》	上下 2 册	苓阳广先生著	郡玉堂河内屋冈田惠茂兵卫	不详
《中国古典选 老子》	全 1 册	福永光司 吉川幸次郎监修	朝日新闻社	不详
《武内义雄 全集》第 5 卷 《老子编》	1 册	武内义雄著	角川书店	不详

二、《庄子》类著作

书名	卷、册数	著者	出版社	发行时间
《宫古庄子》卷の四	1 册	信更生纂	安井弥兵卫	1575 年
《古版庄子》	卷之一—卷之十 计 10 册	庄周	二条通观音町风月宗知刊	1629 年
《庄子鬳斋口义（新添庄子论)》	卷 2—10 计 9 册	林希逸	风月庄左卫门开板	1666 年
《庄子因》	6 卷	林西仲评选	文盛堂	1688 年
《庄子南华真经解》	3 卷全 4 册	句曲宣茂公先生手著	积秀堂梓行	1721 年
《田舍庄子附庄子大意》	上·中·下 3卷·附录全 4 册	佚斋樗山选	河内屋喜兵卫板	1727 年
《郭注庄子》	10 卷	南郭先生考订	神京书肆等	1739 年
《面影庄子》	全 4 册	田中长与著 山田长兴识	不详	1743 年
《重刻庄子南华真经》	全 1 册	郭象注 千叶芸阁再校	山崎金兵卫等板	1783 年

续表

书名	卷、册数	著者	出版社	发行时间
《补义庄子因》	全6册	三山林云铭西仲评述，尾张泰鼎撰	浪华书肆前川文荣堂	1796年
《庄子因》	卷之1—6	林云铭评述秦鼎训点	弘简堂藏版皇都书林	1797年
《音释文段批评庄子献斋口义大成俚抄》	全12册	毛利贞斋	皇都书房菱屋孙兵卫	1803年
《大和庄子》	全1册	曲亭马琴著	丈泉堂藏	1888年
《庄子讲义》	全1册	海东铃木贞次郎讲述	兴文社藏版	1900年
《校订　庄子正文》	全1册	庄周	观文堂	1918年
《庄子讲话》	全1册	笹川临风	明诚馆藏版	1919年
《新人　庄子》	全1册	吉田辰次著	山海堂出版部	1926年
《老庄の思想と道教》	全1册	小柳司气太讲述	森北书店	1942年
《老庄思想》	全1册	安冈正笃著	福村书店	1946年
《新释汉文大系7　老子庄子》	上册	阿部吉雄、山本敏夫、市川安司、远藤哲夫校注	明治书院	1966年
《庄子》（图文本）	全1册	张京华　解题	岳麓书社	2008年
《庄子》	全1册	庄子原著韩维志译评	吉林文史出版社	2009年

三、《易》类著作

书名	卷、册数	作者	出版社	发行时间
《周易经传》	24 卷全 8 册	程朱传义	不详	1627 年
《周易经传》	24 卷 7 册	程朱传义	八尾助左卫门板	1648 年
《古易断时言》	全 4 卷	新井白蛾	浅野弥兵卫藏版 星文堂	1770 年
《周易经翼通解》	18 卷全 10 册	伊藤东涯	古义堂藏版	1774 年
《古周易经断》	卷 1—10	新井佑登谦吉著	古易馆藏版	1775 年
《周易新疏》	八卷　别录二卷　全 10 册	川田孝成解说	平松乐斋旧藏	1784 年
《易经集注》	序·1—24 卷	程朱传义	大坂书林	1864 年
《再刻头书　易经集注》	序 +24 卷全 13 册	程朱传义	汲书房	1876 年
《皇极经世易知》	8 卷 1 册	清·何梦瑶辑,仲襄孔校	扫叶山房校刊	1887 年
《中等教育和汉文讲义　卦象明辨　周易讲义》	上下 2 册	柳田几作先生讲述	诚之堂书店	1898 年
《周易辑解》	全 1 册	土屋弘	修养会	1915 年
《周易两读》程氏易传·朱熹本义	全 1 册	李楷林编	不详	1925 年
《古周易经解略》	全 4 册	奥村河内守平尚宽著	尊经阁丛刊	1936 年
《周易十翼精义》	全 1 册	北村泽吉著	富山房	1938 年
《周易反正》	12 卷全 4 册	太宰纯	老松园文库	1939 年
《宋代易学の研究》	全 1 册	今井宇三郎	明治图书出版	1958 年

续表

书名	卷、册数	作者	出版社	发行时间
《周易十翼の成立と展开—其の本文批判的研究》	全 1 册	山下静雄著	风间书房	1974 年
《周易参同契》	全 1 册	铃木由次郎	明德出版社	1987 年
《古文参同契集解　周易参同契解　周易参同通真义》	全 1 册	后蜀·彭晓宋·陈显微明·蒋一彪	宗林出版	1995 年
《周易参同契》	全 1 册	铃木由次郎	明德出版社	1997 年
《易经》	全 1 册	三浦国雄	东洋书院	2008 年
《周易传义大全总目》	1 册	不详	不详	年代不详

四、兵家类著作

书名	卷、册数	作者	出版社	发行时间
《江家次第》	19 册	大江匡房、林鹤校	植村藤右卫门板	1653 年
《木曽街道六十九次之内　沓掛》	1 册	黄石公·张良国芳浮世绘	不详	1852 年
《孙子十家》	13 卷 4 册	不详	不详	1853 年
《孙子详解》	13 卷 13 册	伊藤凤山	学半楼藏	1861 年
《孙子评注》	2 卷 2 册	吉田松阴	松下村塾藏版	1863 年
《赵注孙子》	5 卷 5 册	窪田清音订刻	不详	1863 年
《绘本孙子童观抄》	全 14 册	中村经年编	加藤鐫次藏板伊丹屋善兵卫他	1865 年

续表

书名	卷、册数	作者	出版社	发行时间
《明治通解 六韬三略》	全1册	周·太公望原撰，冈本经朝 注解	晚成阁	1885年
《长冈丛书 大江匡房御传》	1册	山口县士族村田峰次郎编著	东京府士族稻垣常三郎发行	1890年
《黄石公素书释义》	1册	中野天心编	风云阁	1912年
《吴子の兵法 兵法の全集》	第2卷 计1册	公田连太郎译，大场弥平讲	中央公论社	1935年
《前田本江谈抄（大江匡房の谈话を集录したもの)》	1册	藏人实笔录	侯爵前田家育德财团	1938年
《叶隐抄》	1册	佐贺县中等教育会编	富山房	1941年
《孙子の兵法と武道 指导者の原理》	1册	中岛将弻	总合武道柳心馆	1967年
《孙膑兵法》	1册	中国·银雀山汉墓竹简整理小组编，村山孚译	德间书店	1976年
《孙子の兵法 商略、商战に打ち胜つ企业の作战》	1册	安藤亮	日本文艺社	1982年
《小说孙子の兵法》	上卷·下卷	郑飞石、李银泽译	光文社	1987年
《まんが孙子の兵法"思想·哲学·兵法"》	1册	武冈淳彦监修	集英社	1998年
《六韬》	1册	林富士马	中公文库	2011年

书名	卷、册数	作者	出版社	发行时间
《三略》	1 册	真锅吴夫	中公文库	2013 年
《黄石公素书》	1 册	宋·张商英校	不详	不详
《百战必胜》	1 册	不详	不详	不详

五、医药、养生、导引类著作

书名	卷、册数	作者	出版社	发行时间
《本草纲目》附脉学奇经八脉	52 卷 36 册	明·王世贞序明·李时珍著	武林钱卫藏板	1590 年
《大和本草》	目录序卷 1—16（贝原笃信编录）　附录卷 1—5（贝原益轩辑）	贝原笃信编录贝原益轩辑	永田调兵卫板	1628 年
《王叔和脉经》	全 8 册	晋·王叔和撰	不详	1650 年
《太医院校注妇人良方大全》	24 卷	宋·陈自明编	不详	1653 年
《千金方》	14 册	孙思邈	不详	1659 年
《重广补注黄帝内经素问》附灵枢	12 册	不详	风月庄左卫门板	1663 年
《重订济阴纲目》	1 册	关中武叔卿先生著	不详	1665 年
《重广补注黄帝内经素问》	24 卷　12 册	唐·王水注	二条上村次郎右卫门	1667 年
《仲景全书（集注伤寒论)》	10 卷　4 册	张卿子	圣济堂藏	1668 年
《医方聚要》	12 卷　12 册	奈须玄竹	不详	1683 年

书名	卷、册数	作者	出版社	发行时间
《臟腑经络详解》	卷51册	不详	江户神田新草屋町	1690年
《古今养性录》	1册	不详	不详	1692年
《三因极一病证方论》	18册	青田鹤溪陈言无择编	儿玉九郎右卫门板	1693年
《导引口诀抄》	上下　2册	不详	浪速书林	1713年
《昼夜必要小儿养育草》	上中下　3册	香月启益	不详	1714年
《内经知要》	5册	明·李中梓著	大坂心斋桥筋　敦贺屋九兵卫	1715年
《伤寒论》	1册	汉·张仲景著	顺受居藏	1715年
《仙方不求人》	1册	不详	书林中川茂兵卫板	1715年
《医学千字文》	1册	富春山人书	不详	1716年
《济生宝》	1册	寺岛良安考证		1722年
《妇人ことぶき草》	6册	香月启益	著屋勘兵卫·菊屋七郎兵卫相版	1726年
《酒说养生论》	全7卷	守部正稽校	须原屋茂兵卫等刊	1729年
《普救类方》	1册	不详	东都书肆	1729年
《痘疹键》	1册	朱撰著	不详	1730年
《金匮要略方序论》	1册	吉益东洞	不详	1743年

书名	卷、册数	作者	出版社	发行时间
《神农本经》	1 册	明·卢复手录	浪华书林	1743 年
《重订古今方汇》	1 册	健斋申贺通元识	不详	1745 年
《外台秘要方》	40 卷全 24 册	唐·王寿	平安养寿院　藏板	1746 年
《中条流产科全书》	1 册	不详	宝历元年	1751 年
《妙药选》	1 册	不详	浪华书林	1763 年
《正校产论翼》	乾坤全 2 册	贺川子玄	不详	1765 年
《子玄子产论》	2 册	贺川子玄	平安济世馆藏版	1766 年
《药征》	上中 2 册	吉益东洞	不详	1771 年
《锦囊外疗秘录》	1 册	林子伯撰	不详	1772 年
《作剂鉴伤寒论》	卷上 1 册	刘练田良甫	皇都书肆	1774 年
《药品手引草》	1 册	加地井高茂	不详	1778 年
《妙药手引草》	1 册	申斋独妙著	浪华书林·尾阳书林	1783 年
《仲景全书》	10 卷 6 册	不详	丹枫居藏书	1789 年
《类聚方》	1 册	吉益东洞	不详	1790 年
《伤寒论辨正》	6 卷 6 册	中西深斋著	不详	1790 年
《卷怀食镜》	1 册	牛山香月辑	不详	1790 年
《西说内科撰要序·增补重订内科选要》	18 卷全 18 册	玉函涅斯埄我尔德儿著	不详	1792 年
《百病皆治按摩独稽古》	1 册	不详	不详	1793 年
《导引秘传指南抄序》	1 册	不详	不详	1793 年
《婴儿论》	1 册	周士稍著	林伊兵卫	1797 年

书名	卷、册数	作者	出版社	发行时间
《小儿养育草》	1 册	不详	不详	1798 年
《(重刊孙真人) 备急千金要方》	30 卷 31 册	唐·孙思邈撰	不详	1799 年
《按摩手引》	1 册	橘春晖撰	不详	1799 年
《乡里急救方目录》	1 册	不详	艺州兰江堂	1801 年
《曼难录》	5 卷全 3 册	龙洲著	大阪书肆定荣堂发行	1802 年
《医林蒙求》	上中下 3 册	樋口丹台著 菊池元习校	鸭伊兵卫	1805 年
《救民妙药集全补增》	1 册	不详	不详	1806 年
《古方便览》	乾坤 2 册	东洞吉益先生	不详	1806 年
《救急选方》	上下卷 2 册	不详	不详	1810 年
《医道大意志都能石屋》	2 卷 2 册	平田笃胤述	伊吹洒屋藏版	1811 年
《药征》	上中下 3 册	吉益东洞	浪华书林	1812 年
《药征续编》	3 册	肥后琴山 邨井著	京摄书林 文泉堂、松根堂 合梓	1812 年
《保寿淫事成·坤》	1 册	不详	不详	1815 年
《妇人寿科 (妇人寿草)》	序、卷中三、卷下五 计 3 册	不详	不详	1825 年
《八刺精要》	1、2、3 卷	东奥佐々木仲泽先生 增谭	不详	1825 年
《赤县太古传成文》	2 册	平田笃胤	松乃家藏书	1825 年

续表

书名	卷、册数	作者	出版社	发行时间
《校正金兰方》	5 册	菅原岑嗣、大江广彦校	葛西市郎兵卫	1826 年
《宋板伤寒论》	乾坤 2 册	张仲景述 林亿校	风月庄左惠卫门	1827 年
《千金翼方》	目录·第 1—30 卷 计 12 册	唐·孙思邈撰	梅溪书院刻梓	1829 年
《泰西方鉴》	5 卷 计 5 册	桃坞小森先生译选	贻安斋藏版	1829 年
《养生主论》	1 册	松元游斋著	本屋重右卫门板	1832 年
《病家须知》	1 册	不详	春二月书肆	1833 年
《医家初训》	1 册	多纪永寿院法印著	万笈堂	1833 年
《难经本义》	乾坤 2 册	不详	吉野屋德兵卫板行	1833 年
《按摩手引》	2 册	伏水藤林良伯先生著	须原屋茂兵卫	1835 年
《用药便览》	序·中·下 3 册	六六先生著	三都书肆	1835 年
《痘疹要药方》	上卷 1 册	村井琴山著	不详	1836 年
《养生辨　朱雀经验》	上中下 3 册	伊予、水野泽斋义尚	须原屋茂兵卫	1841 年
《药品手引书》	1 册	加地井高茂	近江屋平助	1843 年
《万民必要》 长命养生训	卷 3、4	不详	浪华书林、京都书林	1846 年
《四诊备要》	卷 1、2	细井顺叔达编辑	香祖轩藏梓	1847 年 发行
《增补救民 妙药妙术集　完》	1 册	吉田威德	东都书林	1849 年

书名	卷、册数	作者	出版社	发行时间
《养生辨后编 朱雀经验》	3 册	水野泽 斋义尚	须原屋茂兵卫	1851 年
《妙药奇览》	前编后编全 2 册	锦海船 越君明著	不详	1852 年
《家々养生录》	全 1 册	冈本祐庵述	不详	1854 年
《丛桂亭医事小言》	1 册	原南阳先生 口授	不详	1854 年
《金匮要略述义》	2 册	多纪元坚著	出云寺文二郎	1854 年
《神农本草经·神农本草经考异》	1 册	不详	不详	1855 年
《古典针灸医学大系》	1 册	不详	不详	1856 年
《无病长寿 养生手引き草上之卷》	1 册	不详	不详	1858 年
《读疡科秘录》	外科 1—5 册	枣轩本间先生 口授男高佐 谨识	不详	1858 年
《健全学》	1—6 卷	杉田玄端讲述	至高馆藏板	1863 年
《生理发家图》	13 卷计 14 册	岛村鼎甫讲述	五松楼藏板	1866 年
《眼科摘要》	9 卷 计 9 册	仓次元意讲述	临湖山房藏	1868 年
《脾肝药王圆用法》	1 册	石田胜著	不详	1872 年
《药局方》	1 册	奥山虎炳阅 前田清则译补	和泉屋市兵卫	1872 年
《诊法要略》	1 册	佐々木师兴著	二书堂发行	1872 年
《内科简明》	1—14 卷 计 18 册	日耳曼捃淯氏 原撰	三氏藏板	1872 年

书名	卷、册数	作者	出版社	发行时间
《西洋养生训》	上下（全2册）	横瀬文彦、阿部弘国	松村九兵卫	1873年
《药物学》（日讲记闻）	1—6册	兰医越儿蔑嚏斯讲述	大阪府病院刊行	1873年
《产科摘要》	2册（二、三）	小林义真译	不详	1873年
《产科宽函》	1册	杉田玄端讲述	尚古轩藏梓袋屋龟治郎	1873年
《养生训》	上下　计2册	锦织精之进	梅原龟七	1874年
《改订袖珍药说》	乾·坤　两册	桑田衡平讲述	山城屋佐兵卫	1876年
《内科摘要》	1—22卷计22册	桑田衡平讲述	不详	1876年
《独乙新方汇》	1册	樱井郁次郎译	不详	1877年
《小学人体问答》	1册	松川半山	上田文斋	1877年
《下等小学人体论》	2册	河合虹平	静冈县师范学校	1878年
《日本佛法穴搜评注》	1册	故松本鹿々氏著述	日本法律社	1879年
《小学人身究理书》	上·下2册	浦谷义春	大阪文海堂	1880年
《难病自疗》	上下2册	后藤昌直阅，男昌直著	不详	1882年
《暑中养生法附コレラ预防歌》	1册	中野了随	鹤鸣堂	1884年
《小儿养育心得》	1册	石田胜信	不详	1887年
《绘图外科正宗》	全6册	崇川陈实功先生著	上海校经山房成记书局藏版	1888年
《养寿学》	1册	矢野芳鸣	不详	1890年
《针灸大成》	卷1、6、7、10　计4册	杨继洲编著	庆文堂版	1903年
《医宗金鉴》	1册	清·李毓清等奉敕撰	上海文新书局代印	1906年

书名	卷、册数	作者	出版社	发行时间
《辨证奇闻》	1 册	钱松	千顷堂书局	1913 年
《抵抗养生论》	1 册	高野太吉	仙掌堂	1914 年
《内外功图说辑要》	不详	不详	不详	1919 年
《养生日程》	不详	细川润次郎	不详	1921 年
《日本医家古籍考》	1 册	中川壶山	不详	1935 年
《古今导引集》	1 册	大久保道古编辑，宫胁养阳子同校，谷田亭造译注	京都针灸振兴会	1937 年
《增补辨证方药合编》	1 册	李常和编著	永昌书馆	1941 年
《验方新编》	卷 6，1 册	张瑞吾	不详	1951 年
《家庭百方吉凶宽鉴》	全 1 册	不详	世昌书馆发行	1952 年
《血色と草苞秘传》	1 册	五千言坊玄通子	日本道经连	1956 年
《新增证脉方药合编源因》	1 册	李泰浩编	杏林书院	1964 年
《臧志》	乾坤 2 册	山胁尚德谨录宗田一解说	医学古典刊行会	1968 年
《吃茶养生记》	1 册	荣西禅师著	春秋社（鎌仓寿福寺本）	1979 年
《中国医学思想史》	1 册	石田秀实	东京大学出版会	1992 年
《外科症治全生集》	1 函 2 册	清·王维德	中国书店出版	1996 年
《医法明鉴》	1—4 卷	延寿医院东井先	不详	不详
《新刊医林状元济世全书》	1 册	锲云林龚	不详	不详
《诸病源候论》	13 册	隋·巢元方	不详	不详

续表

书名	卷、册数	作者	出版社	发行时间
《和汉三才图会毒草类》	1 册	寺岛良安	不详	不详
《医疗手引草》	4 册	鸟巢谦斋著，加藤玄顺校补	不详	不详
《医学入门外集》	1 册	不详	不详	不详
《医道日用纲目》	2 册	不详	冈田屋嘉七版	不详
《颐生辑要》	5 卷，全 6 册	不详	不详	不详
《广惠济急方》	1 册	不详	不详	不详
《按腹图解》	2 册	太田晋斋	不详	不详
《粗食教草　全》	1 册	宇井荣山	江户书林	不详
《质问本草》	内篇卷 1，2　外篇卷 1，2　附录　全 5 册	中山吴子善著	萨摩府学藏版	不详
《针灸大成》	1 册	李月桂撰	不详	不详
《万病回春》	卷六	林龚廷编	书业德记藏板	
《人体明堂图》	1 册	不详	不详	不详
《本草纲目》	主治第 3 卷、第 4 卷 2 册	不详	不详	不详
《治疹宽诀》	1 册	不详	不详	不详
《东医宽鉴》	1 册	不详	不详	不详
《医学书》	1 册	不详	不详	不详
《医宗损益》	计 3 册	不详	不详	不详
《医学入门》	3 卷	不详	不详	不详

书名	卷、册数	作者	出版社	发行时间
《济阴纲目》	2，4，7，9，10，12，14卷　计7册	不详	不详	不详
《五脏六腑胞月候三鸟》	1册	不详	不详	不详
《圣济总录》	1册	不详	不详	不详
《占病轨范》	卷2，1册	不详	不详	不详
《内科学》	2册	不详	不详	不详
《瘟疫论》	卷1，1册	吴有性	不详	不详
《幼科铁镜》	1至6卷全	夏鼎	不详	不详
《妙术智惠海》	1册	不详	不详	不详
《导引按摩论》	卷11，1册	不详	不详	不详
《新版增补全九集类证辨异全》	九集全6册	曲直濑道三	不详	不详
《家传神方集》	1册	不详	不详	不详
《胎息养生法》	1册	不详	春草馆藏	不详
《胎产心法》	卷上下　计2册	上谷阁纯玺著	不详	不详
《医宗金鉴》	卷4　1册	不详	不详	不详
《得心集医案》	卷下　1册	南城谢星焕映庐甫著	不详	不详
《医家必用》	1册	不详	不详	不详
《医鉴重磨》	卷1—6全3册	不详	不详	不详
《家庭百方秘诀》	1册	不详	不详	不详
《医方要集》	1册	不详	不详	不详
《方药合编源因》	1册	黄度渊	不详	不详
《修制丸散膏丹配本》	卷上·下　2册	不详	不详	不详

续表

书名	卷、册数	作者	出版社	发行时间
《增补绘图针灸大成》	2 册	明·杨继洲	上海大成书局	不详
《增补绘图针灸大成》	3 册	明·杨继洲	上海简青斋	不详
《寿生新鉴》	1 册	不详	不详	不详
《养生气功导引主图》	1 册	不详	不详	不详
《妇人方汇》	1 册	不详	不详	不详
《医心方》	全 6 册	义丹波介丹波宿祢康赖撰	安政版学总合研究所	不详
《内外功图说辑要》	上下 2 册	不详	不详	不详
《宋以前医籍考》	上下 2 册	冈西为人	不详	不详
《卫生秘要抄》	1 册	丹波行长	不详	不详
《养生论》	1 册	不详	不详	不详
《黄帝内经素问注证发微》	全 12 册（卷 1—、卷 8 上中下、卷 9、补遗）	刻马玄台先生	不详	不详

六、神仙传记类著作

书名	卷、册数	作者	出版社	发行时间
《有象列仙全传》	1 册	王世贞	藤田庄右卫门	1650 年
《元元集》	8 卷 7 册	北畠亲房	藤浪氏藏	1653 年
《异形仙人绘本》	上中下 3 册	菱川师宣	鳞形屋	1689 年
《列仙图赞》	1 册	月仙	山本平左卫门	1784 年
《列代仙史》	1 册	景星杓	不详	1881 年

书名	卷、册数	作者	出版社	发行时间
《仙人列传》	1 册	东海林辰三郎著	聚精堂	1911 年
《不老不死　仙游记　全》	1 册	山县初男、竹内克己译	西见茂	1933 年
《本朝神仙传》	1 册	川口久雄校注	朝日新闻社	1967 年
《古代神仙思想の研究》	1 册	下出积与	吉川弘文馆	1986 年
《本朝神仙记传》	1 册	宫地严夫	八幡书店	1988 年
《完译仙境异闻》	1 册	平田笃胤著，山本博译	八幡书店	1997 年
《中国の神话考古》	1 册	陆恩贤、冈田阳一译	言业社	2001 年
《关公圣迹》	1 册	朱正明	山西科学技术出版社	2004 年
《历代仙史》	全 6 册	王建章辑	不详	不详
《山海经》	18 卷　5 册	晋·郭璞著 蒋应镐　绘	不详	不详
《历代神仙通鉴》	24 册	清·徐衡	不详	不详
《仙人画本》	1 册	不详	不详	不详
《儒仙》	1 册	不详	不详	不详
《武仙》	1 册	不详	不详	不详

七、其他道家、道教著作

书名	卷、册数	作者	出版社	发行时间
《日本列子鬳斋口义》	全 4 册	林希逸	大和田九左卫门	1659 年
《性命圭旨》	仅　元亨 2 册	不详	不详	1705 年

书名	卷、册数	作者	出版社	发行时间
《张注列子（冲虚至德真经)》	1—8 卷　全 4 册	张湛处度注	山本平左卫门板皇都书林、东武书林	1747 年
《小寺益翁见相录　相法气色》	上下		小寺矩房	1777 年
《麻衣相法大全》	1—5 卷　5 册	陆佐崇	须原屋茂兵卫	1778 年
《淮南子》	全 5 册	武进庄达吉校刊	不详	1788 年
《鬼神新论》	1 册	平田笃胤	不详	1820 年
《古今道しるべ》	1 册	小野弘度编刊	不详	1837 年
《析玄三十则》	1 册	广濑淡窗	快雨书屋刊	1841 年
《管子》	1 册	唐·房玄龄注 明·刘绩补	新政书局校印	1903 年
《头と颜の研究 观相学》	1 册	玄仙史、小森泰贯	秀文社	1925 年
《道教に就いて》	1 册	幸田露伴著	岩波书店	1933 年
《观相学大意》	1 册	石龙子著	诚文堂新光社	1935 年
《福神の研究》	1 册	喜田贞吉	日本学术普及会	1939 年
《道教思想》	1 册	幸田露伴著	角川全书	1957 年
《屋敷神の研究—日本信仰传承论—》	1 册	直江广治	吉川弘文堂	1966 年
《五行思想と穗记月令の研究》	1 册	岛邦夫著	汲古书院	1971 年
《翠轩黄庭经》	1 册	铃木翠轩著	铃木朝子	1979 年
《古代の道教と朝鲜文化》	1 册	上田正昭	人文书院	1989 年

书名	卷、册数	作者	出版社	发行时间
《朝鲜の道教》	1 册	车柱环著三浦国雄·野崎充彦译	人文书院	1990 年
《日本史を彩る道教の谜》	1 册	高桥徹、千田稔	日本文芸社	1990 年
《天神传説のすべてとその信仰》	1 册	山中耕作编	太宰府天满宫文化研究所	1992 年
《日本の道教遗迹》	1 册	福永光司著	朝日新闻社	2003 年
《天神信仰と先哲》	1 册	真壁俊信著	太宰府天满宫文化研究所	2005 年
《佑圣真武报恩经》	1 册	不详	不详	不详
《悟真篇》	1 册	张真人	成都守经堂刊本	不详
《悟真篇正义》	1 册	不详	不详	不详
《阴骘文图证》	卷1—6仅6册	不详	京都泰山堂	不详
《道教双纸》	1 册	川崎氏	不详	不详
《吕祖指玄篇秘注》	1 册	不详	不详	不详
《全文抱朴子》	计8册	葛洪	不详	不详
《云笈七籤》	32卷18册	宋·张君房辑	吉田九兵卫	不详
《云笈七籤》	121卷32册	张君房	不详	不详
《藏身躲影法秘诀》	1 册	不详	不详	不详
《神变仙术锦囊秘卷》	1 册	入江贞庵	不详	不详
《女丹合编》	1 册	井研贺龙新津彭潮著	不详	不详

八、蒙学类著作

书名	卷、册数	作者	出版社	发行时间
《孝经童子训》	1 册	下河边拾水书·画	近江屋治郎吉他版	1781 年
《三字经童子训》	1 册	池田东滩、田一正人、井上春曙	不详	1841 年

续表

书名	卷、册数	作者	出版社	发行时间
《古文孝经图会》	全 2 册	不详	不详	1841 年
《皇朝三字经（绘入)》	1 册	百梅斋撰，鹡鸰斋订，葛饰为斋画	东都书林青云堂	1853 年
《童观抄》	1 册	三木光斋著	大泽堂藏版	1873 年
《童蒙止观六妙法门》	1 册	不详	金陵刻经处	1892 年
《小学修身经寻常科生徒用》	卷 4，1 册	天野为之编	富山房	1894 年
《罗马字　急就篇》	1 册	宫岛大八	善邻书院	1935 年
《评注三字经精解（训读及精解)》	1 册	矶村少苟	黄石洞出版	1935 年
《急就篇》	1 册	史游	商务印书馆	1936 年
《急就篇　改订》	1 册	宫岛大八	善邻书院	1939 年
《再考女庭训往来考注》	1 册	田中初夫	龙门山房	1964 年
《急就篇研究》	1 册	张丽生著	台湾商务印书馆	1983 年
《释名·急就篇逐字索引》	1 册	刘殿爵、陈方正主编	商务印书馆	2002 年
《万延新板庭训往来》	1 册	沟口先生	水明洞	不详
《童观抄》	上下 1 册	林道春编	不明	不明
《入学图说前集后集》	1 册	里村过巷子	安田十兵卫开校	不详
《三字经百家姓千字文》	1 册	不详	不详	不详

九、儒家类著作

书名	卷、册数	作者	出版社	发行时间
《学的》	卷上下 2 册	明·丘濬辑	不详	1653 年

书名	卷、册数	作者	出版社	发行时间
《太极图说》	1 册	宋·周敦颐	孙兵卫开板	1678 年
《孟子》改正再刻版	卷 1—10　全 3 册	道春默改正 宋·朱熹集注	梅村藏版	1792 年
《义府》	全 1 册	清·黄生撰	三原氏藏书	1862 年
《先哲遗书　汉籍国字解全书　近思录》	1 册	早稻田大学编辑部	早稻田大学出版部	1910 年
《儒教より观たる老子及び庄子》	1 册	早川祐吉述	古川出版	1937 年
《日本儒医研究》	1 册	安西安周	青史社	1981 年
《毛诗考》	26 卷 10 册	不详	不详	不详
《儒门空虚聚语》	2 卷 2 册	大盐平八郎著	洗心洞藏梓	不详
《初学知要》	中·1 册	贝原笃信编录	不详	不详
《朱子静坐说》	1 册	宋·朱熹撰	不详	不详
《东莱博议　（春秋左氏传）》	上中 2 册	宋·吕祖谦著	不详	不详
《春秋左氏传》	全 4 册	不详	不详	不详
《论语集注大全》	卷 17　1 册	不详	不详	不详

十、佛教类著作（含三教合一类著作）

书名	卷、册数	作者	出版社	发行时间
《寒山诗阐提记闻》	上下卷 2 册	白隐禅师著	京师书林	1746 年
《洗心洞劄记》	上下、附录　计 3 册	大盐中斋著	洗心洞文库藏板	1833 年
《阿弥陀经和训图会》	3 卷 3 册	山田野亭著 松川半山画	大阪心斋桥通安堂寺町秋田屋太右卫	1844 年

续表

书名	卷、册数	作者	出版社	发行时间
《冠注一咸味》	1 册	木宫惠满辑	不详	1886 年
《仙佛合宗语录》	1 册	伍守阳著 岸田吟香手记	不详	1895 年
《洗心广录》	1 册	幸田露伴著	至诚堂书店	1926 年
《敦煌出土神会录》	1 卷 1 册	唐·神会著	石井光雄存唐宪宗元和八年敦煌抄本影印本	1932 年
《敦煌出土神会录解说》	1 卷 1 册	铃木大拙	不详	1932 年
《大方广佛华严经疏第五十三·十地品第二十六》	1 卷 1 册	清凉山沙门澄观述，晋水沙门净源录疏注经	不详	不详
《妙法莲华经》	1 卷 1 册	姚秦三藏法师鸠摩罗什奉诏译	不详	不详
《金刚经》	1 册	不详	不详	不详
《羽翼原人论》	1 册	龙口山樵	京都书林	不详
《圣典讲义·白隐禅师座禅和赞》	1 册	不详	不详	不详
《三教指归》	1 册	空海毛利田左太郎	不详	不详
《三教平心论》	1 册	元·刘谧撰	不详	不详
《静斋刘学士三教平心论上》（新版）	1 册	不详	不详	不详

十一、文学类著作

书名	卷、册数	作者	出版社	发行时间
《游云洞观记》	1 册	法云明洞自笔	不详	1690 年

续表

书名	卷、册数	作者	出版社	发行时间
《世说新语补》	全 10 册	中井履轩	京东洞院通夷川上町　林九兵卫梓行	1694 年
《唐三体诗注纲目》	上中下　3 册	不详	不详	1704 年
《彦山胜景诗集》	8 册（欠附录）	藤原韶光·小笠原忠雄等撰，相有编	京都奎文馆藏板	1715 年
《唐诗选画本·五言律》	1 册	高井兰山著北斋为一画	东都书林	1791 年
《唐诗选国字解》	卷 1—7　全 4 册	济南李攀龙编选　南郭先生辨	嵩山房梓	1792 年
《唐诗选画本　七言绝句续编》	1 册	高井兰山著红翠斋主人画	东都书林	1793 年
《梧窗漫笔》	计 6 册	大田锦城先生著	东都书肆	1824 年
《画本唐诗选·五言律》	1 册	高井兰山著北斋为一画	东都书林	1832 年
《画本唐诗选·七言律》	1 册	高井兰山著北斋为一画	东都书林	1832 年
《井楼纂闻》	4 册	帆足万里译	不详	1841 年
《远思楼诗钞》	初编 2 册：二编 2 册　计 4 册	广瀬淡窗	河内屋茂兵卫	1849 年
《梅园丛书》	6 册	三浦安贞著	不详	1855 年
《安政三十二家绝句　盘溪》	上中下 3 册	不详	不详	1857 年
《吁天集》	1 册	梁川星岩	老龙庵藏梓	1868 年
《唐诗选》	1 册	沧溟李先生编	不详	1869 年

书名	卷、册数	作者	出版社	发行时间
《玉胜间》	15 册	本居宣长著	不详	1875 年
《真迹诗帖　汉诗》	1 册	赖山阳永尾银次郎　编辑	不详	1878 年
《诗学维新》	5 册	谷乔编辑	松村久兵卫	1880 年
《太宰府廿四咏》	1 册	吉嗣达太郎编辑	不详	1884 年
《双梅景暗丛书》	26 卷 6 册	清·叶德辉	邯园刊行	1903 年
《青云白壁唱和》	1 册	菊畦、西川光	不详	1910 年
《白雨　汉诗》	1 册	田中好贤、编辑	不详	1911 年
《黄雨诗抄　汉诗》	1 册	藏野守介著 山口善编	不详	1914 年
《淡窗全集》	上中下卷 计 3 册	日田郡教育会编	思文阁出版	1925 年
《鬼贯集》	1 册	上岛鬼贯著 高木苍梧编	素人社	1926 年
《俞平伯论红楼梦》	上下 2 册	俞平伯	上海古籍出版社	1953 年
《中国古典文学全 24 25 26　红楼梦》	全 3 卷	伊藤濑平译	平凡社	1960 年
《和刻本汉籍随笔集》	1 册	长泽规矩也解题	古典研究会	1972 年
《世说新语与六朝文学》	1 册	大矢根文次郎著	早稻田大学出版部	1983 年
《刘国龙抄本红楼梦》	上函、下函 全 16 册	清·曹雪芹、高鹗	荣宝斋出版	1995 年

十二、书法、艺术类著作

书名	卷、册数	作者	出版社	发行时间
《六书通　集古印篆》	卷1—4 1册	秦驷撰 自鞭甫校	不详	1772 年
《天心先生欧文著书抄译》	1 册	冈仓天心	日本美术院 编发行	1922 年
《小岛云作品集　庄子を素材とする篆刻作品百选》	1 册	小岛云	不详	1982 年
《长崎画史汇传》	1 册	古贺十二郎著	大正堂书店	1983 年
《必携中国美术年表》	1 册	山崎重久	芸心社	1983 年
《故宫の书宝》	第 26 卷 1 册	文徵明	台北故宫博物院编集	1986 年
《中国书画家印鉴款识》	上下 2 册	上海博物馆编	文物出版社	1987 年
《日本中国"禅画家名鉴"》	1 册	日本禅画家协会、日本宗教画法学院	平冈嘉卫门	1998 年
《天神绘卷》	1 册	不详	大宰府 天满宫	2002 年
《中国古今书画家年表》	1 册	张彬编著	文物出版社	2006 年
《西域绘画》	1—10 册	马炜、蒙中编著	重庆出版社	2010 年

十三、各类杂书

书名	卷、册数	作者	出版社	发行时间
《四民通用晴雨便览》	1 册	怀中天文台 丹阳西川宽平 编述	不详	1758 年
《秘传世宽袋》	3 册	不详	不详	1765 年
《传囊秘事海》	卷上 1 册	不详	芝雀轩	1774 年

续表

书名	卷、册数	作者	出版社	发行时间
《清俗纪闻》	13 卷 6 册	中川忠英辑 石崎融思画	不详	1799 年
《先哲丛书》	正编后编 9 册	原念斋、东条琴台	大坂松村九兵卫板	1804 年— 1818 年
《长崎先民传》	上下 2 册	卢千里著	东都书林 庆元堂梓	1819 年
《广益秘事大全》	1 册	三松馆主人	河内屋喜兵卫	1851 年
《神皇正统记》	全 6 卷 1 册	北畠准后 亲房公撰	京城　同盟书买梓	1865 年
《彦山参诣记》	1 册	坂田三郎著	不详	1909 年
《万历大杂书 三世相大全》	1 册	塚田为德编辑	不详	1912 年
《先哲像传　近世畸 人传　百家琦行传》	1 册	武笠三校订 三浦理编集	有明堂文库	1914 年
《浮世百态观》	1 册	加藤咄堂著	新修养社	1917 年
《长崎史迹人物志》	1 册	不详	长崎市役所	1920 年
《南学史》	1 册	寺石正路	富山房	1929 年
《世俗谚文》	1 册	山田孝雄解说	观智院本 古典保存会	1931 年
《南学の发展と土佐 の教育》	1 册	小关礼吉	高知县教育会刊	1935 年
《努力论》	1 册	幸田露伴著	岩波文库	1940 年
《中国历史简明教程》	上册	范文澜	希望书店	1947 年
《道镜艳记》	1 册	岛崎谦二郎	妙义出版株式会社	1956 年
《日本哲学思想全 书·哲学篇》	1 册	三枝博音编	平凡社	1957 年
《朱印船贸易 史の研究》	1 册	岩生成一	弘文堂刊	1958 年
《西夏文字》	1 册	西田龙雄	纪伊国屋新书	1966 年

书名	卷、册数	作者	出版社	发行时间
《中日民族文化交流史》	1 册	宋越伦著，熊谷治译	弘文堂	1970 年
《人间不平等起原论》	1 册	小林善彦译	中公文库	1974 年
《长崎土产》	1 册	碕野文斋著·画	长崎市立博物馆监修大和屋由平寿樱	1978 年
《九州の科学者、思想家》	1 册	吉冈修一郎	人间の科学者	1982 年
《拓影展大金文字典》	1 册	小林石寿	图书出版木耳社	1989 年
《英彦山年番日记》	1 册	广濑正利	文献出版	1994 年
《中国湖南省の汉族と少数民族の民家》	1 册	土田充义、杨慎初编集	中央公论美术出版	2003 年
《湖南省出土古代文物展　古代中国の文字と至宝》	1 册	每日新闻社编	每日新闻社	2004 年
《气候文明史》	1 册	田家康	日本经济新闻出版社	2010 年
《历日谚解》	全 1 册	柳精子著	千钟房须原屋茂兵卫板	不详
《绘本英彦山灵验记》	10 册	速水春晓斋画	文荣堂	不详
《彦山缘起》	1 册	不详	不详	不详
《彦山》	1 册	不详	不详	不详
《英彦山由来大略》	1 册	不详	不详	不详
《韩国·檀君神话と英彦山开山传承の谜》	1 册	长野觉、朴成寿编	海鸟社	不详
《汉民族の宗教》	1 册	渡编欣雄	第一书房	不详

后　记

经过多年努力，本书终于完成最后的统稿工作，即将付梓了，内心有一种难于言表的高兴。当小鸟鸣唱于窗前，我早早地起床，打开大门，漫步到了阳台。遥望东方，只见一轮红日喷薄而出，令人浮想联翩……

还在六年前，也是这样的晨曦初露时刻，我撰写了《赠早岛妙听道长》的七言古风藏头诗：

> 早见扶桑日昊疆，岛花飘处万千香。
> 一阳来复三华聚，心地开清五气洋。
> 弘法精严由信念，播德神妙乃合祥。
> 大象无形天下往，道行有义六合泱。

这首诗撰写于2014年6月26日。同年的7月5—6日，我应邀参加日本道观主办的第一届国际道教文化研讨会，于开幕式上宣读。

说起这首诗，还有一段因缘。1986年开始，我任职于福建师范大学中文系，从第二年开始，我为中文系的本科生开设"道教与中国文化"选修课。此后，几乎每年都讲授这门课。1987年考入福建师范大学中文系的林观潮也在三年级的时候选修了这门课。当时，学习委员特别认真，每次上课开始都会点名。由于选修这门课的学生特别多，我无法记住所有学生的名字，但"林观潮"这个名字因为可以让我联想起家乡厦门大海的潮起潮落，所以引起我的注意，每次听见他回应"到"的时候，我都会看一看他的样子。那时，林观潮一脸稚气，虽然个子特别高，却长着一副婴儿相，给我留下了比较深刻的印象。

福建师范大学中文系每年招收的学生几乎是全校最多的，大部分同学毕业之后忙于工作，与母校联系不多。随着年复一年新同学的到来，已经毕业的学生名字也渐渐淡忘了，林观潮的婴儿相也就存储于我的深层记忆中。1991 年之后，仿佛大海趋于平静，再也没有潮起潮落。即便是 1998 年秋天，我回到厦门大学哲学系，虽然也常到海边散步，却没有感受到在福建师范大学上课时那种海潮来临的澎湃。

然而，事有凑巧。2004 年春天的一个早晨，我在厦门南普陀的荷花池边散步，突然听到有人大呼"詹老师"，我瞪大眼睛看着对方，一时认不出站在面前的这位年轻人到底是谁。正在狐疑的时候，这位年轻人告诉我：他叫林观潮，于 15 年前听过我的课，是我的老学生了。从谈话中，我了解到林观潮在 1991 年之后东渡日本，先后于大谷大学文学研究院获得硕士、博士学位。我问林观潮找到工作没有？林观潮说正在联系之中。那时候，我刚好接任厦门大学哲学系系主任之职，在学科建设方面有了三个博士点支撑，准备来年申请哲学一级学科博士授予权，正需要人才，而林观潮是在日本获得博士学位，读的是佛教文化专业，属于稀缺人才，可以派上用场，我当即请他提供简历和相关学术资料。林观潮很快将资料发来，我以哲学系的名义向学校主管部门递交了引进人才的报告。鉴于林观潮已经发表了多篇日语的高水平学术论文，符合副教授的聘任条件，学校破例直接聘其为副教授，安排他讲授"宗教学概论"等课程，同时开展中日文化交流与传播的学术研究，这似乎于冥冥之中搭起了一座精神桥梁，使得我与日本道观有机会结缘。

2008 年 1 月，我遵师命，受聘为国家"九八五"工程四川大学"宗教与社会研究创新基地"特聘教授、领导小组副组长，由鹭岛来到了巴蜀大地。临别之际，门生林观潮请我到南普陀边上一个素菜馆吃饭饯行，颇为依依不舍。到了四川大学，我面临着新的考验，需要更多地投入工作，所以它事几乎少有问津。这样忙忙碌碌过了三、五年。2014 年 4 月间的一天，林观潮打了电话，说起日本道观拟召开国际性的道教文化研讨会，期盼我能够出席。林观潮告诉我：他有个大学同班同学叫林海，其父林中鹏先生，系厦门海沧人。听到林中鹏的名字，我肃然起敬。因为 20 世纪 80 年代初，我在厦门大学就读本科时就聆听过林中鹏先生关于养生学的学术报告，记忆尤深。林中鹏先生于 1962 年毕业于厦门大学化学系，其后任职于中国管理科学院，1991 年起任该院教授，系全国中医人体学研究专业委员会主任、世界医学气功学会副主席兼学术委员会主委、北京国际公益互助协会副会长。林中鹏先生在很早的时候就与日本道观有文化学术的合作研究，诸如《中华导引学发展史》《中华古导引学》等都是林中鹏先生与日本道观的早岛妙听道长共同完成出版的，其研究内容与道家、道教文化存在着十分密切关系，他们希望这种以道家养生学为纽带的中日文化合作研究工作能够后继有人，更期待找到年富力强的合作者。于是，我就进入了他们的共同视野，而林观潮当然就成了一座由此达彼的桥梁。在经过一番沟通之后，我接到了日本道观的正式邀请，参加了日本道教协会、日本道观主办的国际道教文化研讨会。会议期间，与会代表参观了坐落于福冈县英彦山的日本道观殿堂博物馆。一字排开的五个大殿收藏的大量珍贵文物，令我大开眼界，尤其是那些从各地汇拢而至的道教历史文献更使我怦然心动。早岛妙听道长告诉我，日本道观虽然是从 1980 年才正式建立的，但文化渊源却十分久远。从她的师父早岛天来（正雄）开始就注重文物收藏、图书资料的积累。经过 30 多年的努力，终于汇聚了相当丰富的图书资料、造像文物。早岛天来道长曾经说：日本道观收藏的这些文物图书相当多来自中国，有朝一日应该有回报的机会。如果能够开展合作研究，可以让更多的人了解道教文化在中日交流中的作用。早岛妙听道长一席话引起了我的极大兴趣。随后不久，我草拟了关于合作研究的初步规划。

　　2015 年 7 月 25 日，我应邀参加日本道观主办的第二届国际道教文化研讨会。会议期间，我与早岛妙听道长具体探讨了《日本道观及其收藏的珍贵文物分类研究》的写作大纲，确定了合作的框架；与此同时，带回了大量的扫描资料。回国后，我对掌握的资料进行一番初步查考，提出了合作分工的人选，将实施方案发送给早岛妙听道长。早岛妙听道长非常认真地研究了工作方案。2015 年 11 月 20 日，早岛妙听道长发来一份长信。她在信中说："由衷地感谢詹石窗老师您对财团法人日本道教协会以及日本道观的道教普及活动给予的大力支持与理解。并且，您还将人民出版社这种顶尖的出版社介绍给我们，在您的引荐下四川大学也将协助我们的出版工作，您还为我们介绍了很多优秀的研究者，我对您的感激之情无以言表。真是太感谢您了！同时，您的全力协助和热情也打动了前日本道教学会会长、东洋大学文学部教授山田利明老师，他认为日本方面也应该拿出高质量的研究论文，所以山田老师同意接受执笔工作，表达了协助我们一臂之力的意愿。"在山田利明的带动下，日本学者的研究热情被激发出来，包括年过 86 岁高龄的长野觉先生也表示承担部分写作任务。就这样，一个强有力的写作班子组建起来了。具体的写作分工如下：

绪　　论：詹石窗（四川大学道教与宗教文化研究所教授）执笔。

第一章　第一节、第二节：早岛妙听（日本道观住持）执笔。

第二章　第一节：詹石窗、程敏华（四川大学道教与宗教文化研究所博士生）执笔；第二节：詹石窗、胡瀚霆（四川大学道教与宗教文化研究所博士生）、山田利明（东洋大学文学部教授）执笔；第三节：詹石窗、范静宜（四川大学道教与宗教文化研究所博士生）执笔。

第三章　第一节、第二节、第三节：长野觉（日本元驹泽大学教授）执笔。

第四章　第一节、第二节：早岛妙听执笔。

第五章　第一节与第三节：詹石窗、杨燕（四川师范大学哲学学院教授）、詹至莹（韩国大真大学设计系硕士研究生）执笔；第二节：原田博二（日本长崎史谈会会长）执笔。

第六章　第一节：王玉环（东北大学秦皇岛分校讲师）执笔；第二节：王玉环、若木太一（日本长崎大学教授）执笔。

第七章 第一、二节：颜文强（大理大学民族文化研究院副教授）执笔；第三节：王玉环执笔。

第八章 第一节：杨燕执笔；第二节、第三节：林观潮（厦门大学哲学系副教授）执笔。

第九章 第一节、第二节、第三节：杨燕执笔。

附录与参考文献：杨燕整理。

需要特别说明的是：鉴于中日文化交流的重大意义，本课题于 2016 年列入了中国的国家社会科学基金重点项目，课题负责人为门生杨燕教授。经过数年的联合攻关，于 2018 年底完成初稿，提交专家评审。此后，按照专家意见，进行修改。其增删、修改的统稿工作主要由杨燕教授承担，她花费了大量的时间与精力，逐句推敲，其辛劳可想而知。有关日本学者撰写的部分，原文为日文，对此日本道观特别组织在北京办事处的岑明、徐萌、杨姗三位负责翻译。

在本书撰写过程中，中国管理科学院林中鹏教授十分关心，给予许多指导；四川大学与四川师范大学校领导以及相关部处的大力支持，保证了研究与写作工作的顺利进行，特此致谢。

中日文化交流具有广阔的空间，涉及的领域颇多。本书只是关于日本道观收藏的部分文物的初步研究成果，由于内容头绪复杂，许多问题有待进一步深入探讨，行文也可能存在错误，殷切期盼广大读者批评指正。

詹石窗

谨识于四川大学道教与宗教文化研究所

2020 年 9 月 16 日

策划编辑：方国根

责任编辑：方国根　李之美　夏　青

图书在版编目（CIP）数据

日本道观及其收藏的珍贵文物分类研究／詹石窗，（日）早岛妙听，杨燕　主撰．——
北京：人民出版社，2022.9

ISBN 978－7－01－024021－3

I. ①日… 　II. ①詹… ②早… ③杨… 　III. ①道教－寺庙－古建筑－研究－日本
②道教－寺庙－文物－研究－日本　 IV. ① K931.37 ② K883.13

中国版本图书馆 CIP 数据核字（2021）第 243098 号

日本道观及其收藏的珍贵文物分类研究

RIBEN DAOGUAN JIQI SHOUCANG DE ZHENGUI WENWU FENLEI YANJIU

詹石窗　[日]早岛妙听　杨 燕　主撰

人民出版社 出版发行

（100706　北京市东城区隆福寺街 99 号）

北京盛通印刷股份有限公司印刷　新华书店经销

2022 年 9 月第 1 版　2022 年 9 月北京第 1 次印刷
开本：710 毫米 ×1000 毫米 1/16　印张：33.5
字数：495 千字

ISBN 978－7－01－024021－3　定价：260.00 元

邮购地址 100706　北京市东城区隆福寺街 99 号
人民东方图书销售中心　电话：（010）65250042　65289539